D1535651

GALERÍA
de Arte y Vida

NIVEL AVANZADO

MARGARET ADEY

LOUIS ALBINI

GLENCOE
McGraw-Hill

New York, New York   Columbus, Ohio   Mission Hills, California   Peoria, Illinois

Printed in the United States of America.

Send all inquiries to:
Glencoe/McGraw-Hill
15319 Chatsworth Street
P. O. Box 9609
Mission Hills, CA 91346-9609

ISBN   0-02-676595-0 (Student Edition)
ISBN   0-02-676596-9 (Teacher's Annotated Edition)

2 3 4 5 6 7 8 9   RRW   03 02 01 00 99 98 97

CONTENTS

INTRODUCTION

El Prado, the famous museum in the heart of Madrid, houses a collection of art treasures from the entire world. Captured on canvas in vivid hues or sculptured from stone in quiet gray, the creative fancy of the great artists is on display for all the world to see.

The visitor who wanders through the silent exhibition rooms pauses to admire the strength of Goya, the majesty of Velázquez, the sensitivity of El Greco, the warmth of Murillo. On every wall and in every niche there is an artistic creation that opens the way to a reflection on life, both past and present.

Galería de arte y vida also houses a rich collection of art treasures from the Spanish-speaking world. The student of Spanish is invited to wander through this gallery, read the diverse selections, and reflect upon the pictures of Hispanic life.

The themes in *Galería de arte y vida* are universal. The reading selections focus on aspects of life with which students of all ages can readily identify. As the students read, not only will they make the acquaintance of modern authors of Spain and Spanish America, but they will also be exposed to the similarities and differences in the cultures of the people who speak the Spanish language.

Included in this gallery are selections representing many literary genres. Short stories, excerpts from novels and plays, poems, songs, and articles from magazines offer students an opportunity to increase their ability to read with understanding. As students read the selections, they will gain greater insight into the structure of the Spanish language, learn to appreciate contemporary Spanish writing, and lay the foundation for discussion of style and literary analysis.

There is much emphasis on reading and writing at this level of study. Nevertheless, the text provides many opportunities for students to maintain and develop their listening and speaking skills. To continue learning Spanish in this effective way, there are detailed questions that accompany each selection, conversations, structure exercises for oral practice that tell a story or relate to a theme, unique treatment of new vocabulary, and creative exercises for oral and written expression.

PHILOSOPHY OF *GALERÍA DE ARTE Y VIDA*

Galería de arte y vida is designed to further students' progress in the development of the four language skills, while deepening their insight into Hispanic culture through the exposure to works by modern writers of the Spanish-speaking world.

This second edition of the textbook contains twelve *Cuadros*, or units, each of which presents several reading selections treating a central theme common to people of all ages. These themes include the following: *El arte, El humorismo, El heroísmo, El indio, La leyenda, Sentimientos y pasiones, Tierra y libertad, El último viaje, Caprichos del destino, La mujer, La fantasía y la imaginación, La inspiración y la esperanza.*

In addition to the diverse *lecturas* representing both traditional and modern authors, each *Cuadro* contains a section entitled *Para aumentar el vocabulario*, in which key vocabulary is introduced to facilitate reading comprehension. A new section, entitled *Para entablar conversación* allows for discussion of the reading themes as they relate to students' personal experiences. Each *Cuadro* contains material to practice structure topics so that the entire textbook presents a complete review of the important concepts of Spanish grammar. A section of each *Cuadro* is devoted to important *modismos* and expressions, and a section entitled *¡Ojo!* focuses attention on subtleties of the Spanish language. Conversations for additional oral practice are distributed throughout the text.

CHANGES IN THE SECOND EDITION

Many changes have been made in the second edition of *Galería de arte y vida* in order to make it more responsive to the learning needs of today's students. This edition features a completely new design, four-color presentation of new art, photographs and realia, and many new reading selections. Each reading selection is preceded by a vocabulary building exercise which is now entitled *Para aumentar el vocabulario*. This consists of carefully chosen, well-illustrated words and expressions extracted from the readings, and selected for their high frequency in spoken and written Spanish. The vocabulary in longer selections has been divided into two or more parts, each of which corresponds to a division in the reading selection. This adds flexibility in breaking up material for a variety of class activities, and for improved pacing in accordance with available class time.

The comprehension sections that follow the readings have been expanded to include formats such as question and answer, recall, interpretation, sentence completion, fill-in-the-blank, matching and multiple-choice.

Another new feature is *Para continuar conversando*, a section in which students have the opportunity to practice guided conversation in order to relate their personal experiences with the literary selection they have just read.

The *Por si acaso* sections have been expanded to include many activities and projects from which teachers can choose when making assignments. The assignments are of different degrees of difficulty in order to meet differing student needs and teacher preferences.

The *Estructura* sections of each *Cuadro* have been designed so that each grammatical point is set off from the rest of the text with examples highlighted for easy reference. The grammatical considerations have been exploited with an extensive variety of drills that lend themselves to oral practice, written

work or homework assignments to reinforce all structure points.

In addition to the *Para gozar* sections, two additional *Cuadros* have been added to this second edition. *Cuadros 11* and *12* are purely optional and are not as intensely exploited as are the others. They provide additional material to be used at the teacher's discretion.

NEW ANCILLARY COMPONENTS

Teacher's Annotated Edition

For the first time, this edition of *Galería de arte y vida* offers a complete Teacher's Annotated Edition. This includes an answer key to all exercises, page by page suggestions for the teacher, and additional background information regarding literary selections.

In the Teacher's Annotated Edition, each reading selection is preceeded by brief, pre-reading suggestions to the teacher. These suggestions will help to establish a historical or cultural framework, and, in general, to set the tone for the reading. They may also alert students to new revelations, foster discussions of topics previously ignored, or signal the need to re-evaulate old attitudes in the light of today's realities.

Where appropriate, additional teacher notes are provided in the margins to explain or clarify ideas, vocabulary, and cultural differences that may be unknown to the average american student. Answers to the *Prácticas*, *Palabras Clave*, *Comprensiones*, and *Ejercicios de Estructura* are furnished in the margins.

Activities Workbook and Student Tape Manual

With this second edition, an Activities Workbook has been added to the Student Tape Manual. (In earlier editions, the Student Tape Manual was described as part of the Audio Cassette Program.) The workbook allows for additional writing practice, even though these exercises may also be done orally once completed and corrected. The workbook may be used as an additional resource in class, or as a tool for homework assignments. If the workbook is used for homework assignments, a good technique is to reserve a ten-minute portion at the end of the class period to have students begin the homework assignment. The teacher can move about the classroom helping individuals who need assistance and generally anticipating student difficulties with the assignment. Students can then complete the work outside of class. Workbook exercises also facilitate student learning when students are "making up" work missed due to absence from class. The workbook exercises can also be used as readily available quizzes for pre-testing reviews, or post-testing evaluation.

To accompany each *Cuadro* in the student textbook, the workbook contains two new reading selections, both of which correspond to the *Cuadro* theme. These short workbook readings are accompanied by comprehension questions and other exercises that allow the teacher to determine student progress in handling new, albeit related, material.

The Audio Program (cassette or CD)

There are ten cassettes (Compact Discs) comprising the Audio Program. All materials were recorded by native Spanish-speakers, from several different countries. Students are therefore exposed to a variety of accents. Whenever possible, sound effects have been used to make the recordings livelier.

The recorded materials include excerpts from the reading selections in the student textbook (often in dialogue form) followed by multiple-choice or true-false questions. There are also original passages related to the unit theme for listening comprehension practice. Structure activities adapted from the exercises in the textbook are supplemented by original structure activities to provide additional challenges. Students are provided with opportunities

to develop and improve both their receptive and productive skills.

Student Tape Manual

The Student Tape Manual is designed to be used with the Audio Program. Some of the activities require a spoken response; others require a written response. This variety of activities is designed to help students improve both their receptive and productive skills. The recorded activities include listening; listening with a spoken response; listening and writing. The Student Tape Manual activity pages include all of the written activities in the Audio Program.

Fine Art Overhead Transparencies

One of the new and most exciting aspects of this edition is the reproduction in full color of fine art works rendered by classic and modern Hispanic artists. These works are also reproduced in overhead transparency format for ease of use in the classroom. Each transparency is accompanied by background information about the artist, and activities and questions designed to further enhance the learning of the very rich artistic legacy of the Hispanic culture.

Testing Program

A wide variety of test materials that relate to the content of each *Cuadro* has been included in the Testing Program. The test items vary in level of difficulty so that there is a balance between easy items that all students can answer correctly and others that will challenge the most capable student.

Each unit test has been divided into various sections with formats that include question-answer, completion, substitution, structured writing, and true-false. Attention has been given to vocabulary, reading comprehension, grammatical concepts, listening, and writing. The teacher has options to use the material for unit testing upon completion of each *Cuadro*, or to select parts for interim testing as the unit develops.

The Listening Comprehension Tests are based upon the material contained in two sequential *Cuadros*. The test for each *Cuadro* is designed to evaluate cultural awareness and understanding, listening comprehension, grammar, reading, and composition skills. The recorded Listening Comprehension Test (cassette or CD) is packaged with the Testing Program.

ORGANIZATION OF THE STUDENT TEXTBOOK

The presentation sequence in **Galería de arte y vida** is flexible. Each *Cuadro* may be introduced in sequential fashion, as seen here, or each *Cuadro* may be introduced in random order, if preferred. Each *Cuadro* is a self-contained unit, reinforced with this Teacher's Annotated Edition, the Activities Workbook and Student Tape Manual, an Audio Program (cassette or CD), and a Testing Program. Each *Cuadro* presents a complete unit containing insights into various aspects of the cultures of Spain and the other Hispanic countries. Students will develop an awareness that other cultures are constantly in transition as their traditional customs evolve. Through readings dealing with historical events, topics of human interest, biographies, artistic expressions, poems, and humorous anecdotes, students are provided aids for developing an awareness of Hispanic culture. Other important features include guided conversation practice, and models for writing formal and informal letters. *Modismos y Expresiones* presents popular idiomatic phrases. *¡Ojo!* cautions students to pay attention to pitfalls in the Spanish language and points out ways to avoid them.

GENERAL TEACHING SUGGESTIONS

- *Para preparar la escena* This section provides material for a brief thematic discussion in order to introduce each *Cuadro* to your students. It is recommended that this be read to students or that they read silently, and that questions they have be answered prior to the reading of the selection. In this pre-reading phase, it is also appropriate to introduce, discuss and have students memorize the *refrán* that heads each *Cuadro*.

- *Para presentar la lectura* Focusing on the literary selection and its author, this section is extremely useful for providing background material, and for eliciting pre-reading questions from the student.

- *Para entablar conversación* This new and important feature of the second edition contains questions designed to get students to identify with the reading by relating personal experiences having to do with the reading theme. The questions given may be expanded or curtailed, at the teacher's discretion.

- *Para aumentar el vocabulario* This title was accorded the vocabulary section of each *Cuadro* because, essentially, what upper level students are doing is adding to their fund of previously-learned vocabulary in order to become more sophisticated in the Spanish language. If students have a grasp of these lexical items before approaching the reading selection, they will read with less hesitation and thereby increase their ability to read with comprehension and enjoyment. Words introduced in the *Palabras clave* section are presented within an illustrative sentence for the purpose of promoting meaning without the necessity of direct translation. The words are then used in the *Práctica* that follows. They reappear both in the reading selection and in the comprehension exercises and the structure drills. It is our firm conviction that students need to use new vocabulary in a variety of contexts before mastery can be expected.

In addition to the *Palabras clave*, additional vocabulary items are side-noted, or glossed, in the readings in order to minimize the necessity of referring to the glossary or to a dictionary. An effort has been made to provide a reading experience as uninterrupted and free from distraction as possible. It is not expected that all of these side-noted items (numbered to coincide with their ocurrence in the reading passages) become part of the students' active vocabulary. It should be remembered that students who are overwhelmed with too much new vocabulary at one time often become frustrated and discouraged. It is recommended that one of the two procedures outlined below be followed:

Option 1

(a) Present the new vocabulary orally in class before you ask students to study the new words. Use the definition given in the text and reinforce or amplify when necessary by the use of additional expressions, synonyms, antonyms, objects, gestures, etc. The corresponding *Práctica* exercises should be done after each vocabulary item is presented. However, in shorter lessons or with more able students, you may choose to reserve these exercises until all new words from the *Palabras clave* section have been presented. Have students keep their books closed during this part of the lesson.

(b) After the new vocabulary has been presented orally, you may wish to have the students open their textbooks and look at the words they have just learned, or you may wish to write the new words on the chalkboard, or on an overhead transparency, after each word is presented.

(c) Some teachers like to do the *Práctica* exercises a second time with books open in order to reinforce the spelling of new words. It is a good idea to make a mental note of pronunciation, rhythm and intonation problems that occur during oral practice so that you may work on these later. It is generally counter-productive to interrupt the oral phase repeatedly because students tend to lose sight of the purpose of the exercise, which, in this case, is vocabulary acquisition. In addition, too many interruptions render the vocabulary exercises dull.

Option 2

The following alternate method of presenting vocabulary is suggested for variety where vocabulary items are easier, or with more capable students:

(a) As a homework assignment, tell the students to become familiar with all the new vocabulary items. Explain to them that this will facilitate their understanding of the new reading selection. Explain that additional opportunities will be given to practice the words throughout the lesson, so that these new words will become an active part of their vocabulary.

(b) After the students have studied the vocabulary items as a homework assignment, review each word in class. You may wish to clarify or amplify the definition given in the textbook through the use of synonyms, antonyms or cognates. Expression, gesture, dramatization or simple illustration at the chalkboard are also valuable aids in conveying meaning. Multi-sensory teaching has more impact than approaches that appeal to only one sense.

(c) After ample explanation of each lexical item has been provided, present the corresponding *Práctica* exercises. This will reinforce the students' understanding of and ability to use the new vocabulary. Periodic recycling of new vocabulary by regular use of prepared flash cards, overhead transparencies, poster exhibits and homework assignments will provide continuous reinforcement *para aumentar el vocabulario.*

SUGGESTIONS FOR TEACHING THE READING SELECTIONS

The reading selections in **Galería de arte y vida** present numerous authors from the Spanish-speaking world as well as a variety of literary genres. Short stories, excerpts from novels and plays, poetry, etc., offer students an opportunity to increase their ability to read with understanding, gain greater insight into the structure of the Spanish language in context, appreciate contemporary Spanish writing, and lay the foundation for discussion of style and literary analysis. We have taken into account the various ability levels of students by including short, and relatively easy selections, as well as longer, more difficult ones. Some readings use a great deal of colloquial Spanish, while others have a more literary style. We have also provided variety within each *Cuadro* to give the teacher flexibility in choosing selections that meet the needs and interests of the particular class.

Following are some suggestions for teaching the reading selections:

(a) Divide each reading selection into parts as indicated in the student textbook.

(b) Give a brief oral review of each part for initial presentation. This should aid students' comprehension as they begin to read the selection, allowing students to know generally what to anticipate and what to look for as they read.

(c) Ask simple questions based on your oral review. This gets the students immediately and actively involved in the learning process and keeps the class from becoming overly teacher-centered.

(d) Do whatever pre-reading activities are deemed appropriate (researching biographical information on authors, assigning projects to be completed during the unit, determining pairings or groupings for subsequent classwork, *entablando conversación,* etc.)

(e) Have students open their books. Read aloud a short segment of the reading as students follow along silently.

(f) After reading aloud four or five lines, stop and ask questions based on those lines. Build from simple, concrete questions (even some that can be answered with *sí* or *no* or with obvious answers) to questions that are more complex and abstract. Use the comprehension questions that appear after each reading selection as a point of departure. Do not wait until the entire selection has been read before asking questions. Alternating between reading and questioning facilitates comprehension and keeps the pace rapid and lively.

(g) If a particular passage or segment of a passage appears to be more complex, paraphrase the passage using simpler language. Then read the passage as it appears in the text.

(h) Following the directed reading, have the students reread at home the section covered in class, and have them write the answers to the questions that pertain to that particular part of the reading. At this point, students should encounter no difficulties during their independent reading.

(i) The next day, have students answer orally (with books closed) the questions you have assigned. If they appear to have problems with certain sections, have them open their books. Call on individuals to read. Then ask the same questions again.

(j) Select from the comprehension questions approximately ten that build to an oral summary of the section just read. Call on individuals to answer one of the ten questions. Call on one individual to answer all ten questions. Call on another student to give an oral summary of the reading. If the student cannot proceed beyond a certain point, ask another individual to continue. Another student might be asked to write the summary at the chalkboard as it is being given.

Several rapid readings of the selection will be far more beneficial to students than a laborious, hesitant reading interrupted many times while students decode the passage. A detailed presentation of each selection as outlined above should help the students understand and appreciate the reading material, while at the same time develop the language skills that are the goal.

In order to lend variety to the outline presented above, the following procedures may be substituted.

(a) Have the students ask questions of each other.

(b) Have the students ask questions of the teacher concerning the selection.

(c) Call on a talented individual to play the expert and have the class ask questions of him/her.

(d) Instead of giving an oral review of the story for initial presentation, have the class listen to the recorded version (cassette or CD) where possible (See the Student Tape Manual, Teacher's Edition for a listing of recorded reading selections.) Then ask extremely simple questions in Spanish to determine how much the students comprehended.

- *Para aplicar* is made up of the following activities:

(a) *Comprensión* A series of questions guide the students in a discussion of what they have read. These questions provide an effective tool for the teacher to check comprehension. In addition to the questions, a variety of true-false, vocabulary-in-context, sentence-completion and matching exercises are provided to reinforce reading comprehension skills.

(b) *Para practicar* Vocabulary exercises give students an opportunity to practice, in a variety of contexts, those words that should become an active part of their vocabulary. These exercises can be considered an optional extension activity.

(c) *Para continuar conversando* Still more questions are available to stimulate conversation. These are specifically directed to the students' personal experiences and their identification with the themes under discussion.

- *Por si acaso* Each literary selection is accompanied by creative exercises that provide challenging written assignments and discussion topics for a variety of ability levels. They may be done with full class participation, in pairs, or in small groups.

Estructura The structure section appears at the end of each *Cuadro*. It should be noted that these sections constitute a complete review of the grammar that has already been presented to the students in beginning Spanish courses.

When there are several aspects to one general grammatical concept, teachers may choose to present one point at a time, followed immediately with the corresponding exercises. Then proceed to the next grammar point and do the related exercises. This procedure will not only help to keep grammatical explanations brief, it will also reinforce understanding through immediate and active application.

Since structure exercises vary from simple repetition/substitution/pattern drills to more complex activities, there is wide latitude for teachers to determine which exercises may be omitted, which may be done several times, which are more appropriate for particular individuals or groups, which to do aloud, and which to write.

SPECIAL FEATURES OF THE TEXTBOOK

The *Para gozar* section in each *Cuadro* provides additional (optional) material related to the *Cuadro* theme. These selections can be omitted, assigned to only some students or assigned to all. These selections should not be belabored or over-analyzed. They are included for enjoyment and are a source for providing for individual differences, interests, abilities, extra-credit, or challenge for the more gifted.

SUGGESTIONS FOR THE FIRST DAY

On the first day, the teacher may want to discuss the importance of the Spanish language, and reasons for continuing its study at this advanced level. Remind sudents that language study includes many benefits, some of which are:

- Greater awareness of the world in general, and in particular, the Spanish-speaking world. Ever-improving methods of communication via telephone, FAX transmissions, and the Internet make international contacts increasingly feasible.

- Opportunities to meet and interact with individuals from other Spanish-speaking countries at the local level as well as through travel abroad. Discuss opportunities within your own community to meet, work with, and develop friendships with native speakers of Spanish. Have your class members availed themselves of such opportunities?

- Greater appreciation of sites within your local area that are related in some way to the Spanish cultures, and whose names reflect origins in Spain or Latin America.

- Opportunities in your area to enjoy Hispanic literature, including poetry readings, drama, cinema, museum exhibits, music, or art featuring local and renowned artists. Encourage students to take advantage of all such offerings.

- A potential career in which fluency in Spanish is a definite advantage. Cite some career fields that offer professional opportunities. Invite professional career consultants to speak to your classes or language club meeting.

- A sharing in community publications that enrich our awareness of bilingual cultural opportunities.

Following a discussion based on the above topics, call students' attention to the variety of themes contained in this textbook, themes and emotions which they will experience in the coming year—humor, courage, love, patriotism, fate, fantasy, hope—to name a few. All were chosen for their appeal to today's youth.

Because the stated objective of this textbook is to advance and improve language skills, all must agree to conduct all aspects of the class in Spanish only. Brief moments for explanations and clarifications in English are acceptable, but the target language should be Spanish.

COOPERATIVE LEARNING

Galería de arte y vida continues the philosophy contained in other textbooks within the Glencoe Foreign Language series in stressing cooperative learning. Today's students require personally challenging, interactive environments that motivate, stimulate, and provide opportunities to participate in meaningful activities that encourage language use. The teacher's role has changed from being the center of attention to that of a guide, motivator, facilitator, consultant and friend. Language teachers often say, "we laugh with you, but never at you." The teacher must strike a balance between group goals and individual responsibility. This can often be achieved through cooperative learning, an approach which provides each student an environment free of intimidation, and the promise of success. With the help of the teacher, group (team) members plan ways to divide an assigned activity among themselves, then each member fulfills his or her part of the assignment. As you incorporate cooperative learning in your classroom, stress the need to explain to students this procedure, and the need for all to cooperate with and respect every member of the group and to participate in all aspects of the activities. In the Teacher's Annotated Edition of *Galería de arte y vida*, cooperative learning activities are included in each *Cuadro*.

Studies involving the use of cooperative activities reveal the following positive results:

- Students may work well in pairs for reading and dialogue practice, interviews, short discussions, practice of structural drills, and rapid true-false drills. The drawbacks include difficulty in pairing students of equal linguistic skills. If one student is far more advanced than his or her partner, the more advanced student may lose interest, and even suffer linguistically while the less gifted student may suffer feelings of inferiority. As a consequence, both may become discouraged. On the other hand, when students of equal ability are paired, they can enjoy meaningful practice.

- A generally accepted arrangement assigns four students to work together. Chairs or desks may be moved to new areas, combined to create large working tables, or abandoned entirely as students seek other work areas. These working teams are more productive if they share the following common traits: level of academic status in the class, gender, personality traits, attitude and outside interests, to name several. Compatibility and the ability to share ideas, praise and criticism are imperative.

For further research and practical suggestions, refer to Spencer Kagan's *Structural Approach to Cooperative Learning*, published by Resources for Teachers, Inc., Paseo Espada, Ste. 622, San Juan Capistrano, CA 92675.

PACING

Several weeks should be allotted to each *Cuadro*, including time for related projects and testing. Pacing will vary considerably, depending on factors such as class size, and the heterogeneous abilities of a particular class. The order of the *Cuadros* offers a logical and reasonable progression. However, teachers should feel free to alter the sequence, and to pace the material as their particular situation dictates. The selections vary in difficulty throughout the textbook, thereby providing greater flexibility for the teacher. There is an abundance of material for teachers to exercise options. Generally, each literary selection is considered first, with its correponding activities, followed by structural reviews and related activities. However, you may chose to present all the literary sections and related activities, postponing the structures to the end of the study. Or, you may choose to review and practice all the structure reviews before the literary sections, and later intersperse the practice activities during the readings.

Examples of possible options are:

Option 1

Monday: *Para preparar la escena*
            Para presentar la lectura
            Para aumentar el vocabulario I
            Selección literaria (cultural) I

Tuesday: *Repaso de vocabulario I*
            Para aplicar I
            Para aumentar vocabulario II
            Selección literaria II

Wednesday: *Repaso de vocabulario I & II*
            Para aplicar I & II
            Para practicar

Thursday: *Estructura-Repaso (parte 1)*
            Aplicación con prácticas
                relacionadas

Friday: *Estructura (continued)*
            Aplicación con prácticas
                relacionadas

Option 2

Week 1: *Literatura - Cultura*
Week 2: *Estructura*
Week 3: *Literatura - Cultura*
Week 4: *Estructura*

Option 3

Month 1: *Literatura, Cultura, Aplicaciones*
Month 2: *Estructura*
Month 3: *Literatura, Cultura, Aplicaciones*
Month 4: *Estructura*

Some teachers may wish to follow no structured timeline at all. Instead, they may choose to select lessons at random as the need or desire arises.

SUGGESTIONS FOR CORRECTING HOMEWORK

Ideas for correcting written assignments, especially homework, are given here for the purpose of helping teachers who consider correcting such assignments an important aspect of the learning process. If not scored and graded, homework assignments will soon be overlooked by the students. The following suggestions have been shown to be successful. They may be incorporated into classroom procedures as the teacher wishes.

1. When work is to be corrected in class, insist that the corrections be made with a color pen or pencil.

2. Prepare in advance transparencies with answers. Display these on an overhead projector. Students may correct their own assignments. These may be saved for reuse later.

3. The chalkboard may be used for answers written by students. However, this resource is not as permanent as are transparencies with answers.

4. Quickly review homework assignments orally.

5. If there are several possible answers, furnish one, possibly two. Avoid losing time with less important choices.

6. After checking and correcting a written assignment, you may want to have students keep their work temporarily for additional practice. In all cases, it is best to collect the assignment for record keeping.

7. If written assignments are not corrected in class, the teacher may wish to correct half or a fourth of the papers in some orderly accounting manner. Over the course of several days, all students' work will have been reviewed, corrected, and scored.

8. List on the chalkboard errors of structure or vocabulary that occur most often. Review these with students to help avoid repeated ocurrences of these errors. If they persist, dedicate more time and attention to their correction.

9. Regarding extra assignments, designate only meaningful tasks that have importance to the students or that meet a given need or purpose. Some tasks may not be required of all—only of those with special talents or those interested in given topics.

THE ART IN *GALERÍA DE ARTE Y VIDA*

In the *Preface* to this textbook, a brief referral alludes to the presentation of great art from Spain and Latin America as the basis for and an introduction to each *Cuadro*. Today we are surrounded by art of all kinds, pleasant or unpleasant, uplifting or depressing, carefully executed or spontaneous "pop" art. Students need to develop discriminatory tastes in the selection and judgment of styles, types, themes, presentation, and, principally, the relation of art to their daily lives. You may want to encourage students to search out their own definition of art, as well as the purpose it can serve in their lives. Awareness, knowledge, and exposure will guide students to the development of an appreciation of the visual, plastic, and photographic accomplishments that shaped the artists' lives, and that allowed creative, even fanciful, development and expression of talent.

Among the artists represented in this textbook are many renowned painters from various historical eras and areas. Especially worthy of mention are the following:

From Spain:

Bartolomé Esteban Murillo (1617-1682) renowned for large canvasses of the Virgin Mary, angels, cherubs, and other religious themes.

Joaquín Sorolla (1863-1923) the great impressionist artist of Valencia. His canvasses provide insights into the life and customs of many areas of Spain.

Joan Miró (1893-1983) the Catalan surrealist, who delights with charming fantasies.

Antonio López García one of the most admired painters in contemporary Spain.

Outstanding representatives of Latin America include the Mexicans:

Roberto Montenegro (1885-1968) artist of colorful creativity, and organizer of the Museo de Artes Populares de San Carlos, Mexico, D.F., in 1934.

Diego María Rivera (1886-1959) muralist painter of Mexican history and typical scenes of people and customs; husband of Frida Kahlo.

Clemente Orozco (1883-1949) a great painter of murals and frescos dealing with themes from the Mexican Revolution.

David Alfaro Siqueiros (1898-1974) muralist who incorporated political themes in his works.

Rufino Tamayo (1899-1991) also a muralist whose first works depicted revolutionary themes, but who later separated the esthetic from social concerns. Today he is considered in the tradition of Pablo Picasso.

Other countries are represented also. For example:

Roberto Matta (1912-) of Chile, who espoused surrealism in his early years; later, however, he concerned himself with the world in general.

Lydia Rubio is a cuban painter of surrealist representations of Caribbean landscapes. She brings to the world of the plastic arts the *realismo mágico* technique seen in the literature of writers such as Alejo Carpentier and García Márquez.

The textbook authors' wish is to encourage students to continue to learn more about art, and the joys and satisfactions it provides. Students may be assigned to research other leaders in this vast field and to present their investigations to the class. There are now available CD-ROM discs consisting of famous art collections, as well as art "tours" through outstanding galleries. Many contemporary artists are gaining international acclaim in their desire to arouse within all potential viewers the realization that art is life and that life should be art.

During the development of this textbook the motto of the author-editor team has been: *¡Siempre adelante!* We invite you to join with us, and to share the optimism and satisfaction we now feel with the publication of this second edition of **Galería de arte y vida**.

A LIST OF FINE ART PAINTINGS BY UNIT

Front Matter

Joan Miró, *Dona i Ocells (Dama y pájaros)* (1940)
Pablo Picasso, *Guitarre (Guitarra)* (Céret, printemps de 1913)
Frida Kahlo, *Frida y Diego Rivera* (1931)

Cuadro 1, El arte

Picasso, *Mujer con sombrero* (1962)
Picasso, *Autorretrato con paleta en la mano* (1906)
El Greco, *Vista de Toledo*
Velázquez, *La rendición de Breda* (1634)
Velázquez, *Las hilanderas* (1625)
Velázquez, *La infanta Margarita*
Goya, *Manuel Osorio de Zúniga*
Goya, *El sueño de la razón produce montruos*
Picasso, *Guernica* (1937)
Picasso, *El viejo guitarrista*
Picasso, *Los tres músicos* (1921)
Dalí, *Aparición de un rostro y una copa de fruta en una playa*
Dalí, *La persistencia de la memoria*
Kahlo, *Autorretrato como tehuana (Diego en mi mente)* (1943)
Kahlo, *Magnolias* (1947)
Miró, *El dorado del azul* (1967)
Goya, *El dos de mayo*
Goya, *El tres de mayo* (1814)
Velázquez, *Las meninas* (1656)
El Greco, *Caballero de la mano en el pecho* (1578-83)
Miró, *Hacienda catalana*
Soroya, *Sevilla, saludo de apertura de una corrida de toros*

Cuadro 2, El humorismo

Goya, *El pelele* (1791)
Diego Rivera, *Mujer moliendo maíz* (1924)
José María Velasco, *La hacienda de Chimpala* (1893)
María Izquierdo, *La alacena* (1946)
Rufino Tamayo, *La risa*
Frida Kalho, *Los frutos de la tierra*

Cuadro 3, El heroísmo

Anónimo, *El libertador Simón Bolívar*
Anónimo, *Retrato de Simón Bolívar*
Anónimo, *General José de San Martín*
Anónimo, *El abrazo del Maipó*
Anónimo, *El General José de San Martín*
Gil de Castro, *José Olaya*
Anómino, *Carrera de cuadrigas en el circo romano* (Mosaico romano)

Cuadro 4, El indio

Diego Rivera, *Día de las flores*
Rodrigo Gutiérrez, *El senado de Tlaxcala*

Cuadro 5, La leyenda

Anónimo, *La leyenda de la fundación Tenochtitlán*, (Código azteca)
José María Estrada, *Una joven vestida de rojo*
Ignacio María Barreda, *Retrato de Doña Juana María Romero*

Cuadro 6, Sentimientos y pasiones

Picasso, *Amantes*
Velázquez, *Dama con abanico*
Diego Rivera, *Retrato de una dama* (1928)
Irene Iribarren, *Calle desierta*
Antonio López García, *Techos de Madrid*

Cuadro 7, Tierra y libertad

José Clemente Orozco, *Barricada* (1931)
David Alfaro Siqueiros, *Las fuerzas revolucionarias*
Diego Rivera, *Líder agrario Emiliano Zapata* (1931)
Rufino Tamayo, *Perros aullando* (1941)
José Clemente Orozco, *Zapatistas* (1931)
Diego Rivera, *Vendedor de flores* (1935)
Murillo, *Niños comiendo melón y uva*
Goya, *La nevada o El invierno*

Cuadro 8, El último viaje

El Greco, *El entierro del Conde de Orgaz*
David Alfaro Siqueiros, *El llanto* (1939)

Cuadro 9, Caprichos del destino

Roberto Matta, *La Tierra es un hombre* (1942)
Goya, *Las jóvenes o La carta*
Sorolla, *Mangiando en mía barca*

Cuadro 10, La mujer

Frida Kahlo, *Retrato de Alicia Galant*
Tiziano, *El rey Carlos I de España*
Tiziano, *El rey Felipe II*
Irene Iribarren, *El rey Juan Carlos de Borbón*
Irene Iribarren, *La reina Sofía de Grecia*

Cuadro 11, La fantasía y la imaginación

Antonio López García, *La lámpara*
Antonio López García, *El reloj*

Cuadro 12, La inspiración y la esperanza

Joan Miró, *Flores y mariposa*
Lydia Rubio, *Ella pintaba paisajes* (1989)

GALERÍA
de Arte y Vida

Dama y pájaros (1940), de Joan Miró

Guitarra. de Pablo Picasso. Céret, primavera de 1913.

GALERÍA
de Arte y Vida

MARGARET ADEY

LOUIS ALBINI

GLENCOE
McGraw-Hill

New York, New York   Columbus, Ohio   Mission Hills, California   Peoria, Illinois

REVIEWERS

The authors wish to express their thanks to the numerous teachers across the country who have contributed ideas and suggestions for *Galería de arte y vida.* We especially thank the following teachers who carefully reviewed portions of the original manuscripts and/or offered helpful comments and recommendations.

Veronica Dewey
Brother Rice High School
Birmingham, Michigan

Lydia Gilkey
Alabama School of Math and Science
Mobile, Alabama

Patricia Parr
Crescenta Valley High School
La Crescenta, California

Ann Hughes
Bedford North Lawrence High School
Bedford, Indiana

Bobbie Perry
North Mesquite High School
Mesquite, Texas

Betty Love
Kiski Area High School
Vandergrift, Pennsylvania

Jim Reed
John Carroll University
Cleveland, Ohio

Design: William Seabright & Associates

Printed in the United States of America.

Send all inquiries to:
Glencoe/McGraw-Hill
15319 Chatsworth Street
P. O. Box 9609
Mission Hills, CA 91346-9609

ISBN   0-02-676595-0 (Students Edition)
ISBN   0-02-676596-9 (Teacher's Annotated Edition)

2 3 4 5 6 7 8 9   RRW   00 99 98 97

ABOUT THE AUTHORS

MARGARET ADEY

Margaret Adey is a former teacher of Spanish at David Crockett High School in Austin, Texas. She received her B.A. and B.S. degrees from the Texas State College for Women and her M.Ed. from the University of Texas. She is past president of the Austin Chapter of the American Association of Teachers of Spanish and Portuguese. In 1981, the State of Texas and Texas Foreign Language Association, of which she is an honorary lifetime member, named her Foreign Language Teacher of the Year. For eighteen years Mrs. Adey organized and directed the Spanish Workshop for High School Students in Guanajuato, Mexico. She also was active in the Spanish Heritage Exchange Program between the United States and Spain for sixteen years. Mrs. Adey has co-authored twelve textbooks, all published by Glencoe/McGraw-Hill.

LOUIS ALBINI

Louis Albini is a former teacher of Spanish and chairman of the Foreign Language Department of Pascack Valley Regional High School in New Jersey. For several years he served as a consultant to McGraw-Hill as the publishing company developed its first Foreign Language Division. For several summers, he taught methods and demonstration classes at the University of Puerto Rico for the NDEA Institute.

In 1981 Mr. Albini was a finalist for the Teacher-of-the-Year Award in New Jersey, was named New Jersey's Supervisor of the Year, was the recipient of the New Jersey Modern Foreign Language Teacher Award for outstanding contribution to Foreign language Education, and was presented with a citation by the New Jersey Senate in recognition of his accomplishments. Besides co-authoring eight textbooks and accompanying ancillary materials for Glencoe/McGraw-Hill, Mr. Albini is an accomplished writer of poetry and short stories.

ACKNOWLEDGMENTS

The authors would like to express thanks and appreciation to the following for their assistance and encouragement during the course of this project:

To the Adey and Albini spouses and children without whose help this undertaking would have been impossible.

To María Teresa de Castro de Rodríguez for supplying material sources, information, reviewing, and critiquing materials.

To the Staff of the Biblioteca del Congreso de Diputados in Madrid who thoughtfully assisted with gathering research materials within and outside of that library.

To the Staff of Nettie Benson Latin American Library of the University of Texas for their interest and help in gathering research materials.

To Mr. Pete Maulding of Austin, Texas, for his help with technical training and assistance with computer skills.

To Ron and Louise Geil of Austin, Texas, for their unwavering assistance in sending and receiving technical information and messages.

PREFACE

El Prado, the famous museum in the heart of Madrid, houses a collection of art treasures from the entire world. Captured on canvas in vivid hues or sculptured from stone in quiet gray, the creative fancy of the great artists is on display for all the world to see.

The visitor who wanders through the silent exhibition rooms pauses to admire the strength of Goya, the majesty of Velázquez, the sensitivity of El Greco, the warmth of Murillo. On every way and in every niche there is an artistic creation that opens the way to a reflection on life, both past and present.

Galería de arte y vida also houses a rich collection of art treasures from the Spanish-speaking world. The student of Spanish is invited to wander through this gallery, read the diverse selections, and reflect upon the pictures of Hispanic life.

The themes in *Galería de arte y vida* are universal. The reading selections focus on aspects of life with which students of all ages can readily identify. As the students read, not only will they make the acquaintance

of modern authors of Spain and Spanish America, but they will also be exposed to the similarities and differences in the cultures of the people who speak the Spanish language.

Included in this gallery are selections representing many literary genres. Short stories, excerpts from novels and plays, poems, songs, and articles from magazines offer students an opportunity to increase their ability to read with understanding. As students read the selections, they will gain greater insight into the structure of the Spanish language, learn to appreciate contemporary Spanish writing, and lay the foundation for discussion of style and literary analysis.

There is much emphasis on reading and writing at this level of study. Nevertheless, the text provides many opportunities for students to maintain and develop their listening and speaking skills. To continue learning Spanish in this effective way, there are detailed questions that accompany each selection, conversations, structure exercises for oral practice that tell a story or relate to a theme, unique treatment of new vocabulary, and creative exercises for oral and written expression.

Galería de arte y vida reproduces *Cuadros de la vida hispánica.*

La Tierra es un hombre (1942), de Roberto Matta

CONTENIDO

Frida y Diego Rivera (1931),
de Frida Kahlo

EL ARTE

Más fácil es de la obra juzgar,
que en ella trabajar.

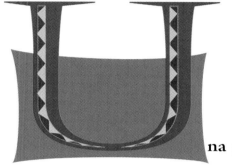

PARA PREPARAR LA ESCENA

Una galería de arte es un sitio extraordinario en el que se pueden observar maravillosas combinaciones de formas, materiales y colores exhibidos en pinturas, dibujos, esculturas, tejidos y joyas de valiosos metales y piedras preciosas. Nosotros los visitantes podemos admirar los trabajos de los pintores, escultores, artesanos y otros artistas. Podemos observar muchos aspectos de la vida reflejados en las obras de arte. En su manera de percibir la vida, los artistas nos muestran los efectos que tienen los grandes problemas, los acontecimientos sobre los cuales no tenemos control y los altibajos de la vida cotidiana.

◀
Mujer con sombrero (1962), de Pablo Picasso

▶
Autorretrato con paleta en la mano (1906), de Pablo Picasso

EL ARTE   1

SEIS ESTRELLAS DE LA PINTURA HISPANA

Reading Strategies: (1) Have students read each part of the reading selections alone or with a partner. (2) Then students can answer *Comprensión* exercises. (3) Finally, have students review with books closed.

PARA PRESENTAR LA LECTURA

1. ¿Has visitado una galería de arte? ¿Cuál y dónde está?

2. ¿Con quién(es) fuiste?

3. ¿Qué parte te interesó más? Describe tus impresiones.

En este salón se exhiben las pinturas de seis artistas. Todos ya están muertos, pero vamos a hablar de todos en el presente, porque viven hoy y para siempre a través de sus obras. Cinco son verdaderas estrellas de España y una es de México.

Note: Have all students participate in the conversational activity with partner(s). Move around the classroom to help groups as needed. Insist that all oral work be done in Spanish.

PARA ENTABLAR CONVERSACIÓN

1. ¿Puedes identificar qué clase de arte (por ejemplo: barroco, impresionista, cubista, surrealista, etc.) te interesa más? ¿Hay algunos artistas que te llaman la atención?

2. Identifica alguna pintura que te gusta.

3. ¿Prefieres la pintura o la fotografía?

Note: Vary the presentation of new vocabulary and practice. Encourage the class to conduct vocabulary drills; use flash cards; include some marginal notes. You may wish to have students create new sentences with the *Palabras clave*.

PARA AUMENTAR EL VOCABULARIO

PALABRAS CLAVE I

1. **desdén** indiferencia con desprecio
   El conde nunca trata a nadie con desdén.

2. **entierro (enterrar-ie)** acción de enterrar o sepultar a un muerto
   Fue un entierro solemne e impresionante.

3. **merece (merecer-zc)** es o se hace digno de algo
   Este rapaz merece un castigo por habernos robado el dinero.

4. **torcida (torcer-ue)** *twisted, bent*
   El accidente lo dejó con la mano torcida.

Note: As an assignment, you may wish to have students create original sentences using these vocabulary items. Exaggerated or humorous sentences may be used in order to check students' knowledge of proper use.

PRÁCTICA

Completa con una palabra de la lista.

merece   torcidos
el entierro   desdén

1. merece 2. torcidos 3. el entierro 4. desdén

1. Su amigo murió ayer y _____ tendrá lugar mañana a las tres en El Paso.

2. Todos los artistas jóvenes tienen mucho talento, pero el pintor de este cuadro _____ el premio.

3. El pordiosero me miró con _____ cuando yo le ofrecí la única peseta que tenía.

4. El enano, además de su baja estatura, tenía los pies _____.

EL GRECO
(DOMENIKOS THEOTOKÓPOULOS)
(1540-1614)

Note: Have students observe and consider El Greco's paintings. Ask them to note and to comment about the unusual qualities, style and colors that he used. Read with the entire class and lend your help as needed for comprehension.

Este pintor nace en la isla griega de Creta. Es por eso que se le conoce como El Greco. Hace la mayoría de su trabajo en España. Inspirado por los místicos, refleja en su pintura la emoción religiosa y la aspiración espiritual de ese país.

Lo más notable de su obra es el alargamiento y la anatomía torcida de las figuras, las líneas onduladas¹ y el uso del color. Trata de revelar en su pintura el desdén hacia la verdad material.

A sus treinta y tantos años El Greco vive en Toledo, ciudad inmortalizada en su famoso cuadro *Vista de Toledo*, el cual merece considerarse como uno de los mejores paisajes² en la historia del arte.

En otra obra, titulada *El Entierro del Conde de Orgaz* logra el artista expresar en forma material la relación entre lo natural y lo sobrenatural.

¹ **onduladas** en forma de olas (*wavy*)
² **paisaje** vista del conjunto de montañas, ríos, campo

Vista de Toledo, de El Greco

Note: Have students read and answer the questions. Increase their interest by varying or embellishing the answers.

A. 1. por ser griego, de Creta
2. los místicos 3. la emoción religiosa y la aspiración espiritual de España
4. figuras alargadas y torcidas, las líneas onduladas y el uso del color
5. su desdén hacia la verdad material 6. en Toledo 7. uno de los mejores paisajes en la historia del arte 8. *El entierro del Conde de Orgaz,* porque logra expresar en forma material la relación entre lo natural y lo sobrenatural

Note: On an overhead projector or the board list all the new ideas resulting from research. How did he overcome adversity? Life in Spain? Name his masterpiece.

Note: Avoid rushing through vocabulary practice. Stimulate interest with intensive drill using synonyms and antonyms.

1. los bufones 2. el lienzo 3. tacha 4. los enanos 5. retrata

PARA APLICAR

COMPRENSIÓN

A *Contesta las siguientes preguntas.*

1. ¿Por qué le dan el nombre de El Greco a Doménikos Theotokópoulos?
2. ¿Quiénes influyeron en su trabajo?
3. ¿Qué representa en sus obras?
4. Describe sus pinturas.
5. ¿Qué revela en sus obras?
6. ¿En qué ciudad española va a vivir?
7. ¿Cómo describen algunos críticos el cuadro *Vista de Toledo*?
8. ¿Cuál es su obra más importante y por qué?

POR SI ACASO...

Busca más detalles de la vida de El Greco. Trabajando con un compañero comparen sus notas y contesten estas preguntas: ¿Tuvo una vida feliz? ¿Qué otros artistas y situaciones históricas ejercieron influencia sobre él y su arte? Busca otros ejemplos de sus pinturas. Luego preparen un informe para presentar en clase.

PARA AUMENTAR EL VOCABULARIO

PALABRAS CLAVE II

1. **bufones** payasos (*clowns*), actores cómicos
   Los bufones eran los cómicos de las cortes.
2. **enanos** personas muy pequeñas
   Los enanos son muy bajos. Muchos de ellos trabajaban como bufones.
3. **lienzo** tela sobre la cual pinta el artista; obra pintada
   Las meninas está pintada sobre un lienzo enorme.
4. **retrata (retratar)** pinta o saca fotos de personas o paisajes
   Velázquez quería al rey y lo retrató con cariño y fineza.
5. **tacha (tachar)** borra, elimina, cancela
   Mariano tacha los números incorrectos.

PRÁCTICA

Completa con una palabra de la lista.

los enanos	el lienzo	retrata
tachar	los bufones	

1. Los reyes se divierten con las gracias de _____.
2. El pintor sabe captar la personalidad de su modelo y pintarla en _____.
3. El artista _____ lo innecesario del lienzo.
4. Me da pena que se rían de _____.
5. Velázquez _____ a la familia real en escenas muy familiares.

Diego Rodrigo de Silva y Velázquez
(1599-1660)

Pintor de extraordinario realismo es Velázquez. Su genio se manifiesta en la habilidad de captar[1] la personalidad de su modelo y plasmarla[2] en el lienzo.

Hijo de padre portugués y madre andaluza, Velázquez nace en Sevilla. Estudia y trabaja en el taller del pintor Francisco Pacheco. Se casa con la hija de su maestro y la retrata en una obra titulada *La Sibila*.[3]

A los veintiséis años se pone al servicio del rey Felipe IV y se dedica a retratar al rey y a la gente de la corte, inclusive los bufones y los enanos. Son los retratos los que le dan su mayor fama. En ellos se establece la importancia de luz y sombra para crear ilusiones de distancia entre figuras humanas y cosas.

Se dice que Velázquez tiene costumbre de firmar sus retratos sencillamente como «pintor del rey». Muy impresionado con uno de los retratos reales, el rey mismo tacha la firma y la reemplaza con «rey de los pintores».

Entre las obras más conocidas de Velázquez están *Las Meninas*[4] y *La Rendición de Breda*. Ésta a veces se llama *Las Lanzas* a causa de las muchas lanzas que aparecen en la escena dramática de la rendición[5] del pueblo de Breda[6] a las tropas españolas.

(Se puede ver otra obra de Velázquez en la página 23.)

[1] **captar** percibir, comprender
[2] **plasmar** dar una forma concreta a algo material o figurado, representar fielmente
[3] **sibila** mujer dotada de espíritu profético (*sibyl*)
[4] **meninas** mujeres que servían a la reina o las infantas
[5] **rendición** el acto de rendirse (*surrender*)
[6] **Breda** ciudad en Holanda

La rendición de Breda o *Las lanzas* de Diego de Velázquez (1634)

Las Hilanderas (1625)
de Diego de Velázquez

PARA APLICAR

COMPRENSIÓN

A *Contesta las siguientes preguntas.*

1. ¿Deforma o exagera Velázquez las figuras que lleva al lienzo?
2. ¿Dónde nació Velázquez?
3. ¿Con quién estudió?
4. Más tarde, ¿con quién se casó?
5. ¿A qué edad fue a trabajar para el rey?
6. ¿Quiénes eran las personas (los sujetos) de sus primeras obras en la corte de Madrid?
7. ¿Qué elemento utilizó para distinguirse entre otros pintores?
8. Relata la anécdota de la firma del pintor.

1. Haz un estudio breve de Velázquez, incluyendo algo sobre su vida, su arte y su importancia para el arte moderno.
2. ¿Dónde se pueden ver las obras de Velázquez?
3. Cita los nombres de algunos de los cuadros de Velázquez.
4. Conversa con otros en un grupo sobre obras históricas como la del cuadro *La rendición de Breda*. ¿Te gusta esta obra? ¿Has visto obras que simbolizan momentos históricos? Nombra algunas. ¿Te gustan? ¿Puedes producir en escala más pequeña una representación semejante? Di por qué.

PARA AUMENTAR EL VOCABULARIO

Note: Present and practice the vocabulary until students have learned it well.

PALABRAS CLAVE III

1. **caprichos** humoradas; obras de arte llenas de ingenio e imaginación
   Los caprichos reflejan la ira y las frustraciones de Goya.
2. **despreciar** no estimar, no respetar algo o alguien
   Goya no puede respetar al rey. Así va a despreciar todo lo relacionado con esa sociedad.
3. **espanto (espantar)** terror, susto
   Debido al espanto sufrió un ataque cardíaco.
4. **fusilar** ejecutar o matar con fusil u otra arma de fuego
   Van a fusilar a los prisioneros en la plaza.
5. **trasladar(se)** llevar(se), cambiar(se) o mudar(se) de lugar
   Van a trasladar la oficina de Monterrey a Puebla.

La infanta Margarita, de Diego de Velázquez

PRÁCTICA

Completa con una palabra de la lista.

espanto	fusilar
trasladar	Los caprichos
despreciar	

1. Después de capturar a los rebeldes, los van a _____ en seguida.
2. El presenciar un fusilamiento le da _____ a cualquiera.
3. El director va a _____ su trabajo si lo hace con poco entusiasmo.
4. _____ parecen ser obras de una persona llena de furia, hasta locura.
5. Es imposible _____ al lienzo el odio y resentimiento que siente hacia la sociedad corrupta.

1. fusilar 2. espanto
3. despreciar 4. Los caprichos
5. trasladar

[1] **sordo** que no puede oír

[2] **aguza** *sharpens*

[3] **majas** (mujeres) guapas y elegantes

[4] **tapices** (tapiz) tejidos de lana o seda con figuras, flores, etc.

[5] **El Escorial** monasterio construido por Felipe II, cerca de Madrid. Tiene una rica colección de cuadros y tapices.

FRANCISCO DE GOYA Y LUCIENTES
(1746—1828)

No menos brillante luce la estrella de Francisco de Goya, pintor de gran genio y de estilo sumamente individual. Es un artista prolífico que es considerado un precursor importante de la pintura moderna. Sordo[1] en los años avanzados, este impedimento le aguza[2] la vista y el talento para pintar.

Goya recorre todas las ciudades de punta a punta. Visita los barrios bajos; juega con los niños de la calle; se entretiene en las tabernas; charla en los salones con las majas[3]. Y cada una de tales escenas populares aparece en sus cuadros. La Real Fábrica de Tapices[4] en Madrid copia estas escenas que hoy se pueden ver en el monasterio El Escorial[5] y en el Museo del Prado, uno de los más importantes de Europa.

Goya vive durante días de guerra. Presencia la cruel represión del pueblo madrileño por las fuerzas napoleónicas el dos de mayo de 1808. Ve también la heroica resistencia de la gente y las terribles consecuencias de agonía, fusilamiento y muerte que siguen al día tres de mayo. Todo el dolor, el espanto y la tragedia de esos días históricos se trasladan a la tela[6] del artista. (Ver *Los fusilamientos del tres de mayo*, página 21.)

En las aguafuertes[7] de sus *Caprichos*, Goya llega a denunciar la naturaleza humana, demostrando aspectos caprichosos de la vida como la ve él.

Pintor de la corte de Carlos IV, Goya pinta a la familia real con brutal realismo, revelando en su obra el desprecio que siente hacia la debilidad e ineficacia[8] del monarca.

[6] **tela** lienzo

[7] **aguafuertes** *etchings*

[8] **debilidad e ineficacia** estado débil e incompetente

Manuel Osorio de Zúñiga, de Francisco de Goya

PARA APLICAR

COMPRENSIÓN

A *Contesta las siguientes preguntas.*

1. ¿Cómo se clasifica a Goya?
2. ¿Qué quiere decir prolífico? ¿Por qué dicen que Goya es prolífico?
3. ¿De qué defecto físico sufría cuando ya era adulto?
4. ¿Cómo se ve que Goya no era de la clase aristocrática?
5. Cita los lugares donde se pueden ver hoy las escenas pintadas por Goya.
6. ¿Cuándo vivió Goya?
7. ¿Qué escenas traslada al lienzo?
8. ¿Qué denuncia en sus *Caprichos*?
9. ¿Qué distinción adquirió Goya?
10. ¿Cómo representa a la familia real?

A. **1.** precursor de la pintura moderna **2.** produce mucho **3.** Era sordo. **4.** sus contactos con la gente **5.** La Real Fábrica de Tapices, El Escorial y el Prado **6.** Durante días de guerra de 1808. **7.** la heroica resistencia de la gente; la tragedia de esos días **8.** la naturaleza humana **9.** pintor de la corte **10.** con brutal realismo

POR SI ACASO...

1. Después de observar la reproducción de la obra de Goya, ¿puedes formar una opinión de su personalidad y carácter? ¿En qué basas tu opinión? ¿Crees que era un hombre ordinario? Explica por qué (no) te hubiera gustado conocerlo. ¿Tienes la fuerza de exponerte al peligro mortal para defender tus ideas?
2. Haz una investigación en grupo de los temas en la lista. Después en grupos comparen sus notas y preséntenlas a la clase. Se recomienda que tomes apuntes de la presentación del otro grupo.

Grupo I

Carlos IV
La reina María Luisa de Parma
Manuel Godoy

Grupo II

Napoleón y José Bonaparte
Fernando VII
el dos de mayo
el tres de mayo

El sueño de la razón produce monstruos,
de Francisco de Goya

Guernica (1937)
de Pablo Ruiz Picasso

PARA AUMENTAR EL VOCABULARIO

PALABRAS CLAVE IV

1. **colmo** punto culminante, último grado
   Con esa pintura el artista llegó al colmo de su brillante carrera.
2. **desnudos** sin ropa, representación artística de la figura humana sin vestido
   Estatuas de dioses mitológicos, a veces desnudos, rodean el anfiteatro.
3. **hervir (ie)** agitarse un líquido al ser calentado
   Voy a hervir el agua para preparar una taza de té.
4. **ira** enojo, cólera, rabia
   Los niños que no se portan bien causan la ira de los padres.

PRÁCTICA

Completa con una palabra de la lista.

hervir	*ira*
el desnudo	*el colmo*

1. En la escala centígrada va a _____ el agua a cien grados.
2. _____ se colocó en una postura decorosa para que el artista pudiera dibujarlo.
3. Algunos creen que el cuadro de *Guernica* pintado por Picasso es _____ del arte moderno.
4. Trata de controlar tu _____ sin levantar la voz.

1. hervir 2. El desnudo
3. el colmo 4. ira

PABLO RUIZ PICASSO
(1881-1973)

El pintor más renombrado de los tiempos modernos es Pablo Picasso. Sus arlequines[1], sus músicos melancólicos y sus mujeres masivas preocupan a todo el mundo.

Nace el artista en Málaga, España, pero a principios del siglo veinte, su padre, profesor de arte de una academia barcelonesa, le envía a París para continuar sus estudios. Allí, gana fama con sus pinturas del «Período Azul», retratando a la gente pobre. (*El Viejo Guitarrista*, 1903, y *Le Gourmet*). Poco después aparecen las obras del «Período Rosado», que frecuentemente tratan de la gente del circo.

En 1907 Picasso pinta *Les Demoiselles d'Avignon*, una obra revolucionaria que le trae fama en el movimiento cubista[2]. Se dice que un cubista entra en el marco[3] de su obra, camina alrededor de su sujeto y lo observa de varios ángulos que le parecen significantes. Luego los registra en el lienzo tal como son sus impresiones de la forma. En el arte cubista la forma se reduce a una serie de elementos decorativos.* Dos obras monumentales de Picasso, ambas llamadas *Los Tres Músicos*, indican el colmo de su cubismo. Al mismo tiempo pinta escenas neoclásicas con desnudos gigantescos y temas mitológicos. Unos años más tarde, los surrealistas van a influir en Picasso y a la vez van a ser influidos por él.

[1] **arlequines** personajes vestidos con máscara y traje de cuadros de distintos colores (*harlequins*)

[2] **cubista** artista de una escuela moderna de pintura que reduce los contornos de formas naturales a sus equivalentes geométricos

[3] **marco** *frame*

El Viejo Guitarrista de Pablo Ruiz Picasso

* «un cubista entra... elementos decorativos» traducido de *Art and Civilization* por Bernard S. Myers, McGraw-Hill Book Co., 1967, p. 367

[4] **bombarderos** aviones de guerra que lanzan bombas

Muchos lo asocian con el arte francés, pero en 1937 le hierve a Picasso la sangre española. En abril de aquel año, el Generalísimo Francisco Franco ordena a los bombarderos[4] alemanes que destruyan el pueblo de Guernica en el norte de España. Aquel bombardeo aéreo tan destructivo inspira el famoso y simbólico cuadro mural *Guernica*, en el cual Picasso captura la ira, la angustia y el horror de aquella tragedia.

En su larga vida, Picasso gana fama como pintor, escultor, dibujante, ceramista y grabador. De sus obras él mismo ha dicho: "Yo pinto a la manera de algunos que escriben su autobiografía. Las pinturas, terminadas o no, son las páginas de mi diario. El futuro escogerá las páginas que prefiera. No me toca a mí escoger.**

Los Tres Músicos (1921)
de Pablo Ruiz Picasso

** Traducido de *Life with Picasso* por Françoise Gilot y Carlton Lake, McGraw-Hill Book Co., 1964, p. 123

PARA APLICAR

COMPRENSIÓN

A *Contesta las siguientes preguntas.*

1. ¿Qué temas escoge Picasso para sus obras?
2. ¿En qué parte de España nació Picasso y dónde estudió arte?
3. ¿Qué representó en su «Período Azul»? ¿En el «Período Rosado»?
4. ¿En qué período entra después? Cita una obra famosa de ese período.
5. Describe lo que hace el artista cubista.
6. ¿Qué otra influencia afectó a Picasso más tarde?
7. En 1937, ¿qué evento le inspiró para crear su obra más conocida?
8. ¿Qué capta en *Guernica*?
9. ¿En qué otros ramos del arte ganó éxito?
10. ¿Cómo describe Picasso sus obras?

POR SI ACASO...

Con un(a) compañero(a) conversen sobre Pablo Picasso, su vida, sus estudios, las distintas etapas de sus trabajos. Si pudieras, ¿comprarías una reproducción de una obra suya? ¿Cuál escogerías? Algunos lo critican por decir que vivió demasiados años. ¿Estás de acuerdo? ¿Cuál es una obligación de los artistas en cuanto a lo realista?

PARA AUMENTAR EL VOCABULARIO

PALABRAS CLAVE V

1. **colocar** poner en un lugar a una persona o cosa
   Vamos a colocar el cuadro en la sala donde todos puedan admirarlo.
2. **extraña** de nación o género distinto, rara
   ¿Por qué me estás mirando de una manera tan extraña?
3. **flojos** sin fuerza, débiles, desapretados
   Que no estén flojos los cordeles si piensas mandar este paquete por correo.
4. **voluntad** disposición, ánimo para hacer algo (*will*)
   Según la voluntad de la mayoría, la reunión será el viernes.

PRÁCTICA

Completa con una palabra de la lista.

extraña	*colocar*
la voluntad	*flojos*

1. Para que no vea el regalo antes de su cumpleaños, lo podemos _____ en mi dormitorio.
2. En su delirio le apareció una visión bien _____.
3. Muchos atribuyen tal milagro a _____ de Dios.
4. Los hilos _____ indican que la tela es verdaderamente antigua.

SALVADOR FELIPE
JACINTO DALÍ
(1904-1989)

Salvador Dalí con su
mascota "Oscar"

Dalí, nacido en Cataluña, es representante del surrealismo en el arte español. En sus cuadros, pintados como si fueran soñados, las figuras humanas y los objetos se transforman en imágenes fantásticas, muchas veces colocadas en paisajes que representan un desierto. *La Persistencia de la Memoria* (1931) es uno de los más conocidos cuadros de Dalí. Los relojes flojos simbolizan la relatividad del tiempo y la capacidad del artista de sujetar el tiempo a su propia voluntad.

El surrealismo es un movimiento en el arte moderno que trata de expresar el subconsciente. Empezó en Francia adelantado por André Breton*, pero es Salvador Dalí quien lo populariza en los Estados Unidos. Dalí se expresa mostrando su espíritu de libertad del convencionalismo por su pintura automática, es decir, pintando como si no tuviera nociones preconcebidas y sacando ideas e imágenes de los sueños. Para despertar el conocimiento del observador, Dalí coloca imágenes familiares en espacios inmensos con relaciones enigmáticas e incongruentes. Dalí decía que producía sus pinturas en un estado de delirio psicológico.

Aparición de un rostro y una copa de fruta en una playa de Salvador Dalí

Tal vez por eso sus pinturas nos atraen por su oscuridad más bien que por su claridad.

En su obra *Aparición de un rostro y una copa de fruta en una playa*, Dalí nos presenta una extraña imagen de varias figuras que son más de una cosa a la vez. Esta obra muestra, principalmente, un rostro, una copa llena de fruta y la figura de un perro. El contorno[1] del perro, sobre todo el contorno de la cabeza, puede también representar el paisaje de fondo. La copa de fruta se convierte en la frente del rostro. La mesa donde está la copa también puede ser la arena de la playa. El cuadro tiene que ser examinado cuidadosamente para detectar las diferentes funciones de cada figura. Todo representa el deseo de Dalí de dibujar en imágenes concretas lo ilógico, lo ilusorio, lo espontáneo, los impulsos irracionales del hombre moderno.

En los cuadros de Dalí existen todos los elementos más extravagantes del surrealismo. Es un pintor fascinante. Su éxito es glorioso. Es tal vez el artista más discutido de hoy. Es uno de los artistas más discutidos en parte porque no se distanciaba de sus admiradores.

[1] **contorno** *shape*

* André Breton: líder en el movimiento surrealista en Francia, amigo de Dalí que le puso a su nombre el anagrama sarcástico «Idsavadollar»

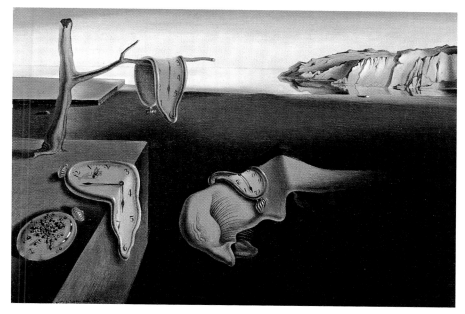

La persistencia de la memoria (1931)
(*Persistance de la mémoire*, 1931
de Salvador Dalí

PARA APLICAR

COMPRENSIÓN

A *Contesta las siguientes preguntas.*

1. ¿De qué parte de España es Salvador Dalí?
2. ¿Cómo son sus obras?
3. Nombra uno de sus cuadros más conocidos. ¿Qué representan los relojes flojos?
4. ¿Qué es el arte surrealista? ¿Dónde empezó el movimiento? ¿Adónde lo llevó Dalí?
5. ¿Cómo se ve que Dalí no es conformista?
6. ¿En qué estado parecía estar cuando hacía sus obras?
7. ¿Qué quiere representar por medio de sus imágenes?

POR SI ACASO...

Trabaja en grupo con cinco compañeros. Cada uno debe escoger uno de los temas siguientes. Después en grupo, van a presentar y charlar de los resultados de los estudios.

1. La vida de Dalí
2. Su mujer Gala (Nota: Dalí se casó con una artista llamada Gala. Su vida de matrimonio fue muy interesante aunque muy diferente de la mayoría de los casados.)
3. La personalidad exagerada de Dalí
4. La comercialización de su obra
5. Distintas obras hechas fuera del lienzo
6. Todos: ¿Lo consideran genio? Den sus justificaciones.

A. 1. de Cataluña 2. como si fueran soñadas 3. *La persistencia de memoria*; la relatividad del tiempo, la capacidad del artista de sujetar el tiempo a su voluntad 4. arte que trata de expresar el subconciente; en Francia; a los EE.UU. 5. Coloca imágenes familiares en espacios inmensos. 6. en un estado de delirio psicológico 7. lo ilógico, lo ilusorio, lo espontáneo y lo irracional

FRIDA KAHLO
(1907-1954)

[1] **autorretratos** retratos de
   sí mismo
[2] **enlace** unión
[3] **izquierdistas** *leftist*
   (politically)
[4] **cintas entrelazadas** *intertwining
   ribbons*
[5] **iconográfico** se refiere a
   la ciencia de las imágenes
   y pinturas (representación
   simbólica)
[6] **patrimonio** lo que se hereda
   del padre

Nacida en Coyoacán, sector de la capital de México, Frida Kahlo intentaba seguir una carrera en el campo de la medicina, pero un accidente de autobús la dejó con daños severos, hospitalizaciones y recuperaciones prolongadas durante el resto de su vida.

Debido a su inmovilidad, empezó a pintar autorretratos[1] acostada con un espejo encima de la cama durante los largos períodos de recuperación. Dicho accidente de trágicos resultados inspiró una reserva de imágenes, colores vivos y temas para sus obras (o sus lienzos).

En 1929 se casó con Diego Rivera y el enlace[2] intenso con él llegó a ser otro tema recurrente en su arte. Las ideas políticas e izquierdistas[3] de los Rivera condujeron a su auto-expatriación en los EE.UU. por varios años.

La mayoría de las obras de esta artista son populares, tienen rasgos de fantasía surrealista que constituye un simbolismo personal. Su autobiografía se ve en obras tales como el *Hospital Henry Ford* (1932), *La columna rota* (1944), *Lo que me dio el agua* (1938). En el autorretrato de 1940 las cintas entrelazadas[4] en el pelo con un mono favorito demuestran el uso personal e iconográfico[5] de material autobiográfico.

Después de la muerte de Frida Kahlo, en 1954, Rivera obsequió su casa al pueblo mexicano como museo, y su obra fue designada patrimonio[6] nacional en 1985.

*Autorretrato como tehuana
(Diego en mi mente)* (1943),
de Frida Kahlo

Magnolias (1947),
de Frida Kahlo

PARA APLICAR

COMPRENSIÓN

A *Contesta las siguientes preguntas.*

1. ¿Qué le pasó a Frida Kahlo que influyó en su pintura?
2. ¿Con quién se casó ella? ¿Cuándo?
3. ¿Por qué se exiliaron de México los dos?
4. ¿Cómo es el arte de Kahlo?
5. Describe el autorretrato de la página 16.

PARA CONTINUAR CONVERSANDO

1. ¿Te gusta dibujar o pintar? ¿Qué medio prefieres? (óleo, acuarela, acrílico, etc.)
2. De niño(a), ¿tuviste libros para iluminar?
3. Si fueras a crear un autorretrato, ¿en qué características personales te concentrarías? ¿Cómo te ves? Descríbete a tus compañeros de clase.
4. Se puede decir que la palabra clave de la vida de Frida Kahlo fue la pena (o el dolor). ¿Cuál sería la palabra clave de tu vida?
5. Se miraba en el espejo y determinó «Frida adentro, Frida afuera, Frida en todas partes, Frida hasta el infinito.» Examínate en el espejo y determina lo que ves.
6. Los animales de sus obras representan los hijos que nunca tuvo. ¿Tienes animales importantes en tu vida? ¿Es posible llegar a ser absurdo en la relación con animales domésticos?

A. 1. un accidente de autobús la dejó con daños severos.
2. con Diego Rivera en 1929
3. por sus ideas políticas
4. fantasía surrealista con rasgos personales 5. Answers will vary.

Note: Have students form pairs or groups and ask them to use these questions in friendly conversation. Stimulate discussion and conversation with questions that will have individual answers.

Galería en el Museo Picasso, París

Para Gozar

La pintura moderna

Escena:	*En un museo de pintura moderna*
Personajes:	*Un artista de pintura moderna y un amigo suyo que está mirando un cuadro del artista*
Artista:	Sí, amigo mío; todo ha cambiado en el arte de la pintura moderna. La pintura está cambiando día a día, en cuanto a su utilización. Ahora no mostramos nada al espectador; nos limitamos a sugerirle...
Amigo:	¿Cómo? ¿Qué quiere usted decir?
Artista:	Ya verá usted. Este cuadro mío representa a un ladrón robando una caja de caudales¹.
Amigo:	Pero no veo por ninguna parte la caja.
Artista:	Sí, claro. ¿Cómo va usted a ver la caja si se la ha llevado el ladrón?
Amigo:	Es que tampoco veo al ladrón.
Artista:	¡Es cosa muy natural! ¿Conoce usted algún ladrón que después de robar una caja de caudales no se escape inmediatamente?

El dorado del azul (1967) de Joan Miró

POR SI ACASO...

1. Prepárate a hacer comentarios sobre una reproducción que te gusta.
2. Haz unos comentarios (orales o escritos) sobre el arte moderno y el arte clásico.
3. Habla de un ejemplo de arte que más te impresiona y di por qué.
4. Di (en serie) todas las frases que puedas sobre uno de los artistas mencionados aquí.

Una figurina cerámica de Joan Miró

LOS FUSILAMIENTOS DE LA MONCLOA
MANUEL MACHADO (1874-1947)

PARA PRESENTAR LA LECTURA

repercute hondamente
it spreads widely and profoundly

Durante el siglo diecinueve, era costumbre que los artistas y escritores americanos siguieran fielmente los estilos y las corrientes que dictaban los maestros europeos. Pero durante el cambio de siglo ocurre un fenómeno cultural. Un movimiento literario nacido en América se traslada a Europa donde repercute hondamente. El movimiento, llamado el modernismo y encabezado por el nicaragüense Rubén Darío, llega a España donde influye en poetas como Juan Ramón Jiménez y los hermanos Antonio y Manuel Machado. De estos últimos, será Manuel Machado el más entusiasmado con la versatilidad en el tema y estilo de la nueva corriente.

Una de las variantes del modernismo favorita de Manuel Machado es la elaboración de temas tomados de la pintura. El siguiente soneto parece una descripción de una obra de Goya.

ACTIVIDADES

Contesta con unos compañeros.

1. Indica unas tendencias que compartían Europa y los países de América pero que cambiaron a fines del siglo pasado.

El dos de Mayo
de Francisco de Goya

LOS FUSILAMIENTOS DE LA MONCLOA

Él lo vio... Noche negra, luz de infierno...
Hedor[1] de sangre y pólvora[2], gemidos[3]...
Unos brazos abiertos, extendidos
en ese gesto del dolor eterno.

Una farola[4] en tierra, casi alumbra,
con un halo amarillo que horripila[5]
de los fusiles la uniforme fila[6]
monótona y brutal en la penumbra[7].

Maldiciones[8], quejidos[9]... Un instante,
primero que la voz de mando suene,
un fraile[10] muestra el implacable cielo.

Y en convulso montón agonizante,
a medio rematar[11], por tandas[12] viene
la eterna carne de cañón al suelo.

[1] **Hedor** olor desagradable
[2] **pólvora** *gunpowder*
[3] **gemidos** *moans, groans*
[4] **farola** *a big lantern*
[5] **horripila** *horrifies*
[6] **fila** *row*
[7] **penumbra** sombra débil
[8] **Maldiciones** *curses*
[9] **quejidos** gemidos
[10] **fraile** *friar*
[11] **rematar** *to finish off*
[12] **tandas** *groups*

ACTIVIDADES

1. Con un(a) compañero(a) analicen el estilo tomando en cuenta el vocabulario, la brevedad de las frases y los sonidos.
2. ¿Cuál es el objetivo del poeta? ¿Cómo nos impresiona con este vocabulario selectivo?
3. ¿Pinta este poema un cuadro bonito, agradable o repugnante? Expliquen por qué.

El tres de Mayo (1808) de Francisco de Goya

ACOMPÁÑANOS

¹ **alcanzarlos** encontrarlos
² **vale** muy bien
³ **han de tener** deben de tener

CARLOS: Un momento, Lalo. ¿Adónde vas con tanta prisa?

LALO: ¡Qué milagro encontrarme contigo aquí! ¿Conoces a Nela Gómez? Vamos al Museo de Arte Contemporáneo. ¿Por qué no vienes con nosotros? Dicen que vale la pena.

CARLOS: ¿Puedo alcanzarlos¹ un poco más tarde? Tengo el coche de mi padre y tengo que entregárselo en seguida. Él me espera muy impaciente porque los jueves siempre visita a mi abuela.

LALO: No hay problema. El museo no se cierra hasta las ocho. Creo que puedes ver todo en un par de horas.

CARLOS: Vale². No quiero perderme esa exhibición tan discutida.

LALO: Se me ocurre una idea. ¿Tardas mucho en regresar?

CARLOS: No, está muy cerca... a unos pasos. Papá puede llevarme al museo.

NELA: Como hoy es el primer día, han de tener³ colas largas. ¿Qué te parece si te conseguimos la entrada y te esperamos al lado derecho de la puerta principal?

CARLOS: Vale. Estupendo. No tardo. Nos vemos allí.

COMPRENSIÓN

A. 1. con Lalo y Nela **2.** al Museo de Arte Contemporáneo **3.** tiene que entregar el coche a su padre **4.** Visita a su madre. **5.** a las ocho **6.** Sí, en un par de horas **7.** conseguir las entradas y esperarlo al lado derecho de la puerta principal

B. 1. Lalo y Nela tienen prisa porque van al museo. **2.** Carlos quiere alcanzarlos un poco más tarde porque tiene que entregar el coche de su padre. **3.** Su padre está impaciente porque los jueves visita a su madre. **4.** El museo está abierto hasta las ocho y Lalo cree que se puede ver todo en un par de horas. **5.** Carlos no quiere perder la exhibición tan discutida. **6.** Nela dice que hoy es el primer día y han de tener colas largas. **7.** Carlos dice que está de acuerdo.

A *Contesta las preguntas.*
1. ¿Con quiénes se encuentra Carlos?
2. ¿Adónde van ellos?
3. ¿Por qué no puede Carlos ir con ellos en seguida?
4. ¿Qué costumbre tiene el padre de Carlos los jueves?
5. ¿A qué hora se cierra el museo?
6. ¿Tendrán tiempo para ver todo?
7. ¿Qué idea se le ocurre a Lalo?

B *Termina las frases según las ideas de la conversación.*
1. Lalo y Nela / prisa / museo
2. Carlos / un poco más tarde / coche
3. Su padre /impaciente / los jueves
4. El museo / hasta las ocho / un par de horas
5. Carlos / perder / la exhibición
6. Nela / el primer día / colas largas
7. Carlos / de acuerdo

EN EL MUSEO

CARLOS: Mi papá dice que hay pocos museos tan estupendos como el Prado en Madrid.

NELA: ¿Lo ha visto?

CARLOS: Sí. Su negocio lo lleva a menudo a la capital de España y siempre se aprovecha de su estadía para visitar el museo.

LALO: Me gustaría sobre todo visitar el salón Goya. Goya es mi artista favorito.

NELA: A mí me gustan más los cuadros de Velázquez. *Las Meninas* es una obra maestra. El artista mismo aparece en la pintura.

Las Meninas (1656) de Diego Rodrigo de Silva y Velázquez

CARLOS:	¿Sabes una cosa curiosa? A veces un museo le presta a otro museo una obra de arte para que todo el mundo pueda conocerla sin tener que viajar.
NELA:	¡Qué buena idea! Yo sé que el Louvre de París tiene hermosos y variados objetos artísticos creados por artistas de muchos países. *La Mona Lisa* de Leonardo da Vinci está allí.
LALO:	¡Ah, sí, la mujer con la sonrisa enigmática! Pero me dicen que la manera de exhibir *La Mona Lisa* no llama mucho la atención.
CARLOS:	Eso se cambia de vez en cuando. Hubo una época en que *Las Meninas* de Velázquez se exhibía de una manera bien interesante.
NELA:	Dime, dime.
CARLOS:	Bueno, en los cuadros de Velázquez se establece la importancia de luz y sombra para crear ilusiones de distancia entre las figuras humanas y las cosas. La profesora dice que antes se exhibía el cuadro de *Las Meninas* colocado frente a un espejo largo que reflejaba la imagen de la pintura, dándole así más dimensión.
NELA:	¡Ojalá tenga la oportunidad de visitar el Prado un día! El museo es como el espíritu humano encajado en obras de arte.

"Mi papá dice que hay pocos museos tan estupendos como el Prado en Madrid."

COMPRENSIÓN

A *Contesta las preguntas.*

1. ¿Qué es el Prado?
2. ¿Qué hace el padre de Carlos cada vez que va a Madrid?
3. ¿Qué parte del Prado tiene ganas de visitar Lalo?
4. ¿Qué artista prefiere Nela?
5. Describe en breve su obra maestra.
6. ¿En qué manera cooperan unos museos con otros?
7. ¿Qué obra famosa está en el Louvre de París? Descríbela.
8. Antes, ¿cómo se exhibía *Las Meninas?* ¿Por qué?

B *Termina las frases según las ideas de la conversación.*

1. Entre los museos estupendos del mundo...
2. Lalo prefiere visitar...
3. A Nela le interesan más...
4. Uno no siempre tiene que ir a otra ciudad a ver los cuadros más conocidos porque...
5. En el Louvre de París se encuentra...
6. En los cuadros de Velázquez se nota...
7. Antes se colocaba *Las Meninas* frente a un espejo largo para...
8. Vale la pena visitar un museo que es como...

PARA PRACTICAR

A *Un(a) alumno(a) pregunta; otro(a) contesta.*

1. ¿Quieres que entremos en este museo?
2. ¿Dudas que tus padres nos permitan visitarlo?
3. ¿Me permites que te haga un comentario sobre este artista?
4. ¿Es posible que esté abierto el museo el domingo?
5. ¿Es necesario que discutamos el cuadro antes de verlo?
6. ¿Deseas que el guía nos diga detalles de esa pintura?
7. ¿Crees que haya obras modernas en el museo?

B *Haz frases completas usando las palabras sugeridas.*

1. artista / pintar / cuadros / representar / escena / vida / diaria
2. pintor / retratar / personas / calle / corte / obra
3. notable / obras / El Greco / ser / alargamiento / figuras / anatomía / torcida
4. Goya / presenciar / represión / madrileños / fuerzas / napoleónicas / dos de mayo
5. obras / Velázquez / establecerse / importancia / luz y sombra / ilusiones / distancia

A. 1. el museo de arte en Madrid **2.** Visita el museo. **3.** el salón de Goya **4.** Velázquez **5.** el artista aparece en la obra **6.** se prestan obras de arte **7.** *La Mona Lisa* de Leonardo Da Vinci, la mujer con la sonrisa enigmática **8.** frente a un espejo que reflejaba la imagen de la pintura, dándole más dimensión

B. 1. está el Prado de Madrid. **2.** el salón de Goya. **3.** los cuadros de Velázquez. **4.** se cambian obras con otros museos. **5.** la Mona Lisa de Leonardo Da Vinci. **6.** la importancia de la luz y la sombra. **7.** reflejar la imagen, dándole más dimensión. **8.** el espíritu humano encajado en obras de arte.

A. Answers will vary.

B. 1. El artista pinta cuadros para representar escenas de la vida diaria. **2.** El pintor retrata a personas de la calle y de la corte en su obra. **3.** En las obras de El Greco es notable el alargamiento y la anatomía torcida de las figuras. **4.** Goya presenció la represión de los madrileños por las fuerzas napoleónicas el dos de mayo. **5.** En las obras de Velázquez se establece la importancia de luz y sombra para crear ilusiones de distancia.

ESTRUCTURA

EL PRESENTE—VERBOS REGULARES

VERBOS DE LA PRIMERA CONJUGACIÓN

Repasa las formas de los verbos regulares de la primera conjugación.

mirar

(yo)	miro	(nosotros)[as]	miramos
(tú)	miras	(vosotros)[as]	miráis
(Ud., él, ella)	mira	(Uds., ellos, ellas)	miran

EJERCICIOS

A **¿Qué haces esta tarde?** *Claudio pregunta por los planes para esta tarde.*

> CLAUDIO: **¿Trabajas después de clases? (descansar)**
> MARISA: *No trabajo porque descanso hoy.*

A. 1. bailo **2.** pinta **3.** visitan
4. los dejo **5.** terminamos

1. ¿Cantas con el coro? (bailar en los programas)
2. ¿Limpia Ricardo sus pinceles los sábados? (pintar más el cuadro)
3. ¿Estudian Mario y Teresa en la biblioteca después de las clases? (siempre visitar museos de arte)
4. ¿Llevas tus libros a casa? (dejarlos en el colegio)
5. ¿Empezamos otra pintura pronto? (terminar ésta primero)

VERBOS DE LA SEGUNDA CONJUGACIÓN

Repasa las formas de los verbos regulares de la segunda y tercera conjugaciones.

comer

(yo)	como	(nosotros)[as]	comemos
(tú)	comes	(vosotros)[as]	coméis
(Ud., él, ella)	come	(Uds., ellos, ellas)	comen

VERBOS DE LA TERCERA CONJUGACIÓN

abrir

(yo)	abro	(nosotros)[as]	abrimos
(tú)	abres	(vosotros)[as]	abrís
(Ud., él, ella)	abre	(Uds., ellos, ellas)	abren

EJERCICIOS

A ***Lo que se hace y lo que no se hace.*** *Termina estas ideas con los verbos indicados.*

1. Yo (leer) la guía pero no la (comprender).
2. Nosotros (ver) la película española, pero no la (comprender).
3. Tú (romper) la blusa, pero no la (coser).
4. Ellos (comer) arroz y frijoles, pero no (beber) nada.
5. El (recibir) muchas cartas, pero no las (abrir).
6. Yo (subir) la escalera, pero no (asistir) a la conferencia.

A. 1. leo; comprendo 2. vemos;
comprendemos 3. rompes; coses
4. comen; beben 5. recibe; abre
6. subo; asisto

B ***Comprando regalos para familiares y amigos.*** *Completa la idea con la forma apropiada de los verbos sugeridos.*

Aurelio (escribir y mandar) tarjetas postales a sus primos.
Aurelio escribe y manda tarjetas postales a sus primos.

1. En el Museo del Prado, Pilar (examinar y escoger) una reproducción de *Las Hilanderas* de Velázquez para su madre.
2. En el Centro de Artesanía yo (descubrir y admirar) una guitarra para mi sobrino que sabe tocar.
3. En la playa de Cancún Jorge y Javier (ver y comprar) un sombrero de paja para su tío.
4. En el mercado de Huancayo, Perú, Angélica y yo (pedir y pagar) una máscara antigua para nuestra colección.
5. En el Museo de Antropología de México, tú (escuchar y escoger) un disco de música folklórica para papá.

B. 1. examina y escoge
2. descubro y admiro 3. ven y
compran 4. pedimos y pagamos
5. escuchas y escoges

El Museo de Antropología de México

VERBOS DE CAMBIO RADICAL

1. Primera clase. Los verbos son regulares y terminan con *-ar o -er*. Se cambia la radical de *e* a *ie* o de *o* a *ue*.

	cerrar	**contar**
(yo)	cierro	cuento
(tú)	cierras	cuentas
(Ud., él, ella)	cierra	cuenta
(nosotros)[as]	cerramos	contamos
(vosotros)[as]	cerráis	contáis
(Uds., ellos, ellas)	cierra	cuentan

Verbos parecidos son:

comenzar	sentarse	doler	mover	soñar
defender	acordarse	encontrar	oler (*o* a *hue*)	nevar
despertarse	acostarse	forzar	recordar	llover
empezar	almorzar	jugar (*u* o *ue*)	sonar	
entender	costar	mostrar	volver	

Nota: *llover y nevar* se emplean sólo en la tercera persona singular.

2. Segunda clase. Los verbos terminan con *-ir*. Se cambia la radical de *e* a *ie* o de *o* a *ue*.

	sentir	**dormir**
(yo)	siento	duermo
(tú)	sientes	duermes
(Ud., él, ella)	siente	duerme
(nosotros)[as]	sentimos	dormimos
(vosotros)[as]	sentís	dormís
(Uds., ellos, ellas)	sienten	duermen

Verbos parecidos son:

consentir divertirse mentir preferir sentirse morir

3. Tercera clase. Los verbos terminan con *-ir*. Se cambia la radical de *e* a *i.*

pedir

(yo)	pido	(nosotros)[as]	pedimos
(tú)	pides	(vosotros)[as]	pedís
(Ud., él, ella)	pide	(Uds., ellos, ellas)	piden

Verbos parecidos son:

despedirse medir reír repetir servir sonreír vestirse

EJERCICIOS

A **¿Qué hacen los niños traviesos cuando llueve?** *Contesta con las ideas sugeridas.*

1. No (dormir) la siesta ni (despertarse) temprano.
2. (Preferir) salir y (jugar) afuera.
3. (Comenzar) a pelearse y no (defenderse).
4. (Sentarse) en el agua y (divertirse).
5. (Empezar) a tener hambre y (almorzar).
6. (Acordarse) de los juguetes de otros y los (querer).
7. (Mentir) al decir que no los (encontrar).
8. (Reírse) de los hermanitos y (sonreírse) con malicia.
9. (Sentirse) cansados y (mostrarse) de mal humor.
10. (Vestirse) de vaqueros (*jeans*) y no (acostarse).

Sigue practicando con otras personas (*tú, nosotros, yo*).

A. 1. no duermen; ni se despiertan
2. Prefieren; juegan
3. Comienzan; no se defienden
4. Se sientan; se divierten
5. Empiezan; almuerzan
6. Se acuerdan; quieren
7. Mienten; encuentran 8. Se ríen;
se sonríen 9. Se sienten; se muestran 10. Se visten; no se acuestan

"Sirvo café a todos y me siento a charlar un rato en el patio."

B **¿Qué haces al despertarte?**

> **(Despertarse) y (moverse) en la cama.**
> *Me despierto y me muevo en la cama.*

1. (Pensar) en mis deberes y (entender) que debo aplicarme más en mis estudios.
2. (Acordarse) del paseo de anoche y (sentirse) feliz.
3. (Recordar) que ya es hora de levantarse y luego (almorzar) con la familia.
4. (Servir) café a todos y (sentarse) a charlar un rato en el patio.
5. (Encontrar) raras las ideas de mis padres y (defender) mis opiniones lógicamente.
6. (Vestirse) de vaquero y (sonreír) al ver mi imagen en el espejo.
7. Antes de irme (preferir) repasar mis lecciones de francés y (repetir) las frases difíciles.
8. (Despedirse) de mi madre y (cerrar) la puerta al salir.

C **Y tú, ¿qué dices?** **Carta a un amigo que viene a visitarte.** *Usando el modelo en la página siguiente, prepara una nota a un amigo que viene en coche por primera vez a tu ciudad o pueblo. Explica en términos específicos cómo llegar a tu casa. Si quieres, puedes incluir un plano que muestre cómo se llega a tu casa sin problemas.*

Otras palabras que pueden ser útiles:
doblar, torcer(ue, z), a la derecha, a la izquierda, derecho, directo, semáforo, calle de un (doble) sentido

B. 1. Pienso; entiendo 2. Me acuerdo; me siento 3. Recuerdo; almuerzo 4. Sirvo; me siento 5. Encuentro; defiendo
6. Me visto; sonrío 7. prefiero; repito 8. Me despido; cierro

5 de junio

Querida Elena:

Acabo de recibir tu carta anunciando tu visita este sábado.
No es difícil llegar a mi casa con este plano que te mando.
Entras en la ciudad por la carretera número 30 y sigues
directamente a la Avenida Libertad. A la derecha encuentras
una calle llamada Luz. Allí doblas a la izquierda.
Pronto encuentras una pequeña calle con el nombre de Ave
María. (Parece que el nombre es más largo que la calle.)
Si sigues a la derecha hasta la esquina de Milagros,
tienes que doblar a la izquierda. Allí en la esquina
encuentras nuestra casa en el número 25-D. Es fácil
encontrarla.

Hasta el sábado.
Tu amiga.

María Ester

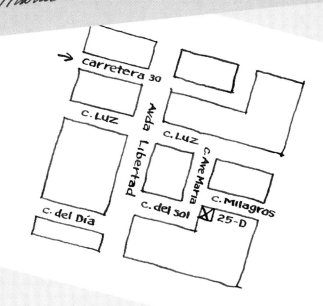

Verbos irregulares

1. En el presente los siguientes verbos son irregulares solamente en la forma con *yo*.

caber:	*quepo*, cabes, cabe, cabemos, cabéis, caben
caer:	*caigo*, caes, cae, caemos, caéis, caen
dar:	*doy*, das, da, damos, dais, dan
hacer:	*hago*, haces, hace, hacemos, hacéis, hacen
poner:	*pongo*, pones, pone, ponemos, ponéis, ponen
saber:	*sé*, sabes, sabe, sabemos, sabéis, saben
salir:	*salgo*, sales, sale, salimos, salís, salen
valer:	*valgo*, vales, vale, valemos, valéis, valen
ver:	*veo*, ves, ve, vemos, veis, ven

2. Algo parecidos a verbos que cambian la radical, los siguientes verbos son irregulares en otros tiempos.

poder:	puedo, puedes, puede, podemos, podéis, pueden
querer:	quiero, quieres, quiere, queremos, queréis, quieren

3. Los siguientes verbos son irregulares en varias formas y en otros tiempos.

decir:	digo, dices, dice, decimos, decís, dicen
estar:	estoy, estás, está, estamos, estáis, están
ir:	voy, vas, va, vamos, vais, van
oír:	oigo, oyes, oye, oímos, oís, oyen
ser:	soy, eres, es, somos, sois, son
seguir:	sigo, sigues, sigue, seguimos, seguís, siguen

Caballero de la mano en el pecho (1578-1583)
de El Greco

A *¿Por qué no lo haces?* Contesta con las expresiones entre paréntesis.

¿Por qué no me dices lo que te preocupa?
(tener problemas con la exposición)
Tengo problemas con la exposición.

1. ¿Por qué no vienes a verme y podemos hablar? (venir en seguida con los programas)
2. Hola. ¡Cuántas cosas! ¿Por qué no entras con ellas? (ponerlas encima del armario)
3. ¿Por qué no te sientas en esa silla? (imposible / ser demasiado pequeña / no caber en ella)
4. ¿Por qué no estás tranquilo? (tener dolor de cabeza por la exposición)
5. ¿Por qué no pospones la fecha de la inauguración? (no poder con tan poco tiempo)
6. ¿De veras? ¿Por qué no le mientes un poco? (siempre decir la verdad / no poder engañarlo)
7. ¿Por qué no me repites lo que otros dicen? (no oírlos / no hacerles caso)
8. ¿Por qué no le das más responsabilidades a Vicente? (darle todo lo que poder)
9. ¿Por qué no vas a la plaza a pasear? (no querer / sentirme cansado / ir a casa)

LOS POSESIVOS

1. Los adjetivos posesivos son:

mi, mis	nuestro, nuestra, nuestros, nuestras
tu, tus	vuestro, vuestra, vuestros, vuestras
su, sus	su, sus

2. También pueden emplearse las siguientes formas:

mío, mía, míos, mías	nuestro, nuestra, nuestros, nuestras
tuyo, tuya, tuyos, tuyas	vuestro, vuestra, vuestros, vuestras
suyo, suya, suyos, suyas	suyo, suya, suyos, suyas

3. Los adjetivos posesivos concuerdan con lo poseído, no con el que lo posee. La forma más larga suele tener un significado especial.

mi amigo *my friend*   **un amigo mío** *a friend of mine*

4. Para formar el pronombre posesivo se emplea la forma larga del adjetivo más el artículo.

Tengo el mío, no el tuyo.
No sabe lo que ha hecho con las nuestras.

5. Es corriente omitir el artículo después del verbo *ser*.

Es mío, no tuyo.

EJERCICIOS

A **Una entrevista.** *Cerca de Benidorm, un reportero entrevista a un amigo suyo para un artículo de una revista.*

1. ¿Dónde está tu estudio? (sobre una montaña con vista al mar)
2. ¿Quién es tu socio? (Mauro, el hermano de mi cuñado)
3. ¿Trabajan cómodamente en su estudio? (Sí. Es amplio y bien iluminado.)
4. ¿De qué hablaste ayer con tu socio? (de las críticas en un diario)
5. ¿Dónde exhibirás tus últimas pinturas? (en Santiago de Compostela)
6. ¿De dónde vienen tus clientes? (de todas partes de España)
7. ¿Consideras que has tenido éxito con tu arte? (Me permite vivir cómodamente.)
8. Para terminar, me gustaría tu opinión personal. ¿Cuáles son los méritos de tus pinturas? (Captan el espíritu dinámico de nuestra generación.)

A. 1. El estudio mío está... 2. El socio mío es Mauro. 3. Trabajamos en el estudio nuestro... 4. Hablé con el socio mío de... 5. Exhibiré las mías en.... 6. Los míos vienen de todas partes de España. 7. Considero que he tenido éxito con el mío. Me permite vivir cómodamente. 8. Las obras mías captan el espíritu dinámico de nuestra generación.

Rufino Tamayo en su estudio

B *El guía paciente.* Un grupo de excursionistas en España conversan del arte que han visto. Algunos no se acuerdan de todos los detalles. El guía les ayuda contestando sus preguntas.

LORENZO: **¿Dónde hemos visto obras de Goya? ¿En el Prado?**
GUÍA: *Sí, hemos visto sus obras en el Prado.*

Concha: ¿Cómo son las figuras de El Greco? ¿Alargadas?
Daniel: ¿Qué caracteriza los colores de El Greco? ¿Son vívidos?
Dolores: En las pinturas de El Greco hay querubines (*cherubs*), ¿no?
José Luis: ¿Dónde podemos ver algunas obras de Miró? ¿En Barcelona?
Piedad: ¿Dónde estaba el estudio de Velázquez? ¿En el Palacio Real?
Francisco: ¿Quién apreció los retratos de Velázquez? ¿El rey?

Hacienda catalana, de Joan Miró

"—¿Dónde se exhiben las pinturas de Joaquín Sorolla?"
"—Muchas de sus pinturas se exhiben en su propia casa que ahora es un museo."

Sevilla, saludo de apertura en una corrida de toros, de Joaquín Sorolla

La concordancia de los adjetivos

1. Los adjetivos concuerdan con los sustantivos en número y género.

Singular	Plural
La obra es hermosa.	Las obras son hermosas.
El artista es famoso.	Los artistas son famosos.

2. Algunos adjetivos que terminan con *-e* o con consonantes como *-r, -l, -z* son neutros; es decir, no tienen género.

Singular	Plural
Este concepto es universal.	Estos conceptos son universales.
Esta obra es regular.	Estas obras son regulares.
Es un señor audaz.	Son señores audaces.

EJERCICIOS

A *Un chico pesimista.* Marco se trasladó a San Antonio y cree que no va a estar contento. Sus amigos tratan de convencerle que lo va a pasar bien.

> MARCO: **¿Es la escuela pequeña y fea?**
> OTRO: *No, es grande y bonita.*

A. 1. No, es nueva y buena.
2. No, son pequeñas e interesantes. 3. No, son interesantes e interesados en los alumnos.
4. No, son simpáticos y generosos. 5. No, son nuevos y bien equipados. 6. No, son comprensivos, amistosos y competentes.

1. ¿Es la escuela vieja y mala?
2. ¿Son las clases grandes y aburridas?
3. ¿Son los profesores aburridos y desinteresados en los alumnos?
4. ¿Son los administradores estrictos y tacaños (stingy) con los materiales?
5. ¿Son los laboratorios de ciencias anticuados y mal equipados?
6. ¿Son los entrenadores de fútbol incomprensivos, severos e incompetentes?

Lector, en tu opinión, ¿le va a gustar a Marco el nuevo colegio?

"¿Crees que le va a gustar a Marcos la ciudad de San Antonio?"

B *¡Cuántas preguntas!* Hace tiempo que Elena no ve a Sonia. Elena pregunta por su familia. Completa las descripciones con los adjetivos sugeridos.

B. 1. Es precoz e inteligente.
2. Es listo y aplicado.
3. Son capaces pero perezosos.
4. Los padres son sensibles e inteligentes.

1. ¿Cómo es el niño? (precoz e inteligente)
2. ¿Y su hermano mayor también? (sí, listo y aplicado)
3. ¿Cómo son sus hermanos menores? (capaz pero perezoso)
4. Describe a los padres. (sensible e inteligente)

5. ¿Lleva buenas relaciones con sus hermanos menores?
(no, tacaño y egoísta)
6. ¿Cómo es su madre? (comprensivo y cariñoso)
7. ¿Y las primas que viven en la casa de al lado? (vivaz y divertido)
8. En general, ¿cómo es la familia? (feliz y unido)

5. No lleva buenas relaciones con ellos. Son tacaños y egoístas.
6. Es comprensiva y cariñosa.
7. Son vivaces y divertidas.
8. Es feliz y unida.

C *¿Eh? ¿Qué dices?* *La abuela de Pablo no oye bien, y es necesario repetir todo para ella.*
Todos debemos respetar su edad.

C. 1. Este retrato es mío.
2. Este tapiz es nuestro.
3. Estas obras son suyas.
4. Es idea tuya. 5. Las pinturas son nuestras. 6. La exposición es suya. 7. Los cuadros son nuestros. 8. El salón es suyo.

PABLO:	**Es mi fotografía.**
ABUELA:	**¿Eh? ¿Qué dices?**
PABLO:	*Digo que esta fotografía es mía.*

ANA:	Es mi retrato.
ABUELA:	No te oigo. Repite.
ENRIQUE:	Es nuestro tapiz.
ABUELA:	Habla más fuerte.
JAIME:	Son sus obras.
ABUELA:	No te entiendo. Repite.
AURORA:	Es tu idea.
ABUELA:	Acércate y repite.
LUIS:	Son nuestras pinturas.
ABUELA:	¿Qué dices?
ERNESTO:	Es su exposición.
ABUELA:	Una vez más, por favor.
GLORIA:	Son nuestros cuadros.
ABUELA:	¿Eh? ¡Más alto!
CÉSAR:	Es su salón.
ABUELA:	¡Por favor, no hables tan bajo!

D *Guarden bien sus cosas.* *En lugares públicos todos deben guardar bien sus cosas.*
Unos comienzan a buscar lo perdido.

D. 1. No las hemos visto. Tenemos las nuestras. 2. No la han visto. Tienen la suya. 3. No la he visto. Tengo la mía. 4. No lo han visto. Tienen el suyo. 5. No lo hemos visto. Tenemos el nuestro. 6. No la ha visto. Tiene la suya. 7. No los he visto. Tengo los míos. 8. No los han visto. Sus compañeras tienen los suyos.

Carla no encuentra su bolso. ¿Lo has visto?
No lo he visto. Afortunadamente, tengo el mío.

1. Los de aquel grupo no encuentran sus entradas. ¿Las han visto Uds.?
2. Ramón busca su cámara. ¿La han visto sus compañeros?
3. El guía no sabe dónde está su cartera. ¿La has visto?
4. Los turistas no pueden encontrar su libro de guía. ¿Lo han visto ellos?
5. El visitante dejó su programa en algún sitio. ¿Lo han visto Uds.?
6. Rosalía perdió su reproducción de *Guernica*. ¿La ha visto su hermana?
7. Perdimos nuestros cheques de viajeros. ¿Los has visto por casualidad?
8. La Sra. Ramos dejó sus paquetes en el servicio. ¿Los han visto sus compañeras?

E ***Perdón, pero creo que es mío.*** *Después, las mismas personas ven artículos parecidos a los que han perdido. Alegremente y cortésmente los reclaman.*

CARLOS: **¡Qué considerada eres, Anita! Gracias por recoger mi bolso.**

ANITA: ***Lo siento, pero no es tuyo. Es mío.***

UNO DEL GRUPO: Nuestras entradas están en ese sobre que ellos levantan del suelo. Lo reconozco. Muchas gracias, señores.

OTRO DE ELLOS:

RAMÓN: Mira, Pepe. ¿Ves mi cámara? Allí mis compañeros me la guardan. ¡Qué gentileza!

PEPE:

EL GUÍA: Oye, Aurelio. ¿No es ésa mi cartera que llevas?

AURELIO:

UNOS TURISTAS: Dejamos nuestro libro de guía por aquí. Perdone, señora. Si no me equivoco, creo que ese libro es nuestro.

UNA SEÑORA:

ROSALÍA: Perdí la reproducción de Goya que acabo de comprar. ¿Puede ser mía la que llevas, Petra?

PETRA:

DOS SEÑORES: Perdone, señor. Perdimos nuestros cheques de viajeros de un banco de Uruguay. Son parecidos a los que Ud. encontró en el rincón.

SEÑOR:

SRA. RAMOS: ¡Ay! Dejé mis compras en el servicio, pero creo que mis compañeras las tienen.

COMPAÑERA:

LOS DEMOSTRATIVOS

1. Los adjetivos demostrativos son:

este, esta, estos, estas
ese, esa, esos, esas
aquel, aquella, aquellos, aquellas

2. Los pronombres demostrativos, con la excepción de las formas neutras *esto, eso, aquello*, son los mismos que los adjetivos pero llevan acento.

éste, ésta, éstos, éstas
ése, ésa, ésos, ésas
aquél, aquélla, aquéllos, aquéllas

3. Se emplea *este* para indicar lo que está cerca del hablante.

Este libro que tengo es interesante.

4. Se emplea *ese* para indicar lo que está cerca de la persona a quien se dirige el hablante.

Ese libro que tiene Ud. es interesante.

5. Se emplea *aquel* para indicar lo que está lejos de los dos.

Aquel libro (allí en la mesa) es interesante.

EJERCICIOS

A **¿Cuál te gusta más?** *En una tienda unos estudiantes tienen dificultades para seleccionar sus recuerdos.*

¿Cuál de estas figuras te gusta más?
Me gusta ésta pero no me gusta ésa.

1. ¿Cuál de estos tapices te gusta más?
2. ¿Cuál de estas estatuas les gusta más?
3. ¿Cuál de estos querubines te gusta más?
4. ¿Cuál de las tarjetas postales les gusta más?
5. ¿Cuál de los espejos les gusta más?
6. ¿Cuáles de las reproducciones les gustan más?

A. 1. Me gusta éste, pero no me gusta ése. 2. Nos gusta ésta, pero no nos gusta ésa. 3. Me gusta éste, pero no me gusta ése. 4. Nos gusta ésta, pero no nos gusta ésa. 5. Nos gusta éste, pero no nos gusta ése. 6. Nos gustan éstas, pero no nos gustan ésas.

> Él: Me equivoqué. ¿Quieres este collar?
> Ella: *No, no quiero nada. ¡Ni éste, ni ése, ni aquél!*

1. Dispénsame. ¿Quieres estas cintas cassette?
2. Discúlpame. ¿Quieres esta cámara?
3. Perdóname. ¿Quieres estos perfumes?
4. Lo siento. ¿Quieres esta blusa?
5. Te lo ruego, corazón. ¿Quieres comer en este restaurante?
6. Olvídate de eso. ¿Quieres ver esta película?

CONJUNCIONES ESPECIALES

1. Por razones fonéticas, la conjunción *y* no se emplea delante de una palabra que empieza con *i* o con *hi*. En estos casos se emplea *e* para unir dos palabras o ideas.

	pero	
ir y venir		venir e ir
Inés y Marta		Marta e Inés
incas y aztecas		aztecas e incas
historia y sociología		sociología e historia

Nota: Esto no se aplica a palabras que empiezan con el diptongo *hie*. Ejemplos: *acero y hierro, nieve y hielo.*

2. Debido a razones fonéticas semejantes, no se emplea la *o* delante de palabras que empiezan con *o* o con *ho*. En estos casos se emplea *u* para unir las dos palabras o ideas.

	pero	
Oscar o Ramón		Ramón u Oscar
ocupado o distraído		
distraído u ocupado		
hoy o mañana		mañana u hoy

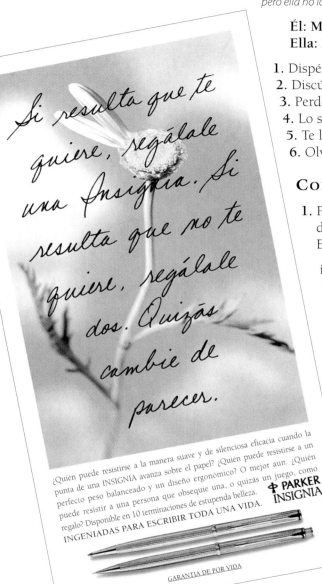

Si resulta que te quiere, regálale una Insignia. Si resulta que no te quiere, regálale dos. Quizás cambie de parecer.

¿Quién puede resistirse a la manera suave y de silenciosa eficacia cuando la punta de una INSIGNIA avanza sobre el papel? ¿Quién puede resistirse a un perfecto peso balanceado y un diseño ergonómico? O mejor aun, ¿Quién puede resistir a una persona que obsequie una, o quizás un juego, como regalo? Disponible en 10 terminaciones de estupenda belleza.

PARKER INSIGNIA

INGENIADAS PARA ESCRIBIR TODA UNA VIDA.

GARANTIA DE POR VIDA

B. 1. No quiero nada. ¡Ni éstas, ni ésas, ni aquéllas! **2.** ¡No, no quiero nada. ¡Ni ésta, ni ésa, ni aquélla! **3.** No quiero nada. ¡Ni éstos, ni ésos, ni aquéllos! **4.** No quiero nada. ¡Ni ésta, ni ésa, ni aquélla! **5.** No quiero comer nada. ¡Ni en éste, ni en ése, ni en aquél! **6.** No quiero ver nada. ¡Ni ésta, ni ésa, ni aquélla!

A **Conformista.** *Cristina no se acuerda del orden más aceptado de palabras y consulta con su compañera Lisa.*

> CRISTINA: **¿Dices inglesas y francesas?**
> LISA: *No. Digo francesas e inglesas.*

1. ¿Dices indios y orientales?
2. ¿Dices inteligente y popular?
3. ¿Dices invierno y otoño?
4. ¿Dices industria y arte?
5. ¿Dices hipócritas y maliciosos?

A. **1.** Digo orientales e indios.
2. Digo popular e inteligente.
3. Digo otoño e invierno.
4. Digo arte e industria.
5. Digo maliciosos e hipócritas.

B **Último repaso.** *Alfredo y Felipe estudian para una prueba de lingüística. ¿Qué estilo prefiere Felipe?*

> Alfredo: **¿Hay ocho o diez expresiones distintas?**
> Felipe: *Hay diez u ocho.*

B. **1.** Hay miles de mujeres u hombres... **2.** Hay clínicas u hospitales... **3.** Hay helio u oxígeno... **4.** Hay soldados u oficiales... **5.** Hay plata u oro...

ALFREDO: ¿Hay miles de hombres o mujeres representados aquí?
¿Hay hospitales o clínicas en todas las ciudades?
¿Hay oxígeno o helio en la luna?
¿Hay oficiales o soldados en el campamento?
¿Hay oro o plata en estas joyas?

"—¿Hay oro o plata en estas monedas?"
"—Hay plata u oro."

SERIE III

MONEDAS OLÍMPICAS

Una ocasión única

MONEDAS DE CURSO LEGAL
ACUÑACIÓN LIMITADA

Siete Olímpicas cara a cara.

En tus manos el recuerdo más valioso de una cita universal cada vez más próxima. Monedas Olímpicas. Ahora, llega la Serie III. Siete Olímpicas, ya sobre el terreno. El oro y la plata de Barcelona '92. Una ocasión única. Cara a cara.

M
FÁBRICA NACIONAL DE MONEDA Y TIMBRE

C **Mejor estilo.** *Tu hermanito Abel sacó muy mala nota en su composición.*
¿Qué le vas a decir para ayudarle?

> ABEL: **Yo escribí «hospitales o clínicas».**
> **¿Es incorrecto?**
> TÚ: *No es incorrecto, pero prefiero decir «clínicas u hospitales».*

C. 1. mujeres u hombres
2. soldados u oficiales 3. plata
u oro 4. mar u océano 5. minutos
u horas 6. agosto u octubre

1. Aquí yo puse «hombres o mujeres». ¿Qué debo decir?
2. En esta oración digo «oficiales o soldados». ¿Qué prefieres tú?
3. Mira. En este párrafo tengo «oro o plata». ¿No te gusta este orden?
4. La expresión «océano o mar» no está mal, ¿verdad?
5. No entiendo a ese profesor. ¿Qué hay de malo en «horas o minutos»?
6. Yo digo: «Llegaré en octubre o agosto». Tampoco le gustó.

D **Un juego académico.** *En clase la profesora prepara a los alumnos para una prueba. En la pantalla proyecta un ejercicio que requiere que todos participen. Primero llama a individuos por su nombre. Después, toda la clase participa en coro.*

> PROFESORA: **Elena, arte / historia**
> ELENA: *arte e historia*

D 1. español e inglés 2. verano u
otoño 3. escuela e iglesia 4. viajar
u observar 5. Luis e Hilario 6. este
u oeste 7. primavera e invierno
8. escuchó u oyó 9. pesimista u
optimista

1. Claudio, español / inglés
2. Rebeca, verano / otoño
3. Ofelia, escuela / iglesia
4. Honorio, viajar / observar
5. Teresa, Luis / Hilario
6. Daniel, este / oeste
7. Ernesto, primavera / invierno
8. Andrés, escuchó / oyó
9. Quique, pesimista / optimista

Un artesano mexicano

MODISMOS Y EXPRESIONES

La lengua española es rica en modismos y expresiones populares. Es importante que el que se propone conocer a fondo el idioma, aprenda de memoria estas palabras y expresiones y las emplee en el trato diario.

por si acaso *just in case*
> Si piensas viajar, lleva más dinero por si acaso lo necesitas.

querer decir *to mean*
> ¿Qué quiere decir esta palabra nueva? No la entiendo.

acabar de + infinitivo *to have just done the action of the infinitive that follows*
> Acabo de comer y no puedo más.

vale *(popular slang usage) O.K., all right, that's it, enough, understood*
> Quiero que vengas mañana, ¿vale?

valer la pena *to be worth the trouble*
> Vale la pena aprender y usar estas expresiones.

echar de menos *to long for, to miss (a person or something familiar)*
> En Madrid este verano echamos de menos la comida mexicana.

hace + *expression of time* + que *have been doing something for the length of time expressed*
> Hace una hora que estamos aquí.

¡OJO!

Las palabras a veces engañan. Para la persona que estudia el español, es fácil cometer el error de atribuir a las palabras españolas el significado de las palabras cognadas en inglés o de no hacer caso a ciertas distinciones y sutilezas. ¡Ojo! No se confundan.

colegio y universidad

La palabra *colegio* corresponde a «escuela», un lugar destinado a la enseñanza elemental o secundaria. El colegio español es menos avanzado que el «*college*» de que hablamos en los Estados Unidos. Éste corresponde a la universidad española y comprende un grupo de escuelas llamadas facultades que suministran la enseñanza superior.

Ejemplo: Después de completar sus estudios en el colegio, María piensa matricularse en una universidad bien conocida.

EL HUMORISMO

Las burlas son víspera de las veras.

Note: Discuss the proverb "Truth is often spoken in jest" with the class. Have students bring in their favorite proverbs in English and have them translate them into Spanish.

PARA PREPARAR LA ESCENA

Los españoles y los latinoamericanos son muy amantes del humor. Su humorismo es una mezcla de lo chistoso con lo trágico y con lo irónico, como en el Quijote. Los ricos y los pobres, los nobles y los campesinos, todos tienen una inclinación natural por el humorismo. Por eso Gómez de la Serna, un escritor español, dijo que lo que se apoya en el aire claro de España es lo humorístico.

Prereading questions: What are the different types of humor? What makes people laugh in the United States? in Spanish-speaking countries?

◀
El pelele (1791)
de Francisco de Goya
(1746-1828)

▶
Máscara de madera,
Guatemala

UNA CARTA A DIOS
GREGORIO LÓPEZ Y FUENTES

PARA PRESENTAR LA LECTURA

El cuento que sigue fue escrito por Gregorio López y Fuentes, autor mexicano, y demuestra el humor irónico mexicano. Además del humorismo que se ve en este cuento, se puede ver la fe de un campesino pobre. Es esta fe la que sirve de ímpetu para escribir «Una carta a Dios».

El campesino mexicano de este episodio también nos revela la sencillez de toda cosa complicada. A la vez podemos comprender con mayor claridad el problema de ganarse la vida con las manos y luchar contra los caprichos de la naturaleza.

PARA ENTABLAR CONVERSACIÒN

1. ¿Por qué razones escribimos cartas?
2. ¿Cómo se ganan la vida la mayor parte de los campesinos?
3. ¿Qué necesitan los campesinos para tener buenas cosechas?
4. ¿Qué productos cree Ud. que cosechan los campesinos en México?
5. ¿A quién le pide ayuda Ud. cuando tiene algún problema?
6. ¿Cuáles son las diferencias entre las necesidades de un rico, una persona de la clase media y una persona muy pobre?

PARA AUMENTAR EL VOCABULARIO

PALABRAS CLAVE I

1. **aguacero** lluvia fuerte de poca duración
   Un aguacero inundó la calle.
2. **cortina** lo que cubre y oculta algo, como la tela que cubre una ventana (*curtain*)
   Me gusta la cortina que tienes en la sala.
3. **cosecha** acto de recoger los frutos del campo (*harvest*)
   La cosecha del maíz es en septiembre.
4. **darse el gusto** hacer algo con placer y en beneficio propio
   Elena quiere darse el gusto de comprarse un automóvil nuevo.
5. **granizo** hielo que cae del cielo, lluvia helada
   Cayó tanto granizo que destruyó la cosecha.
6. **maduro** listo para comer (*ripe*)
   El aguacate está maduro.
7. **soplar** hacer viento
   Un fuerte viento comenzó a soplar.

PRÁCTICA

Completa con una palabra de la lista.

cosecha	soplar	el aguacero
granizo	maduro	
darse el gusto	la cortina	

1. Una brisa fresca comenzaba a _____ las hojas.
2. La luz no puede penetrar _____ en la sala.
3. Comenzó a caer tanto _____ que destruyó la cosecha.
4. El campesino espera que _____ pueda salvar la cosecha.
5. Con bastante lluvia tendremos buena _____ en el otoño.
6. El melón duro no está _____ todavía.
7. Quiere _____ de ver a sus niños.

2

PALABRAS CLAVE II

1. **aflijas (afligirse)** te preocupes
   No vale afligirse cuando el mal no tiene remedio.
2. **esperanza** fe, confianza que ha de pasar una cosa (*hope*)
   Juan todavía tenía esperanza de recibir una respuesta.
3. **fondo** parte más baja de una cosa
   Hay leche en el fondo del vaso.
4. **huerta** lugar donde se cultivan árboles frutales y legumbres
   La huerta estaba llena del aroma de manzanas y peras.
5. **mortificado** muy preocupado
   Jaime estaba mortificado por las malas noticias.
6. **rudo** áspero, sin educación
   La pescadora era una persona muy ruda.
7. **tempestad** tormenta (*storm*)
   Pepe se asustó con la tempestad.

Mujer moliendo maíz (1924)
de Diego Rivera (1886-1957)

PRÁCTICA

Completa con una palabra de la lista.

fondo	la tempestad
aflijas	mortificado
rudo	la esperanza
huerta	

1. No te _____ tanto porque el mal no es muy grande.
2. En su _____ mi tía tiene perales, manzanos y cerezos.
3. La llave había caído al _____ de su bolsillo.
4. _____ de granizo destruyó la cosecha del campesino.
5. Tenemos _____ de ver paz en la tierra.
6. El hijo del campesino era una persona _____.
7. El campesino se sintió _____ al ver el granizo.

3 PALABRAS CLAVE III

1. **arrugando (arrugar)** haciendo pliegues (*wrinkling*)
   Con tanta humedad toda mi ropa quedó arrugada.
2. **enfadó (enfadarse)** se enojó
   Al enterarse de lo que había sucedido, la doctora no pudo menos que enfadarse.
3. **golpecitos** choquecitos, palmaditas (*little taps*)
   Sentí unos golpecitos pero no sabía de dónde venían.
4. **mojó (mojar)** humedeció con un líquido
   La lluvia mojó la camisa de Roberto.
5. **seguridad** certidumbre
   Rosa tenía la seguridad de que iba a ganar el juego.

PRÁCTICA

Note: All the *Prácticas* may be written for homework or done orally.

1. enfadó 2. golpecitos
3. arrugando 4. mojó
5. la seguridad

Completa con una palabra de la lista.

golpecitos   mojó
arrugando   la seguridad
enfadó

1. Al ver que le pagaron poco dinero, el trabajador se _____.
2. Yo oí tres _____ en la puerta.
3. El chico estaba _____ el papel.
4. El empleado _____ el sobre para cerrarlo.
5. El campesino tenía _____ de ser oído.

La hacienda de Chimalpa (1893)
de José María Velasco

Una Carta a Dios
Gregorio López y Fuentes

Pre-reading: Brainstorm with students about how the life of a poor peasant farmer would differ from their own lives.

¹ Lencho sobrenombre de Lorenzo
² perlas heladas modo figurativo de decir granizo

Reading Strategies: (1) Have students read Part I of the selection with a partner. **(2)** Then students can answer *Comprensión I*. **(3)** Finally, have students review with books closed.

La casa... única en todo el valle... estaba en lo alto de un cerro bajo. Desde allí se veían el río y, junto al corral, el campo de maíz maduro con las flores del frijol que siempre prometían una buena cosecha.

Lo único que necesitaba la tierra era una lluvia, o a lo menos un fuerte aguacero. Durante la mañana, Lencho¹... que conocía muy bien el campo... no había hecho más que examinar el cielo hacia el noreste.

—Ahora sí que viene el agua, vieja.

Y la vieja, que preparaba la comida, le respondió:

—Dios lo quiera.

Los muchachos más grandes trabajaban en el campo, mientras que los más pequeños jugaban cerca de la casa, hasta que la mujer les gritó a todos:

—Vengan a comer...

Fue durante la comida cuando, como lo había dicho Lencho, comenzaron a caer grandes gotas de lluvia. Por el noreste se veían avanzar grandes montañas de nubes. El aire estaba fresco y dulce.

El hombre salió a buscar algo en el corral sólamente para darse el gusto de sentir la lluvia en el cuerpo, y al entrar exclamó:

—Éstas no son gotas de agua que caen del cielo; son monedas nuevas; las gotas grandes son monedas de diez centavos y las gotas chicas son de cinco...

Y miraba con ojos satisfechos el campo de maíz maduro con las flores del frijol, todo cubierto por la transparente cortina de la lluvia. Pero, de pronto, comenzó a soplar un fuerte viento y con las gotas de agua comenzaron a caer granizos muy grandes. Ésos sí que parecían monedas de plata nueva. Los muchachos, exponiéndose a la lluvia, corrían a recoger las perlas heladas².

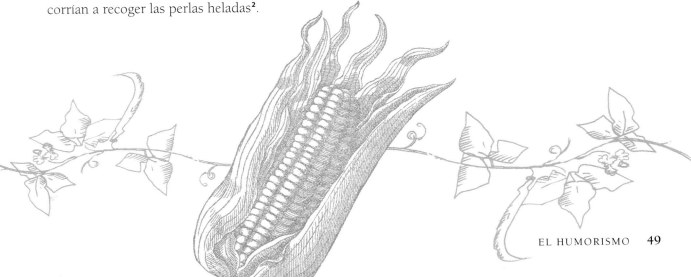

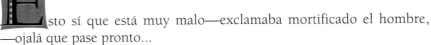

—Esto sí que está muy malo—exclamaba mortificado el hombre, —ojalá que pase pronto...

No pasó pronto. Durante una hora cayó el granizo sobre la casa, la huerta, el monte, el maíz y todo el valle. El campo estaba blanco, como cubierto de sal. Los árboles, sin una hoja. El maíz, destruido. El frijol, sin una flor. Lencho, con el alma llena de tristeza. Pasada la tempestad, en medio del campo, dijo a sus hijos:

—Una nube de langostas³ habría dejado más que esto... El granizo no ha dejado nada: no tendremos ni maíz ni frijoles este año...

La noche fue de lamentaciones:

—¡Todo nuestro trabajo, perdido!

—¡Y nadie que pueda ayudarnos!

—Este año pasaremos hambre...

Pero en el corazón de todos los que vivían en aquella casa solitaria en medio del valle había una esperanza: la ayuda de Dios.

—No te aflijas tanto, aunque⁴ el mal es muy grande. ¡Recuerda que nadie se muere de hambre!

—Eso dicen: nadie se muere de hambre...

Y durante la noche, Lencho pensó mucho en su sola esperanza: la ayuda de Dios, cuyos ojos, según le habían explicado, lo miran todo, hasta lo que está en el fondo de las conciencias.

Lencho era un hombre rudo, trabajando como una bestia en los campos, pero sin embargo⁵ sabía escribir. El domingo siguiente, con la luz del día, después de haberse fortificado en su idea de que hay alguien que nos protege, empezó a escribir una carta que él mismo llevaría al pueblo para echarla al correo.

Era nada menos que una carta a Dios.

«Dios», escribió, «si no me ayudas, pasaré hambre con toda mi familia durante este año. Necesito cien pesos para volver a sembrar⁶ y vivir mientras viene la nueva cosecha, porque el granizo... »

Escribió «A Dios» en el sobre, metió la carta y, todavía preocupado, fue al pueblo. En la oficina de correos, le puso un sello a la carta y echó ésta en el buzón.

[7] **caridad** *charity*
[8] **negar** *to deny*

Un empleado, que era cartero y también ayudaba en la oficina de correos, llegó riéndose mucho ante su jefe, y le mostró la carta dirigida a Dios. Nunca en su existencia de cartero había conocido esa casa. El jefe de la oficina... gordo y amable... también empezó a reír, pero muy pronto se puso serio y, mientras daba golpecitos en la mesa con la carta, comentaba:

—¡La fe! ¡Ojalá que yo tuviera la fe del hombre que escribió esta carta! ¡Creer como él cree! ¡Esperar con la confianza con que él sabe esperar! ¡Empezar correspondencia con Dios!

Y, para no desilusionar aquel tesoro de fe, descubierto por una carta que no podía ser entregada, el jefe de la oficina tuvo una idea: contestar la carta. Pero cuando la abrió, era evidente que para contestarla necesitaba algo más que buena voluntad, tinta y papel. Pero siguió con su determinación: pidió dinero a su empleado, él mismo dio parte de su sueldo y varios amigos suyos tuvieron que darle algo «para una obra de caridad[7]».

Fue imposible para él reunir los cien pesos pedidos por Lencho, y sólo pudo enviar al campesino un poco más de la mitad. Puso los billetes en un sobre dirigido a Lencho y con ellos una carta que tenía sólo una palabra como firma: DIOS.

Al siguiente domingo, Lencho llegó a preguntar, más temprano que de costumbre, si había alguna carta para él. Fue el mismo cartero quien le entregó la carta, mientras que el jefe, con la alegría de un hombre que ha hecho una buena acción, miraba por la puerta desde su oficina.

Lencho no mostró la menor sorpresa al ver los billetes... tanta era su seguridad... pero se enfadó al contar el dinero... ¡Dios no podía haberse equivocado, ni negar[8] lo que Lencho le había pedido!

Inmediatamente, Lencho se acercó a la ventanilla para pedir papel y tinta. En la mesa para el público, empezó a escribir, arrugando mucho la frente a causa del trabajo que le daba expresar sus ideas. Al terminar, fue a pedir un sello, que mojó con la lengua y luego aseguró con un puñetazo.

Tan pronto como la carta cayó al buzón, el jefe de correos fue a abrirla. Decía:

«Dios: Del dinero que te pedí, sólo llegaron a mis manos sesenta pesos. Mándame el resto, como lo necesito mucho; pero no me lo mandes por la oficina de correos, porque los empleados son muy ladrones. —Lencho».

Note: Complete with the entire class. Answers may be written on the board.

PARA APLICAR

COMPRENSIÓN I

A *Contesta las siguientes preguntas.*

A. 1. en el valle 2. el río y el campo de maíz (maduro) 3. lluvia 4. durante la comida 5. fresco y dulce 6. perlas heladas

1. ¿Dónde estaba la casa?
2. ¿Qué se veía desde allí?
3. ¿Qué necesitaba la tierra?
4. ¿Cuándo comenzaron a caer grandes gotas de lluvia?
5. ¿Cómo estaba el aire al comenzar la lluvia?
6. ¿Qué parecían los granizos?

COMPRENSIÓN II

A *Contesta las siguientes preguntas.*

A. 1. una hora 2. los árboles, sin una hoja, el maíz destruido, el frijol, sin una hoja 3. este año pasarían hambre 4. a Dios 5. para volver a sembrar

1. ¿Cuánto tiempo cayó el granizo?
2. ¿Cómo estaban los árboles después de caer el granizo? ¿Y el maíz? ¿Y el frijol?
3. ¿En qué pensó Lencho durante la noche?
4. ¿A quién escribió Lencho una carta?
5. ¿Para qué necesitaba Lencho los cien pesos?

B *Contesta las siguientes preguntas.*

B. 1. ¡Ojalá que tuviera la fe del hombre que escribió esta carta! 2. contestar la carta 3. a su empleado y a amigos 4. No, sólo poco más de la mitad. 5. No mostró la menor sorpresa. 6. papel y tinta 7. en la mesa para el público 8. muy ladrones

1. ¿Qué dijo el jefe de la oficina de correos después de leer la carta?
2. ¿Qué idea tuvo el jefe de la oficina?
3. ¿A quiénes les pidió dinero?
4. ¿Fue posible reunir todo el dinero pedido por Lencho?
5. ¿Cómo reaccionó Lencho al recibir la carta?
6. ¿Qué pidió Lencho en la ventanilla?
7. ¿Dónde escribió Lencho su segunda carta?
8. Según Lencho, ¿cómo eran los empleados de la oficina de correos?

Note: Students can answer questions in pairs or in groups. Answers may be written on the board.

PARA SEGUIR CONVERSANDO

A *Contesta las siguientes preguntas.*

1. ¿Cómo es tu casa?
2. ¿Es única?
3. ¿Dónde está colocada?
4. ¿Qué se ve desde allí?
5. ¿Cómo es la casa de tu vecino(a)?
6. ¿Has estado en una tempestad del noreste?
7. ¿Por qué se preocupan tanto los agricultores con el tiempo?
8. Una lluvia puede ser una bendición o una maldición. Explica por qué.
9. ¿Has visto alguna vez la caída de granizo? ¿Cómo fue?

La correspondencia en español

Es cierto que aprendemos mucho de Lencho por la carta que le escribió a Dios. Una carta revela mucho acerca del escritor, dando origen al refrán popular «Carta canta».

Al considerar la correspondencia en español hay que notar semejanzas y diferencias con la nuestra. Claro que se escribe, se pone en un sobre, se deposita en los buzones públicos en el correo y se reparte a domicilio por los carteros, pero hay gran variedad en la forma de la carta según la relación personal que existe entre el destinatario y el remitente. Esta variedad se refleja principalmente en el saludo y la despedida que van desde una forma simple y cordial a la expresión ornamentada y sumamente formal.

La carta privada y personal es bastante informal. El saludo típico para este tipo de carta es: Querido(a). Despedidas típicas son: Tu amigo(a), Con cariño, Afectuosamente, Un abrazo fuerte y Sinceramente.

La carta comercial sigue cierta fórmula establecida y tiene una estructura fija.

Típicos saludos que se emplean en la correspondencia comercial son:

Muy señor mío	cuando el remitente es una sola
Muy señora mía	persona y el destinatario es una
Muy señorita mía	sola persona
Muy señores míos	cuando el remitente es una sola
Muy señoras mías	persona y el destinatario es una
Muy Srtas. mías	compañía

Típicas despedidas que se emplean en la correspondencia comercial son:

Muy atentamente
Suyo(a), atentamente
Suyo(a) afectísimo(a)
Su atento(a) y seguro(a) servidor(a)
Sus atentos(as) y seguros(as) servidores(as)

Abreviaciones comunes:

Sr.	Sres.
Sra.	Sras.
Srta.	Srtas.
Atto. y ss.	Attos. y ss. ss.

Note: Students may comment on the number of expressions and the flowery phraseology. Let them know that because of cultural differences, Hispanics have retained many phrases that may seem outdated to them. However, today many firms are adopting more direct, businesslike terminology.

You may wish to provide these *saludos* that a company would use to address an individual or another company:

Muy señor nuestro
Muy señora nuestra
Muy señorita nuestra

Muy señores nuestros
Muy señoras nuestras
Muy Srtas. nuestras

Additional useful expressions for business letters are:

Le agradecería el envío de...
Con esta carta le remito un cheque (un giro) por...
Nos referimos a la suya de...
Me (nos) es grato comunicarles que...
En respuesta a su atenta (carta) de...
Se sirvan enviarme a vuelta de correo...
Reiterándole(s) una vez más mi (nuestro) agradecimiento, quedo(amos) de Ud. (Uds.) atentamente...

Encabezamiento

Apartado 265
Rosario, Argentina
4 de abril

Casa de Música
Prado 244
Buenos Aires, Argentina

Saludo

Muy señores míos:

Les agredeceré tengan la bondad de enviarme, a la dirección que figura en esta carta, el último catálogo de sus discos de música

Cuerpo de la carta, en el que se presenta el asunto

clásica. Me interesa sobre todo el "Bolero" de Ravel, rendición de la Orquesta Sinfónica Nacional. Aquí en Rosario no lo consigo.

Agradeciéndoles por anticipado la atención que presten a mi pedido, se despide de ustedes

Despedida

muy atentamente,

Firma

Raúl Figueroa

Casa de Música
Prado 244
Buenos Aires, Argentina

*ROSARIO
4.4.97
ARGENTINA*

REPÚBLICA ARGENTINA

Frases útiles para emplear en el cuerpo
de la correspondencia comercial:
  Le agradeceré se sirva enviarme...
  Le agradecería me informara de...
  Adjunto va un cheque (un giro) por...
  Tenga la bondad de mandarme...
  Acuso(amos) recibo de su carta del (fecha)...
  Aprovecho(amos) esta ocasión para saludarle(les)...

PARA PRACTICAR

A ¿Qué saludo y qué despedida usarías si estuvieras escribiendo una carta en español a cada una de las siguientes personas?

1. tu mamá
2. el secretario de una universidad pidiendo el catálogo de los cursos de verano
3. uno de tus primos
4. el gerente de un supermercado en donde piensas buscar una colocación durante el verano
5. Esteban Fortuna, negociante en sellos y monedas
6. tu novio(a)
7. un político de tu pueblo a quien quieres hacer una sugerencia
8. un empleado del banco, corrigiendo un error

B Un alumno lee la siguiente lista de saludos; otros alumnos responden con una despedida apropiada.

1. Distinguida profesora
2. Muy señores míos
3. Querida madre
4. Estimado Sr. García
5. Muy señor mío
6. Querido amigo
7. Distinguido Sr. Álvarez
8. Muy señora mía

POR SI ACASO...

1. Con un(a) compañero(a) repasen la lectura y escriban una descripción de antes y después de la caída del granizo.
2. Escribe sobre la reacción del empleado al ver la carta de Lencho.
3. Tú eres empleado(a) de correos y recibes la carta de Lencho. Contesta por escrito.
4. Si tú fueras amigo de Lencho, ¿cómo le ayudarías? Trabajen juntos con un(a) compañero(a) para obtener seis maneras de ayuda para los campesinos y la gente pobre como Lencho. Contesten oralmente.
5. Trabajen en grupos de cuatro personas. Escriban una de las siguientes cartas que les interese más. Incluyan el encabezamiento, un saludo apropiado, la despedida y la firma. También preparen el sobre correspondiente. Luego, contesten las cartas con la misma fórmula y estructura.
   a. una carta a un(a) amigo(a) de tu colegio mientras estás de vacaciones
   b. una carta a una universidad donde piensas matricularte

EL GATO DE SÈVRES
MARCO A. ALMAZÁN

PARA PRESENTAR LA LECTURA

Sèvres es un pueblo del norte de Francia. Este pueblo es conocido por la hermosa porcelana que produce desde el siglo dieciocho. La porcelana de Sèvres, delicada y translúcida, tiene fama internacional como el mejor ejemplo del arte en dicho material.

Recientemente ha surgido gran interés en toda clase de antigüedades. Los coleccionistas, según el gusto personal, compran y venden preciosos objetos de arte. Van de tienda en tienda buscando curiosidades, y cuando por fin encuentran algo auténtico, pues, ¿quién sabe lo que harían para conseguirlo?

Marco A. Almazán, el maestro mexicano del humorismo, nos presenta un cuento que demuestra con humor que a los propietarios no se les engaña fácilmente.

PARA ENTABLAR CONVERSACIÓN

1. ¿Ha estado Ud. alguna vez en una tienda de antigüedades?
2. Si Ud. fuera coleccionista, ¿qué le gustaría coleccionar?
3. ¿Tiene Ud. una colección de algo?
4. ¿Cree Ud. que ser coleccionista puede ser una buena manera de ganarse la vida?
5. ¿Sabe Ud. el nombre de algún coleccionista famoso? ¿Qué colecciona, obras de arte, antigüedades, automóviles, libros, autografías de personajes famosos, etc.?
6. ¿Qué sabe Ud. acerca de los gatos?
7. ¿Cuáles son algunas de las razas de gatos más reconocidas por su fineza?

Un plato de Sèvres

Antigüedad mexicana

PARA AUMENTAR EL VOCABULARIO

PALABRAS CLAVE I

1. **antigüedades** objetos de arte antiguos
   Su casa está llena de antigüedades.
2. **aparentando (aparentar)** manifestando una actitud que uno no siente
   Ella tenía que aparentar satisfacción con ese regalo ridículo.
3. **desdeñosamente** con indiferencia que insulta
   Me ofendes hablándome desdeñosamente.
4. **escaparate** ventana de una tienda donde se exhiben cosas para vender
   ¿Cuánto cuesta esa camisa en el escaparate?
5. **pedazos** partes de algo *(pieces)*
   El plato se cayó y se hizo pedazos.
7. **vistazo** mirada *(glance)*
   Vio todo de un vistazo.

PRÁCTICA

Completa con una expresión de la lista.

antigüedades	*un pedazo*	*desdeñosamente*
aparentando	*un vistazo*	*el escaparate*

1. Quiere comprar los zapatos que vio en _____.
2. Estoy arreglando este plato, pero me falta _____.
3. Dio _____ al periódico y luego lo dejó en la silla.
4. El capitán se enojó cuando el sargento le saludó _____.
5. Compré unas estatuas en esa tienda de _____.
6. Aunque se sentía muy triste, Roberto entró _____ alegría.

1. el escaparate 2. un pedazo
3. un vistazo 4. desdeñosamente
5. antigüedades 6. aparentando

PALABRAS CLAVE II

1. **acariciar** tratar con amor y ternura, mostrar afecto con la mano
   (to caress, to pet)
   El perro no nos dejó en paz hasta que lo acariciamos.
2. **adquirir** obtener o ganar una cosa
   En ese trabajo Ud. puede adquirir experiencia.
3. **agachó (agacharse)** inclinó o bajó una parte del cuerpo
   María se agachó para poder ver el insecto en el suelo.
4. **incorporándose (incorporarse)** levantándose de posición horizontal
   El enfermo estaba incorporándose en la cama para poder comer.
5. **obsequiaron (obsequiar)** regalaron, dieron algo de regalo
   Yo quiero obsequiar el plato de porcelana a los recién casados.
6. **pleito** disputa, lucha
   Roberto siempre está de pleito con su hermana.

PRÁCTICA
Completa con una expresión de la lista.

acariciar	obsequiarle
adquirir	un pleito
agachó	incorporándose

1. ¿Qué vas a _____ a tu padre el día de su santo?
2. Tengo que _____ una buena calculadora para hacer mis ejercicios de matemáticas.
3. Perdió toda su fortuna en _____ legal.
4. El campesino se _____ para examinar el daño que habían sufrido las plantas.
5. _____ María se dio cuenta de que se había despertado tarde.
6. Ven, michito, quiero _____ tu pelo tan suave.

PALABRAS CLAVE III

1. **ademán** movimiento del cuerpo con que se expresa un sentimiento, gesto
   Al ver su ademán de sorpresa, supe que hacía algo incorrecto.
2. **advierto (advertir—ie, i)** aconsejo, llamo la atención sobre una cosa, hago saber
   Le advertí que no lo hiciera para no sufrir las consecuencias.
3. **retirarse** irse, marcharse
   Antes de retirarse le pagó cuarenta pesos más.

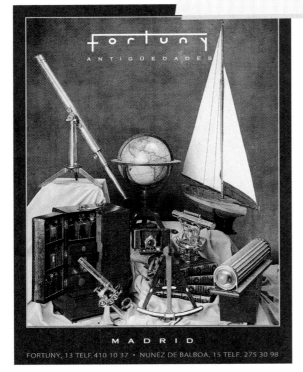

PRÁCTICA
Completa con una palabra de la lista.

un ademán	retirarse
advierto	

1. Disculpe a la niña. Es tarde y tiene que _____.
2. Te _____ ahora del peligro de ir tan rápido.
3. Marlena hizo _____ de disgusto.

EL GATO DE SÈVRES

MARCO A. ALMAZÁN

Note: Have students discuss and cite the absurd statements made in this selection. For example, *¡Gato de casta* (thoroughbred), *cruce de persa y angora con ribetes de Manx!* (Entonces, no es de casta.) ¿Qué efecto producen estas ideas sobre el coleccionista? (Cree que el vendedor es ignorante o que no se da cuenta de las cosas absurdas que dice. Además, se siente superior al comerciante.)

El coleccionista de cerámica sintió que el corazón le daba un vuelco[1]. Al pasar frente a la pequeña tienda de antigüedades—en realidad de baratijas[2], según la había catalogado al primer vistazo—observó que un gato escuálido y roñoso[3] bebía leche pausadamente en un auténtico plato de Sèvres, colocado en la entrada del establecimiento.

El coleccionista llegó hasta la esquina y después volvió sobre sus pasos, aparentando fastidio[4] e indiferencia. Como quien no quiere la cosa, se detuvo frente al escaparate de la tienda y paseó la mirada desdeñosamente por el amontonamiento de cachivaches[5] que se exhibían: violines viejos, mesas y sillas cojas[6], figurillas de porcelana, óleos desteñidos[7], pedazos de cacharros[8] supuestamente mayas o incaicos y, en fin, las mil y una menudencias que suelen acumularse en tiendas de esta especie. Con el rabillo del ojo[9], el coleccionista atisbó[10] una vez más el plato en que bebía leche el gato. No cabía duda: Sèvres legítimo. Posiblemente del segundo tercio del siglo XVIII. Estos animales—pensó el experto, refiriéndose a los dueños...—no saben lo que tienen entre manos...

La alacena (1946), de María Izquierdo

[1] **el corazón le daba un vuelco** *his heart was skipping a beat*

[2] **baratijas** mercancía barata

[3] **escuálido y roñoso** flaco y sucio

[4] **fastidio** falta de interés

[5] **amontonamiento de cachivaches** montón de utensilios viejos

[6] **cojas** rotas

[7] **óleos desteñidos** *faded oil paintings*

[8] **cacharros** fragmentos de cerámica

[9] **Con el rabillo del ojo** *Out of the corner of his eye*

[10] **atisbó** observó

Venciendo la natural repugnancia que le inspiraban los felinos, se agachó para acariciar al gato. De paso, examinó más de cerca la pieza de cerámica. El coleccionista se dio mentalmente una palmada en el hombro: no se había equivocado. Sin lugar a dudas, Sèvres, 1750.

—Michito[11], michito—ronroneó[12] el coleccionista, al ver que se acercaba el propietario de la tienda.

—Buenas tardes. ¿Puedo servirle en algo?

—En nada, muchas gracias. Sólo acariciaba al animalito.

—¡Ah, mi fiel Mustafá...! Está un poco sucio, pero es de casta[13]. cruce de persa y angora, con sus ribetes de Manx[14]. Observe usted qué cola tan corta tiene. Eso lo distingue.

El gato, efectivamente, tenía sólo medio rabo; pero no por linaje[15], sino porque había perdido la otra mitad en un pleito callejero[16].

—Se ve, se ve—dijo el coleccionista, pasándole una mano enguantada[17] por encima del lomo[18]. —¡Michito, michito mirrimiáu...! Me encantaría tenerlo en casa para que hiciera pareja con una gatita amarillo limón que me obsequiaron. ¿No me lo vendería?

—No, señor. Mustafá es un gran cazador de ratones y sus servicios me son indispensables en la tienda.

—¡Lástima!—dijo el coleccionista, incorporándose. Me hubiera gustado adquirirlo. En fin, que tenga usted buenas tardes.

l coleccionista hizo ademán de retirarse.

—¡Un momento!—lo llamó el propietario. —¿Cuánto daría por el gato?

—¿Cuánto quiere?—le devolvió la pelota el coleccionista, maestro en el arte del trapicheo[19].

—Cincuenta pesos.

—No, hombre, qué barbaridad. Le doy treinta y ni un centavo más.

—Ni usted ni yo: cuarenta morlacos[20] y es suya esta preciosidad de morrongo[21].

El coleccionista lanzó un suspiro más falso que un manifiesto político, sacó la cartera, contó los billetes y se los entregó al dueño de la tienda. Éste a su vez los contó y se los guardó en el bolsillo. El coleccionista, siempre aparentando una sublime indiferencia, señaló el plato con la punta del bastón[22].

—Imagino que el animalito estará acostumbrado a tomar su leche en ese plato viejo, ¿no? Haga el favor de envolvérmelo.

—Como el señor disponga[23]—repuso el anticuario[24]. —Sólo que le advierto que el plato cuesta diez mil pesos...

—¡Diez mil pesos!—aulló[25] el coleccionista.

—Sí, señor. No sólo es un auténtico Sèvres, 1750, sino que además me ha servido para vender trescientos veinticinco gatos desde que abrí mi modesto establecimiento...

[19] **trapicheo** regateo (*bargaining*)
[20] **morlacos** pesos
[21] **morrongo** gato
[22] **bastón** palo que ayuda al andar
[23] **Como el señor disponga.** Como el señor quiera.
[24] **anticuario** experto en antigüedades
[25] **aulló** gritó

Una tienda de antigüedades

Note: This can be a paired activity.

PARA APLICAR

 1

COMPRENSIÓN I

 Contesta las siguientes preguntas.

1. ¿Quién pasó por delante de la tienda de antigüedades?
2. ¿Qué sorpresa tuvo?
3. ¿Se quedó allí mirando?
4. Al regresar, ¿qué vio en el escaparate?
5. ¿Cómo observó el objeto de su deseo?
6. ¿De qué estaba seguro?

A. 1. el coleccionista de cerámica 2. que un gato bebía leche en un auténtico plato de Sèvres 3. No, llegó hasta la esquina y después volvió frente del escaparate 4. el amontonamiento de cachivaches 5. con el rabillo del ojo 6. No cabía duda: era un Sèvres legítimo

Cerámica mexicana

2

COMPRENSIÓN II

Contesta las siguientes preguntas.

1. ¿Qué hizo para acercarse al gato?
2. ¿Tenía razón o estaba equivocado?
3. ¿Qué hizo cuando se acercaba el dueño?
4. ¿Cómo describe el dueño al gato?
5. ¿Qué distingue a un gato Manx?
6. ¿Por qué le encantaría al coleccionista tenerlo en casa?
7. ¿Qué servicio importante ofrece Mustafá?
8. ¿Qué le hubiera gustado al coleccionista?

A. 1. se agachó 2. Tenía razón. 3. El coleccionista ronroneó. 4. Es de casta con ribetes de Persa y angora, con ribetes de Manx. 5. No tiene cola. 6. Para que hiciera pareja con una gatita amarillo limón 7. Es gran cazador de ratones. 8. Le hubiera gustado adquirirlo.

3

COMPRENSIÓN III

Contesta las siguientes preguntas.

1. ¿Cuánto dinero pide el dueño por el gato?
2. ¿Cuánto le ofrece el señor?
3. ¿Cuánto acepta el dueño?
4. ¿Qué quiere incluir el coleccionista en el precio?
5. ¿Qué le advierte el dueño?
6. ¿Cómo le ha ayudado el plato?
7. ¿Cuál de los dos es el más astuto?

A. 1. cincuenta pesos 2. treinta (pesos) y ni un centavo más 3. cuarenta morlacos 4. el plato de Sèvres 5. El plato cuesta diez mil pesos. 6. El dueño ha vendido trecientos venticinco gatos. 7. el dueño de la tienda

Cerámica mexicana

PARA PRACTICAR

A *Da un sinónimo de las siguientes palabras.*

1. levantarse
2. obtener
3. rabo
4. lucha

5. billetera
6. regalar
7. irse
8. gesto

PARA CONTINUAR CONVERSANDO

A *Contesta las siguientes preguntas.*

1. ¿Has coleccionado algo alguna vez? ¿Qué coleccionaste?
2. ¿Crees que ser coleccionista es una ocupación lucrativa?
3. ¿Qué objetos de colección son muy caros?
4. ¿Qué te gustaría coleccionar?
5. ¿Preferirías coleccionar objetos de arte o muebles antiguos? Explica.
6. ¿Qué raza de gatos crees tú que es la más fina?
7. ¿Crees que los gatos son mejores mascotas que los perros? ¿Por qué sí o por qué no?
8. ¿Qué te gustaría comprar, un plato de Sèvres o una foto con el autógrafo de un atleta famoso? Explica por qué.

Un baúl o petaca de maguey
y cuero finamente tejido

POR SI ACASO...

1. Prepara una lista de objetos que se podrían encontrar en una tienda de antigüedades. Antes de entregar la lista, ponla en orden alfabético.
2. Un coleccionista neófito tiene un objeto de arte que desea venderte. Trabajando con un(a) compañero(a), contesten las siguientes preguntas que le hace este coleccionista.
   a. ¿La identificación del objeto?
   b. ¿Las medidas exactas (en el sistema métrico)?
   c. ¿A qué período artístico pertenece el objeto?
   d. ¿El lugar y año de fabricación?
3. Haz un dibujo de un objeto de arte. Prepárate para describirlo oralmente ante la clase.
4. Prepara una breve narración oral, con tu compañero(a) entre el dueño de una tienda de antigüedades y un coleccionista. Hablen de los objetos que se venden en la tienda y de los precios. ¡No te olvides de regatear!

Note: The pairing of words in a logical or orderly form is an excellent method for assisting with the learning of vocabulary items. **1.** levantarse - inclinarse **2.** obtener - conseguir **3.** rabo - cola **4.** lucha - pleito **5.** billetera - cartera **6.** regalar - dar, obsequiar **7.** irse - retirarse **8.** gesto - ademán

Note: Encourage students to express their true feelings.

Additional questions: *¿En qué consiste el humor de la selección? ¿En qué se diferencia el humor de "Una carta a Dios"? ¿Qué selección te gustó más? ¿Por qué?*

Note: If there are any students whose writing abilities are limited, you may wish to assign #1, 2, or 3 for homework. The more capable students will be able to do #4.

Additional activities: Have students write a brief business letter. Some possible ideas are: **a.** Send an order to Loewe Artículos de Piel, Calle Serrano 21, Madrid, for a leather jacket, model A-12, size *(talla)* 40, brown color, approx. price 10.000 ptas. **b.** Cancel reservations to Hotel Mar y Playa, Alicante, Spain, due to a serious illness. Request refund *(devolución)* of deposits paid May 15th. to the name of _____.

SIGNOS DE PUNTUACIÓN
M. TOLEDO Y BENITO

Note: You may wish to have students look for biographical information about the author M. Toledo y Benito.

Prereading: Compare and contrast the court system regarding inheritances in U.S. and in Spanish-speaking countries.

PARA PRESENTAR LA LECTURA

En la pequeña escena que sigue, el autor nos enseña la importancia de los signos de puntuación, manteniendo a la vez un tono ligero y alegre. Varios personajes se presentan delante del juez para saber los detalles del último testamento del señor Álvarez. Entre ellos hay un maestro, un sastre, un mendigo, el hermano y el sobrino del difunto. ¡Qué listos son todos! Cada uno de los personajes tiene su propia interpretación del testamento. La conclusión contiene una sorpresa para los lectores y para todos los personajes también.

PARA ENTABLAR CONVERSACIÓN

1. ¿Adónde deben ir las personas cuando tienen alguna disputa legal?
2. ¿Quién tiene la última palabra en un tribunal?
3. ¿Para qué se escriben los testamentos?
4. ¿Es un error muy grave no usar una coma, un punto u otro signo de puntuación cuando escribimos? Di por qué sí o por qué no.

PARA AUMENTAR EL VOCABULARIO

PALABRAS CLAVE

1. **mendigo** persona indigente que pide limosna
   El mendigo me pidió diez centavos.
2. **puntúa (puntuar)** pone puntuación en la escritura
   Los niños tienen que aprender a puntuar.
3. **testamento** documento en que uno declara su última voluntad y dispone de sus bienes
   Mi amiga se murió antes de escribir su testamento.
4. **herencia** bienes y derechos dejados que reciben los familiares o herederos en un testamento
   La herencia que recibió Julia le permite vivir sin trabajar.
5. **juicio** proceso que tiene por objeto la liquidación y partición de una herencia
   El juez declaró terminado el juicio.
6. **me toca a mí (tocarle a uno)** me llega a mí el turno
   Ahora a mí me toca dar la interpretación.

PRÁCTICA

Completa con una expresión de la lista.

puntúa   el testamento
mendigo   el juicio
la herencia   le toca

1. ¿Es grande _____ del señor Álvarez?
2. Dale una moneda a ese pobre _____.
3. Roberto _____ muy mal. Nadie entiende lo que escribe.
4. Ahora, ¿a quién _____ hablar?
5. _____ duró poco tiempo.
6. Poco después del funeral se juntaron para leer _____.

Yo, Juan Ramón Cortés y Zúñiga, de 40 años de edad, natural de Guanajuato, México, en pleno uso de mis facultades mentales, declaro en presencia de estos testigos que

La vela, cerámica de la familia Aquilar
Ocotlán de Morelos, Oaxaca, México

SIGNOS DE PUNTUACIÓN
ADAPTADO DE M. TOLEDO Y BENITO

Note: Write the will from the reading selection on an over-head transparency. With clear transparencies above the master, punctuate as each student reads his or her interpretation.

[1] **soltura** agilidad

PERSONAJES

El juez	*El mendigo*	*El sastre*
El maestro	*El hermano*	*El sobrino*

ESCENA

(Una sala. Los personajes están sentados delante de una mesa. Habrá una pizarra colocada frente al público.)

EL JUEZ: Y ya, señores. Para que todos aprecien las diversas interpretaciones del testamento que dejó nuestro buen amigo, el señor Álvarez, vamos a copiar en esa pizarra la forma en que lo dejó. *(al maestro)* Hágame el favor de copiarlo usted, señor maestro, que sabe usar la tiza con más soltura[1] que cualquiera de nosotros...

EL MAESTRO: Permítame el original, señor juez.

EL JUEZ: *(dándoselo)* Sírvase.

EL HERMANO: *(Mientras el maestro copia en la pizarra el testamento que dice: «Dejo mis bienes a mi sobrino no a mi hermano tampoco jamás se pagará la cuenta del sastre nunca de ningún modo para los mendigos todo lo dicho es mi* deseo yo Federico Álvarez».) Señor juez, como hermano, quisiera hacer la primera interpretación.

EL JUEZ: Puede hacerla, señor.

EL HERMANO: *(Puntúa el testamento y lo lee en la siguiente forma:)* «¿Dejo mis bienes a mi sobrino? No: a mi hermano. Tampoco jamás se pagará la cuenta del sastre. Nunca, de ningún modo para los mendigos. Todo lo dicho es mi deseo. Yo, Federico Álvarez».

EL SOBRINO: Está equivocado, completamente equivocado, señor juez. La verdadera intención de mi tío fue otra, como les puedo demostrar. *(Puntúa el testamento y lee.)* «Dejo mis bienes a mi sobrino, no a mi hermano. Tampoco jamás se pagará la cuenta del sastre. Nunca de ningún modo para los mendigos. Todo lo dicho es mi deseo. Yo, Federico Álvarez».

EL SASTRE: Y ahora, señor juez, me toca a mí demostrar la intención del señor Álvarez. *(Puntúa el testamento y lo lee.)* «¿Dejo mis bienes a mi sobrino? No. ¿A mi hermano? Tampoco, jamás. Se pagará la cuenta del sastre. Nunca, de ningún modo para los mendigos. Todo lo dicho es mi deseo. Yo, Federico Álvarez».

EL MENDIGO: Permítame, señor juez, puntuar el testamento como lo habría querido el señor Álvarez. *(Puntúa el testamento y lo lee.)* «¿Dejo mis bienes a mi sobrino? No. ¿A mi hermano? Tampoco, jamás. ¿Se pagará la cuenta del sastre? Nunca, de ningún modo. Para los mendigos todo. Lo dicho es mi deseo. Yo, Federico Álvarez». Esto y nada más es lo que quiso mandar el señor Álvarez, téngalo por seguro.

EL MAESTRO: Yo no lo creo. El señor Álvarez habría querido que yo puntuara el testamento para él. *(Lo hace y lee este testamento en esta forma.)* «¿Dejo mis bienes a mi sobrino? No. ¿A mi hermano? Tampoco. Jamás se pagará la cuenta del sastre. Nunca, de ningún modo para los mendigos. Todo lo dicho es mi deseo. Yo, Federico Álvarez».

EL SASTRE: En esa forma el señor Álvarez no habría dejado herederos.

EL JUEZ: Así es, en efecto, y, visto y considerando que esta última interpretación es correcta, declaro terminado el juicio, incautándome[2] de esta herencia en nombre del Estado.

[2] **incautándome** tomando posesión

PARA APLICAR

COMPRENSIÓN I

A *Contesta las siguientes preguntas.*

1. ¿Por qué van a copiar el testamento en la pizarra?
2. ¿A quién escoge el juez para copiarlo?
3. ¿En qué forma va a copiarlo?
4. Mientras se escribe el testamento en la pizarra, ¿qué le pide el hermano al juez?
5. Conforme a la puntuación del hermano, ¿qué recibirá el sobrino?
6. ¿Quién recibirá todos los bienes, según el hermano?
7. ¿Qué dice el sobrino de la puntuación del hermano del difunto?
8. Cuando el sobrino puntúa el testamento, ¿quién recibirá los bienes?

B *Termina las oraciones poniendo en orden las palabras entre paréntesis.*

1. El juez quiere que todos (interpretaciones / del / aprecien / diversas / testamento / las).
2. Van a copiar en esa pizarra (dejó / que / lo / la / en / forma / en).
3. El señor maestro va a copiarlo porque (soltura / más / la / usar / con / sabe / tiza).
4. Mientras el maestro copia en la pizarra el testamento, el hermano (primera / permiso / para / pide / interpretación / la / hacer).
5. El hermano declara que (nada / no / sobrino / el / recibe).
6. La interpretación del sobrino dice que (tío / todos / su / él / le / deja / a / bienes / sus).

COMPRENSIÓN II

A *Contesta las siguientes preguntas.*

1. Después del sobrino, ¿a quién le toca demostrar la verdadera intención del señor Álvarez?
2. Según el sastre, ¿deja el señor Álvarez sus bienes a su hermano?
3. ¿Qué beneficio recibirá el sastre?
4. ¿A quiénes les dará todo según el mendigo?
5. ¿Qué problema comprende el sastre?
6. En vista de eso, ¿qué declara el juez?

This can also be a paired activity.
A. 1. ... para que todos aprecien las varias interpretaciones del testamento. 2. el maestro 3. en la forma en que lo dejó 4. hacer la primera interpretación 5. Nada 6. El mismo (el hermano) 7. Está completamente equivocado. 8. El mismo (el sobrino)

B. 1. ... aprecien las diversas interpretaciones del testamento. 2. ... en la forma en que lo dejó. 3. ... sabe usar la tiza con más soltura. 4. ... pide permiso para hacer la primera interpretación. 5. ... el sobrino no recibe nada. 6. ... su tío le deja a él todos sus bienes.

A. 1. el sastre 2. No 3. Se pagará la cuenta del sastre. 4. a él 5. El señor no habría dejado (no dejó) herederos. 6. Declara terminado el juicio; todo va al estado.

PARA SEGUIR CONVERSANDO

A *Contesta las siguientes preguntas.*

1. ¿Has tenido que aparecer alguna vez delante de un juez? Explica.
2. ¿Cuáles son tus bienes personales?
3. ¿A quién(es) se los dejarías?
4. ¿Crees que sea importante tener preparado un último testamento?
5. ¿A quién irías para prepararlo?
6. ¿Tus padres ya tienen preparado un testamento? Pregúntales esta noche.
7. ¿Has recibido alguna vez una herencia? Dinos algo de eso.

PARA GOZAR

CHISTES

Petición contestada

Un señor bastante bien vestido se dirigió al altar de la Virgen María y empezó a hacer su petición: —Virgen Santísima, me faltan mil pesos para acabar con los pagos de mi equipo estereofónico o me lo van a quitar. Ayúdame a conseguirlos y yo te prometo...

En ese momento se arrodilló a su lado un humilde campesino que comenzó a rezar con gran fervor: —Virgen Santísima, Reina de los cielos, mi pobre señora está muy grave. Necesita medicinas pero me faltan los quince pesitos para comprárselas. Muéstrame cómo conseguirlos porque si no, se me va a morir... sólo quince pesitos.

Con esto, el otro se impacientó, sacó su cartera y le ofreció quince pesos, diciéndole: —Tome, hombre, y váyase que la está distrayendo.

La risa de Rufino Tamayo

¡Ya soy feliz!

ÉL: Amor mío, una sola palabra tuya puede hacerme el hombre más feliz del mundo. Dime, ¿quieres casarte conmigo?

ELLA: ¡No!

ÉL: Ésa es la palabra.

Apetito

Un hombre sofisticado y metropolitano llevó a su primo de la provincia a cenar pizza en un restaurante de la ciudad. El camarero dirigió la palabra al provinciano:

CAMARERO: Perdone, señor, ¿quiere usted su pizza cortada en cuatro o en ocho rebanadas?

PROVINCIANO: En ocho, por favor. Tengo un hambre espantosa.

ACTIVIDAD

A *Contesta las siguientes preguntas.*

1. Nombra algunos(as) cómicos(as) que se especializan en este tipo de humor.
2. ¿En qué consiste el humor en estos chistes? ¿Qué es necesario para que sean más efectivos?
3. ¿Quiénes son tus cómicos favoritos del cine y de la tele? ¿Por qué?
4. Analiza su obra. ¿Se limita su humor a ciertas situaciones o personas?
5. ¿Por qué hay que ser discreto con el humor?

EL NUEVO REDACTOR DEL ANUARIO

(Dos alumnos del cuarto año de la escuela secundaria se encuentran en el pasillo.)

ARTURO: ¿Oíste, Maruja? ¡La señora Feliciano acaba de nombrarme redactor del anuario!

MARUJA: ¡Ay, qué bueno! Te felicito. ¡Ahora sí que tendremos un libro precioso!

ARTURO: ¡Ojalá! El año pasado los retratos salieron tan malos. ¿Recuerdas? Mario Espinosa parecía una momia en su foto individual.

MARUJA: Y le habían seleccionado como «el más guapo de la clase». Espero que cambiemos de fotógrafo este año.

ARTURO: Es prioridad número uno. ¿Y sabes un aspecto nuevo que el comité piensa incluir este año?

MARUJA: Dime.

ARTURO: El último testamento de cada uno en nuestra clase.

MARUJA: ¡Qué gracioso! Sin pensarlo sé lo que voy a dejar... ¡con ganas! Mi libro de español.

ARTURO: ¿A quién se lo donas?

MARUJA: A Carlos Estrada. Se lo doy completo con todos mis apuntes. Carlos necesita toda la ayuda que pueda conseguir.

ARTURO: ¡Qué bien lo conoces! Todavía no he pensado lo que voy a dejar yo. Tal vez mi casillero con todos sus olores. ¿Qué dejará Roberto?

ACTIVIDADES

A *Contesta las siguientes preguntas.*

1. ¿Por qué felicita Maruja a Arturo?
2. ¿Qué opina ella del próximo anuario?
3. ¿Cómo salió el del año pasado?
4. Explica la ironía de la foto de Mario Espinoza.
5. ¿Qué deben hacer sin falta?
6. ¿En qué otra novedad ha pensado el comité?

B *Cada alumno dice lo que va a dejar, a quién se lo deja y, si es posible, por qué.*

A. **1.** es el nuevo redactor del anuario **2.** Tendrá un libro precioso (bueno). **3.** Los retratos salieron tan malos. **4.** Mario parecía una momia y le habían seleccionado el más guapo de la clase. **5.** cambiar de fotógrafo **6.** (Tener) el último testamento de cada uno en su clase

Suggestions for specific questions: **1.** In groups, have students practice telling the story, or assign it for a written exercise. Students can then suggest corrections in class. **2.** Assign other students to read the wills and have the class guess who the authors were. Discuss the clues provided in the wills. **3.** These examples of contested wills can be from U.S. or Hispanic sources. **4.** Have students answer this question for homework.

POR SI ACASO...

1. Relata el cuento en tus propias palabras. ¿Quiénes ganan más en estos litigios—los herederos o los abogados?
2. Escribe un testamento en el cual dejas algo a dos o tres compañeros de la clase de español. Más tarde, en clase, se leerán todos los testamentos sin dejar saber quién los escribió. Todos tratarán de adivinar quién escribió el testamento.
3. ¿Es importante dejar un testamento bien preparado? ¿Qué puede suceder si hay conflictos o malos entendidos? Cita ejemplos de testamentos famosos que estaban en litigio por mucho tiempo.
4. Explícale a un(a) compañero(a) de clase los elementos humorísticos de esta pequeña comedia. ¿Es exagerado, educado, irónico o satírico? ¿O es una mezcla de lo chistoso con lo trágico y con lo irónico?

ESTRUCTURA

VERBOS REFLEXIVOS

LOS PRONOMBRES REFLEXIVOS

1. Si el sujeto y el complemento del verbo se refieren a la misma persona, el verbo es reflexivo. Es decir, el sujeto hace la acción a sí mismo. Los verbos reflexivos van acompañados de un pronombre reflexivo. Estudien las siguientes formas.

lavarse	**acostarse**
me lavo	me acuesto
te lavas	te acuestas
se lava	se acuesta
nos lavamos	nos acostamos
os laváis	os acostáis
se lavan	se acuestan

Antonio se lava las manos.

Antonio lava su carro.

2. Se notará que el pronombre reflexivo precede al verbo.

Me lavo las manos.   **Carlos se acuesta temprano.**

EL PRONOMBRE REFLEXIVO CON INFINITIVO

El pronombre reflexivo puede añadirse al infinitivo o puede preceder al verbo auxiliar.

Me tengo que levantar.   **Tengo que levantarme.**
Él se va a enfadar.   **Él va a enfadarse.**

EJERCICIOS

A **La reunión anual.** *Relata este episodio en el presente y en el futuro inmediato (ir a + inf.).*

Mañana (despertarme) temprano.
Mañana me despierto temprano.
Mañana voy a despertarme temprano.

1. (Levantarme) a las ocho y (desayunarme) solo.
2. (Vestirme) informalmente y (sentarme) en la sala para escribir invitaciones para la reunión anual.
3. Mis compañeros y yo siempre (reunirnos) en el verano. A nuestro grupo aquí (tocarnos) hacer los preparativos este año. (Encargarnos) de pagar los gastos también.
4. Una amiga llega y (ocuparnos) por más de dos horas.
5. Ella (ponerse) nerviosa si no terminamos todo hoy.
6. Dice que nuestros amigos (preocuparse) que la reunión no sea un éxito.

A. 1. me levanto, me desayuno
2. me visto, me siento
3. nos reunimos, nos toca; Nos encargamos. 4. nos ocupamos
5. se pone 6. se preocupan

B **¿Divertido?** *Llena los espacios en blanco con la forma apropiada del verbo* reírse.

> **Yo _____ de su sencillez.**
> *Yo me río de su sencillez.*

B. 1. se ríe 2. se ríen 3. nos reímos
4. se ríe 5. reírme 6. te ríes

1. Alberto _____ de la reacción de los empleados al leer la carta.
2. Los empleados _____ de la inocencia del campesino.
3. Nosotros _____ de la respuesta de Lencho.
4. ¿Por qué no _____ Ud.?
5. Yo no puedo _____ del sufrimiento de otros.
6. ¿De qué _____ tú?

C **Un hombre de fe.** *Termina la historia siguiente en el tiempo presente.*

> **(sonreírse) Lencho _____ al ver las plantas de maíz.**
> *Lencho se sonríe al ver las plantas de maíz.*

C. 1. se considera 2. se ve
3. se habla, se promete
4. se alegra 5. se asusta
6. se preocupa 7. morirse
8. se pone, salvarse 9. se aflige
10. se sienta

1. (considerarse) El campesino _____ un hombre afortunado.
2. (verse) Mentalmente _____ como un hombre próspero y hasta rico.
3. (hablarse, prometerse) Él _____ en silencio y _____ trabajar aun más en el futuro.
4. (alegrarse) El hombre del campo _____ cuando comienza a llover.
5. (asustarse) Pero más tarde _____ al caer el granizo.
6. (preocuparse) Siendo hombre de fe, no _____.
7. (morirse) Sabe que no va a _____ de hambre.
8. (ponerse, salvarse) Él _____ a pensar en cómo puede _____.
9. (afligirse) Lencho no _____ porque toma una decisión muy fuerte.
10. (sentarse) En su humilde casa, él _____ y escribe una carta a Dios.

(Ahora, repite la historia cambiando el sujeto Lencho a *yo, nosotros, Uds.,* etc.)

D **Y tú, ¿qué dices?** *¿Cómo resuelves tus problemas? ¿Con quiénes hablas? ¿Dónde buscas ayuda?*

MANDATOS DIRECTOS—FORMAS FORMALES

VERBOS REGULARES

Estudia las siguientes formas del mandato formal.

infinitivo	indicativo	mandato singular	mandato plural	mandato con *nosotros*
tomar	tomo	tome	tomen	tomemos
vender	vendo	venda	vendan	vendamos
abrir	abro	abra	abran	abramos

VERBOS CON RAÍZ IRREGULAR

infinitivo	indicativo	mandato singular	mandato plural	mandato con *nosotros*
caer	caigo	caiga	caigan	caigamos
decir	digo	diga	digan	digamos
hacer	hago	haga	hagan	hagamos
huir	huyo	huya	huyan	huyamos
oír	oigo	oiga	oigan	oigamos
poner	pongo	ponga	pongan	pongamos
salir	salgo	salga	salgan	salgamos
tener	tengo	tenga	tengan	tengamos
traer	traigo	traiga	traigan	traigamos
valer	valgo	valga	valgan	valgamos
vencer	venzo	venza	venzan	venzamos
venir	vengo	venga	vengan	vengamos
ver	veo	vea	vean	veamos

Notes: Remind students that regular *-ar* verb endings change to *-e* for the first suffix of the commands; *-er* and *-ir* verbs change to *-a*. With the irregular verbs on p. 76, the command or subjunctive form is based on the prefix of the first person singular with the *-o* ending changing to *-a*. The verbs *dar, estar, ser, ir,* and *saber* have special forms that must be learned.

Los frutos de la tierra
de Frida Kahlo (1907-1954)

Note: Conduct a rapid recall practice without books. Use flash cards with the infinitives written, or prepare an overhead transparency with the infinitives written to the left and the commands to the right. Since this is a review, limit practice to a few minutes, and intersperse during class time until all students can recall the forms.

VERBOS DE CAMBIO ORTOGRÁFICO

infinitivo	indicativo	mandato singular	mandato plural	mandato con *nosotros*
buscar	busco	busque	busquen	busquemos
conducir	conduzco	conduzca	conduzcan	conduzcamos
escoger	escojo	escoja	escojan	escojamos
dirigir	dirijo	dirija	dirijan	dirijamos
distinguir	distingo	distinga	distingan	distingamos
empezar	empiezo	empiece	empiecen	empecemos
llegar	llego	llegue	lleguen	lleguemos
sacar	saco	saque	saquen	saquemos
seguir	sigo	siga	sigan	sigamos

VERBOS IRREGULARES

infinitivo	indicativo	mandato singular	mandato plural	mandato con *nosotros*
dar	doy	dé	den	demos
estar	estoy	esté	estén	estemos
ser	soy	sea	sean	seamos
ir	voy	vaya	vayan	vayamos
saber	sé	sepa	sepan	sepamos

Se notará que el pronombre de complemento directo o indirecto se agrega al mandato afirmativo. Precede al mandato en la forma negativa.

Levántese Ud.   Levantémonos.
No se levante Ud.   No nos levantemos.

EJERCICIOS

A ***Viajando con los abuelos.*** *Mis abuelos son muy formales e insisten en que yo les trate de usted. La siguiente es una escena típica.*

ABUELA: **Quiero entrar en esa tienda de antigüedades.**
YO: *Entre en ésta que está más cerca.*

Escoge una frase lógica de la lista siguiente para terminar la idea.

está más cerca   es más atractivo(a)
está mejor hecho(a)   es más hermoso(a)
es más delicado(a)   es de mejor calidad
es de mejor gusto   es más raro(a)
es más interesante   es de mejor construcción

1. Quiero mirar ese reloj.
2. Quiero observar ese plato de Sèvres.
3. Quiero escuchar esa caja de música.
4. Quiero tocar ese violín.

5. Quiero leer ese documento.
6. Quiero vender ese florero de cerámica.
7. Quiero comer de ese plato de porcelana.
8. Quiero beber de esa copa de cristal.
9. Quiero escribir con esa pluma antigua.
10. Quiero subir esa escalera.

B **Un trabajo que cansa.** *José Luis es dependiente en una perfumería y es necesario que él trate a los clientes con mucha cortesía. Di cómo se expresa en las siguentes situaciones.*

> **Unas señoras entran y miran los productos nuevos.**
> José Luis: *Entren, señoras, y miren los productos nuevos.*

1. Ellas observan cuidadosamente y seleccionan lo que les gusta.
2. Indican una marca nueva y huelen el aroma delicado.
3. Ellas comparan los perfumes franceses y determinan cuál es más agradable.
4. Toman sillas cerca del mostrador y descansan un rato.
5. Ellas rompen el sello y abren la botella.
6. Admiran la riqueza del contenido y escogen ése.
7. Pagan en la caja y regresan a casa contentas con el perfume más exclusivo del mundo.

MANDATOS DIRECTOS—FORMAS FAMILIARES

VERBOS REGULARES

El mandato familiar de los verbos regulares es igual que la tercera persona singular del indicativo. La forma negativa es la segunda persona del presente del subjuntivo.

infinitivo	mandato	forma negativa
tomar	toma	no tomes
vender	vende	no vendas
abrir	abre	no abras
comenzar	comienza	no comiences
volver	vuelve	no vuelvas
pedir	pide	no pidas

VERBOS IRREGULARES

El mandato familiar de los siguientes verbos es irregular.

infinitivo	mandato	forma negativa
hacer	haz	no hagas
poner	pon	no pongas
salir	sal	no salgas
tener	ten	no tengas
venir	ven	no vengas
decir	di	no digas
ir	ve	no vayas
ser	sé	no seas

EJERCICIOS

 Clase de ejercicios en la tele. *Cada mañana se transmite de Madrid un programa de ejercicios aeróbicos y la animadora nos habla como amiga íntima. Expresa lo que ella te dice.*

> **ANIMADORA:** Hola. Buenos días. (Comenzar) despacio.
> **ANIMADORA:** *Hola. Buenos días. Comienza despacio.*

1. (Levantar) los brazos en alto.
2. (Tocar) el pie izquierdo con la mano derecha.
3. Ahora al revés. (Poner) la mano izquierda sobre el pie derecho.
4. (Repetir) esto cinco veces al compás de la música.
5. Con la mano derecha en la cadera y la izquierda en alto (inclinarse) a la derecha cuatro veces. Ahora, al revés.
6. (Quedarse) con las manos en las caderas, (correr) sobre el lugar y (contar) hasta diez.
7. (Acostarse) con las manos detrás de la cabeza. (Enderezarse.) (Acostarse.) Arriba. Atrás. Despacio. No (hacerse) daño.
8. (Pararse) y (respirar). (Inhalar.) (Exhalar.) No (darse) prisa.
9. (Sentarse) con las manos en la misma posición y las piernas dobladas. (Torcer) el cuerpo y (tocar) el codo derecho a la rodilla izquierda. (Volver) a hacer lo mismo con el codo izquierdo. (Repetir) diez veces.
10. Con las piernas extendidas, (estirar) los brazos para tocar el pie opuesto con la mano izquierda. En ritmo. ¡Vamos!

MANDATOS DIRECTOS CON *NOSOTROS(AS)*

Cuando la persona que habla se incluye en el grupo, es decir, en el sujeto, se usa la primera persona plural del presente del subjuntivo.

Declaración	Mandato
(No) Entramos en este almacén.	(No) Entremos en este almacén.
(No) Comemos en casa hoy.	(No) Comamos en casa hoy.
(No) Subimos en el ascensor.	(No) Subamos en el ascensor.
(No) Salimos ahora.	(No) Salgamos ahora.
(No) Hacemos este proyecto.	(No) Hagamos este proyecto.
(No) Vamos al despacho.	(No) Vamos al despacho. (No vayamos...)
(No) Nos acercamos al jefe.	Acerquémonos al jefe. (No nos acerquemos al jefe.)
(No) Nos sentamos aquí.	Sentémonos aquí. [Se omite la *s* final.] No nos sentemos aquí.

EJERCICIOS

A **Un poco más.** *Sigue practicando con estas ideas en forma afirmativa y negativa.*

1. (Quedarse) en el despacho hoy.
2. (Poner) los asuntos en orden.
3. (Venir) a inspeccionar a menudo.
4. (Dormir) en ese hotel económico.
5. (Pedir) informes en la administración.
6. (Recoger) los boletos.
7. (Pagar) la cuenta.
8. (Vestirnos) informalmente.
9. (Corregir) los errores de las cartas.
10. (Justificar) nuestros gastos.

Hotel Calesa Real
SU MEJOR ELECCION EN OAXACA

Garcia Vigil 306 Tel. (951) 655-44

B **Hagamos lo mismo.** *Unos viajeros relatan sus planes para las vacaciones. Otros quieren hacer lo mismo.*

> GRUPO A: **Escogemos un tour y volamos en primera clase.**
> GRUPO B: *Escojamos un tour y volemos en primera clase.*

1. Por la mañana bajamos y almorzamos en el comedor del hotel.
2. Comenzamos a considerar excursiones y seleccionamos varias.
3. Pedimos información y salimos en seguida.
4. En una parada atravesamos la calle y entramos en una tienda.
5. Seleccionamos regalos, conseguimos papeles bonitos y más tarde envolvemos los regalos.
6. Extendemos la visita unos días y después volvemos a casa a fin de mes.

MANDATOS DIRECTOS CON *VOSOTROS(AS)*

En España se usa la forma familiar plural (segunda persona plural) en el trato diario; por lo tanto, el estudiante de español debe familiarizarse con estas formas, aunque prefiera seguir usando la tercera persona plural *Uds.*

infinitivo	mandato afirmativo	mandato negativo (presente del subjuntivo)
ayudar	ayudad	no ayudéis
responder	responded	no respondáis
subir	subid	no subáis
dar	dad	no deis
decir	decid	no digáis
ir	id	no vayáis
salir	salid	no salgáis
contar	contad	no contéis
dormir	dormid	no durmáis
pedir	pedid	no pidáis
sentarse	sentaos	no os sentéis
reírse	reíos	no os riáis

Repaso:

1. En todas las formas afirmativas la *d* reemplaza la *r* final del infinitivo.
2. Las formas negativas se expresan con el presente del subjuntivo.

EJERCICIOS

A ***El ritual nocturno.*** Ya es hora de acostarnos, pero no queremos. Como todas las noches, mamá, muy cansada nos dice: Ya, mis angelitos, (acostaros) **(1)** No… No (acostaros) **(2)** aquí. (Iros) **(3)** a vuestras habitaciones y (poneros) **(4)** los pijamas. (Decir) **(5)** «Buenas noches» a papi y (darle) **(6)** un beso. (Calmaros) **(7)** No (hacer) **(8)** tanto ruido. (Andar) **(9)** por el pasillo. Por favor, no (despertar) **(10)** a la abuelita. Uno por uno (pasar) **(11)** al cuarto de baño. (Lavaros) **(12)** los dientes, pero (no beber) **(13)** mucha agua. (Venir) **(14)**, niños. (No deteneros) **(15)** allí. Ay, Dios mío, ¡(no tirar) **(16)** el agua! ¡(Mirar) **(17)** lo que habéis hecho! (Limpiarla) **(18)** en seguida. (No limpiarla) **(19)** con esas toallas, tontos. (Salir) **(20)** y yo lo hago. (No llevaros) **(21)** las toallas mojadas. (No ponerlas) **(22)** encima de las camas. Carlos, Martín, (no pegar) **(23)** al peque con las almohadas. (Meteros) **(24)** en la cama, niños traviesos.

—¡Santo Señor, dame paciencia con estos diablillos!

SER Y ESTAR

Los verbos *ser* y *estar* se traducen "to be" en inglés, pero no son intercambiables. Cada uno tiene sus aplicaciones propias.

1. Usos del verbo *ser*. *Ser* expresa lo que es el sujeto. Une las siguientes ideas al sujeto:

- Descripción o identificación, por medio de adjetivos o sustantivos predicados que expresan cualidades inherentes, características.
  Ella es alta.
  Nicanor es guapo.

- Origen
  Somos de los Estados Unidos.

- Nacionalidad
  Nosotros somos norteamericanos.

- Profesión u oficio
  Esa mujer es médica.

- Asociación religiosa o política
  Mis padres son presbiterianos.

- Posesión
  El auto es de Estela.

- Material de construcción o de confección
  La casa es de piedra.

- Se usa en expresiones impersonales.
  Es necesario.
  Es lástima.

- Expresa la hora y la fecha.
  ¿Qué hora es? Son las diez de la noche.
  ¿Qué día es hoy? Hoy es miércoles, doce de diciembre.

- La hora en el pasado sólo se expresa en el imperfecto.
  Eran las diez y media.

- La voz pasiva se expresa con *ser* más el participio pasado.
  El libro fue escrito en el siglo XVI.
  Los hombres fueron llevados a la directora.

- Si se expresa quién hizo la acción (el agente), se introduce con la preposición *por*.
  El poema fue escrito por Gabriela Mistral.

Somos norteamericanos.

Note: Changing or nonpermanent states require *estar*. For example: (1) *Hace mucho tiempo que no ves a tu sobrino. Al verlo exclamas: —¡Qué alto estás!— porque piensas en cómo estaba la última vez que lo viste. Pero después de aceptar la altura (el nuevo estado), dices: —mi sobrino ha crecido mucho y ya es muy alto.* (2) *Se puede decir lo mismo con relación a otras variables como el peso; es gordo o está gordo; el pelo es bonito pero ahora está feo con ese color.*

—¿Qué hora es?

- Anteriormente, si el verbo indicaba sentimiento o emoción, se empleaba la preposición *de*. Sin embargo, *por* refleja la tendencia actual.
  Ella es admirada (respetada, querida) de todos.
  Ella es admirada (respetada, querida) por todos.

2. **Usos del verbo *estar*.** El verbo *estar* se emplea para expresar un estado o una condición.

- Colocación (permanente o no)
  Buenos Aires está en la Argentina.
  La niña estaba en el árbol.

- Condición o estado temporal
  El hijo está enfermo.
  Los cuartos estaban limpios.

- Se usa *estar* para formar el tiempo progresivo con el gerundio.
  Está jugando con el gato.
  El hombre estaba limpiando el piso.

3. ***Ser* o *estar*.** Muchas veces el significado de una oración puede cambiar según el uso de *ser* o *estar*. Estudia los siguientes ejemplos:

María está triste. (condición causada por una desgracia)
El abuelo es triste. (característica de personalidad)

Marcelino estaba malo. (condición física)
El capataz era malo. (característica o cualidad moral)

Están listos para salir. (condición de estar preparados)
Esa niña es lista. (característica)

Está pálido. (condición física)
Es pálido. (descripción o identificación)

María está viva. (condición o estado temporal)
El gato es muy vivo. (característica de ser animado)

Está alegre. (estado temporal)
Es feliz. (característica)

EJERCICIOS

A ***¿Cuál es el más listo?*** *Termina la historia con la forma correcta de* ser o estar *en el presente del indicativo.*

A. 1. Es 2. está 3. está 4. está
5. están 6. es 7. está 8. es

_____ (1) temprano y el día _____ (2) hermoso. Un señor _____ (3) caminando por una calle en que hay muchas tiendas de mercancías en malas condiciones. Pasa por una tienda que _____ (4) llena de antigüedades. Casi todos los objetos _____ (5) en malas condiciones. Se ve un violín que _____ (6) viejo, pero _____ (7) roto. El señor _____ (8) coleccionista de

objetos de arte. _____ (9) un egoísta que se considera experto en antigüedades. _____ (10) sorprendido cuando ve un gato que _____ (11) feo y
roñoso que _____ (12) comiendo de un plato bonito. _____ (13) obvio
que el gato no _____ (14) de casta. _____ (15) seguro que el dueño de la
tienda _____ (16) un ignorante que no sabe que el plato _____ (17) de
una cerámica conocida. En realidad, _____ (18) de Francia, de un pueblo
que _____ (19) cerca de París. Sí, _____ (20) de gran valor y él quiere
comprarlo. Se detiene el interesado y le hace caricias al gato, aunque no
_____ (21) aficionado a los felinos. En ese momento el dueño se acerca
y dice que _____ (22) dispuesto a venderle el gato en precio bajo. Resulta
que el coleccionista _____ (23) el tonto porque el dueño sabe que el plato
_____ (24) un auténtico Sèvres. _____ (25) muy listo y _____ (26) usando
el plato para vender gatos.

9. Es 10. Está 11. es 12. está
13. Es 14. es 15. Está 16. es
17. es 18. es 19. está 20. es
21. es 22. está 23. es 24. es
25. Es 26. está

B **¿Ser o estar?** *Usa es, son, está, están para completar las siguientes ideas.*

1. El juez _____ vestido de toga negra.
2. El juez _____ justo y muy profesional.
3. El juez _____ interesado en el testamento misterioso.
4. El juez _____ leyendo lo escrito en la pizarra.
5. El juez _____ más listo que los interesados.
6. El maestro _____ el más instruido de los presentes.
7. El maestro _____ el escribano de la corte.
8. El maestro _____ escribiendo el testamento
   en la pizarra.
9. El maestro _____ cansado de escribir.
10. El maestro _____ el único desinteresado.
11. Los empleados _____ en la casa de correos.
12. Los empleados _____ los que reparten las cartas.
13. Los empleados _____ leyendo la carta de Lencho.
14. Los empleados _____ sorprendidos de la segunda
    carta a Dios.

B. 1. está 2. es 3. está 4. está 5. es
6. es 7. es 8. está 9. está 10. es
11. están 12. son 13. están
14. están

C **Dicho y hecho.** *Expresa el resultado de las siguientes acciones.*

MARIANO: **La mujer de Lencho abre la puerta. (acción)**
JAIME: *La puerta está abierta. (resultado de la acción)*

1. Jesús cierra la puerta.
2. El campesino ara los campos.
3. La mujer prepara la cena.
4. La lluvia cubre la tierra.
5. El granizo destruye la cosecha.
6. El viento rompe los cristales.
7. La lluvia moja la camisa.
8. El árbol caído interrumpe la electricidad.
9. Lencho escribe la carta a Dios.
10. La respuesta no satisface a Lencho.

"El campesino ara los campos.
Los campos están arados."

C. 1. La puerta está cerrada.
2. Los campos están arados.
3. La cena está preparada.
4. La tierra está cubierta.
5. La cosecha está destruida.
6. Los cristales están rotos.
7. La camisa está mojada.
8. La electricidad está inte-
rrumpida. 9. La carta está escrita.
10. Lencho no está satisfecho.

El gerundio o participio presente

1. Estudia las siguientes formas de los gerundios de los verbos regulares.

infinitivo	gerundio
pasar	pasando
comer	comiendo
recibir	recibiendo

2. Algunos gerundios terminan en *-yendo*.

infinitivo	gerundio
caer	cayendo
construir	construyendo
creer	creyendo
destruir	destruyendo
huir	huyendo
leer	leyendo
oír	oyendo
traer	trayendo

3. Los verbos de cambio radical de las segunda y tercera clases exigen un cambio en la raíz del gerundio.

infinitivo	gerundio	infinitivo	gerundio
advertir	advirtiendo	pedir	pidiendo
convertir	convirtiendo	perseguir	persiguiendo
divertir	divirtiendo	reír	riendo
mentir	mintiendo	repetir	repitiendo
preferir	prefiriendo	seguir	siguiendo
sentir	sintiendo	sonreír	sonriendo
venir	viniendo	vestir	vistiendo
decir	diciendo	dormir	durmiendo
despedir	despidiendo	morir	muriendo
medir	midiendo		

4. Los verbos *ir* y *poder* tienen gerundios irregulares.

infinitivo	gerundio
ir	yendo
poder	pudiendo

EL TIEMPO PROGRESIVO

1. La acción progresiva se expresa con un verbo auxiliar más el gerundio para indicar una acción que progresa en el momento indicado.

Ahora estoy leyendo.
En ese momento estábamos comiendo.

Note: Caution students not to overuse this form, which diminishes the effect of the action in progress.

2. El énfasis se concentra en la acción misma y no en las consecuencias. Los verbos auxiliares más comunes son *estar, seguir, continuar, quedar, andar, venir* e *ir*.

Están burlándose del campesino.
Sigue hablando con el jefe.

3. Los verbos *ser, estar, tener, haber, ir* y *venir* no se emplean comúnmente en la forma progresiva.

Voy con él.
Vienen a verme.
Tenemos un examen.

EJERCICIOS

A **Nuestra primera exposición.** *Cambia los verbos al presente progresivo.*

VICENTE: **Pintamos día y noche.**
VICENTE: **Estamos pintando día y noche.**

YO: Pero vemos buenos resultados.
VICENTE: ¿Qué haces ahora?
YO: Limpio los pinceles y arreglo los marcos. ¿Y tú?
VICENTE: Determino los precios y los escribo en papelitos.
YO: Vale. Oscar los pega al revés de los marcos. Describe el día de la inauguración.
VICENTE: Mientras los invitados leen los programas y hablan entre sí, los camareros traen y sirven canapés y refrescos. Un momento. ¿Manolo y Felipe? ¿Qué hacen?
YO: Manolo construye una pequeña plataforma. Los dos convierten el salón en un lugar atractivo.
VICENTE: ¿Y Loles?
YO: Dolores arregla las flores y pone los últimos toques en las decoraciones.
VICENTE: ¡Qué bien me siento! Hace años que perseguimos esta ilusión. Nuestra persistencia da buenos resultados.
YO: Ya cuento nuestras ganancias y deposito el dinero en el banco.
VICENTE: Yo pienso en la fama y en el éxito del futuro.

Note: This can be a paired or whole group activity. 1. Yo: estamos viendo 2. Vicente: estás haciendo 3. Yo: Estoy limpiando y (estoy) arreglando 4. Vicente: Estoy determinando; estoy escribiéndolos 5. Yo: los está pegando; está describiendo 6. Vicente: están leyendo y (están) hablando, están trayendo y (están) sirviendo, están haciendo 7. Yo: está construyendo. Están convirtiendo 8. Yo: está arreglando y (está) poniendo 9. Vicente: me estoy sintiendo; estamos persiguiendo; está dando 10. Yo: Estoy contando; (estoy) depositando 11. Vicente: estoy pensando

B **Con la imaginación activa.** *Conchita, tu hermanita, tiene los ojos vendados debido a una operación. Le encanta mirar la televisión, pero hoy no la puede ver. Para que no se sienta demasiado frustrada, tú vas a describir lo que está pasando en las caricaturas con la acción rápida y, a veces, un poco violenta.*

Ejemplo: **Está lloviendo en la ciudad. La gente está corriendo locamente por las calles y entrando en las tiendas para no mojarse. De repente... (Continúa con tu relato.)**

El gerundio como adverbio

Note: You may wish to write infinitives on a transparency so the class can give the gerund forms.

Se puede sustituir el gerundio por varias cláusulas adverbiales para indicar duración de una acción, una condición o circunstancia, una causa, o la manera de realizar algo. Corresponde a *-ing* en inglés.

> **Paseando por el campo, vi a Lencho recoger la cosecha.**
> **Encontré al niño durmiendo.**
> **Siendo ya tarde, los campesinos dejaron de trabajar.**
> **Contestó sonriendo.**

"Encontré al niño durmiendo."

MODISMOS Y EXPRESIONES

tocarle a uno *to be one's turn*

> Me toca a mí preparar la comida.

¡Qué + adj./adv.! *Exclamation to emphasize a quality of a person, action, or thing.*

> ¡Qué buena es esta comida!
>
> ¡Qué bien canta ella!

¡Ojalá! *Would that, I hope that...*

> ¡Ojalá que llueva mañana!

Volver a + inf. *to do that action of the infinitive again*

> El campesino vuelve a sembrar después de la tempestad.

sin embargo *nevertheless*

> No hay prueba mañana; sin embargo, tengo que prepararme para la clase.

costarle un ojo de la cara *to be very expensive*

> Este perfume me va a costar un ojo de la cara.

No cabe duda. *There is no doubt.*

> No cabe duda que el plato es auténtico.

Note: Try to introduce these items in other segments of the lesson. For example, you can compare and contrast the usage of *buzón* and *apartado* while teaching writing a business letter in Spanish or the reading *"Una carta a Dios."*

End of *Cuadro* suggestion: Give Listening Comprehension Test upon completion of *Cuadro* 2. You may also give the Reading Comprehension Test as well as the Structure Test from the Blackline Masters included in the Testing Program Kit.

¡OJO!

buzón

> El buzón es la abertura donde se echan las cartas para mandarlas.
>
> *Ejemplo:* Lencho le puso un sello a la carta y la echó en el buzón.

apartado

> El apartado es la casilla postal numerada donde se reciben las cartas, generalmente en el correo.
>
> *Ejemplo:* El número de mi apartado es 413, y cada día voy al correo para recoger las cartas.

EL HEROÍSMO

Quien no se aventura no pasa la mar.

Note: Discuss the proverb "Nothing ventured, nothing gained." Have students give examples from their own experiences that apply.

Pre-reading questions: Have different students answer the following questions: Might this proverb have resulted from the exploits of Columbus and his crew? What did Columbus venture? What did he gain? Discuss current sentiments about Columbus. Why do some feel he is not the hero others acclaim? What finally happened to Columbus in 1492?

PARA PREPARAR LA ESCENA

En la literatura universal hay miles de cuentos que tratan de la conducta heróica y los personajes valientes. Estos cuentos perduran, aumentando en popularidad, no sólo porque son muy emocionantes sino porque también tienen valor inspirativo. En los anales del heroísmo uno puede encontrar muchos nombres españoles inmortalizados en canción y cuento. Mientras que algunos han ganado fama mundial a causa de su valor, otros, igualmente valerosos, han muerto en la oscuridad, desconocidos y olvidados.

◄
El Libertador Simón Bolívar

►
Retrato de Simón Bolívar

El Mensajero de San Martín

PARA PRESENTAR LA LECTURA

«El Mensajero de San Martín» es el relato de un joven que se muestra muy valiente. Aunque no lucha en el campo de batalla y ni siquiera lleva armas, su acto es digno de un verdadero patriota.

En la tierra de nuestros vecinos sudamericanos tuvo lugar una insurrección tan dramática como la de los colonos norteamericanos a fines del siglo dieciocho. Hubo numerosas batallas, mucho sufrimiento y muchos sacrificios, inmensurables conspiraciones e intrigas. Hubo heroísmo en todas sus formas. Las fuerzas realistas eran partidarias de la realeza y apoyaban la corona española, mientras que las fuerzas patriotas luchaban para conseguir la independencia. Ambos lados querían conseguir la victoria, haciendo del movimiento independentista una lucha larga y sangrienta. Muchos soldados y líderes figuraron de un modo prominente en la guerra—héroes como Bolívar, Sucre, Miranda, O'Higgins, Artigas, San Martín, y otros menos conocidos, como el mensajero de San Martín.

PARA ENTABLAR CONVERSACIÓN

Contesta las preguntas.

¿Quiénes son unos héroes que admiras? ¿Qué hicieron para ser considerados «héroes»? ¿Has hecho algo para recibir tal distinción? ¿Qué hiciste? ¿Has sido el recipiente de algún acto heroico? En tu opinión, ¿quiénes son algunos héroes que merecen ser reconocidos (y muchas veces no lo son)? ¿Crees que el heroísmo es resultado del cálculo o de espontaneidad? Si es un acto de heroísmo arriesgar tu propia vida por otros, ¿es un acto de cobardía no hacerlo? ¿Por qué es famoso Paul Revere? ¿Molly Pitcher? ¿David Crockett?

Monumento a Simón Bolívar de Santa Cruz Capacyachi, Junín, Perú

General José de San Martín, héroe sudamericano

PARA AUMENTAR EL VOCABULARIO

PALABRAS CLAVE I

1. **castigo** pena o sufrimiento impuesto por alguna falta
   Le van a dar un castigo fuerte por ese crimen.
2. **despacho** oficina, lugar donde una persona trabaja
   La abogada trabajaba en su despacho.
3. **huir** escaparse rápidamente para no sufrir algo malo
   En circunstancias especiales aun una persona fuerte puede huir.
4. **paisaje** vista del campo considerada desde el punto de
   vista artístico (*landscape*)
   Las montañas y los valles formaban un paisaje maravilloso.

PRÁCTICA

Completa con una palabra de la lista.

huir	el castigo
paisajes	el despacho

1. Al ver a los soldados, la familia cometió el error de _____.
2. La secretaria trabajaba en _____ cuando recibió la noticia.
3. Si confiesas quizás puedas evitarte _____.
4. Este artista es especialista en _____.

1. huir 2. el despacho 3. el castigo
4. paisajes

PALABRAS CLAVE II

1. **choza** casa pequeña y pobre (*hut*)
   El pobre tiene que vivir en aquella choza.
2. **encierren (encerrar–ie)** contengan a una persona o cosa en una parte de donde no es posible salir (*lock up*)
   Encierren los caballos en el corral.
3. **jurado (jurar)** prometido solemnemente
   Juan le había jurado amor eterno, y ya cambió de opinión.
4. **puñado** lo que cabe en la mano, cantidad pequeña
   De toda la fortuna, sólo quedó un puñado de monedas.
5. **velaban (velar)** pasaban la noche sin dormir
   Las tropas velaban de noche para prevenir un ataque por sorpresa.

PRÁCTICA

Completa con una palabra de la lista.

> la choza   un puñado
> jurado   encierren
> velaban

1. Algunos _____, pero otros estaban dormidos.
2. No quiero decirte el nombre porque he _____ guardar el secreto.
3. En el invierno esos pobres niños tienen frío en _____ en que viven.
4. El ladrón no quiere que ellos lo _____ pero sabe que lo tienen que castigar.
5. En todo el ejército sólo _____ de soldados se escapó.

1. velaban 2. jurado 3. la choza
4. encierren 5. un puñado

El abrazo del Maipó

EL MENSAJERO DE SAN MARTÍN

El general don José de San Martín leía unas cartas en su despacho. Terminada la lectura, se volvió para llamar a un muchacho de unos dieciséis años que esperaba de pie junto a la puerta.

—Voy a encargarte[1] una misión difícil y honrosa. Te conozco bien; tu padre y tres hermanos tuyos están en mi ejército y sé que deseas servir a la patria. ¿Estás resuelto[2] a servirme?

—Sí, mi general, sí —contestó el muchacho.

—Debes saber que en caso de ser descubierto te fusilarán—continuó el general.

—Ya lo sé, mi general.

—Entonces, ¿estás resuelto?

—Sí, mi general, sí.

—Muy bien. Quiero enviarte[3] a Chile con una carta que no debe caer en manos del enemigo. ¿Has entendido, Miguel?

—Perfectamente, mi general—respondió el muchacho. Dos días después, Miguel pasaba la cordillera[4] de los Andes en compañía de unos arrieros[5].

Llegó a Santiago de Chile; halló[6] al abogado Rodríguez, le entregó[7] la carta y recibió la respuesta, que guardó en su cinturón secreto.

—Mucho cuidado con esta carta—le dijo también el patriota chileno. —Eres realmente muy joven; pero debes ser inteligente y buen patriota.

Miguel volvió a ponerse en camino lleno de orgullo. Había hecho el viaje sin dificultades, pero tuvo que pasar por un pueblo cerca del cual se hallaba una fuerza realista al mando del coronel Ordóñez.

Alrededor se extendía el hermoso paisaje chileno. Miguel se sintió impresionado por aquel cuadro mágico; mas[8] algo inesperado vino a distraer su atención.

Dos soldados, a quienes pareció sospechoso ese muchacho que viajaba solo y en dirección a las sierras, se dirigieron[9] hacia él a galope. En la sorpresa del primer momento, Miguel cometió la imprudencia de huir.

—¡Hola!—gritó uno de los soldados sujetándole[10] el caballo por las riendas[11]. —¿Quién eres y adónde vas?

Miguel contestó humildemente que era chileno, que se llamaba Juan Gómez y que iba a la hacienda de sus padres.

Lo llevaron sin embargo a una tienda de campaña[12] donde se hallaba, en compañía de varios oficiales, el coronel Ordóñez.

—Te acusan de ser agente del general San Martín—dijo el coronel. —¿Qué contestas a eso?

Miguel habría preferido decir la verdad, pero negó la acusación.

Pre-reading: Brainstorm with students. Discuss heroic deeds that are calculated and pre-meditated and those that are the result of impulse and spontaneity at an unexpected moment.

[1] encargarte darte
[2] resuelto listo, decidido
[3] enviarte send you
[4] cordillera cadena de montañas
[5] arrieros mule drivers
[6] halló encontró
[7] entregó dio
[8] mas pero
[9] se dirigieron fueron hacia
[10] sujetándole holding
[11] riendas reins
[12] tienda de campaña tent

Reading strategies: Read aloud questions of Comprensión I before reading Part I. Teacher reads Part I; students listen with their books closed. Re-read with one student reading narrative parts, another reading San Martín's lines and another, Miguel's dialog. Students answer questions of Comprensión I orally. Students read silently all of Part II; then, with books closed, teacher asks questions of Comprensión II. Reread Part II aloud, with different students each reading about 10 lines. Following individual readings have others summarize with a sentence or two the gist of the 10 lines read by their classmates.

—Oye, muchacho,—añadió el coronel—más vale[13] que confieses francamente, así quizá puedas evitarte[14] el castigo, porque eres muy joven. ¿Llevas alguna carta?

—No—contestó Miguel, pero cambió de color y el coronel lo notó.

Dos soldados se apoderaron[15] del muchacho, y mientras el uno lo sujetaba, el otro no tardó en hallar el cinturón con la carta.

—Bien lo decía yo—observó Ordóñez, disponiéndose a abrirla. Pero en ese instante Miguel, con un movimiento brusco[16], saltó como un tigre, le arrebató[17] la carta de las manos y la arrojó en un brasero[18] allí encendido.

Hay que convenir[19] en que eres muy valiente[20]—dijo Ordóñez. —Aquél que te ha mandado sabe elegir su gente. Ahora bien, puesto que eres resuelto, quisiera salvarte y lo haré si me dices lo que contenía la carta.

—No sé, señor.

—¿No sabes? Mira que tengo medios de despertar tu memoria.

—No sé, señor. La persona que me dio la carta no me dijo nada.

El coronel meditó un momento.

—Bien—dijo—te creo. ¿Podrías decirme al menos de quién era y a quién iba dirigida?

—No puedo, señor.

—¿Y por qué no?

—Porque he jurado.

El coronel admiró en secreto al niño pero no lo demostró. Abriendo un cajón de la mesa, tomó un puñado de monedas de oro.

—¿Has tenido alguna vez una moneda de oro?—preguntó a Miguel.

—No, señor—contestó el muchacho.

—Bueno, pues, yo te daré diez. ¿Entiendes? Diez de éstas, si me dices lo que quiero saber. Y eso, con sólo decirme dos nombres. Puedes decírmelo en voz baja—continuó el coronel.

—No quiero, señor.

—A ver—ordenó—unos cuantos azotes[21] bien dados a este muchacho.

En presencia de Ordóñez, de sus oficiales y de muchos soldados, dos de éstos lo golpearon[22] sin piedad. El muchacho apretó[23] los dientes para no gritar. Sus sentidos comenzaron a turbarse y luego perdió el conocimiento[24].

—Basta—dijo Ordóñez—enciérrenlo por esta noche. Mañana confesará.

Entre los que presenciaron los golpes se encontraba un soldado chileno que, como todos sus compatriotas, simpatizaba con la causa de la libertad. Tenía dos hermanos, agentes de San Martín, y él mismo esperaba la ocasión favorable para abandonar el ejército real. El valor del muchacho lo llenó de admiración.

A medianoche el silencio más profundo reinaba en el campamento. Los fuegos estaban apagados y sólo los centinelas[25] velaban con el arma en el brazo.

Miguel estaba en una choza, donde lo habían dejado bajo cerrojo[26], sin preocuparse más de él.

Entonces, en el silencio de la noche, oyó un ruido como el de un cerrojo corrido con precaución. La puerta se abrió despacio y apareció la figura de un hombre. Miguel se levantó sorprendido.

—¡Quieto![27]—murmuró una voz. —¿Tienes valor para escapar?

De repente Miguel no sintió dolores, cansancio, ni debilidad; estaba ya bien, ágil y resuelto a todo. Siguió al soldado y los dos andaban como sombras[28] por el campamento dormido, hacia un corral donde se hallaban los caballos del servicio. El pobre animal de Miguel permanecía ensillado[29] aún y atado a un poste.

—Éste es el único punto por donde puedes escapar,—dijo el soldado —el único lugar donde no hay centinelas. ¡Pronto, a caballo y buena suerte!

El joven héroe obedeció, despidiéndose de su generoso salvador con un apretón de manos[30] y un ¡Dios se lo pague! Luego, espoleó[31] su caballo sin perder un minuto y huyó en dirección a las montañas.

Huyó para mostrar a San Martín, con las heridas de los golpes que habían roto sus espaldas, cómo había sabido guardar un secreto y servir a la patria.

General José de San Martín, héroe sudamericano

[25] **centinelas** guardias
[26] **cerrojo** *bolt, lock*
[27] **¡Quieto!** ¡Quédate calmado!
[28] **sombras** *shadows*
[29] **ensillado** *saddled*
[30] **apretón de manos** *strong handshake*
[31] **espoleó** *spurred*

PARA APLICAR

COMPRENSIÓN 1

A *Contesta las siguientes preguntas.*

1. ¿Qué misión difícil le encargó San Martín al joven?
2. ¿Qué podía pasar si lo descubrían?
3. ¿Qué le entregó a Rodríguez?
4. ¿Dónde guardó la respuesta?
5. ¿Qué le dijo el patriota chileno?
6. ¿Qué vino a distraer la atención de Miguel al contemplar el paisaje chileno?
7. ¿Por qué les pareció sospechoso el muchacho?
8. ¿Cómo evitó Miguel que el coronel Ordóñez leyera la carta?

A. 1. ir a Chile con una carta que no debía caer en manos del enemigo 2. lo fusilarían 3. la carta de San Martín 4. en su cinturón 5. que tuviera cuidado con la carta de respuesta 6. algo inesperado; dos soldados montados se dirigieron hacia él 7. Miguel viaja solo en dirección a las sierras 8. la arrojó en un brasero allí encendido

COMPRENSIÓN II

A *Contesta las siguientes preguntas.*

1. ¿Cómo intentó el coronel persuadir a Miguel de que le dijera el contenido de la carta?
2. ¿Cómo intentó que le dijera a quién iba dirigida?
3. ¿Qué sentimiento tuvo el coronel hacia el muchacho?
4. ¿Cuándo se abrió la puerta de la choza de Miguel?
5. ¿Cómo se escapó Miguel?
6. ¿Dónde se quedó el soldado chileno?
7. ¿A quién fue a mostrar cómo había sabido guardar el secreto para servir a la patria?

A. 1. despertar su memoria con golpes 2. le ofreció un puñado de monedas de oro 3. admiró su lealtad 4. a medianoche 5. en su caballo, ayudado por un soldado que simpatizaba con la causa de la libertad 6. en el campamento 7. a San Martín

PARA CONTINUAR CONVERSANDO

1. ¿Qué entiendes por patriotismo?
2. ¿Cómo reaccionas al ver pasar la bandera nacional?
3. ¿Cómo reaccionas al oír tocar el himno nacional?
4. ¿Piensas servir en el ejército de tu país?
5. ¿Te gustaría asistir a una escuela militar?
6. ¿Puedes citar algunos países que requieren el servicio militar?
7. ¿Qué oportunidades hay para servir a la patria en tiempos de paz?
8. ¿Sabes guardar un secreto?
9. ¿Podrías mantener silencio si te amenazaran con golpes, tortura o incluso la muerte?

Individual answers will vary. Elicit responses that suggest "amor a la patria", "respeto y orgullo para la bandera y el himno nacional", "obligación de votar, participación en obras de caridad, servicios públicos."

PARA PRACTICAR

A *Completa las siguientes oraciones con una palabra o una expresión de la lista.*

servirme, arrieros, cerrojo, medianoche, despacho, espoleó su caballo, atado, dolores, misión, buena suerte, huyó, sombras, apoderaron, cordillera, choza

1. El general leía unas cartas en su _____.
2. Voy a encargarte una _____ difícil.
3. ¿Estás resuelto a _____?
4. Miguel pasaba la _____ de los Andes.
5. Iba en compañía de unos _____.
6. Dos soldados se _____ del muchacho.
7. A _____ el silencio más profundo reinaba.
8. Miguel estaba en una _____.
9. Los dos andaban como _____.
10. Lo habían dejado bajo _____.
11. De repente no sintió _____.
12. El animal permanecía _____ a un poste.
13. ¡Pronto, a caballo y _____!
14. Luego _____ sin perder un momento.
15. _____ en dirección a las montañas.

A. 1. despacho 2. misión
3. servirme 4. cordillera 5. arrieros
6. apoderaron 7. medianoche
8. choza 9. sombras 10. cerrojo
11. dolores 12. atado 13. buena
suerte 14. espoleó su caballo
15. Huyó

Los Andes, Torres del Paine, Chile

B. 1. una choza **2.** hallar
3. encerrar **4.** velar **5.** valiente
6. sentado

C. 1. lo encierra **2.** soldados
3. chozas **4.** un cinturón
5. heridas

Note: Do these activities individually. Student answers will vary: San Martín: a strong, bold, proud, intelligent patriot, a hero-leader type; Miguel: courageous, determined youth, dedicated, physically fit; El coronel Ordóñez: arrogant, domineering, strict, strong, the villainous type; El soldado: confident, patriotic, clean-cut, compassionate

B *Da un antónimo de las siguientes palabras.*

1. un palacio   **4.** dormir bien
2. perder   **5.** cobarde
3. poner en libertad **6.** de pie

C *Contesta las siguientes preguntas.*

1. ¿Qué hace la policía con un criminal?
2. ¿Qué hay en un ejército?
3. ¿En qué tienen que vivir los pobres?
4. ¿Qué lleva una persona para que no se le caigan los pantalones?
5. ¿Qué reciben los soldados en una batalla cruel?

POR SI ACASO . . .

1. Imagina que el director de escena de un estudio cinematográfico está repartiendo papeles para una película titulada El mensajero de San Martín. ¿Cuál de los cuatro papeles siguientes te gustaría representar?
   a. San Martín
   b. Miguel
   c. el coronel Ordóñez
   d. el soldado que simpatizaba con la causa de la libertad
   ¿Cuáles características necesitas para tu papel?
   ¿Eres sumamente orgulloso / vanidoso / determinado / patriota / valiente / arrogante / estricto / dedicado?

2. Con un compañero hagan una lista de ropa cuyo origen está basado en el vestuario militar (por ejemplo: pantalones color caqui, chaqueta de bombardero, botones de latón, tela de paracaídas o de camuflaje, chaqueta Eisenhower, anclas, etc. ¿Cuáles de estas prendas usas tú?).

José Olaya, patriota peruano, de Gil de Castro

¡VIVA NUMANCIA!

PARA PRESENTAR LA LECTURA

Cualquier sociedad es producto de su pasado, y los españoles están muy orgullosos del suyo, que aún refleja un espíritu nacional, a pesar de ser un país de contrastes y de poseer un gran individualismo. Numerosas mezclas de razas y pueblos que forman parte de la historia de España (íberos, celtas, fenicios, griegos, cartagineses, romanos, moros) han contribuido a este espíritu, pero ninguna se destaca más que los habitantes de una pequeña ciudad en el norte de España... ¡Numancia!... fuente del heroísmo colectivo y el patriotismo todavía clavado en los corazones españoles.

Carrera de cuadrigas en el circo romano. Detalle de un mosaico romano (*circa* siglo III a. de C.), Gerona, España

Pre-reading: Ask students how a grateful nation recognizes or rewards heroism in wartime and in peace. Discuss awards, decorations, medals, ribbons that nations present to individuals for outstanding/heroic performance. Have students research, describe, and illustrate medals of Spanish-speaking countries. U.S.: Medal of Honor, DSC, Silver Star, Bronze Star, Purple Heart. France: Legion of Honor, Croix de Guerre. Britain: Victoria Cross, Order of Merit, Order of the Garter. Germany: the Iron Cross. Russia: the Order of Victory, the Order of Glory. Spain: Order of Charles III, Military Order of St. Ferdinand, Royal American Order of Isabella the Catholic, Order of the Golden Fleece, replaced during Franco regime by the Order of the Yoke and Arrow. Mexico: Order of the Aztec Eagle. Perú: Order of the Sun.

¡VIVA NUMANCIA!

[1] **advenedizo** *upstart*

[2] **fosos** *excavaciones que rodean los muros (moats)*

[3] **maniobras** *operación ejecutada con las manos (maneuvers)*

[4] **diezmada** *decimated*

[5] **pavonearse** *caminar como el pavo (strut, show off)*

Por los años 218 a. C. los ciudadanos de una pequeña ciudad en el norte de España se destacaron como verdaderos patriotas. La ciudad era Numancia; la ocasión, el sitio de la ciudad por las legiones romanas.

A causa de su atrevida resistencia hace mucho tiempo, Numancia estaba condenada a muerte. Escipión Emiliano, el famoso general romano, fue enviado a España para asegurar la destrucción total de aquel advenedizo[1] pueblo. Las fuerzas romanas rodearon la ciudad, construyeron murallas, abrieron fosos[2], desviaron las aguas del río Duero, y siguieron con continuas maniobras[3] para impedir que los habitantes se escaparan o que recibieran auxilios. «Pronto van a rendirse», declaró el arrogante general romano. «La población se ve diezmada[4]. Los defensores sufren del hambre, de la falta de agua, de enfermedades. Tienen pocas armas. No tienen esperanza de auxilio alguno. Poco tiempo les queda para capitular. Les he mandado un ultimátum. Si no se rinden dentro de quince minutos, vamos a quemar la ciudad, reducirla a cenizas y matar a los vivientes.»

Decir numantino es decir heroísmo salvaje. Mientras Escipión se pavoneaba[5] confiadamente delante de sus tropas, detrás de los muros se desarrollaba una escena diferente.

«¡Mientras hay vivos, Numancia no se rinde!» —gritó uno de los defensores.

«¡Mejor muerto que prisionero!» —gritó otro. «Pueden sacarme los ojos y cortarme los brazos antes de forzarme a saludar a esos animales.»

«A los numantinos no se puede arrancarles los corazones.» —añadió otro.

«¿Rendirnos? ¡Nunca! ¡Nunca! ¡Nunca!» —corearon[6] los demás.

«¡Coraje!» —pronunció uno de los líderes entre los asediados. «Les propuse una paz honrosa, pero Escipión la rechazó. Ahora nos dan quince minutos para rendirnos o van a quemar la ciudad. Yo digo que la quememos nosotros y que sobran los quince minutos.»

Y así lo hicieron los valientes numantinos. Durante una hora los habitantes mismos pusieron antorchas a todos los edificios, a todas sus posesiones, y dieron fuego a toda la ciudad. Hecho esto, se dieron la muerte, las mujeres prefiriendo suicidarse o perder la vida a manos de sus parientes más bien que caer en poder del ejército enemigo. Algunas se arrojaron a la hoguera[7].

Y cuando entraron las tropas romanas, ni un solo habitante cayó en manos de Escipión. ¡Ni uno solo sobrevivió!

El heroísmo del pueblo celtíbero de Numancia perdura a través de los siglos como una de las hazañas más inspirativas en la gloriosa historia de España.

[6] **corearon** hablar en coro
[7] **hoguera** bonfire, blaze

Acueducto Romano, Segovia, España. La presencia de los romanos es evidente por todas partes de la Península Ibérica.

PARA APLICAR

COMPRENSIÓN

A *Contesta las siguientes preguntas.*

1. ¿Cuáles son algunas de las razas que invadieron España?
2. ¿Qué ciudad se destaca como símbolo de heroísmo salvaje?
3. ¿Quién fue enviado para asegurar la destrucción de Numancia?
4. ¿Quién era Escipión Emiliano?
5. ¿Con qué maniobras siguieron las tropas romanas para impedir que los habitantes se escaparan?
6. ¿Por qué se veía diezmada la población?
7. ¿Qué ultimátum les mandó Escipión?
8. Relata algo de la situación detrás de los muros.
9. ¿Cómo respondió uno de los líderes al ultimátum de Escipión?
10. ¿A qué pusieron antorchas los numantinos?
11. ¿Qué prefirieron hacer las mujeres?
12. Al entrar en la ciudad, ¿qué situación encontraron los romanos?

ACTIVIDADES

Busca detalles en la biblioteca de las batallas entre Escipión y Aníbal de Cartago. Compara las circunstancias de estas batallas con el asedio de Numancia.

A. 1. íberos, celtas, fenicios, griegos, cartagineses, moros, romanos 2. Numancia 3. Escipión Emiliano 4. famoso general romano 5. rodearon la ciudad, construyeron murallas, abrieron fosos, desviaron las aguas del río Duero 6. sufrían del hambre, de la falta de agua, de enfermedades 7. si los defensores no se rindieran, quemaría la ciudad y mataría a los vivientes 8. no tenían muchas armas; ni esperanza de auxilio alguno 9. sugirió que ellos mismos quemaran la ciudad y que sobraran los quince minutos 10. a los edificios, a todas sus posesiones, a la ciudad entera 11. suicidarse o perder la vida a manos de sus parientes 12. ni un solo defensor sobrevivió

Note: The *Actividad* can be an optional assignment for individuals or groups. Subsequent discussions might include war strategies then and now.

Teatro romano, Mérida, España

Para Gozar

El heroísmo tiene varias formas. No es necesario que haya una guerra para que salga gente de valor. Al joven mencionado abajo se le puede llamar héroe porque ha sido valiente y ha significado algo en el mundo.

Note: The selections about these two young heroes should not be overlooked. Not only do they deal with current events, but also students can identify with situations that confronted two teenagers that could have been classmates.

Un héroe
HÉCTOR DEL VALLE

Después de tomar seis botellas de cerveza, me creía invencible.

Así describió su coraje Héctor del Valle, de Dover, Nueva Jersey, cuando era un joven automovilista borracho[1]. Aquellos días terminaron hace varios años cuando Héctor, a la sazón[2] de diecisiete años, chocó con otros dos vehículos y una pared de ladrillos[3]. Cuando volvió en sí, estaba paralizado del pecho[4] abajo. No había otras víctimas del accidente, pero el accidente sí puso fin al futuro prometedor de Héctor como gimnasta y aprendiz de carpintero.

—En el centro de rehabilitación me di cuenta de que me hubiera dañado aun más —nos explica.

Su accidente le dio a Héctor el coraje de admitir que se había equivocado y las ganas de ayudar a otros jóvenes. Ahora, trabajando con la División de Alcoholismo de Nueva Jersey y el Consejo Nacional de Alcoholismo, habla con jóvenes en las escuelas y en las iglesias, mostrándose como ejemplo de lo malo que les puede ocurrir.

Mientras debe ser muy penoso para él repasar su accidente cada vez que dirige la palabra a su auditorio[5], Héctor está muy satisfecho con su trabajo.

—Cuando todos me escuchan y luego me rodean en el escenario[6] y me dan la mano,—dice Héctor—me siento feliz y orgulloso.

[1] **borracho** embriagado, que ha bebido mucho
[2] **a la sazón** *at that time*
[3] **ladrillos** *bricks*
[4] **pecho** *chest*
[5] **auditorio** reunión de oyentes (*audience*)
[6] **escenario** parte del teatro donde representan los actores (*stage*)

Para Continuar Conversando

1. ¿Cómo celebran tus amistades en ocasiones especiales? ¿En casa o en qué sitios?
2. ¿Siempre se portan con discreción y responsabilidad?
3. ¿Hay supervisión de mayores responsables en estas ocasiones?
4. En las reuniones, ¿tratan de respetar los derechos de los vecinos?
5. ¿Has conocido tragedias que resultan por falta de discreción y comportamiento apropiado?
6. ¿Te afecta la presión de compañeros para imitar su conducta?

Joven de 17 años salva a 14 en el incendio de una casa móvil

Alrededor de Steven Hines, las llamas derretían una casa móvil como un bombón de altea[1], pero sin miedo, el joven entró de prisa para ver si adentro había algunos atrapados.

El joven de 17 años tiene un pasado de delincuencia, pero sin ayuda ninguna, salvó a unos doce niños (de 4 a 13 años de edad) y a dos mayores que los vigilaban.

«A pesar de la llamarada violenta parecía que todos soñaban el mismo sueño... que acababan de jugar» —dijo Steven.

No fue hasta más tarde que el joven se dio cuenta de lo que había hecho y entonces se asustó.

Un niño de nueve años murió en la casa ardiente. «No pude dormir esa noche. Pensaba en el niño,» dijo Hines.

Hines está en el segundo año de la escuela superior de Pine Bluff, Arkansas. El director Andrew Tolbert quería honrarlo en una asamblea especial el lunes, pero Hines estuvo ausente. «Su asistencia no ha sido consistente, a lo más» —dijo el señor Tolbert el martes, añadiendo que su ausencia sin permiso de la escuela no debe obscurecer su heroísmo.

(*Traducido de un artículo que apareció en un periódico de Texas, bajo el encabezamiento: Boy, 17, storms into fiery trailer, saves 14 people.*)

[1]bombón de altea
marshmallow

MANDATOS INDIRECTOS

1. El mandato indirecto se expresa por medio de otra persona.

> **Inés: Consuelo quiere entrar.**
> **Ana: Que entre.**

2. Se expresa con la tercera persona del presente del subjuntivo singular o plural, según el sujeto. Casi siempre se introduce con *que* y sólo se expresa el sujeto para evitar ambigüedad o para dar énfasis.

EJERCICIOS

A **¡Cómo molestan estos niños!** *Francisco cuida a los niños que no le hacen caso. Pide amparo de los padres.*

> **Francisco: Roberto quiere comer el pan.**
> **Papá:** *Que lo coma.*
> **Mamá:** *No, no, que no coma.*

1. Los peques (niños pequeños) quieren tocar el piano.
2. Salvador quiere prender la tele.
3. Juan y Carlos quieren escribir cartas en el estudio.
4. Mimí quiere leer su horóscopo.
5. Jacinta quiere preparar una tortilla española.
6. Ellos quieren beber los refrescos en el frigo (refrigerador).
7. Los peques quieren montar las bicis (bicicletas) en el parque.

A. 1. que (no) lo toquen 2. que (no) la prenda 3. que (no) las escriban 4. que (no) lo lea 5. que (no) la prepare 6. que (no) los beban 7. que (no) las monten

B **Que sí. Que no.** *En un hospital Elena, una enfermera, informa a la supervisora de los deseos de unos pacientes.*

> **Elena: La paciente que entró con la gripe ya no tiene fiebre. Quiere levantarse e irse a casa.**
> **Supervisora:** *Que se levante, pero que no se vaya.*

1. El Sr. Flores va a acostarse y dormirse.
2. Oigo que la Sra. Escobedo está impaciente. Quiere bañarse y ponerse su pijama.
3. La niña del cuarto 302 se siente mejor. Dice que va a beber jugos y comer helados.
4. La Srta. Menéndez se aburre y va a quejarse del servicio.
5. La enfermera nueva está nerviosa con el anciano del 316. Tiene que tomarle el pulso y darle una inyección.
6. El paciente en el 318 es testarudo (*stubborn*). Quiere sentarse en la silla de ruedas y bajar al jardín.

B. 1. que se acueste, que no se duerma 2. que se bañe, que no se ponga su pijama 3. que beba, que no coma 4. que se aburra, que no se queje 5. que lo tome, que no le dé 6. que se siente, que no baje

"—¿Qué les digo a los invitados?
—Que se diviertan mucho."

C **Preparativos para una parrillada.** *Unos jóvenes planean una parrillada (cookout).*
Lupe y Luis se acuerdan de detalles importantes.

> decirles a los invitados / recordar la fecha
> **Lupe:** *¿Qué les digo a los invitados?*
> **Luis:** *Que recuerden la fecha.*

1. recomendarles a los invitados / acostarse temprano la noche anterior
2. pedirles a Mónica e Irene / conseguir los filetes y chorizos
3. sugerirles a los chicos / recordar cómo se llega al sitio
4. decirle a tu hermano / no reírse al ver mi nuevo corte de pelo
5. pedirle al cocinero / servir a las nueve y media
6. recomendarles a todos los presentes / divertirse mucho

C. 1. ¿Qué les recomiendo a los invitados?; que se acuesten temprano... 2. ¿Qué les pido a Mónica e Irene?; que consigan los filetes... 3. ¿Qué les sugiero a los chicos?; que recuerden... 4. ¿Qué le digo a tu hermano? ; que no se ría... 5. ¿Qué le pido al cocinero? ; que sirva... 6. ¿Qué les recomiendo a todos? ; que se diviertan...

D. Answers will vary.

D **Y tú, ¿qué dices?** *Describe un picnic o una parrillada que resultó divertido(a).*

¿Cuál fue la ocasión? ¿Quiénes fueron invitados? ¿Dónde tuvo lugar? Describe el sitio. ¿Qué comieron? ¿Qué bebieron? ¿Quién(es) preparó (prepararon) la comida? ¿Qué más hicieron? ¿Se divirtieron todos?

E **La noche de la parrillada.** *En el sitio de la fiesta, todos quieren participar y preguntan cómo pueden ayudar. Lupe emplea una de las preguntas sugeridas. ¿Cómo puede(n) ayudar...? ¿Qué puede(n) hacer...? ¿Qué quieres que haga(n)...?*

> los chicos / bajar las cosas del coche y llevarlas a las mesas
>
> **Lupe:** *¿Qué pueden hacer los chicos?*
> **Luis:** *Que bajen las cosas del coche y que las lleven a las mesas.*

E. 1. que abra... que saque
2. que busquen... que preparen
3. que vengan... que la pongan
4. que hagan... que preparen
5. que no estén... que esperen
6. que toquen... que canten

1. Julio / abrir la hielera (caja de hielo) y sacar el hielo
2. Santos y Joaquín / buscar leña y preparar la fogata (fuego)
3. Angelina y Lidia / venir con la carne y ponerla en la parrilla
4. Ramiro y Claudia / hacer la ensalada y preparar el aderezo (salsa)
5. los que tienen hambre / no estar tan impacientes y esperar un poco más
6. los chicos de Guadalajara / tocar la guitarra y cantar

El Presente del Subjuntivo

Verbos regulares

La primera persona singular del presente de indicativo sirve de raíz para el presente del subjuntivo.

infinitivo	indicativo	subjuntivo	
mirar	miro	mire	miremos
		mires	miréis
		mire	miren
comer	como	coma	comamos
		comas	comáis
		coma	coman
vivir	vivo	viva	vivamos
		vivas	viváis
		viva	vivan

Verbos con raíz irregular

La forma de la primera persona del indicativo sirve de raíz para todas las personas del presente del subjuntivo.

infinitivo	indicativo	subjuntivo
caer	caigo	caiga
conducir	conduzco	conduzca
conocer	conozco	conozca
decir	digo	diga
escoger	escojo	escoja
hacer	hago	haga
oír	oigo	oiga
poner	pongo	ponga
salir	salgo	salga
tener	tengo	tenga
traer	traigo	traiga
vencer	venzo	venza
venir	vengo	venga
ver	veo	vea

Verbos irregulares

Los siguientes verbos son irregulares en el tiempo presente del subjuntivo.

INFINITIVO			SUBJUNTIVO			
	yo	tú	él/ella/Ud.	nosotros	vosotros	ellos(as)/Uds.
dar	dé	des	dé	demos	deis	den
estar	esté	estés	esté	estemos	estéis	estén
saber	sepa	sepas	sepa	sepamos	sepáis	sepan
ser	sea	seas	sea	seamos	seáis	sean
ir	vaya	vayas	vaya	vayamos	vayáis	vayan
haber	haya	hayas	haya	hayamos	hayáis	hayan

¿Qué es el subjuntivo?

¿Realidad o irrealidad?

El español distingue entre la realidad y lo que no es una realidad. El modo indicativo expresa verdades, o mejor dicho, realidad. Indica lo que es, lo que existe, lo que se puede ver, oír, tocar, comer, pensar, creer, etc. Por el contrario, el subjuntivo expresa deseos, dudas, ilusiones o esperanzas no concretas, no reales, o no realizadas todavía. Nota el contraste:

Tú conoces a mi hermano.
Yo te doy mi cámara. (verdades, certezas, realidades)

Espero que conozcas a mi hermano. (No es realidad. No lo conoces todavía.)
Mamá pide que yo te dé mi cámara. (No es realidad hasta darte la cámara.)

Cláusulas nominales:
Expresiones de voluntad

El subjuntivo se emplea después de verbos o expresiones de deseo, voluntad, consejo, preferencia, esperanza, permiso y prohibición.

> **Quiero que te vayas.**
> **Deseamos que estés bien.**
> **Insisto en que trabajen hoy.**
> **Mandan que salgamos hoy.**
> **Espero que gane el trofeo.**
> **Les pedimos que nos ayuden.**
> **Te aconsejamos que lo pienses bien.**
> **No permiten que nos quedemos allí.**
> **Prefiero que vayáis en mi coche.**
> **Insisto en que me paguen.**

Nota que cuando hay un solo sujeto en la oración, se emplea el infinitivo.

> **Quiero salir.**
> **Insisto en terminar el proyecto.**

EL CINTURÓN POR FAVOR.

EL CINTURÓN ES EL MEJOR SALVAVIDAS.

Hazte un favor, ponte el cinturón.
¿O es que quieres estrellarte por la inercia en un posible choque, como si pesaras varias toneladas? ¿Y te imaginas en un vuelco?
Es obligatorio en carretera, para los viajeros delanteros. Pero, por favor, hasta que sea obligatorio, póntelo en la ciudad, instálalo en los asientos traseros, úsalo en toda circunstancia.
Reduce en una tercera parte las consecuencias graves del accidente.
Ponte el mejor salvavidas. Por favor.

OJO
TE LO DICE UN AMIGO.

Dirección Gral. de Tráfico
Ministerio del Interior

EJERCICIOS

A *Cambia de la realidad a la irrealidad.*

> **Yo voy a Chile mañana. (cierto, realidad)**
> **El jefe pide que yo... (No es realidad todavía.)**
> *El jefe pide que yo vaya a Chile esta tarde.*

A. **1.** lleve **2.** ponga **3.** pasen
4. le entregue **5.** vuelva **6.** no vean
7. huya **8.** arroje

1. Miguel lleva una carta al abogado.
(El comandante pide que...)
2. El patriota pone las cartas en su cinturón.
(Le sugerimos que...)
3. Los arrieros pasan la cordillera.
(El guía recomienda que...)
4. Yo le entrego la carta al abogado.
(La secretaria me dice que...)
5. Miguel vuelve en seguida a Argentina.
(El chileno insiste en que...)
6. Las fuerzas reales no ven al patriota.
(Espero que...)
7. El joven huye de los realistas.
(Los soldados no quieren que...)
8. El joven arroja la carta al brasero.
(Los soldados no quieren que...)

B *Los últimos arreglos. Los Sres. Guzmán van a Chile a una boda. Expresa lo que el Sr. Guzmán pide a su señora.*

> **El Sr. Guzmán quiere que la Sra.... ayudarle con los preparativos**
> *El Sr. Guzmán quiere que la Sra. le ayude con los preparativos.*
> **(Se puede sustituir por *quiere* los verbos *pide, suplica, ruega, recomienda*, etc.)**

B. **1.** ayude **2.** recoja **3.** mande
4. le lave **5.** consiga **6.** le diga
7. le arregle **8.** saque **9.** meta
10. tenga

1. ... ayudar con los preparativos
2. ... recoger los billetes de avión
3. ... mandar el smoking (tuxedo) a la tintorería (cleaners)
4. ... lavarle la camisa deportiva
5. ... conseguir cheques de viajero
6. ... decirle al portero que se marchan
7. ... arreglarle la maleta
8. ... sacar las maletas del ropero
9. ... meter las corbatas nuevas en la maleta
10. ... tener todo listo para mañana

C *La señora no puede hacerlo todo sin ayuda.* Pide (quiere, espera, suplica, insiste en) que la sirvienta Gabriela le ayude.

C. 1 encuentre 2. vaya 3. limpie
4. riegue 5. pague 6. apague
7. cuide 8. prepare 9. guarde
10. vaya

> La señora quiere que Gabriela... buscar las llaves del coche
> *La señora quiere que Gabriela busque las llaves del coche.*

1. ... encontrar el bolso
2. ... ir a la perfumería por su perfume favorito
3. ... limpiar la casa mañana
4. ... regar las plantas todos los días
5. ... pagar al jardinero por cortar el césped
6. ... apagar la tele si no la está mirando
7. ... cuidar bien a los peques
8. ... preparar la comida en seguida
9. ... guardar los periódicos para el señor
10. ... ir a recoger a los niños al colegio

D *La Navidad ideal.* Prepara una lista de tus deseos especiales para la Navidad. En tu opinión, ¿qué es lo más importante?

> mi abuela / llevarme a Europa
> *Quiero que mi abuela me lleve a Europa.*

1. mi padre / conducir con más cuidado
2. mi madre / no ser tan exigente
3. mis hermanitos / dejarme en paz
4. mi hermana mayor / no llevarse mis perfumes y lociones
5. mi mejor amigo(a) / conseguir un trabajo de mucha promesa
6. mis profesores / darnos menos deberes cada noche
7. en el mundo / haber paz

D. 1. Quiero que mi padre con-
duzca... 2. Quiero que mi madre
no sea... 3. Quiero que mis hermanitos me dejen... 4. Quiero que mi
hermana mayor no se lleve...
5. Quiero que mi mejor amigo(a)
consiga... 6. Quiero que mis
profesores nos den... 7. Quiero que
en el mundo haya paz.

EXPRESIONES DE EMOCIÓN

Las emociones varían mucho y no son constantes. Por eso, se emplea el subjuntivo después de verbos o expresiones de emoción. Unos ejemplos son: *alegrarse de, esperar, dar pena, gustar, lamentar, preocuparse, sentir, sorprenderse, tener miedo, temer, ¡lástima que!*

> **Temen que lo sepamos.**
> **Nos alegramos de que estés aquí.**

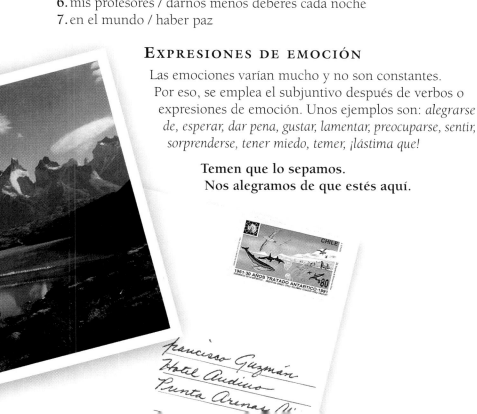

EXPRESIONES DE DUDA

Del mismo modo, las expresiones o verbos de duda, incertidumbre o inseguridad, y el subjuntivo se emplea con ellos. Pero si el verbo o expresión indica certidumbre, se emplea el indicativo.

Dudo que estén en casa.
No dudo que regresan pronto.
No creo que lleguen a tiempo.
Creo que llegarán un poco tarde.

EJERCICIOS

A ***El campeonato de nuestro equipo de fútbol.*** *Hay problemas hoy. Completa el diálogo siguiente con la forma correcta del verbo en paréntesis.*

A. 1. ha 2. haya 3. está 4. esté
5. tenga 6. operarle 7. le operen

Entrenador: (haber) Marcos no (1) _____ pasado el examen de inglés.
Ignacio: Siento oír que (2) _____ sido reprobado.
Entrenador: (estar) Él (3) _____ en la lista de suspendidos.
Ignacio: Pero es buen alumno. Dudo que él (4) _____ en esa lista.
Director: (tener) ¡Oh no! Lamento que (5) _____ una fractura.
Entrenador: (operarle) Van a (6) _____ mañana.
Director: Me sorprende que no (7) _____ hoy.

Entrenador: (ser) Vicente (8) ____ el mejor goleador que tenemos.

Profesor: Me alegro que él (9) ____ bueno en algo.

Entrenador: (haber) ¿Por qué? ¿No (10) ____ sacado buenas notas?

Profesor: Me da pena que no (11) ____ sacado notas suficientes en mi clase.

Director: (haber) El bus (12) ____ tenido un accidente, pero no (13) ____ heridos (*injured ones*).

Entrenador: Me alegro de que no (14) ____ heridos.

Director: (ir) No (15) ____ a ser posible llevar el equipo al partido. ¿Cómo? Siento que los chicos no (16) ____ a jugar.

Secretaria: (tener) El Director General (17) ____ una noticia sobre un premio.

Director: Espero que él (18) ____ buenas noticias.

Secretaria: (recibir) El mejor jugador va a (19) ____ un reconocimiento especial.

Director: Si no pueden jugar, no creo que nadie lo (20) ____.

Director: (tener) Este telegrama dice que todos los Jaguares (21) ____ la gripe.

Secretaria: ¡Qué lástima que todos (22) ____ la gripe!

Director: (haber) ¿No ves que son buenas noticias para nosotros? (23) ¡____ ganado el campeonato!

Secretaria: ¡Estupendo! Me alegro de que nosotros (24) ____ ganado el trofeo.

8. es 9. sea 10. ha 11. haya 12. ha
13. hay 14. haya 15. va 16. vayan
17. tiene 18. tenga 19. recibir
20. reciba 21. tienen 22. tengan
23. hemos 24. hayamos

CLÁUSULAS ADVERBIALES

1. En cláusulas adverbiales introducidas por una expresión temporal, se emplea el subjuntivo si el verbo indica lo que puede suceder. Si el verbo indica lo que sucede o lo que ya sucedió, se emplea el indicativo. Las conjunciones temporales son: *luego que, cuando, en cuanto, tan pronto como, antes de que, hasta que, después de que.*

   Me quedaré aquí hasta que regresen.
   Me quedé aquí hasta que regresaron.

   En cuanto llegue, el dueño le servirá la comida.
   En cuanto llegó, el dueño le sirvió la comida.

2. Con las siguientes conjunciones, se emplea siempre el subjuntivo: *antes de que, a menos que, para que, con tal (de) que, sin que, en caso de que.*

   Nosotros saldremos antes de que ellos vuelvan.
   Lo diré para que tú lo sepas.

3. Con las siguientes conjunciones, se emplea el subjuntivo si el verbo indica incertidumbre, duda o estado indefinido; si el verbo indica una acción realizada se emplea el indicativo: *así que, aunque.*

   Aunque llueve, saldremos. (Está lloviendo.)
   Aunque llueva, saldremos. (No sabemos si va a llover.)

EJERCICIOS

 **Paciencia con la que sermonea.** *Haz el papel de Dora y contesta las preguntas de su mamá.*
Sigue el modelo.

> Madre: **¿Cuándo vas a levantarte? (despertarme)**
> Dora: *Voy a levantarme cuando me despierte.*

1. ¿Cuándo vas a arreglar tu habitación? (terminar de bañarme)
2. ¿Cuándo vas a regar el jardín? (acabar de cortar el césped)
3. ¿Cuándo vas a lavar el coche? (dejar de llover)
4. ¿Cuándo vas a echar esta carta al buzón? (comprar más sellos)
5. ¿Cuándo vas a llamar a tu abuelo? (encontrar su nuevo número)
6. ¿Cuándo vas a llevarme a cenar? (tener dinero)
7. ¿Cuándo vas a traer más pan o bolillos? (volver de clases)
8. ¿Cuándo vas a salir? (dar la una)

B **Y tú, ¿sermoneas a otros a veces?** *Prepara una serie de situaciones parecidas y*
sermonea a tu vecina.

C **Bienvenidos a Texas.** *Combina las dos oraciones con la*
conjunción entre paréntesis.

> **¿Quién va a recibirlos en el aeropuerto?**
> **(cuando) Ellos vienen.**
> *¿Quién va a recibirlos en el aeropuerto*
> *cuando vengan?*

1. Papá cree que es mejor ir en dos coches.
(para que) Hay suficiente espacio.
2. Queremos presentarlos a nuestros vecinos.
(después de que) Ellos llegan a casa.
3. Será divertido conversar en el patio.
(hasta que) La comida está lista.
4. Los chicos vamos a hacer el aseo (*tidying up*).
(sin que) Los mayores nos lo dicen.
5. Van a dormir en nuestra casa. (a menos que)
Prefieren ir a un hotel.
6. Iremos a San Antonio. (antes de que) Van
a El Paso.
7. Visitaremos el Álamo y el museo Witte.
(con tal que) Les interesa la historia.
8. Lo vamos a pasar bien. (con tal que) Nosotros
entendemos el español.

Texas. De Todo Un Poco. Y Más.

De todos los Estados Unidos, Texas es el estado que le ofrece más
en sus próximas vacaciones. ★ Todo un mundo de entreteni-
miento para chicos y grandes , desde espectáculos culturales hasta
parques recreativos...y más. ★ Una extensa variedad de fabulosos
centros comerciales donde podrá conseguir las mejores compras...y más. ★ Interminables playas, frondosos bosques de
pinos...y más. ★ Una glamorosa vida nocturna, deportes profesionales de primera, un gran menú de platillos regionales
e internacionales. Y por si esto fuera poco, Texas le ofrece más
por su dinero al ser un vecino de lo más accesible,
un vecino que lo recibirá con una sonrisa amis-
tosa...y un poco más de todo.

TEXAS

Departamento de Transportes
del Estado de Texas

CLÁUSULAS RELATIVAS

Si la cláusula relativa modifica un sustantivo o pronombre indefinido o negativo, el verbo de la cláusula subordinada se expresa en el subjuntivo. Si el antecedente es definido, se emplea el indicativo.

Busco un secretario que *sepa* español.
Conozco a un secretario que *sabe* español.

Aquí *hay* alguien que *puede* hacer el trabajo.
Aquí *no hay* nadie que *pueda* hacer el trabajo.

EJERCICIOS

A **Cuando me gradúe...** *¿Qué vas a hacer cuando te gradúes? Forma oraciones según se indica.*

Yo / buscar un trabajo / pagarme bien
Yo buscaré un trabajo que me pague bien.

1. Javier: comprar un coche / ser de mucho lujo
2. Yo: vivir en una ciudad / no estar lejos de mi familia
3. Tú: viajar a un país / cuidar a los turistas
4. Todos: conocer gente / trabajar para mejorarse
5. Varios de nosotros: estudiar en universidades / ofrecer cursos avanzados
6. yo: tomar cursos / ayudarme en mi profesión
7. Tú: trabajar con una compañía / garantizarte un futuro brillante

A. 1. comprará... que sea de mucho lujo 2. viviré... que no esté lejos 3. viajarás... que cuide a los turistas 4. conocerán... que trabaje... 5. Varios estudiaremos... que ofrezcan 6. tomaré... que me ayuden... 7. trabajarás... que te garantice...

B **Aquí viene la novia.** *Ayúdales a los padres a preparar la boda de su hija. Llena los espacios en blanco con la forma correcta del verbo en paréntesis.*

1. (poder) Buscan un florista que _____ decorar la iglesia.
2. (estar) Quieren tener la fiesta en un salón que no _____ cerca de la iglesia.
3. (sacar) Esperan encontrar un fotógrafo que _____ un vídeo de la ceremonia.
4. (durar) Les faltan muebles que _____ bastante tiempo.
5. (ser) Piden aparatos domésticos que _____ prácticos y útiles.
6. (iluminar) Necesitan lámparas que _____ bien la sala.
7. (tener) Quieren un refrigerador que _____ dos puertas.
8. (reflejar) Les encantan los regalos que _____ su espíritu joven y alegre

B. 1. pueda 2. esté 3. saque 4. duren 5. sean 6. iluminen 7. tenga 8. reflejen

C **Y tú, ¿qué quieres?** *Empleando las ideas sugeridas abajo, cita algunas cosas que quieres cuando te cases. Añade tus propias ideas.*

Busco un(a) companero(a) que:
Quiero una casa que:
Espero tener una relación que:

tener compasión y comprensión
estar bien construido(a)
ser duradero(a)
comprenderme y respetarme
cooperar en todo
quererme
ser cómoda y espaciosa

C. Answers will vary. Examples: 1. Busco un(a) compañero(a) que coopere en todo. 2. Quiero una casa que esté bien construida. 3. Espero tener una relación que sea duradera.

EXPRESIONES IMPERSONALES

Se emplea el subjuntivo después de las expresiones impersonales que indican duda, necesidad, probabilidad, voluntad o cualquier otra opinión. Al contrario, se emplea el modo indicativo después de expresiones impersonales que declaran una certeza o verdad, lo obvio, lo claro, lo evidente.

SUBJUNTIVO	INDICATIVO
Es dudoso que vengan.	Es verdad que éste es un país poderoso.
Es preciso que estés aquí.	Es cierto que ese problema es difícil.
Es probable que lo sepan pronto.	Es obvio que Pepe ha crecido más que su hermano.
Es importante que recibas la carta.	Es claro que no cometieron este error.
Es posible que volvamos pronto.	Es evidente que han falsificado el cheque.
Es mejor que se queden aquí.	
Urge que todos estudien esto.	
No es cierto que Mauro tenga la gripe.	

EJERCICIOS

A **De otra opinión.** *Expresa estas ideas en forma contraria.*

> **dudoso—cierto / ellos venir mañana**
> *Es dudoso que ellos vengan mañana.*
> *¡Qué va! Es cierto que ellos vienen mañana.*

1. mentira—verdad / Marta tener una invitación para visitar al gobernador
2. cierto—mentira / los profesores ser demasiado estrictos
3. probable—evidente / haber una crisis en el gobierno
4. claro—imposible / todos ir a salir mal en este examen
5. importante—seguro / esta carta llegar mañana a Nueva York
6. obvio—no es seguro / nuestro equipo entrar en las finales
7. improbable—verdad / el coche andar mejor que antes
8. preciso—cierto / los miembros traer los refrescos
9. evidente—dudoso / a los hombres gustarles el nuevo coche
10. urge—se cree / los estudiantes salir del edificio en seguida

A. 1. Es mentira que Marta tenga... Es verdad que Marta tiene... 2. Es cierto que los profesores son... Es mentira que los profesores sean... 3. Es probable que haya una crisis; es evidente que hay... 4. Es claro que todos van a salir... Es imposible que todos vayan a salir. 5. Es importante que esta carta llegue... Es seguro que esta carta llegará 6. Es obvio que nuestro equipo entrará... No es seguro que nuestro equipo entre... 7. Es improbable que el coche ande... Es verdad que el coche anda... 8. Es preciso que los miembros traigan... Es cierto que los miembros traen 9. Es evidente que a los hombres les gusta... Es dudoso que a los hombres les guste... 10. Urge que los estudiantes salgan... Se cree que los estudiantes salen...

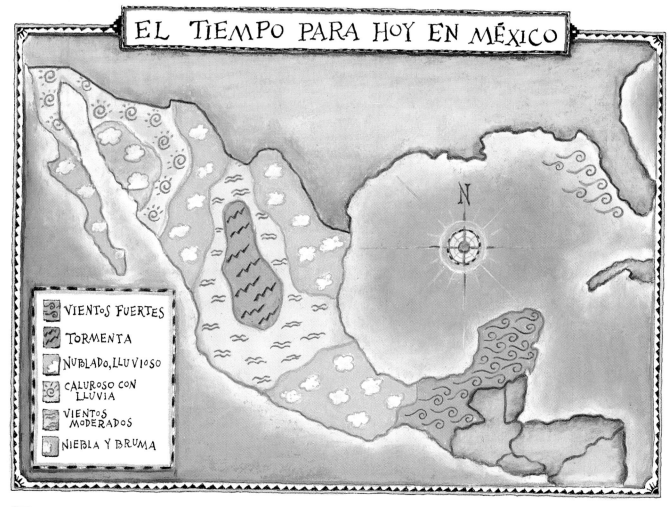

EL TIEMPO PARA HOY EN MÉXICO

VIENTOS FUERTES

TORMENTA

NUBLADO, LLUVIOSO

CALUROSO CON LLUVIA

VIENTOS MODERADOS

NIEBLA Y BRUMA

B **Pronóstico del tiempo.** *Termina los pronósticos para mañana expresando los verbos subrayados en el indicativo o el subjuntivo.*

1. No *llueve* ahora, pero es cierto que _____ mañana.
2. En el golfo *hay* condiciones inestables, pero es posible que _____ un huracán en desarrollo (*development*).
3. Las aguas del Río Bravo *han* subido, pero es improbable que _____ inundaciones (*floods*) dentro de un par de días.
4. En Yucatán han *llegado* vientos fuertes con lluvias torrenciales, pero es dudoso que el huracán _____ a la península antes de pasado mañana.
5. Vemos que en el norte *nieva* mucho, pero según lo que yo preveo es imposible que _____ muchas horas más.
6. En las costas de Florida los barcos pesqueros (*fishing*) *se quedan* en áreas seguras. Es mejor que todos _____ en el puerto.
7. En el oeste la sequía (*drought*) *sigue* haciendo daño a la cosecha. Es probable que _____ unas semanas más.
8. El pronóstico indica que el buen tiempo va a *durar*, pero no es seguro que _____ hasta la semana que viene.

B. 1. lloverá 2. haya 3. haya
4. llegue 5. nieve 6. se queden
7. siga 8. dure

LA VOZ PASIVA CON *SE*

Se expresa la voz pasiva con el pronombre *se* y la tercera persona del verbo. El verbo concuerda con el sujeto. La voz pasiva indica que el sujeto es indefinido o general. Esta construcción se usa con frecuencia.

Aquí se habla español.
Se venden corbatas aquí.
Se graban las cintas en el laboratorio.

EJERCICIOS

A **Una empresa bien dirigida.** *Forma oraciones según el modelo.*

(abrir) las puertas a las 10
Se abren las puertas a las 10.

A. 1. Se preparan 2. Se toca
3. Se escriben 4. Se resuelven
5. Se echan 6. Se hacen
7. Se celebran 8. Se acaba
9. No se puede 10. Se cierra

1. (preparar) los documentos publicitarios en esa oficina
2. (tocar) música suave y tranquila
3. (escribir) las cartas en aquellas máquinas
4. (resolver) los problemas decisivamente
5. (echar) las cartas en el buzón central
6. (hacer) fotocopias rápidamente en las nuevas máquinas
7. (celebrar) todos los días festivos
8. (acabar) el trabajo a las 5
9. (no poder) fumar en la cafetería
10. (cerrar) la entrada central a las 5:30

B **Y tú, ¿cómo describes el régimen de tus clases o de la administración?** *¿Cuáles de estas acciones se permiten?*

(poder) usar el teléfono
Se puede usar el teléfono.

B. 1. No se hace 2. Se pide
3. No se habla 4. No se entra
5. No se anda 6. Se compran
7. No se corre

1. (hacer) mucho ruido
2. (pedir) prestado (*to borrow*) dinero para la comida
3. (hablar) en voz alta
4. (entrar) sin permiso
5. (andar) descalzo
6. (comprar) sellos
7. (correr) en los pasillos (*corridors*)

Sigue citando otras acciones que sí (o no) se pueden hacer. ¿Cuáles te gustaría cambiar?

C *Una fiesta anual en nuestro barrio. Cambia los verbos de la forma activa a la pasiva.*

1. La policía cierra la calle a los vehículos con motor.
2. Los hombres jóvenes bajan mesas y sillas a la calle.
3. Los jóvenes decoran las calles con luces y ornamentos festivos.
4. Las señoras preparan platos típicos y deliciosos.
5. Vendemos la comida y las bebidas en precios razonables para cubrir los gastos.
6. Todos platicamos para ponernos al tanto (*catch up*) con los chismes (*gossip*).
7. Los jóvenes bailan los bailes nuevos y tradicionales.
8. Cantamos la música folklórica y hacemos mucho ruido.
9. Terminamos la fiesta muy tarde.
10. Muchos acuerdan limpiar la calle y dejar todo en orden.
11. Todo el mundo comenta el éxito del evento.
12. Hacemos planes para el próximo año.

Celebración del 5 de mayo, Santa Ana, California

C. **1.** se cierra la calle **2.** se bajan mesas y sillas **3.** se decoran las calles **4.** se preparan **5.** se venden la comida y las bebidas **6.** se platica **7.** se bailan los bailes nuevos **8.** se canta la música y se hace mucho ruido **9.** se termina **10.** se acuerda limpiar **11.** se comenta el éxito **12.** se hacen planes

LA VOZ PASIVA CON *SER*

1. La voz pasiva, que se emplea con menos frecuencia que la voz activa, se forma con el verbo *ser* y el participio pasado. El participio concuerda en número y género con el sujeto.

2. El agente (el que ejecuta la acción) generalmente se introduce con la preposición *por*. Anteriormente, si el verbo indicaba sentimiento o emoción, se empleaba la preposición *de*. Sin embargo, *por* refleja la tendencia actual.

El poema fue escrito por Luis Llorens Torres.
La doctora Ramos es amada de todos.
La doctora Ramos es amada por todos.

EJERCICIOS

A ***Después del gran terremoto de México en 1985.*** *Muchos ayudaron en el rescate. Sigue el modelo.*

Los bomberos apagaron los fuegos.
Los fuegos fueron apagados por los bomberos.

1. La Cruz Roja preparó y sirvió comidas en distintas áreas de la ciudad.
2. Los alemanes enviaron perros entrenados en el rescate.
3. Muchas naciones donaron ropa y medicinas.
4. Los suizos regalaron tiendas (*tents*) y otras viviendas portátiles.
5. Varias naciones donaron maquinaria y equipo pesado.
6. Los norteamericanos contribuyeron una cámara especial.
7. Los ingleses enviaron dos helicópteros.
8. Los estudiantes mexicanos rescataron a unos niños atrapados.
9. Plácido Domingo, el famoso cantante de ópera, contribuyó dos millones de dólares.
10. Varios países europeos mandaron médicos y expertos en rescates.

A.1. Comidas fueron preparadas y servidas por la Cruz Roja. **2.** Perros entrenados en el rescate fueron enviados por los alemanes. **3.** Ropa y medicina fueron donadas por muchas naciones. **4.** Tiendas y otras viviendas portátiles fueron regaladas por los suizos. **5.** Maquinaria y equipo pesado fueron donados plor varias naciones. **6.** Una cámara especial fue contribuida por los norteamericanos. **7.** Dos helicópteros fueron enviados por los ingleses. **8.** Unos niños fueron rescatados por los estudiantes. **9.** Dos millones de dólares fueron contribuidos por Plácido Domingo. **10.** Médicos y expertos fueron mandados por varios países europeos.

Después del gran terremoto de México en 1985

MODISMOS Y EXPRESIONES

Note: Practice oral use in class and written use for homework with this vocabulary. Since the *Viva Numancia* selection has no specific *palabras clave* development, extra time normally devoted to vocabulary can be used for idiom mastery.

tener que + inf. *to have to...*
> Tengo que ir al centro para comprar algo.

haber de + inf. *one must... do the action of the infinitive*
> Han de visitar el museo antes de salir de la ciudad.

más vale que + subj. *it is better to...*
> Más vale que aprendamos las palabras de memoria.

¡Dios se lo pague! *May God reward you!*
> ¡Ud. le ha salvado la vida! ¡Dios se lo pague!

ponerse *to become*
> Si no prestamos atención, el maestro se pone enojado.

ponerse a *to begin to*
> Antes de oír el fin de un chiste, mi hermanito se pone a reír.

ponerse de acuerdo *to come to an agreement*
> ¡Cada uno tiene tanto orgullo! No sé si van a ponerse de acuerdo pronto.

¡OJO!

realizar:
> Esta palabra significa «hacer efectiva una cosa», «llevar a cabo» o «ejecutar». También se usa en un sentido comercial para indicar reducción a dinero rápidamente. No se debe usar para indicar la palabra inglesa *realize* en su sentido común de «comprender» o «tomar en cuenta». Tal idea se expresa con «darse cuenta de» o «hacerse cargo de».

Ejemplos:
> El entrenador realizó cambios en el equipo. (*The coach made changes in the team.*) Vamos a realizar nuestro objetivo. (*Let's carry out our objective.*)

darse cuenta de:
> En España se usa el verbo «enterarse», pero «darse cuenta» también es común, sobre todo en la América Latina. (*to realize, to find out*)

Ejemplos:
> Juan se dio cuenta del error que había cometido. (*John realized the mistake he had made.*) En aquel momento me di cuenta de que el tren no iba a llegar a tiempo. (*At that moment I realized the train was not going to arrive on time.*)

EL INDIO

Agua que no has de beber, déjala correr.

Note: Discuss the two possible interpretations of this proverb: (a) "Don't take what is not yours," and (b) "Mind your own business." You may wish to ask students why they think this particular saying was selected for the unit on Indians and their culture.

PARA PREPARAR LA ESCENA

Es difícil definir al indio americano. Es un enigma y es casi imposible clasificarlo. ¿Pobre? ¿Sufrido? ¿Humilde? ¿Melancólico? ¿Rico? ¿Afortunado? ¿Orgulloso? ¿Feliz?

Hoy día el indio puede ser una persona que vive como vivían sus antecesores, o alguien que se ha integrado a la sociedad moderna. Quizás es descendiente de una civilización bien desarrollada; quizás la sangre de muchas razas corre en sus venas.

Sin hacer caso de su herencia, hay una atracción misteriosa al considerar su historia, una historia tan antigua que mucho de ella se saca de la tierra misma.

Pre-reading activities: Initiate dialog regarding the current attitudes toward Indians of the Americas in general. On the map of Mexico, page 410, locate the states of Sonora, Sinaloa, and Campeche. Point out the great distance that separates Sonora from Yucatan.

◄

Día de las flores, de Diego Rivera

▶

Una mujer maya-quiché vendiendo flores, Chichicastenango, Guatemala

LA YAQUI HERMOSA
AMADO NERVO

PARA PRESENTAR LA LECTURA

En el Estado de Sonora, México, viven los indios yaquis. Después de ser conquistados por los españoles, muchos de ellos fueron explotados. Los colonos criollos los usaban en las faenas agrícolas. Algunos de los indios se adaptaron fácilmente a su nueva vida; otros resistieron hasta la muerte.

El cuento que sigue nos indica la reacción de la yaqui hermosa. Fue escrito por el autor mexicano Amado Nervo (1870-1919).

Los yaquis son belicosos y orgullosos. Siempre se han dedicado a la guerra. Los conquistadores españoles también eran belicosos y orgullosos. Fue un choque de culturas cuando estos dos grupos, uno vencedor, el otro vencido, trataron de vivir juntos, adaptándose a una vida nueva.

En este cuento la yaqui hermosa representa el espíritu indomable de la raza.

Note: Ask students to research biographical information on the author Amado Nervo, and on the different groups of Indians of Mexico and the areas they occupied, as well as information about their history.

PARA ENTABLAR CONVERSACIÓN

Note: Use suggested questions to personalize the reading.

1. ¿Por qué es difícil describir al indio?
2. Identifica a los indios de hoy.
3. ¿En qué países crees tú que los indígenas forman una gran parte de la población?
4. ¿Por qué nos interesa enterarnos de estos grupos indígenas?
5. ¿Te interesa familiarizarte con distintos grupos que componen la nación nuestra? Cita algunos grupos y expresa sus contribuciones a nuestra patria.
6. ¿Has considerado que otras naciones de América comparten con nosotros esos múltiples grupos étnicos que también enriquecen su cultura? ¿Cuáles son? ¿Cómo han fortalecido las distintas naciones americanas?
7. Pero, no todos han llegado aquí de otras partes del mundo. ¿Quiénes son? Nombra varias maneras en que ellos han contribuido a la cultura de hoy.
8. ¿Puedes nombrar problemas que ellos han tenido o tal vez todavía tienen que aguantar por ser un grupo relativamente débil o poco representado? ¿Hay una solución fácil para integrarlos en la sociedad?

Para Aumentar El Vocabulario

Palabras clave I

1. **coraje** ira, irritación; valor
   Me dio coraje saber de estas injusticias.
2. **faenas** trabajos, labores
   Es una faena difícil.
3. **huérfanas** muchachas que han perdido a sus padres
   Una familia bondadosa crió a las huérfanas.
4. **ni siquiera** (conjunción) *not even*
   Juana quiere jugar al béisbol, pero ni siquiera tiene una pelota.
5. **repartidos (repartir)** divididos entre varias personas
   Los dulces fueron repartidos entre todos los niños.
6. **suavidad** cualidad de suave, blando, tierno
   Me gustó sentir la suavidad de sus manos.

El senado de Tlaxcala de Rodrigo Gutiérrez

PRÁCTICA

Completa con una palabra de la lista.

las faenas	*repartidos*
coraje	*huérfanas*
ni siquiera	*la suavidad*

1. Después de la tragedia las niñas quedaron _____.
2. _____ del rancho mantenían ocupada a la dueña.
3. Lo que le gustaba a Jorge era _____ de esa lana.
4. No pudo dominar su _____; se puso furioso.
5. Esa niña no tiene _____ siete años y ya está leyendo el diario.
6. Los premios fueron _____ entre los ganadores.

PALABRAS CLAVE II

1. **barro** masa que forma la tierra con agua (*clay, mud*)
   Había mucho barro en el camino después de la lluvia.
2. **caza** la búsqueda y matanza de animales que sirven de comida; los animales mismos
   En aquellas montañas la caza es abundante.
3. **enternecido (enternecer)** movido por la compasión (*moved to compassion*)
   La abogada se sintió enternecida al ver a las pobres prisioneras.
4. **esbelta** bien formada, delgada
   Aunque pasaron largos años, doña Luz se mantuvo esbelta.
5. **madrugó (madrugar)** se levantó temprano
   El día de su santo, la chica madrugó con entusiasmo, pero se quedó dormida durante su fiesta por la tarde.
6. **quejas** lamentos, protestas, clamores
   En esa escuela hay alumnos contentos que nunca tienen una queja.

PRÁCTICA

Completa con una palabra de la lista.

enternecido	*barro*
la caza	*esbelto*
madrugó	*las quejas*

1. El hombre, _____, ayudó al niño perdido.
2. La olla está hecha de _____.
3. El dueño escuchaba todas _____ de sus clientes que no estaban contentos.
4. La india _____ el lunes para el viaje largo a su hogar.
5. José se siente mejor cuando no pesa tanto. Prefiere estar _____.
6. Con los perros, uno puede ir a _____.

LA YAQUI HERMOSA
AMADO NERVO

1

Los indios yaquis...[1] casta de los más viriles entre los aborígenes de México... habitan una comarca[2] fértil y rica del estado de Sonora; hablan un raro idioma que se llama el «cahita»; son altos, muchas veces bellos, como estatuas de bronce, duros para el trabajo, buenos agricultores, cazadores máximos... y, sobre todo, combatientes indomables siempre.

Su historia desde los tiempos más remotos puede condensarse en esta palabra: guerra.

Jamás han estado en paz con nadie. Acaso en el idioma cahita ni existe siquiera la palabra «paz».

No se recuerda época alguna en que los yaquis no hayan peleado.

De ellos puede decirse lo que de Benvenuto Cellini[3] se dijo: «que nacieron con la espuma en la boca»[4], la espuma de la ira y del coraje.

La historia nos cuenta que Nuño de Guzmán fue el conquistador que penetró antes que nadie en Sinaloa y Sonora, y llevó sus armas hasta las riberas[5] del Yaqui y del Mayo. El primer combate que los yaquis tuvieron con los españoles fue el cinco de octubre de 1535. Comandaba a los españoles Diego Guzmán, y fueron atacados por los indios, que en esta vez resultaron vencidos, pero tras un combate muy duro. Los españoles afirmaron después que nunca habían encontrado indios más bravos.

Recientemente[6] el gobierno federal inició nueva acción contra las indomables tribus, y para dominar su tenacidad bravía, casi épica, hubo de recurrir a medidas radicales[7]: descepar[8] familias enteras de la tierra en que nacieron, y enviarlas al otro extremo de la república, a Yucatán y a Campeche, especialmente. Lo que el yaqui ama más es su terruño[9]. La entereza[10] de la raza se vio, pues, sometida a durísima prueba.

En Campeche los desterrados fueron repartidos entre colonos[11] criollos[12], que se los disputaban ávidamente, dada la falta de brazos de que se adolece[13] en aquellas regiones para las faenas agrícolas.

Un rico terrateniente[14] amigo mío recibió más de cien indios de ambos sexos.

Separó de entre ellos cuatro niñas huérfanas y se las envió a su esposa, quien hubo de domesticar a fuerza de suavidad sus fierezas[15]. Al principio las yaquitas se pasaban las horas acurrucadas[16] en los rincones. Una quería tirarse a la calle desde el balcón. Negábanse a aprender el castellano, y sostenían interminables y misteriosos diálogos en su intraducible idioma, o callaban horas enteras, inmóviles como las hoscas[17] piedras de su tierra.

Pre-reading: Set the scene. Discuss the privileges granted to land owners prior to Mexico's Independence, and the practice of allowing *los terratenientes* to petition the government for conscripted laborers who were virtual slaves on the properties to which they were assigned. What have been the causes of unrest among the native peoples in the Western Hemisphere?

Reading strategies: Read the story together with the class trying to maintain an objective attitude. Discuss the questions of justice; regard for the feelings of the person (people) affected; the Indian's disbelief of the promise made; and the ultimate tragedy. Is the grief of the owner real?

[1] **yaquis** *a Native American people named after the Yaqui River in the state of Sonora in northern Mexico*

[2] **comarca** región

[3] **Benvenuto Cellini** *an Italian Renaissance goldsmith, sculptor, and author, who was famous for his quarrels*

[4] **la espuma en la boca** *like the foam in the mouth of a mad dog*

[5] **riberas** *riverside*

[6] **recientemente** alrededor de 1905 *(recently)*

[7] **para dominar... medidas radicales** *in order to tame their fierce, almost epic tenacity, had to resort to extreme measures*

[8] **descepar** *to uproot*

[9] **terruño** tierra natal

[10] **entereza** *integrity*

[11] **colonos** habitantes de una colonia

[12] **criollos** hijos de españoles, nacidos en América

[13] **dada la falta... se adolece** *owing to the shortage of help they suffered from*

[14] **terrateniente** dueño de tierra

[15] **fiereza** ferocidad

[16] **acurrucadas** *huddled up*

[17] **hoscas** *dark-colored, gloomy*

18 ese fiel y conmovedor culto del indígena *that faithful and moving respect that the Indian has*

19 cenceño *delgado, esbelto*

20 cuando se apagaba el lucero *by the time the morning star was gone*

21 tamaño *size*

22 indiada *crowd of Indians (working for him)*

23 Salambó *a character of exceptional beauty in a novel*

24 tuna *prickly pear or Indian fig*

25 relumbrosos *brillantes*

26 que no acababan nunca *which never ended (She had very big, dark eyes.)*

27 lóbregas *murky*

Ahora se dejarían matar las cuatro por su ama, a la que adoran con ese fiel y conmovedor culto del indígena**18** por quien lo trata bien.

Entre los ciento y tantos yaquis, sólo una vieja hablaba bien el castellano. Era la intérprete.

Cuando mi amigo los recibió, hízolos formar en su hacienda, y dirigióse a la intérprete en estos términos:

—Diles que aquí el que trabaje ganará lo que quiera. Diles también que no les tengo miedo. Que en otras haciendas les prohiben las armas; pero yo les daré carabinas y fusiles a todos... porque no les tengo miedo. Que la caza que maten es para ellos. Que si no trabajan, nunca verán un solo peso. Que el Yaqui está muy lejos, muy lejos, y no hay que pensar por ahora en volver... Que, por último, daré a cada uno la tierra que quiera: la que pueda recorrer durante un día.

—¿De veras me darás a mí toda la tierra que pise en un día? —preguntó adelantándose un indio alto, cenceño**19**, nervioso, por medio de la intérprete.

—¡Toda la que pises!—le respondió mi amigo.

Y al día siguiente, en efecto, el indio madrugó, y cuando se apagaba el lucero**20**, ya había recorrido tres kilómetros en línea recta, y en la noche ya había señalado con piedras varios kilómetros cuadrados.

—¡Todo esto es tuyo!—le dijo sencillamente el propietario, que posee tierras del tamaño**21** de un pequeño reino europeo.

El indio se quedó estupefacto de delicia.

Diariamente iba mi amigo a ver a la indiada**22**, y la intérprete le formulaba las quejas o las aspiraciones de los yaquis.

Un día, mi amigo se fijó en una india, grande, esbelta, que tenía la cara llena de barro.

—¿Por qué va esa mujer tan sucia?—preguntó a la intérprete.

Respondió la intérprete:

—Porque es bonita; dejó al novio en su tierra y no quiere que la vean los «extranjeros».

La india, entretanto, inmóvil, bajaba obstinadamente los ojos.

—¡A ver!—dijo mi amigo—que le laven la cara a ésta. ¡Traigan agua!

Y la trajeron y la intérprete le lavó la cara.

Y, en efecto, era linda como una Salambó**23**.

Su boca breve, colorada como la tuna**24**; sus mejillas mate, de una carnación deliciosa; su nariz sensual, semiabierta; y, sobre todo aquello, sus ojos relumbrosos**25** y tristes, que no acababan nunca**26**, negros como dos noches lóbregas**27**.

El colono la vio, y enternecido le dijo:

—Aquí todo el mundo te tratará bien, y si te portas como debes, volverás pronto a tu tierra y verás a tu novio.

La india, inmóvil, seguía tenazmente[28] mirando al suelo, y enclavijaba sus manos sobre el seno[29].

Mi amigo dio instrucciones para que la trataran mejor que a nadie. Después partió para México.

▲▲▲

Volvió a su hacienda de Campeche al cabo de mes y medio.

—¿Y la yaqui hermosa?—preguntó al administrador.

—¡Murió!—respondió éste.

Y luego, rectificando:

—Es decir, se dejó morir de hambre. No hubo manera de hacerla comer. Se pasaba los días encogida[30] en un rincón, como un ídolo. No hablaba jamás. El médico vino. Dijo que tenía fiebre. Le recetó quinina[31]. No hubo forma de dársela. Murió en la quincena pasada[32]. La enterramos allí.

Y señalaba un sitio entre unas peñas[33], con una cruz en rededor de la cual crecían ya las amapolas[34].

[28] **tenazmente** *determinadamente*
[29] **enclavijaba sus manos sobre el seno** *clasped her hands over her bosom*
[30] **encogida** *shrunk, curled up*
[31] **Le recetó quinina.** *He prescribed quinine for her.*
[32] **quincena pasada** *last half month*
[33] **peñas** *rocas grandes*
[34] **amapolas** *poppies*

Cañón de cobre, Sonora, México

PARA APLICAR

1
COMPRENSIÓN I

A *Contesta las siguientes preguntas.*

1. ¿Dónde habitan los yaquis?
2. ¿Qué idioma hablan los yaquis?
3. Describe a los yaquis.
4. ¿Quién fue el primer conquistador que penetró la tierra de los yaquis?
5. ¿Adónde mandó el gobierno federal a los pobres yaquis?
6. ¿Por qué no fue fácil para el yaqui este cambio?
7. ¿Qué hizo el gobierno con los yaquis en Campeche?
8. ¿Qué hizo el terrateniente con cuatro niñas huérfanas?
9. ¿Qué hacían las yaquitas al principio?
10. ¿Cuántos de los yaquis hablaban bien el castellano?

B *Termina las oraciones según la selección.*

1. Los yaquis son...
2. Viven en...
3. En la guerra son...
4. En su idioma no existe la palabra...
5. Para dominarlos el gobierno tuvo que...
6. En Campeche los indios fueron...
7. Un rico terrateniente recibió...
8. Envió a cuatro niñas a...
9. Una quería tirarse...
10. Sostenían diálogos...

2
COMPRENSIÓN II

A *Contesta las siguientes preguntas.*

1. Relata las cosas que les prometió el terrateniente por medio de la intérprete.
2. ¿Qué hizo el indio alto al día siguiente?
3. ¿Por qué andaba sucia la india?
4. ¿Qué ordenó el propietario?
5. Describe a la yaqui hermosa.
6. ¿Qué instrucciones dejó el terrateniente al salir para México?
7. ¿Qué supo el terrateniente al regresar a la hacienda?

A.1. en una comarca fértil y rica de Sonora **2.** el cahita **3.** combatientes indomables **4.** Diego Guzmán **5.** a Yucatán y Campeche **6.** Fueron separados de sus familias y de su querido terruño. **7.** Los mandó a Yucatán donde fueron separados. **8.** Las envió a su esposa. **9.** Se quedaban acurrucadas en los rincones. **10.** una

B. 1. indios de México **2.** una comarca fértil y rica de Sonora **3.** combatientes indomables **4.** paz **5.** recurrir a medidas radicales **6.** repartidos entre colonos criollos **7.** más de cien indios **8.** su esposa **9.** a la calle desde el balcón **10.** interminables y misteriosos en su intraducible idioma

A. 1. dinero por su trabajo; armas; todo el terreno que pueda travesar en un día **2.** Se madrugó y recorrió tres kilómetros. **3.** No quería que nadie viera su cara. **4.** que le lavara la cara **5.** de boca breve y colorada, sus mejillas mate; nariz sensual, ojos relumbrosos y tristes **6.** que la trataran mejor que a nadie **7.** Se había muerto de hambre.

PARA CONTINUAR CONVERSANDO

1. ¿Te gusta la caza de venado?
2. ¿Tienes licencia para cazar o pescar? ¿Cómo se obtiene tal permiso?
3. ¿Qué restricciones les pone la ley a los cazadores y pescadores?
4. ¿Tienes aspiraciones de obtener tu propio terreno un día?
5. ¿Lo quieres para residencia o para cultivar? ¿Qué cultivarías?
6. ¿Te permite armas la ley?
7. ¿Qué opinas de la posesión de armas?

Note: Have students prepare this activity as *tarea*. In class share ideas and converse in pairs, then in groups. Item 7 may give rise to a debate. Keep this short due to pressures of time.

PARA PRACTICAR

A *Da un sinónimo de las palabras indicadas.*

1. *Viven* en una comarca fértil.
2. Fue una *pelea* dura.
3. Era una raza *conquistada*.
4. El yaqui ama a su *tierra*.
5. Era la *traductora*.
6. La india era *esbelta*.
7. Se quedó *quieto*.
8. *Las faenas* son difíciles.

A.1. habitan 2. lucha 3. vencida
4. terruño 5. intérprete
6. delgada 7. callado 8. las labores

B *Completa las siguientes oraciones con una palabra apropiada.*

1. Es una india fuerte y _____.
2. Él nunca se levanta tarde; siempre _____.
3. Los dos indios se sentaban a la _____ del río.
4. Van a la _____. ¿Con cuántos conejos van a volver?
5. La india joven tiene una forma _____.
6. No está limpio; está _____.
7. Los padres del _____ murieron hace dos años.
8. El jefe siempre tiene una _____. Nunca está satisfecho.
9. Tenemos que _____ esta comarca.
10. Es una _____ que cuesta mucho trabajo.

B. 1. trabajadora 2. madruga
3. ribera; orilla 4. caza 5. esbelta
6. sucio 7. huérfano 8. queja
9. repartir 10. faena

C *Da una palabra equivalente a cada una de las siguientes.*

1. el niño sin padres
2. el que tiene tierra
3. el que habita una colonia
4. el que colecciona antigüedades

C. 1. huerfano 2. terrateniente
3. colono 4. coleccionista

Indio Tarahumara

1. El *cuento corto* se divide básicamente en tres partes: la exposición, el desarrollo y el desenlace: (a) La *exposición* (o introducción) le presenta al lector la información necesaria para comprender lo que sigue. Generalmente hay información sobre algunos personajes, el tiempo, el lugar y los sucesos anteriores a la acción. (b) El *desarrollo* consiste en el desenvolvimiento progresivo de la acción hasta llegar al punto culminante. (c) El *desenlace* es sencillamente la solución, o cómo se resuelven los problemas y los conflictos. Ya que has leído «La yaqui hermosa», trata de dividir el cuento en las tres partes fundamentales, indicando la línea en que empieza cada parte.

2. Haz un dibujo del mapa de México, colocando en él los Estados de Sonora, Sinaloa, Campeche, Yucatán, el río Yaqui, el Mayo y la ciudad de México.

3. Escribe un poema breve de cuatro u ocho líneas en que relatas algo de un aspecto de la vida de la yaqui hermosa. Por ejemplo:

Triste va la yaqui a Campeche,
dejando en Sonora a su amor.
¿Qué le espera en tierra nueva?
¿Vida alegre o vida de dolor?

Niñas mayas, Guatemala

ROSA LEYES, EL INDIO
ALBERTO CORTEZ

PARA PRESENTAR LA LECTURA

Hace pocos años, una bella tarde de primavera, Alberto Cortez, compositor y cantante argentino, dio un recital en el Teatro de la Zarzuela de Madrid. Su voz y su presencia conmovedora le aseguraron un estreno triunfal.

Alberto Cortez es un artista que tiene una voz rica y resonante. Acompañado por el ronco sonar de los instrumentos de percusión y el dulce cantar de las cuerdas de la guitarra, su personalidad, energía y talento creador hacen brotar música recia y bella. Sus canciones son íntimas, intensas y vibrantes. Ha sido un cantante de moda por mucho tiempo.

A veces, Cortez toma poemas tradicionales y transforma la palabra conocida en sonido nuevo a través de su voz y su instinto poético. Así, las palabras de los poetas del pasado hacen la música de hoy.

En el cuento que sigue, la sensibilidad de este artista es palpable.

Pre-reading: Read this material together. On the map on page 409, locate the following places in Argentina: Buenos Aires and the area of the Pampas, Patagonia. Ask students if they are familiar with other famous Argentinians or places in Argentina? Who is the current president? Have them research other pertinent information and report to class.

PARA AUMENTAR EL VOCABULARIO

PALABRAS CLAVE I
1. **cautivas** mujeres capturadas por algún enemigo
   Las mujeres de las fronteras tenían miedo de ser cautivas de los indios.
2. **se llevaron a cabo (llevarse a cabo)** se completaron o se realizaron (actos o proyectos)
   Los experimentos nucleares se llevaron a cabo en el Pacífico.
3. **perjudicar** ocasionar daño
   Estas falsificaciones sólo pueden perjudicar al senador.
4. **salvajes** nativos violentos de países sin cultura
   Los salvajes maltrataron cruelmente a sus víctimas.

Note: Introduce the vocabulary and practice pronunciation. Read application sentences; be certain that the ideas are understood. Have students create new sentences with the *Palabras clave.*

PRÁCTICA

Completa con una palabra de la lista.

cautiva	*llevarse a cabo*	*perjudicar*	*un salvaje*

1. Ese señor enojado reacciona feroz y cruelmente como ____.
2. A causa de las lluvias torrenciales, no pudo ____ el partido de béisbol.
3. La india quedó ____ de los españoles por un mes.
4. No puedo mentir al juez aunque no quiero ____ al acusado.

1. un salvaje 2. llevarse a cabo 3. cautiva 4. perjudicar

PALABRAS CLAVE II

1. **no me animo a** no me interesa, no me da la gana, no me estimula ningún interés
   Con este calor no me animo a trabajar en el jardín.
2. **asiduo** frecuente, persistente
   Es un cliente asiduo del banco; lo veo allí todos los días.
3. **dio en (dar en)** chocó o se pegó con algo; aquí encontró o llegó a un lugar
   Tuvo suerte cuando dio en este empleo de categoría.
4. **emprender** comenzar una acción u obra
   Tiene ganas de emprender un nuevo negocio.
5. **exigencias (exigir)** demandas
   Las exigencias de los profesores son numerosas pero necesarias.
6. **pertenencias** las posesiones de uno
   Lleva todas sus pertenencias en una pequeña bolsa.
7. **ternura** sensibilidad o cariño (*tenderness*)
   La madre cariñosa le trató al hijo con ternura.

PRÁCTICA

Completa con una palabra de la lista.

emprender	ternura	pertenencias
las exigencias	dio en	asiduos
se animan		

1. Nota la expresión de _____ en la cara de la chiquita.
2. Los fieles son _____ en ir a oír misa.
3. Los perros _____ al ver a su dueño.
4. Me canso de oír _____ de ese egoísta.
5. Ese cazador tiene buen ojo porque _____ el blanco.
6. El pobre dejó sus únicas _____ en la puerta y alguien las robó.
7. Los médicos piensan _____ nuevas investigaciones sobre la cura del cáncer.

1. ternura 2. asiduos 3. se animan
4. las exigencias 5. dio en
6. pertenencias 7. emprender

Alberto Cortez

Región de las Pampas, Argentina

PALABRAS CLAVE III

1. **galopar** correr el caballo a toda velocidad
   Los indios tenían que galopar por las Pampas para escaparse de los soldados.
2. **insólito** no común ni ordinario
   Ese plan insólito me interesa porque creo que tiene méritos.
3. **limosna** lo que se da a un pobre gratuitamente y por caridad
   Muchas iglesias y organizaciones cívicas reparten limosna de ropa usada, comida y dinero para los necesitados.
4. **peregrino** uno que anda por tierras extrañas (*pilgrim*)
   El peregrino caminó hasta Roma para rezar allí.
5. **sugerencia** idea que se le ocurre a uno, inspiración
   A Rosa Leyes no le gustó la sugerencia de limpiar la cárcel.

PRÁCTICA

Completa con una palabra de la lista.

limosnas	insólitas	la sugerencia
galopar	los peregrinos	

1. Al joven le encantaba _____ por los campos.
2. En muchas iglesias hay un depósito para _____.
3. En noviembre celebramos una fiesta nacional iniciada por _____.
4. Nos gustó _____ de aprender más de Argentina y los gauchos.
5. Sus experiencias _____ me inspiran a hacer algo fuera de la rutina normal.

Rosa Leyes, el indio

Alberto Cortez

«Qué más da[1] que yo le cante
si se quedó en el camino,
siempre de tosca y abrojo[2],
Don Rosa Leyes, el indio.»

1

A finales del siglo pasado y a principios del actual, la pampa todavía era «el desierto». Sólo habitaban en ella la paja brava[3], el puma y el indio. Estos indígenas, auténticos centauros de la llanura, aunque eran relativamente pocos significaban un problema para el avance[4] de la civilización que había establecido la frontera de sus dominios en donde empezaban los dominios del salvaje.

Ese problema se traducía en constantes ataques, o malones, a poblaciones y haciendas de avanzada[5]. El botín[6] que se cobraba en aquellas correrías[7], eran tesoros generalmente en granos y ganado, y por sobre todo en cautivas, mujeres blancas que pasaban a formar parte del harén particular del jefe de la tribu. Detrás del malón, quedaba siempre la desolación y la muerte.

Las magnas testas[8] que gobernaban el país por aquellos tiempos consideraron que era más fácil organizar una guerra de exterminio que tratar de ganar al indio para la civilización.

Así fue como se llevaron a cabo las históricas campañas al desierto por parte del Ejército Argentino.

Eran necesarias las praderas pampeanas[9] para echar sobre ellas las semillas del progreso, pues los «bárbaros» cazaban demasiadas vacas y eso perjudicaba los más caros intereses económicos, vaya usted a saber de quién. Estas campañas dieron como resultado la expulsión del salvaje hacia las áridas tierras del sur y la repartición de la inmensidad de la pampa liberada entre unos pocos señores a quienes la «civilización» quiso premiar[10] de esta manera, por haberla librado de semejante lacra[11].

La historia, que siempre la escriben los vencedores, relata aquellas acciones como una de las más grandes epopeyas de las armas del país. Como dije antes, los indios fueron expulsados hacia el sur, es decir hacia La Patagonia, es decir hacia la región más inhóspita, es decir hacia la carencia[12] de lluvias, es decir hacia la carencia de recursos para desarrollar las mínimas condiciones de vida.

[1] **Qué más da** *What difference does it make?*
[2] **tosca y abrojo** *uncouth and rough*
[3] **la paja brava** *wild straw*
[4] **avance** acción de avanzar
[5] **de avanzada** muy lejos
[6] **botín** *booty*
[7] **correrías** ataques
[8] **testas** cabezas, jefes
[9] **praderas pampeanas** campos de la pampa
[10] **premiar** remunerar los méritos y servicios
[11] **lacra** defecto, enfermedad
[12] **carencia** falta

En toda huida[13], sobre todo cuando se lleva a cabo de una forma desordenada, quedan rezagados[14] y dispersos que encuentran refugio en las casas de aquellos que responden más a sus conciencias de seres humanos que a sus deberes cívicos.

Aunque nunca tuve indicios precisos, creo que Rosa Leyes era uno de éstos. Abandonado quizás por sus fugitivos padres a la buena de Dios, dio tal vez en la casa de alguien que se apiadó[15] de él y a lo mejor[16] le dio comida, techo y ese poco de ternura necesaria para que el niño vislumbre[17] su posibilidad de hombre a su justo tiempo.

Digo quizás, tal vez, a lo mejor, porque nadie me supo dar datos concretos sobre su origen; de todas maneras Rosa Leyes era algo así como el tonto del pueblo, el bastardo receptor de todas las bromas de mal gusto, de las injusticias de los iracundos[18], de la caridad condicionada al temor a Dios, de la paciencia de los reyezuelos de corona nebulosa[19], de la soberbia[20] conferida a las máximas y mínimas autoridades del pueblo.

¡Insignificante Rosa Leyes! Sus mayores exigencias ni siquiera formaban parte del idioma de los demagogos. Vivía de «changas» (favores esporádicos), para cuya realización parecía haber sido puesto exprofeso[21] por Dios en la vida de la comunidad.

—Rosa, tengo una pila de leña que hachar...[22] te doy dos pesos y la comida si me lo haces.—Y podíamos ver al bueno de Leyes arqueando[23] el lomo para cumplir[24], siempre con una sonrisa.

—Yo no me animo a matarlo... ¡me da tanta pena!

—Y bueno, llámalo a Rosa Leyes y listo.

—Ché[25] Rosa, te doy un peso y un litro de vino, si me matás y cueriás este chivo[26] que me trajeron del monte. El indio era el matarife[27] oficial de casi todos los cabritos y corderos[28] que adornaban las mesas de Navidad y Año Nuevo en las casas de los gentiles hombres del pueblo.

—Vení pa'ca indio, te vi'a[29] meter en el calabozo[30] por vago...

—Como usted mande siñor comesario[31]. Asiduo visitante de la pequeña comisaría, sobre todo cuando había que limpiar las letrinas o los pisos y no había presos[32] disponibles para esas tareas.

En la esquina del bar de la esquina de mi casa, a la hora del café o del «vermú»[33], muchas veces se producía esta escena:

—Dale Rosa, bailate un malambo[34].

—No ché...

—Si bailás un poco, te doy un cigarro.

Y la esquina del bar de la esquina de mi casa se llenaba de risas viendo las evoluciones del indio.

[13] huida acción de escaparse, correr
[14] rezagados los que se quedan atrás
[15] se apiadó tuvo piedad
[16] a lo mejor tal vez, quizás
[17] vislumbre conozca perfectamente
[18] iracundos de mal humor
[19] reyezuelos de corona nebulosa *evil kings of questionable crowns (harsh leaders)*
[20] soberbia arrogancia
[21] exprofeso de propósito, con particular intención
[22] pila de leña que hachar *pile of wood to be chopped*
[23] arqueando doblando
[24] cumplir completar una obligación
[25] Ché interjección con que se llama, se hace detener o se pide atención a una persona
[26] si me matás y cueriás este chivo *if you kill and skin this goat for me (dialect)*
[27] matarife *slaughterman*
[28] cabritos y corderos *goats and sheep*
[29] te vi'a te voy a *(dialect)*
[30] el calabozo la cárcel
[31] siñor comesario señor comisario *(dialect)*
[32] presos prisioneros
[33] vermú vino aperitivo
[34] malambo baile folklórico

Note: Ask students what class of society Rosa Leyes represents. How might he be classified in today's societal judgments? Introduce gloss vocabulary. Select and teach those lexical items you consider important.

[35] **bombachas** *baggy trousers worn by gauchos*

[36] **alpargatas viejas y bigotudas** *old and fuzzy rope-soled shoes*

[37] **atadito** *bundle*

[38] **colecta** contribución para caridad

[39] **olvido** *oblivion*

[40] **ni llanto ni duelo** *neither weeping nor mourning*

[41] **tentadora** interesante

[42] **sepulturero** el que cuida el cementerio

Su casa eran las calles y formaba parte del paisaje del pueblo; siempre aparecía cuando menos uno lo esperaba, con sus bombachas[35] descoloridas, sus alpargatas viejas y «bigotudas»[36], su gran sombrero y el atadito[37] con sus cuatro pertenencias.

Asistente asiduo de la estación, cuando alguien emprendía viaje a cualquier parte, siempre pedía que le trajeran una pipa con tapa, para que el viento pampero, vecino incondicional y permanente, no le apagara el tabaco.

Cuando murió apenas si su muerte ocupó una breve posdata en una carta familiar:

—Casi me olvido; se murió Rosa Leyes y se hizo una colecta[38] para enterrarlo.

En las melancólicas luces de un atardecer de otoño en Madrid, mientras leía aquella carta se fueron organizando en mi alma los versos que siguen:

Gauchos argentinos

Qué más da que yo le cante
si se quedó en el camino,
siempre de tosca y abrojos
Don Rosa Leyes, el indio.

Fumaba siempre la pipa
que le regaló el destino.
Él era amigo de todos
y nunca tuvo un amigo.

Aunque inocentes, a veces
qué malos somos de niño.
Nos burlábamos, me acuerdo,
de Rosa Leyes, el indio.

Le quitaron el caballo
mucho antes de haber nacido
y fue arriero de su vida
de a pie, como un peregrino.

Porque él era de una raza
que el hombre blanco no quiso
que galopara la pampa
como Dios lo había previsto.

Un día se fue despacio,
como abrazando al olvido[39].
Con un poco de tabaco
y una limosna de vino.

No hubo ni llanto ni duelo[40]
por Rosa Leyes, el indio.
Su muerte, toda la vida
se la fue llorando él mismo.

Región de la Patagonia, sur de la Argentina

Así es: «Su muerte, toda la vida, se la fue llorando él mismo». Como si la gente quisiera pagarle todo ese llanto, curiosamente aparecen sobre su tumba, a diario, unas cuantas monedas que sólo Dios sabe quién las pone allí.

Frente a ese insólito acto, la sugerencia es tentadora[41]. ¿Por qué esas monedas? ¿Será quizás que querramos darle de esta manera toda la ternura que le negamos en vida? ¿Será tal vez, que tratamos de comprar la absolución a nuestra indiferencia e incomprensión? ¿Quién sabe? Lo más probable es que no sean más que una propina para el sepulturero[42], sugiriéndole que eche de vez en cuando algunas flores sobre su tumba, para que acompañen en su abstracto viaje a través de nuestras conciencias a Don Rosa Leyes, el indio.

PARA APLICAR

COMPRENSIÓN I

A *Contesta las siguientes preguntas.*

1. ¿Cómo era la pampa a finales del siglo pasado?
2. ¿Qué habitaba en ella?
3. ¿Qué problemas presentaban los indios para el avance de la civilización?
4. ¿Qué botín se cobraba en los ataques de los indios?
5. ¿Cómo trataron los jefes del gobierno de resolver el problema que les presentaban los indios?
6. ¿Cómo es la región de La Patagonia hacia donde fueron expulsados los indios?

A. **1.** un desierto **2.** la paja brava, el puma y el indio **3.** constantes ataques a poblaciones y haciendas de avanzada **4.** tesoros de granos y ganado y mujeres cautivas **5.** una guerra de exterminio **6.** región inhóspita que carecía de lluvias y de recursos

COMPRENSIÓN II

A *Contesta las siguientes preguntas.*

1. ¿Qué datos hay sobre el origen de Rosa Leyes?
2. ¿Cómo lo trataron los del pueblo?
3. ¿Cómo se ganaba la vida Rosa Leyes?
4. ¿Cómo se vestía Rosa Leyes?
5. ¿Cómo reaccionaba la gente al ver a Rosa Leyes bailar un malambo?
6. Cuando alguien emprendía viaje a cualquier parte, ¿por qué le pedía Rosa Leyes que le trajera una pipa con tapa?

A. **1.** nada concreto **2.** un tonto receptor de injusticias **3.** de «changas»; haciendo trabajos insignificantes **4.** de bombachos descoloridos, alpargatas viejas, y un sombrero **5.** se reían **6.** para que el viento pampero no le apagara el tabaco

COMPRENSIÓN III

A *Contesta las siguientes preguntas.*

1. ¿Cómo se enteró el autor de la muerte de Rosa Leyes?
2. ¿Qué dicen los versos que escribió?
3. Cuando murió Rosa Leyes, ¿hubo llanto y duelo?
4. ¿Qué aparece a veces sobre la tumba de Rosa Leyes?
5. ¿Por qué?

A. **1.** de una carta familiar **2.** lamentan su vida triste **3.** no **4.** unas cuantas monedas **5.** quizás para darle la ternura que le negaron en vida, para comprar flores para su tumba, o para aliviar sus conciencias

Para Continuar Conversando

Note: Assign for *tarea*. In class, work in small groups, then review with the entire class.

A *Contesta las siguientes preguntas.*

1. En tu casa, ¿tienes obligaciones diarias?
2. Cita tus obligaciones.
   a. ¿Sacas la basura?
   b. ¿Limpias tu dormitorio?
   c. ¿Pasas la aspiradora *(vacuum)* sobre las alfombras?
   d. ¿Quién(es) se encarga(n) de limpiar el cuarto de baño?
3. ¿Te gusta cazar aves, venado u otro animal?
4. ¿Qué bailes procedentes de Latinoamérica te gustan? ¿bailes folklóricos? ¿la zamba? ¿el bolero? ¿la rumba? ¿el merengue? ¿el tango? ¿la cumbia?
5. ¿Sabes bailarlos? ¿Quieres aprender?

ACTIVIDADES

Note: Assign the *Actividades* for *tarea*. Share ideas in class; discuss students' personal reactions and feelings.

A *Explica lo que quieren decir las siguientes oraciones sacadas de la lectura.*

1. «... los 'bárbaros' cazaban demasiadas vacas y eso perjudicaba los más caros intereses económicos, vaya usted a saber de quién.»
2. «Estos indígenas... significaban un problema para el avance de la civilización que había establecido la frontera de sus dominios en donde empezaban los dominios del salvaje.»
3. «[Rosa Leyes] dio tal vez en la casa de alguien que se apiadó de él y a lo mejor le dio comida, techo y ese poco de ternura necesaria para que el niño vislumbre su posibilidad de hombre a su justo tiempo.
4. «Le quitaron el caballo / mucho antes de haber nacido.»
5. «Su muerte, toda la vida / se la fue llorando él mismo.»

B *¿Qué entiendes por las siguientes frases?*

1. una broma de mal gusto
2. las injusticias de los iracundos
3. la caridad condicionada al temor a Dios
4. la paciencia de los reyezuelos de corona nebulosa
5. la soberbia conferida a las máximas y mínimas autoridades del pueblo
6. insignificante Rosa Leyes
7. la hora del «vermú»

Un gaucho argentino

MANUEL
PEDRO VILLA FERNÁNDEZ

Note: On the map of South America on page 409, locate the following places in Venezuela: Caracas, Lago Maracaibo, and Ciudad Bolívar. Read and discuss the introduction together.

Note: Introduce idea of sharing a relationship; realizing you are changing and developing new interests; severing ties with old friends.

Note: Vary techniques and aids for vocabulary presentation.

PARA PRESENTAR LA LECTURA

El joven Manuel vivía en un pueblecito indígena escondido entre las montañas. Aunque le rodeaban la pobreza y la miseria, que desgraciadamente caracterizan a tales pueblos andinos, Manuel parecía diferente. Se destacaba entre los demás no sólo por su aspecto físico sino también por su inteligencia y sus ambiciones. Solía llevar las cosas hechas a mano por los aldeanos a la ciudad para venderlas y volver con el dinero al pueblo donde divertía a los otros, contándoles detalles de la vida fuera del pueblecito. Sus viajes a la ciudad duraban cada vez más tiempo hasta que un día cambiaron las cosas para todos.

PARA AUMENTAR EL VOCABULARIO

PALABRAS CLAVE I

1. **a menudo** con frecuencia
   En esos años sus amigos iban al cine a menudo.
2. **collares** adornos que se llevan alrededor del cuello
   La señora Pérez le trajo a su hija un collar de coral de Acapulco.
3. **daba (dar) rienda suelta** daba libre curso
   La mujer daba rienda suelta a su talento artístico en sus canciones.
4. **follaje** hojas de los árboles
   Los pájaros se esconden entre el follaje.
5. **paraguas** aparato que sirve para proteger a una persona de la lluvia
   Pensando que iba a hacer buen tiempo, la doctora Madero dejó el paraguas en la oficina.

PRÁCTICA
Completa con una palabra de la lista.

a menudo	paraguas
daba rienda suelta	el follaje
los collares	

1. En la selva _____ es abundante y siempre es verde.
2. A todos les encantan _____ de oro.
3. Veo mucho a mi prima. Viene a mi casa _____.
4. Al escribir cartas, la autora _____ a su pluma y escribía verdaderas obras de literatura.
5. No te olvides de llevar tu _____. Dijeron que iba a llover.

1. el follaje 2. los collares 3. a menudo 4. daba rienda suelta 5. paraguas

MANUEL

PEDRO VILLA FERNÁNDEZ

[1] **uñas** *fingernails*
[2] **atrofiada** *degenerated from disuse*

Manuel era el indio más popular de un pequeño pueblo que se hallaba entre las montañas a unas cien millas al sur de Ciudad Bolívar en Venezuela. Allí vivía con un pequeño grupo de seres humanos inconcientes todos de su pobreza, rodeados de relativa libertad y abundancia de miseria, hablando una mezcla de español e indio, medio desnudos, con el pelo y las uñas[1] largos, los pies grandes y duros como piedras, los labios secos, la inteligencia atrofiada[2] y el instinto tan despierto como el de un animal de la selva.

Todos se parecían física y psicológicamente; todos menos Manuel, quien tenía algo diferente. Había más luz en sus ojos y en su mente. Parecía menos indio que los demás. Su piel era más blanca. Era más alto. Hablaba español mucho mejor. Tenía una imaginación viva. Manuel tocaba una pequeña guitarra que siempre llevaba consigo, y cantaba canciones que los demás indios jamás habían oído. Había venido al pequeño pueblo cuando tenía unos catorce años. ¿De dónde? «De allá», era todo lo que les decía. Cuando le preguntaron dónde estaba ese «allá» les decía que muy lejos. ¿Quiénes eran sus padres? No lo sabía. Así fue que el chico vino a formar parte del pequeño grupo de indios que lo recibieron con gusto, pues traía una guitarrita y cantaba como un ángel. Además, en su cara se veía siempre una sonrisa muy simpática, y contaba muchas cosas interesantes de «allá» y sabía mucho de todo.

Note: During the reading have students take note of the primitive living conditions. What is different about Manuel? Introduce the word *ladino*—one who ceases to live and act as an Indian. What draws Manuel to another lifestyle?

Paisaje venezolano

Aquellos indios cazaban, pescaban[3], plantaban algo. Hacían cestas[4], collares, bastones[5] pintados, adornos con plumas de ave y objetos de madera. De vez en cuando bajaban a uno de los pueblos grandes y vendían lo que habían hecho. Con el dinero compraban cerillas[6], cuchillos, agujas[7], hilo[8]—simples necesidades sin las cuales era difícil continuar la vida diaria. Algunas veces cuando les era posible compraban sal, y en muy raras ocasiones un poquito de azúcar o alguna tontería[9] que les llamaba la atención y que no les servía para nada. En sus viviendas no había sillas, ni mesas. No había cocina, ni puerta, ni ventana. Había una entrada y bastantes agujeros[10] por donde entraban el aire, la luz y el agua. Dormían en el suelo. Cocinaban entre unas piedras y comían con las manos. Si se lavaban, que no era a menudo, lo hacían en el río. Creían en Dios, un Dios indio con ciudadanía católica, y los santos de esta religión estaban tan mezclados con las deidades indígenas que no había manera de separarlos. En la vida de la pequeña comunidad no había más que las pequeñas cosas de todos los días: nacían indios, morían indios; se enfermaban, o se ponían bien. En fin, que todo lo que allí pasaba tenía una base fisiológica o biológica. Después venía la cuestión del tiempo. Llovía o hacía sol. Había o no había luna. Esto era todo o casi todo lo que pasaba en su vida.

Pero Manuel trajo un nuevo interés al pequeño pueblo, y empezó a bajar a los otros pueblos para vender lo que hacían los otros indios. Obtenía más dinero que los demás, y volvía no sólo con más dinero, sino con historias muy interesantes de lo que pasaba durante su ausencia. Cuando llegaba se sentaban todos en un círculo; entonces él, en el centro, les contaba los detalles de su viaje. Daba rienda suelta a su imaginación y adornaba cada historia con todo lo que se le ocurría. Los indios le escuchaban con gran interés. Si la historia era triste, se ponían tristes; si era alegre, se alegraban; si era cómica, se reían; si era trágica, lloraban; y si era fantástica, se maravillaban. Cuando Manuel hablaba del gran calor de allá abajo, sentían calor. Si hablaba del fresco de la noche, sentían fresco. Luego que terminaba, uno de ellos le contaba a Manuel lo que había pasado en el

"Cuando Manuel regresaba del pueblo se sentaban todos en un círculo; entonces él, en el centro, les contaba los detalles de su viaje."

pueblo durante su ausencia, porque los viajes del muchacho siempre duraban días, y como inspirado por las historias de Manuel, el narrador contaba también las cosas tristes y alegres, cómicas y trágicas, que habían pasado en el pueblo, y lo hacía lo más dramáticamente posible. Volvían todos a ponerse tristes o alegres; se reían o lloraban. Entonces Manuel entregaba el dinero, y hasta que se iba de nuevo se veía obligado a contar las mismas cosas una y otra vez, lo cual hacía con gusto, y con nuevas versiones de los mismos incidentes.

En busca de nuevas experiencias, Manuel empezó a hacer viajes más largos. Sus ausencias se fueron prolongando. Salía del pueblo muy de mañana con su carga y con su guitarra; jamás se iba sin su guitarra, y trotaba más bien que caminaba pueblo abajo. Los indios le veían alejarse[11] tocando y cantando. Cuando le perdían de vista podían oír aún entre el follaje su guitarra y su voz. Con él se iba la alegría, se iba la vida, y el pueblo se quedaba triste.

Cuando los viajes se fueron haciendo más largos, los incidentes del viaje aumentaron. Cuanto más lejos iba más fantásticos eran sus cuentos. Ya empezaba a tardar semanas. En uno de sus viajes llegó hasta Ciudad Bolívar y no volvió hasta cuarenta días después, pero trajo cosas increíbles que contar, y nuevas canciones, y muchas cosas bonitas; cintas de colores, una corbata, botones verdes y rojos, un paraguas, un espejo y unos lentes[12] azules. Había visto un barco y mujeres muy bonitas con labios rojos y trajes de seda, y Manuel les contó cosas admirables de todo. Les habló de una casa muy grande que se llamaba un cine donde mucha gente miraba unos fantasmas que caminaban y hasta hablaban en una «tela»[13].

Después les entregó el dinero. Los indios se miraron asombrados[14]. A pesar de que había comprado tantas cosas traía más dinero que nunca. Les dijo que la gente le daba dinero en los cafés, porque cantaba y tocaba la guitarra.

Del próximo viaje no volvió en tres meses. Traía dinero y más cosas que en el viaje anterior, pero sus historias eran más cortas. Parecía que había dejado el alma allá muy lejos en aquella ciudad maravillosa de que les había hablado y donde había cines y cafés y mujeres bonitas de labios rojos y trajes de seda. Luego se fue otra vez, y el pueblo esperó meses, un año, triste y ansioso. Tenían muchas cosas que contarle. Habían muerto cuatro indios. Habían nacido seis. Había muchos enfermos de una enfermedad que no conocían. Pero Manuel jamás volvió. La civilización lo había reclamado; Ciudad Bolívar primero, Caracas después, y más tarde, ¿quién sabe?

[11] **alejarse** irse lejos
[12] **lentes** anteojos
[13] «**tela**» *Manuel doesn't know the word* pantalla (*movie screen*).
[14] **asombrados** sorprendidos

La ciudad de Caracas, Venezuela

PARA APLICAR

COMPRENSIÓN

A *Contesta las siguientes preguntas.*

1. ¿Cómo vivía la gente del pueblo?
2. ¿Se daban cuenta de las condiciones desafortunadas en que vivían?
3. Describe su aspecto físico.
4. ¿Cómo se distinguía Manuel de los demás?
5. ¿Cómo divertía Manuel a la gente?
6. ¿Cómo se ganaban la vida aquellos indios?
7. Con el poco dinero que ganaban, ¿qué compraban los indios?
8. Describe sus casas.
9. ¿En qué se basaba todo lo que sucedía allí?
10. ¿Qué nuevo interés trajo Manuel al pueblo?
11. ¿Cómo reaccionaban a los relatos que les traía Manuel de la ciudad?
12. Cita los cambios en las costumbres de Manuel y los nuevos relatos fantásticos que trajo de Ciudad Bolívar.
13. ¿Qué cambios se notaban en él en su última visita?
14. ¿Por qué estaba triste el pueblo?

B *Termina las oraciones según la selección.*

1. Manuel era de...
2. La gente de su pueblo ignoraba...
3. Comparado con los otros, Manuel era...
4. De vez en cuando bajaban...
5. Cuando Manuel regresaba del pueblo...
6. Ante los relatos de Manuel los indios...
7. Con los viajes más largos, Manuel les trajo...
8. Un día Manuel...

POR SI ACASO...

1. Esta selección toca algunos de los problemas que han persistido en la convivencia del indígena con la sociedad moderna: la inclinación a permanecer aparte con gente de su propia cultura, la falta de líderes con contactos exteriores y, sobre todo, la pérdida de los más listos a las ciudades. ¿Qué cualidades de buen líder tenía Manuel? ¿Cómo les sirvió a los otros indios? ¿Cómo les faltó?
2. Se hallan en esta historia las razones por las cuales mucha gente de las regiones rurales ha ido a la ciudad. Haz una comparación entre la historia de Manuel y el movimiento hacia las ciudades en nuestra propia historia.
3. Compara al indio de «Manuel» con Rosa Leyes.
4. ¿Cómo crees que la pérdida de Manuel realmente afectó al pueblo?

A. 1. inconcientes de su pobreza 2. no 3. medio desnudos, pelo y uñas largos, pies grandes y desnudos, labios secos 4. más inteligente, más blanco, más alto, hablaba mejor el español 5. tocaba la guitarra y cantaba nuevas canciones 6. hacían cestas, collares, objetos de madera 7. sal, azúcar, cerillas, agujas, hilo 8. muy pobres 9. en una base fisiológica o biológica 10. historias interesantes 11. lloraban, se reían, se maravillaban 12. trajo nuevos cuentos y canciones; habló de ver fantasmas en una «tela». 13. era diferente; las historias más cortas 14. jamás volvió Manuel

B. 1. un pequeño pueblo 2. su pobreza 3. diferente (más alto y más blanco) 4. a uno de los pueblos grandes 5. contaba los detalles de su viaje 6. escuchaban con gran interés 7. cosas increíbles que contar, nuevas canciones y muchas cosas bonitas 8. no volvió

Note: Assign for *Tarea*. In class share and discuss ideas, correct written work, and revise as needed. Ask students if they understand the effects of becoming a «*ladino*»? Explain that in most cases there is no going back because the Indians reject them.

PARA CONTINUAR CONVERSANDO

1. ¿Tocas tú algún instrumento musical?
2. ¿Tocas en una banda, grupo musical, combo u orquesta?
3. ¿Qué clase de música prefieres?
4. Durante las vacaciones, ¿has ido a un campamento? ¿Cuáles actividades te gustaron?
5. ¿Prefieres la vida solitaria del campo o eres un «animal social» que prefiere la vida de la ciudad?

Note: This activity can be used at the end of class when a few minutes remain to sharpen conversational skills and to reunite the class positively.

PARA GOZAR

Rigoberta Menchú, ganadora del Premio Nobel de la Paz en 1992

Rigoberta Menchú nació en el Departamento de El Quiché en Guatemala. Tras años de vivir reprimida, ha sido la voz de todo un pueblo indígena que ha decidido liberarse y arrebatarle la palabra al opresor. Ella misma dice que "¡La situación de los derechos humanos y las violaciones en Guatemala no han concluido!"

Sus esfuerzos para romper el silencio después de quinientos años de esclavitud le ganaron el Premio Nobel de la Paz en 1992.

«El Nahual» es una selección del libro *Me llamo Rigoberta Menchú y así me nació la conciencia* en el cual habla de una tradición, o tal vez, creencia de los indígenas guatemaltecos.

Indios, Maya–Quiché en Guatemala

EL NAHUAL

"Animal y persona coexisten en ellos por voluntad de sus progenitores desde el nacimiento..."

Miguel Ángel Asturias, *Hombres de maíz*

Note: You may wish to tell students that not all Indians want to abandon tribal customs. Although traditional customs and rituals are inherent to basic beliefs and the source of awareness to which many adhere tenaciously, some choose to become «ladinos».

Pre-reading activities: Locate Guatemala and other Central American countries on the map on page 410. Have them do research about the ruins of that area, their history, tourist attractions, sources of income and employment, agricultural products, tribal affiliations, etc.

Note: Rigoberta Menchú, distinguished citizen of the world, did not speak Spanish until she was about 18 years old when she realized the need to enlighten others about her people and the abuse inflicted upon them because they were selfish. Name a group that shares their love of nature.

Todo niño nace con su nahual. Su nahual es como su sombra. Van a vivir paralelamente y casi siempre es un animal el nahual. El niño tiene que dialogar con la naturaleza. Para nosotros el nahual es un representante de la tierra, un representante de los animales y un representante del agua y del sol. Y todo eso hace que nosotros nos formemos una imagen de ese representante. Es como una persona paralela al hombre. Es algo importante. Se le enseña al niño que si se mata un animal el dueño de ese animal se va a enojar con la persona, porque le está matando al nahual. Todo animal tiene un correspondiente hombre y al hacerle daño, se le hace daño al animal.

Nosotros tenemos divididos los días en perros, en gatos, en toros, en pájaros. Cada día tiene un nahual. Si el niño nació el día miércoles, por ejemplo, su nahual sería una ovejita. El nahual está determinado por el día del nacimiento. Entonces para ese niño, todos los miércoles son su día especial. Si el niño nació el martes es la peor situación que tiene el niño porque será muy enojado. Los papás saben la actitud del niño de acuerdo con el día que nació. Porque si le tocó como nahualito un toro, los papás dicen que el torito siempre se enoja. Al gato le gustará pelear mucho con sus hermanitos.

▲▲▲

Pero, hay una cosa muy importante. Los padres no nos dicen a nosotros cuál es nuestro nahual cuando somos menores de edad o cuando tenemos todavía actitudes de niño. Sólo vamos a saber nuestro nahual cuando ya tengamos una actitud fija, que no varía, sino que ya se sabe esa nuestra actitud. Porque muchas veces se puede uno aprovechar del mismo nahual, si mi nahual es un toro, por ejemplo tendré... ganas de pelear con los hermanos. Entonces, para no aprovecharse del mismo nahual, no se le dice a los niños. Aunque muchas veces se les compara a los niños con el animal, pero no es para identificarlo con su nahual. Los niños menores no saben el nahual de los mayores. Se les dice sólo cuando la persona tiene ya la actitud como adulto.

▲▲▲

Hay ciertos gustos entre nosotros los indígenas. El hecho de que amamos mucho a la naturaleza y tenemos gran cariño a todo lo que existe. Sin embargo, sobresale algún animal que nos gusta más. Lo amamos mucho. Y llega un momento que nos dicen, que es nuestro nahual, entonces le damos más cariño al animal.

Todos los reinos que existen para nosotros en la tierra tienen que ver con el hombre y contribuyen al hombre. No es parte aislada el hombre; que hombre por allí, que animal por allá, sino que es una constante relación, es algo paralelo. Podemos ver en los apellidos indígenas también. Hay muchos apellidos que son animales. Por ejemplo, Quej, caballo.

Nosotros los indígenas hemos ocultado nuestra identidad, hemos guardado muchos secretos, por eso somos discriminados. Para nosotros es bastante difícil muchas veces decir algo que se relaciona con uno mismo porque uno sabe que tiene que ocultar esto hasta que garantice que va a seguir como una cultura indígena, que nadie nos puede quitar. Por eso no puedo explicar el nahual pero hay ciertas cosas que puedo decir a grandes rasgos[1].

Yo no puedo decir cuál es mi nahual porque es uno de nuestros secretos.

[1] **a grandes rasgos** sin muchos detalles, de una manera generalizada

ACTIVIDADES

1. El dos de noviembre los indios salasacas del Ecuador se acercan a las tumbas de sus parientes, les llaman, les ofrecen manjares *(tidbits)*, vino y saludos en su nombre, luego de la ofrenda, beben y bailan unos dos o tres días con honda satisfacción. ¿Qué tradiciones observas tú? ¿Cuándo y cómo las observas? Prepara un comentario.

Note: Introduce a short conversation related to the customs of Halloween. Encourage spontaneous interchange of ideas. The *comentario* might be generated in class to be listed on the board for further discussion.

Vasija de cerámica con el rostro de un monarca Moche, civilización Moche, Perú (250-550 d. de C.)

ESTRUCTURA

LA *A* PERSONAL

Una característica particular del español es la manera en que se distingue un objeto que tiene vida de otro que es inanimado. Cuando una persona, figura imaginaria, o un animal que se considera un miembro de la familia sirve de complemento directo, se usa una *a* entre el verbo y el complemento. Esta *a* se llama la *a personal*. La *a personal* no se usa con el verbo *tener*.

> **Yo veo a mi hermano.** (persona)
> **Felipe ve a Noche, nuestro perro.** (animal conocido)
> **Ellos ven a Mickey Mouse.** (personaje ficticio popular)
> **Pero:**
> **Tú ves el coche deportivo.** (cosa inanimada)

EJERCICIOS

A *Recuperado por fin.* Lucio ha estado enfermo. Habla de todo lo que ve y hace cuando sale de casa.

> **en la calle / Carlos / Chela**
> *En la calle veo a Carlos pero no veo a Chela.*

1. en el mercado / los vendedores / los juguetes
2. en el desfile / los soldados / los payasos (*clowns*)
3. en el colegio / los profesores y mis amigos / la directora
4. en el estadio / el césped verde / los entrenadores ni los jugadores
5. en la cafetería / la mitad de los alumnos / nada bueno que comer

B *Nueva en la ciudad.* Francisca acaba de trasladarse a nuestra ciudad. Hablamos con ella acerca de la vida urbana.

> **conocer / el alcalde / el nuevo centro comercial**
> *¿Conoces al alcalde y el nuevo centro comercial?*

1. conocer / el nuevo estadio de fútbol / el director de actividades deportivas
2. escuchar / el ruido de tráfico / los policías que dirigen el tráfico
3. pagar / la cuenta para la medicina / el farmacéutico
4. escribir / tu nombre en el registro / el redactor (*editor*)
5. lavar / tu perro / el coche cubierto de barro
6. ayudar / las enfermeras / la Cruz Roja
7. conocer / la Calle Puente / el intérprete en el banco

Cambia el sujeto a Ud., Uds., y sigue practicando.

Margin notes:

A. 1. veo a los vendedores /no veo los juguetes **2.** veo a los soldados / no veo a los payasos **3.** veo a los profesores y mis amigos / no veo a la directora **4.** veo el césped verde / no veo a los jugadores **5.** veo a la mitad de los alumnos / no veo nada bueno que comer

B. 1. ¿Conoces el nuevo estadio de fútbol y al director de actividades deportivas? **2.** ¿Escuchas el ruido de tráfico y a los policías...? **3.** ¿Pagas la cuenta para la medicina y al farmacéutico? **4.** ¿Escribes tu nombre en el registro al redactor? **5.** ¿Lavas tu perro y el coche...? **6.** ¿Ayudas a las enfermeras y la Cruz Roja? **7.** ¿Conoces la Calle Puente y al intérprete...?

EL PRETÉRITO—VERBOS REGULARES

1. Verbos de la primera conjugación. Estudia las formas del pretérito de los verbos regulares de la primera conjugación.

mirar

(yo) miré   (nosotros[as]) miramos
(tú) miraste   (vosotros[as]) mirasteis
(Ud., él, ella) miró   (Uds., ellos, ellas) miraron

EJERCICIOS

A **¿Qué hiciste ayer?** *Sigue el modelo con la forma apropiada del pretérito. Después, contesta las preguntas empleando las respuestas sugeridas entre paréntesis.*

¿Dónde (trabajar) ayer? (en el taller de reparaciones)
¿Dónde trabajaste ayer?
Trabajé en el taller de reparaciones.

1. ¿Con quién (trabajar)? (con mi hermano mayor)
2. ¿A quién (esperar) ayer? (al dueño del taller)
3. ¿Qué (arreglar) ayer? (un defecto del motor)
4. ¿(Terminar) el trabajo? (todo menos el radiador)
5. ¿A quién (llamar) por teléfono ayer? (a mi amigo Luis)
6. ¿Dónde (cenar) ayer? (en casa, como siempre)
7. ¿Qué (estudiar) anoche? (la nueva lección de matemáticas)
8. ¿Con quién (hablar) por teléfono? (con un compañero de clase)

Cambia el sujeto de tú a Ud., después a Uds., y contesta con los nuevos sujetos.

B **Los zapatos nuevos.** *Relata cómo estas personas pasaron el sábado pasado. Usa sólo una persona cada vez.*

     yo   **tú**   **nosotros(as)**   **Uds.**

(Despertarse) tarde y (mirar) el reloj al lado de la cama.
Me desperté tarde y miré el reloj al lado de la cama.

1. (Levantarse) de la cama y (desayunar) un poco.
2. Después (bañarse) y (lavarse) el pelo.
3. (Sentarse) y (peinarse).
4. (Arreglarse) y (prepararse) para salir.
5. Pero antes, (llamar) a un amigo que (acompañarme) al centro.
6. (Mirar) unos zapatos en oferta especial y los (probar).
7. Los (comprar) y los (llevar) a casa.
8. Cuando (llegar) a casa, los (guardar) en el ropero.

> Agustín: Hoy mi mujer les grita a los niños.
> *No. Fue antes cuando les gritó.*

1. El trabajador examina el cielo y habla después con su ayudante.
2. Los campesinos miran las plantas y quitan las hierbas malas *(weeds)*.
3. No pasan hambre porque llevan su comida al campo.
4. En el mercado yo cambio verduras por pan y compro otras necesidades.
5. Yo llego a casa temprano y busco a los niños.
6. Yo juego con ellos y mi mujer (esposa) prepara la comida.
7. Cenamos afuera y después limpiamos la cocina.
8. Me canso de tanto trabajo y descanso un poco antes de acostarme.

2. **Verbos de segunda conjugación y tercera conjugación.** Los verbos de segunda y tercera conjugación tienen terminaciones idénticas en el pretérito. Estudia las formas del pretérito de los siguientes verbos.

comer

(yo) comí	(nosotros[as]) comimos
(tú) comiste	(vosotros[as]) comisteis
(Ud., él, ella) comió	(Uds., ellos, ellas) comieron

abrir

(yo) abrí	(nosotros[as]) abrimos
(tú) abriste	(vosotros[as]) abristeis
(Ud., él, ella) abrió	(Uds., ellos, ellas) abrieron

Si comió más de la cuenta y ahora lo lamenta…

HAMBURGUESA 99¢
ENCHILADA 79¢
HOT DOG $1.00
TAMALES 50¢
PAPAS FRITAS 50¢
REFRESCOS 65¢

…recuerde que para la mayoría de los malestares estomacales causados por comer o tomar demasiado… …el remedio es el mismo.

Pepto-Bismol

EJERCICIOS

A **Acaban de hacerlo.** *Unos amigos conversan de lo que acaban de hacer.*

> Manolo: *Salvador, ¿vas a comer la fruta?*
> Salvador: **No, ya la comí.**

1. Antonio y Felipe, ¿van a beber más leche?
2. Luisa, ¿vas a leer la selección?
3. Ramón, ¿va tu padre a responder a la petición?
4. Marcos y Enrique, ¿van a escoger otra novela?
5. Anita, ¿voy a leer la oración otra vez?
6. Luis, ¿voy yo a aplaudir la presentación?
7. Chicos, ¿van ellos a perder la elección?
8. Loles, ¿vas a perder esa magnífica oportunidad?

A. 1. la bebimos 2. la leí
3. respondió 4. escogimos
5. leíste 6. aplaudiste
7. perdieron 8. perdí

B **Reunión en el pueblo.** *Ayer fue miércoles y mucha gente se reunió en el pueblo. Relata lo que hicieron.*

1. Unos propietarios (aparecerse) en la plaza y (leer) un documento oficial.
2. Unos trabajadores no (comer ni beber) por falta de tiempo.
3. Yo (conocer) a un señor y le (prometer) un trabajo.
4. Nosotros (meter) el auto en un taller mecánico y (perder) esperanzas de viajar.
5. Tú me (ofrecer) dos mil dólares por el coche y yo te lo (vender).
6. Yo no (reconocer) a los jóvenes de otro pueblo, pero tú (ofrecer) presentarme a ellos.
7. Nadie (entender) sus nombres, y esto les (ofender) un poco.
8. Emilio me (sorprender) con una noticia importante. En seguida yo (entender) que él tenía dinero para mí.
9. Mi hermano y yo (correr) al banco y después (volver) a casa.

B. 1. se aparecieron / leyeron
2. comieron / bebieron 3. conocí / prometí 4. metimos / perdimos
5. ofreciste / vendí 6. reconocí / ofreciste 7. entendió / ofendió
8. sorprendió / entendí
9. corrimos / volvimos

C **Un final triste.** *Cambia el relato de la yaqui hermosa al pretérito.*

1. Cuando los yaquis llegan a la hacienda, el dueño los junta y en tono serio les informa de las condiciones de su vida allí.
2. Les ofrece armas para la caza y promete darles tierra en recompensa por su trabajo.
3. Un indio alto no le cree, pero al día siguiente recorre tres kilómetros de tierra que él señala con piedras.
4. El indio incrédulo recibe ese terruño, convencido de la sinceridad de su amo.
5. Un día el señor ve a una india con la cara cubierta de barro.
6. Él pregunta a la intérprete por qué.
7. El dueño comprende su deseo de esconderse de los ojos de otros hombres.
8. Él promete tratarla bien y ayudarle a volver a su novio.
9. Pero ella no le cree, no come y en poco tiempo muere de hambre.
10. Las flores de su tierra crecen sobre su tumba.

C. 1. llegaron, juntó, informó
2. ofreció, prometió 3. creyó, recorrió, señaló 4. recibió 5. vio
6. preguntó 7. comprendió
8. prometió 9. creyó, comió, murió 10. crecieron

VERBOS CON EL CAMBIO E—I

1. Los verbos de la segunda y tercera clases de cambio radical tienen la letra *i* en la tercera persona singular y plural. Todos aceptan los términos regulares de la segunda y tercera conjugaciones.

infinitivo	pretérito		
pedir	pedí	pediste	pidió
	pedimos	pedisteis	pidieron

2. Otros verbos comunes y parecidos son: *conseguir, despedir, medir, mentir, reír, repetir, seguir, vestir.*

VERBOS CON EL CAMBIO O—U

Los verbos *dormir* y *morir* tienen una *u* en la tercera persona singular y plural. Los términos son regulares.

infinitivo	pretérito		
dormir	dormí	dormiste	durmió
	dormimos	dormisteis	durmieron
morir	morí	moriste	murió
	morimos	moristeis	murieron

José Luis y Sarita pidieron una ensalada.

EJERCICIOS

A **Completamente diferentes.** *Mi hermano y yo somos muy diferentes. Aquí hay unos ejemplos de nuestras diferencias.*

> **(Preferir prepararse) para una prueba.**
> *Yo preferí prepararme para una prueba.*
> *Él no prefirió prepararse.*

1. (Corregir) los errores en los deberes.
2. (Pedir) ayuda con los problemas difíciles.
3. (Advertirle) a mamá de un conflicto.
4. (Sugerir) una solución para evitar molestias.
5. (Medir) el líquido con cuidado en el laboratorio.
6. (Sonreír) varias veces.
7. (Servir) de intérprete en la recepción panamericana.

A. **1.** Corregí / no corrigió **2.** Pedí / pidió
3. Le advertí / advirtió **4.** Sugerí / sugirió
5. Medí / midió **6.** Sonreí / sonrió **7.** Serví / sirvió

El pretérito—verbos de cambio ortográfico

1. Se conserva siempre el sonido original del final del infinitivo. Así, unos verbos requieren atención en la forma escrita para indicar la pronunciación debida.

terminación	cambio	infinitivo	conjugaciones		
1. -car	-qu	buscar	busqué	buscaste	buscó
			buscamos	buscasteis	buscaron
2. -gar	-gu	pagar	pagué	pagaste	pagó
			pagamos	pagasteis	pagaron
3. -guar	-güe	averiguar	averigüé	averiguaste	averiguó
			averiguamos	averiguasteis	averiguaron
4. -zar	-c	rezar	recé	rezaste	rezó
			rezamos	rezasteis	rezaron
5. -eer	-í	leer	leí	leíste	leyó
			leímos	leísteis	leyeron
6. -uir	-í	concluir	concluí	concluiste	concluyó
	-yó		concluimos	concluisteis	concluyeron

2. Otros verbos parecidos a los grupos de arriba son:

1. colocar, explicar, sacar, secar, tocar, practicar
2. apagar, cargar, castigar, conjugar, jugar, pagar
3. apaciguar
4. abrazar, alcanzar, cazar, gozar
5. creer, poseer
6. destruir, incluir, huir

EJERCICIOS

A **Otras diferencias.** *Tú hablas de lo que tú y tu hermano hicieron de distintas maneras.*

> **buscar un bolígrafo / encontrarlo**
> *Él buscó su bolígrafo y lo encontró.*
> *Yo busqué mi bolígrafo pero no lo encontré.*

1. llegar a tiempo / beber un refresco
2. averiguar el número / llamar en seguida
3. correr hacia la tía / abrazarla
4. ver el fuego / apagarlo
5. poseer un Porsche / conservarlo bien
6. ver el documento / destruirlo
7. huir de la hacienda / cazar en el monte
8. tocar a la puerta / apaciguar a los que peleaban
9. construir una casa / pagarla en cinco años

A. **1.** llegó / bebió; llegué / bebí **2.** averiguó / llamó; averigüé / llamé **3.** corrió / abrazó; corrí / abracé **4.** vio / apagó; vi / apagué **5.** poseyó / conservó; poseí / conservé **6.** vio / destruyó; vi / destruí **7.** huyó / cazó; huí / cacé **8.** tocó / apaciguó; toqué / apacigüé **9.** construyó / pagó; construí / pagué

B **Y tú, ¿qué dices?** *¿Eres creativo? Prepara un párrafo, empleando los verbos siguientes con otros que necesites para terminar tu relato:* colocar, cargar, apaciguar, alcanzar.

C **Solución fácil.** *En la clase de baile dos chicas hablan del conflicto entre la profe y Adita. Cambia los verbos al pretérito.*

C. 1. se enojó 2. durmió 3. oyó
4. Se sintió 5. gimió 6. oíste
7. exigió 8. pidió 9. sugirieron 10.
siguió 11. pidieron 12. se rio 13.
prefirió 14. advirtió 15. sintió 16.
se refirió 17. cayó 18. eligió
19. perdió 20. huyó 21. Se despidió
22. eligió 23. divirtió
24. se vistió 25. eligió

Inés:	¿Por qué (**1**) (enojarse) la señora?
Celia:	Adita (**2**) (dormir) tarde porque no (**3**) (oír) el despertador.
Inés:	¿(**4**) (Sentirse) mal después de la práctica ayer?
Celia:	Ella (**5**) (gemir) varias veces en clase. ¿No la (**6**) (oír) tú?
Inés:	Es cierto que la señora (**7**) (exigir) mucho de nosotros.
Celia:	¿A quién (**8**) (pedir) Adita unos consejos?
Inés:	A sus padres, y ellos (**9**) (sugerir) un cambio a un grupo menos avanzado.
Celia:	En clase, ¿(**10**) (seguir) Adita las instrucciones a la letra?
Inés:	Sí, y las de su grupo (**11**) (pedir) más tiempo en cada actividad, pero la señora (**12**) (reírse) de ellas.
Celia:	¿Adita (**13**) (preferir) estar en esta clase?
Inés:	Sí, aunque su hermana Rosa le (**14**) (advertir) que la señora nunca (**15**) (sentir) compasión ni comprensión el año pasado.
Celia:	¿A qué (**16**) (referirse) Rosa? ¿No le (**17**) (caer) bien la señora?
Inés:	No, y (**18**) (elegir) no quedarse en esta clase.
Celia:	Ya comprendo. Rosa (**19**) (perder) interés y (**20**) (huir) de lo difícil.
Inés:	Pues, en parte, sí. (**21**) (Despedirse) de ésta y (**22**) (elegir) ir con otra profesora. Jamás (**23**) (divertirse) en esta clase.
Celia:	¡Mira allá! ¡Es Adita y nota hoy (**24**) (vestirse) para la clase!
Inés:	Parece que ella (**25**) (elegir) quedarse aquí, y ¿por qué?
Las dos:	¡Su novio está en esta clase!

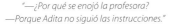

"—¿Por qué se enojó la profesora?
—Porque Adita no siguió las instrucciones."

EL PRETÉRITO–VERBOS IRREGULARES

1. Las terminaciones de la mayoría de los verbos irregulares en el pretérito son *-e, -iste, -o, -imos, -isteis, -ieron*. Los siguientes verbos tienen una raíz irregular en el pretérito.

infinitivo	raíz del pretérito	pretérito (yo)
andar	anduv-	anduve
caber	cup-	cupe
estar	estuv-	estuve
haber	hub-	hube
hacer	hic-	hice (hizo)
poder	pud-	pude
poner	pus-	puse
querer	quis-	quise
saber	sup-	supe
tener	tuv-	tuve
venir	vin-	vine

2. Si una *j* precede a la terminación, se omite la *i* en la terminación de la tercera persona plural.

infinitivo	raíz del pretérito	pretérito
decir	dij-	dijeron
traer	traj-	trajeron

3. Otros verbos semejantes son *conducir, producir y traducir.* Los verbos *dar, ser* e *ir* también son irregulares en el pretérito.

infinitivo	pretérito
dar	di, diste, dio, dimos, disteis, dieron
ser *e* **ir**	fui, fuiste, fue, fuimos, fuisteis, fueron

4. *Dar* usa las terminaciones de los verbos regulares de la tercera conjugación.

EJERCICIOS

A **Hoy cambiaron su rutina.** *Haz el contraste con lo que estas personas hacen generalmente y lo que no hicieron hoy.*

> **(hacer) Cada noche ____ los deberes, pero hoy no los ____.**
> ***Cada noche hacen los deberes, pero hoy no los hicieron.***

1. (andar) Los novios siempre ____ juntos a la misma hora, pero hoy ____ a una hora distinta.

2. (caber) Generalmente los niños ____ en la camioneta, pero hoy no ____.

3. (ir) Por lo general ellos ____ temprano, pero hoy ____ más tarde.

4. (hacer) Comúnmente ____ mucho ruido, pero hoy no ____ ni un sonido.

5. (tener) Regularmente mis hermanos ____ mucho trabajo, pero hoy no ____ nada que hacer.

6. (venir) Cada tarde las chicas ____ de visita, pero hoy no ____.

7. (poder) Generalmente las madres ____ llevar a las chicas a casa, pero hoy no ____ llevarlas.

8. (poner) Frecuentemente los profesores ____ los exámenes en mimeógrafo, pero hoy los ____ en la pizarra.

9. (decir) Regularmente los directores ____ los resultados de las competencias, pero hoy no los ____.

10. (traer) Regularmente los fotógrafos ____ las cámaras a la asamblea, pero hoy no las ____.

"Generalmente mi madre hace la comida, pero hoy la hice yo."

A. **1.** andan / anduvieron
2. caben / cupieron **3.** van / fueron **4.** hacen / hicieron
5. tienen / tuvieron **6.** vienen / vinieron **7.** pueden / pudieron
8. ponen / pusieron **9.** dicen / dijeron **10.** traen / trajeron

B ***Breves facetas de la historia.*** *Lee la historia que sigue, cambiando los verbos indicados del presente al pretérito.*

1. A Colón se le *ocurre* que el mundo era redondo y *decide* buscar una ruta más directa a las Indias.
2. Él se *da* cuenta que necesita la ayuda de los Reyes Católicos, por eso *va* a Granada y *habla* con ellos.
3. Al Rey Fernando no le *cae* bien Colón y no *quiere* tener nada que ver con el proyecto.
4. Rechazado, Colón *sale* para Francia, pero unos mensajeros de la reina lo *detienen* en el camino.
5. Colón *vuelve* a Granada donde la reina *oye* sus teorías, las cuales le *atraen* su interés.
6. Ella *pide* opiniones a unos profesores de la Universidad de Salamanca.
7. Colón *hace* el viaje a esa ciudad y *convence* a los consejeros de los reyes de las provechosas posibilidades de la empresa.
8. Poco después, ella *promete* ayudarle y le *da* su palabra.
9. Así, cuando *termina* la guerra de la reconquista de España, la reina *pone* su atención en el proyecto de Colón.
10. Colón *pide* la colaboración de los hermanos Pinzón para equipar las tres carabelas.
11. Colón *sale* de Palos, Huelva, el tres de agosto de 1492.
12. Se *dirige* primero a las Islas Canarias donde *hace* reparaciones en los barcos y también cambios en los planes.
13. Después de seis semanas, los marineros *ven* tierra y le *ponen* el nombre de San Salvador.

B. **1.** ocurrió / decidió **2.** dio / fue / habló **3.** cayó / quiso **4.** salió / detuvieron **5.** volvió / oyó / atrajeron **6.** pidió **7.** hizo / convenció **8.** prometió / dio **9.** terminó / puso **10.** pidió **11.** salió **12.** dirigió / hizo **13.** vieron / pusieron

Cristóbal Colón

Universidad de Salamanca, España

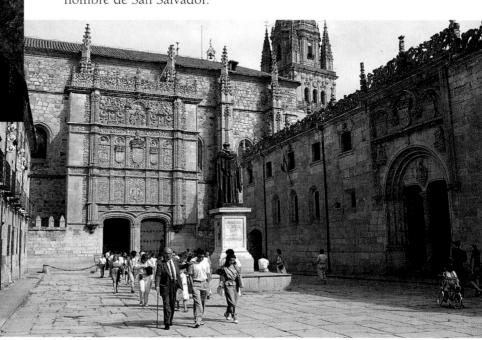

El imperfecto

1. **Verbos regulares.** Estudia las formas del imperfecto de los verbos regulares.

mirar	comer	vivir
miraba	comía	vivía
mirabas	comías	vivías
miraba	comía	vivía
mirábamos	comíamos	vivíamos
mirabais	comíais	vivíais
miraban	comían	vivían

2. **Verbos irregulares.** Los verbos *ser, ver* e *ir* son irregulares en el imperfecto. Estudia las siguientes formas.

ser	ver	ir
era	veía	iba
eras	veías	ibas
era	veía	iba
éramos	veíamos	íbamos
erais	veíais	ibais
eran	veían	iban

Estatua de Cristóbal Colón, Barcelona, España

Resumen:

- El pretérito expresa:

1) una acción comenzada en el pasado.
   A las nueve el director anunció los planes.
   (A las nueve el director comenzó a anunciar los planes.)
   En ese momento vi al niño salir a la calle.

2) una acción terminada en el pasado.
   Él mató la oveja.
   Yo cerré el libro.
   Ella se sentó.

- El imperfecto expresa:

1) una acción no terminada. No importa cuándo empieza ni cuándo termina la acción. Lo importante es la acción misma.
   Abría la carta lentamente.
   Durante aquellos días, nos quedábamos callados.
   Cuando estaba en Colombia, vi el monumento.

2) una acción habitual o repetida muchas veces en el pasado.
   Todas las mañanas me levantaba a las seis.
   Íbamos a la playa en el verano.

3) descripciones en el pasado.

Era alto y fuerte.

El juguete era de plástico.

Hacía mal tiempo.

4) estado mental o emocional.

El héroe no tenía miedo.

Rosa Leyes quería una pipa con tapa.

Ellos odiaban al dictador.

5) acción futura planeada en el pasado.

Dije que iba el lunes.

Escribió que quería venir.

Prometió que íbamos a salir pronto.

6) la hora del reloj.

Eran las dos y todos dormíamos.

Era la una cuando llegó.

EJERCICIOS

A *Recuerdos de mi niñez: Mis tíos favoritos.* *Completa el ejercicio, cambiando los verbos al imperfecto.*

A. **1.** se llamaba **2.** tenía / era
3. llamábamos / gustaba **4.** Era /
se reía **5.** Tenía / parecía **6.** Tenía /
se movía / andaba / se reflejaba
7. Era / se olvidaba **8.** hacían /
pasaba / Eran **9.** eran / medía /
era **10.** era / ayudaba / llevaba /
compraba / gustaban **11.** iba /
podía / sabía / veían / trataban

1. El hermano de mi padre (llamarse) Benjamín.
2. Su mujer (tener) un nombre que (ser) difícil de pronunciar.
3. Por eso, nosotros la (llamar) Tilín, que le (gustar) mucho.
4. (Ser) una persona jovial y (reírse) mucho.
5. (Tener) la costumbre de juntar las manos con una palmadita y su risa (parecer) el tilín de una campanilla.
6. (Tener) el pelo rubio, corto y rizado que (moverse) graciosamente cuando (andar) y la luz (reflejarse) en él.
7. (Ser) generosa y nunca (olvidarse) de los días especiales como el día del santo, el cumpleaños y la Navidad.
8. Muchas veces cuando mis padres (hacer) viajes de negocios, yo (pasar) esas noches con ellos. (Ser) noches felices.
9. Ellos (ser) una pareja algo cómica porque el tío (medir) casi dos metros de altura y ella (ser) bajita.
10. Mi tío (ser) panadero y ella le (ayudar) todas las tardes excepto los sábados cuando me (llevar) al cine y me (comprar) helados italianos que me (gustar) mucho.
11. Yo (ir) con ellos cuando (poder) porque (saber) que ellos (ver) algo especial en mí y me (tratar) con mucho cariño.

B *Y tú, ¿qué dices?* *¿Cómo te acuerdas de un pariente a quien querías mucho cuando eras niño(a)? Describe a esa persona con referencia a su aspecto físico, su carácter y su personalidad.*

¿Qué hacían el domingo pasado durante el partido de fútbol? *Cada persona tiene distintos intereses. Sigue el modelo para expresar lo que hacían.*

> **Mi padre (dormir) en su sillón y no (enterarse) de nada.**
> **Mi padre dormía en su sillón y no se enteraba de nada.**

1. Yo (mirar) la tele y (comer) tamales y champurrado (platos típicos de México).
2. Mi madre (ausentarse) de la casa y (visitar) a amigos.
3. Lorena (padecer) de dolor de cabeza y (descansar).
4. Lorenzo (escuchar) la radio mientras (hacer) los deberes.
5. El perro (ladrar) y (molestar) a todos.
6. Los vecinos (tener) invitados y (jugar) al vólibol.
7. Mientras los equipos (descansar, haber) muchos comerciales.
8. Los miembros del club acuático (nadar) y (remar) en el lago.
9. Cada individuo lo (pasar) a su gusto, y nadie (tener) que conformarse.

Y tú, ¿qué dices? *¿Qué hacías durante el partido de fútbol? ¿Durante las noticias nacionales?*

Un carnaval sensacional. *Cada otoño la escuela primaria celebra «Halloween» con un carnaval. Pero este año todo fue un poco diferente. Nota los contrastes.*

ESPAÑA

82

COPA DEL MUNDO DE FUTBOL ⚽ ESPAÑA

> **Yo (ir) a casa temprano. (tarde)**
> **Yo siempre iba a casa temprano, pero este año fui a casa tarde.**

1. La directora (suspender) las clases después de la comida. (no)
2. Todos los alumnos (ir) a casa en seguida. (los del sexto ir al gimnasio a ayudar)
3. Los directores (anunciar) el carnaval con carteles y letreros. (en la radio)
4. Las madres (preparar) perros calientes, sándwiches y pasteles. (hamburguesas, bizcochos y pizzas)
5. Los padres (dirigir) los juegos. (los maestros)
6. Muchos chicos (vestirse) de brujas y fantasmas. (vaqueros, indios y otras figuras feas)
7. La maestra de arte (pintar) figuritas en las caras por 25 centavos. (50 centavos)
8. El carnaval (terminar) a las 9:30. (10:00, por ser viernes)

C. 1. miraba / comía
2. se ausentaba / visitaba
3. padecía / descansaba
4. escuchaba / hacía 5. ladraba / molestaba 6. tenían / jugaban
7. descansaban / había
8. nadaban / remaban
9. pasaba / tenía

E. 1. suspendía / no suspendió
2. iban / fueron 3. anunciaban / anunciaron 4. preparaban / prepararon 5. dirigían / dirigieron
6. se vestían / se vistieron
7. pintaba / pintó 8. terminaba / terminó

F **El Cid Campeador, héroe nacional de España.** *Cambia los verbos indicados al pretérito.*

F. 1. nació 2. bautizaron
3. agregaron 4. creció
5. murieron 6. llevó 7. educó
8. aprendió 9. Fue 10. nombró
11. concedió 12. dieron
13. llamaron 14. conoció
15. sirvió 16. pidió 17. concedió
18. se casaron 19. tuvieron
20. murió 21. sospecharon
22. heredó 23. exigió 24. se puso
25. mandó 26. eligieron
27. permitió 28. amenazó
29. se atrevían 30. llevó
31. dejó 32. se separó 33. lucharon
34. expulsaron 35. mandaron
36. perdonó 37. murió 38. llevó
39. estuvo 40. fue 41. fueron

En 1040 (**1**) *nace* en Vivar, un pueblo cerca de Burgos, un niño de familia noble y muy respetada. Le (**2**) *bautizan* con el nombre Rodrigo Díaz, y como de costumbre, (**3**) *agregan* «de Vivar» al nombre.

Rodrigo (**4**) *crece* acostumbrado a los peligros de la guerra y a los ataques de los moros. Sus padres (**5**) *mueren* dejándolo huérfano. El rey lo (**6**) *lleva* a una escuela para hijos de nobles situada en un monasterio. Allí se (**7**) *educa* con los hijos del rey en las artes liberales. Además (**8**) *aprende* a cazar, a ser buen jinete y a usar las armas. (**9**) *Es* armado caballero y poco después el rey don Sancho le (**10**) *nombra* Alférez del Rey, un honor que le (**11**) *concede* el privilegio de marchar delante del rey con espada y estandarte. Además le (**12**) *dan* el título de Campeador. Más tarde los moros lo

Un antiguo grabado de El Cid

(**13**) *llaman* Cid. Por eso, se lo (**14**) *conoce* como el Cid Campeador.

El Cid (**15**) *sirve* fielmente al rey. Cuando (**16**) *pide* la mano de doña Jimena, una dama de alto rango, el rey se la (**17**) *concede* con mucho gusto. Se (**18**) *casan* y (**19**) *tienen* dos hijas gemelas, doña Elvira y doña Sol.

En 1077 el rey (**20**) *muere* asesinado cerca de Zamora. Muchos (**21**) *sospechan* una intriga entre don Alfonso, el hermano del rey que (**22**) *hereda* la corona, y su hermana doña Urraca. En una ceremonia en una iglesia de Burgos, Rodrigo (**23**) *exige* el juramento de inocencia del rey Alfonso, quien se lo da, pero el nuevo rey se (**24**) *pone* furioso con Rodrigo y lo (**25**) *manda* desterrar. Casi todos los hombres del Cid (**26**) *eligen* acompañarlo al destierro. El rey les (**27**) *permite* llevar consigo sus armas y caballos, pero (**28**) *amenaza* a todos sus vasallos con quitarles sus posesiones y «los ojos de la cara» si se (**29**) *atreven* a ayudar al Cid.

El Cid (**30**) *lleva* a doña Jimena y a sus hijas al monasterio de Cardeña donde las (**31**) *deja* aseguradas en la protección de los religiosos. Se (**32**) *separa* de ellas tristemente.

Este gran héroe y sus hombres (**33**) *luchan* valientemente y (**34**) *expulsan* a los moros de tierras ocupadas por ellos, y (**35**) *mandan* mucho botín al rey quien después (**36**) *perdona* a su fiel vasallo. En 1099 el Cid (**37**) *muere* luchando en Valencia. Doña Jimena (**38**) *lleva* su cuerpo al monasterio de Cardeña donde (**39**) *está* enterrado durante muchos años. Al morir, doña Jimena (**40**) *es* enterrada junto a él. Tiempo después, los dos cuerpos (**41**) *son* trasladados a la catedral de Burgos.

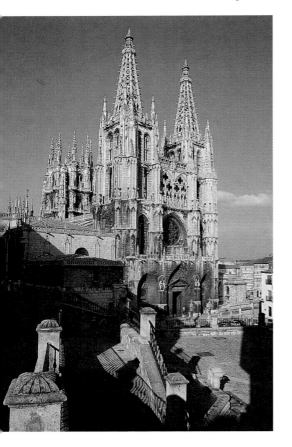

Catedral de Burgos, España

MODISMOS Y EXPRESIONES

cuando menos *at least*
Le faltan cuando menos dos horas para acabar con la tarea.

dar rienda suelta *to give free rein to*
A ver si puedes dar rienda suelta a tu imaginación y decirme cómo va a terminar este cuento.

llevar a cabo *to carry through, accomplish, carry out*
Siempre hay que llevar a cabo investigaciones en la medicina.

negarse a *to refuse to*
No le gusta el arte moderno y por eso se negó a visitar la galería.

ni siquiera *not even*
No tenemos ni siquiera un centavo para prestarle.

¡OJO!

rincón: *(corner)*
Un rincón es un ángulo interior donde se encuentran dos paredes.
Ejemplo: La yaqui hermosa se sentaba calladita en un rincón de la casa.

esquina: *(corner)*
La esquina es un ángulo exterior que forman dos superficies.
Ejemplo: Los amigos decidieron encontrarse en la esquina de la Calle de la Unión y la Avenida Mayor a las ocho en punto.

Note: Introduce, repeat and use often throughout the unit. Have students write original sentences for homework.

tenochtitlan

LA LEYENDA

Del dicho al hecho hay gran trecho.

Note: Discuss proverb "There's many a slip twixt the cup and the lip." Also discuss the saying "Truth is stranger than fiction." Point out that stories often change in the retelling and how legends might therefore vary.

PARA PREPARAR LA ESCENA

Las leyendas son narraciones en las que se mezcla un poco de verdad con grandes dosis de ficción. La imaginación y la fantasía juegan un papel muy importante en las leyendas, puesto que lo que comenzó como historia acaba por alejarse de la realidad.

Las leyendas tratan de hechos de un pasado remoto y los personajes demuestran cualidades notables. Frecuentemente son personajes históricos.

Las tres leyendas que siguen son del mundo hispano pero el tema de cada una es distinto. Las leyendas son producto de la tradición y, por consiguiente, tienen rara vez un autor conocido; más bien, llevan el nombre de quien las ha compilado.

Pre-reading: Have students answer the following questions: What is a legend? What is historical fiction? What legends are you familiar with in your own language? Do similar legends transcend other languages?

◄
La leyenda de la fundación de Tenochtitlan, la capital del Imperio Azteca. Código Azteca.

►
Cerámica de la cultura Moche, Perú (250-550 d. de C.)

EL LAGO ENCANTADO

Note: Call attention to the "choque de culturas" between the conquistadores and the pre-Columbian civilizations. Identify characters that are historical and those that are probably legendary. (The Inca Atahualpa was the actual ruler; all others in this legend are imaginary but represent personality traits from individuals that actually existed.)

PARA PRESENTAR LA LECTURA

La primera leyenda en este cuadro viene del Perú y se refiere a los incas, una de las civilizaciones indígenas del Nuevo Mundo cuya riqueza y cultura son muy famosas. Algunos de los personajes son de la vida real; otros son ficticios. El conflicto que surge entre conquistadores e indios es un relato poético de la conquista con todas sus hazañas, trágicas y nobles. La leyenda es de una colección de Alejandro Sux.

Lee esta leyenda y deléitate con su belleza. Luego fíjate en cuáles de los personajes son históricos y cuáles son probablemente legendarios. Examina la narración para ver si reconoces los hechos históricos y los lugares geográficos que verdaderamente existen. La leyenda presenta la conquista bajo un aspecto diferente de cómo fue en la realidad, porque como todas las leyendas, quiere filtrar los acontecimientos a través de la fantasía.

PARA AUMENTAR EL VOCABULARIO

PALABRAS CLAVE I

Note: Vary the vocabulary presentation with the use of the chalkboard, flash cards, over-head projector, etc.

1. **atrevidos** audaces, intrépidos
   Los indios creían que los conquistadores españoles eran muy atrevidos.
2. **desafiando (desafiar)** confrontando, afrentando
   Susana caminaba sola de noche a casa, desafiando el peligro de las calles.
3. **perecía (perecer)** moría, sucumbía, expiraba
   En las civilizaciones indígenas, cuando perecía una dinastía, nacía otra.
4. **pisaban (pisar)** ponían el pie sobre alguna cosa
   Los niños pisaban las flores cuando el vecino les gritó.
5. **reinarían (reinar)** gobernarían (como rey), dominarían
   Creían que los Incas reinarían en paz.
6. **superficie** parte exterior de un cuerpo plano, especialmente del agua
   Se reflejan los rayos del sol sobre la superficie del agua.

PRÁCTICA

Completa con una palabra de la lista.

atrevidos	la superficie	perecía
desafiando	reinarían	pisaban

1. Prometieron que _____ con justicia y compasión.
2. Los indígenas observaban cómo los caballos _____ el maíz que crecía en los campos.
3. Don Ramón era un hombre valiente. Su hijo también era intrépido. Los dos eran muy _____.
4. Juana se lanzó al lago para salvar al chiquillo, _____ el peligro.
5. Cuando no hay viento, _____ del agua parece un espejo.
6. En la ley de los indígenas, cuando _____ el jefe de la tribu, su hijo le reemplazaba.

1. reinarían 2. pisaban
3. atrevidos 4. desafiando
5. la superficie 6. perecía

PALABRAS CLAVE II

1. **agüero** anuncio, señal, pronóstico
   Algunos creen que es mal agüero encontrarse con un gato negro en el camino.
2. **arroja (arrojar)** tira un objeto, lanza
   Es mala costumbre arrojar basura en la calle.
3. **disimuló (disimular)** escondió, ocultó, aparentó
   El soldado disimuló su temor y siguió la marcha, obedeciendo a su capitán.
4. **oculto** escondido
   Hay un edificio oculto entre los árboles al otro lado del río.
5. **rumor** murmullo, ruido
   Cuando uno está en la quebrada, a lo lejos se oye el rumor de las olas del mar.
6. **sacerdote** cura, ministro de la religión, padre
   Los sacerdotes enseñan los misterios de la religión.
7. **sordo** que no oye u oye mal, que hace muy poco ruido
   La india anciana estaba sorda y la gente le tenía que hablar por medio de señas y gestos.

Machu Picchu, Perú

PRÁCTICA

Completa con una palabra de la lista.

arrojes   oculto   sacerdote   sordo
agüero   disimuló   el rumor

1. En la Sierra Madre hay un lago _____ que es poco conocido.
2. En el pueblo se oía un _____ murmullo de ansiedad y temor.
3. La señora Perales _____ su temor durante todo el interrogatorio.
4. ¡No _____ tus cosas al suelo!
5. ¿Qué _____ dijo misa esta mañana?
6. Los vientos fuertes comenzaron a traer el mal _____ de que venía la tempestad.
7. De la casa se oye _____ de las personas en la calle.

PALABRAS CLAVE III

1. atrajo (atraer) trajo hacia algo o alguien (*attracted, drew*)
Cuando el presidente habló en la escuela, atrajo a mucha gente.
2. lisa sin aspereza, suave (*smooth*)
La gatita era preciosa, tenía el pelo liso y ojos grises.
3. opaca no transparente
La cortina es opaca y por eso no deja entrar la luz del sol.
4. repentino impensado, que pasa de repente (*sudden*)
El ladrón hizo un movimiento repentino y corrió.

PRÁCTICA

Completa con una palabra de la lista.

repentino   lisa
atrajo   opaca

1. ¿Qué te _____ a estudiar idiomas?
2. El agua del lago es _____.
3. La superficie del agua en la piscina estaba _____.
4. Hubo un cambio _____ en el tiempo y todos tuvieron que volver a casa.

Vaso precolombino de oro y turquesa,
Museo del Oro, Lima, Perú

EL LAGO ENCANTADO

①

En el norte de la república de Argentina hay un lago tranquilo, circular y rodeado de montañas cubiertas de vegetación. Los habitantes de aquella región lo llaman el Lago Encantado. El paraje¹ sólo es accesible por una estrecha quebrada².

Durante gran parte del día el lago queda en las sombras. Sólo por pocos minutos llegan los rayos del sol a la superficie del agua.

Muchos años antes de la conquista española habitaban aquellas regiones unas tribus de indios, vasallos³ de los incas. En aquel tiempo vivía un curaca⁴ muy rico, respetado y querido de su pueblo. Poseía objetos de oro, trabajos de plumas y otras muchas cosas de valor inestimable.

Entre sus tesoros había una urna de oro que uno de los reyes incas había regalado a su abuelo en señal de gratitud por un importante servicio. La urna tenía maravillosas virtudes: mientras estaba en poder de esa nación, los curacas gobernaban en paz y el pueblo vivía tranquilo y feliz; pero si caía en manos enemigas, perecería la dinastía y reinarían poderosos conquistadores.

Todos los años en la gran Fiesta del Sol, la urna sagrada era puesta en exhibición. De todas partes venían los indios para adorarla.

▲▲▲

Las razas indias tenían una tradición común. Ellos creían que un día debían llegar al continente hombres de lengua desconocida, de piel blanca y de costumbres extrañas. Estos extranjeros iban a conquistar a los indios. Según unos, un dios iba a anunciar su llegada; según otros, un espíritu malo iba a traer consigo la muerte. Los pueblos que vivían cerca del mar esperaban a los forasteros⁵ del otro lado del mar; para las naciones del interior, los forasteros iban a venir de allende⁶ las montañas, de los desiertos o de la selva. El fondo de la leyenda era siempre el mismo.

Los años pasaron y la antigua leyenda se convertía en realidad. Los forasteros pisaban las costas del continente. Hombres atrevidos cruzaban las selvas, desafiando todos los obstáculos.

Cierto día un «chasqui»⁷ del Cuzco llevó la noticia que del norte venían hombres de aspecto nunca visto.

Pre-reading: Discuss with students lifestyles of dominant pre-Columbian civilizations like the Incas, Aztecs, and Mayans. Consider their accomplishments, religious beliefs, superstitions, etc.

¹ **paraje** lugar
² **quebrada** paso entre las montañas
³ **vasallos** sometidos a un superior y obligados a obedecerle
⁴ **curaca** jefe, gobernador
⁵ **forasteros** extranjeros
⁶ **allende** otra parte de
⁷ **chasqui** mensajero

Reading strategies: Vary your approach to the reading of the legend. Part I might be read by the teacher as students listen with books closed. Follow with *Comprensión I*. Re-read Part I with books open. Part II may be read aloud to the class by individual students, followed by other students writing answers to *Comprensión II* at the board. All students read Part III silently and then do *Comprensión III* orally with the teacher asking questions.

En el país hubo un sordo rumor de inquietud. Los habitantes ofrecieron sacrificios al Sol para aplacar su ira.

Poco después se supo que el Inca[8] Atahualpa había caído prisionero en poder de los invasores. Todo el país estaba en conmoción y los guerreros marchaban a defender a su rey.

▲▲▲

La esposa del curaca se llamaba Ima. El noble amaba a Ima con ternura y pasión. Cuando se recibieron las primeras noticias del Cuzco acerca de los invasores, la frente de la joven india se nubló y tuvo sueños de mal agüero.

—Tú estás inquieta—le dijo su marido—la mala noticia te ha alarmado, pero de todas partes llegan guerreros y pronto el Inca estará libre de los invasores.

—Yo he soñado que las hojas de los árboles caían—contestó Ima—y eso significa desgracia[9].

—Los sueños engañan[10] muchas veces, mi querida; no todos son enviados por los dioses.

—Pero éste sí, esposo mío—insistió Ima—Y ayer, vi una bandada de pájaros que volaba hacia el norte. Un sacerdote me explicó que eso también indica calamidad.

El curaca disimuló su propia inquietud y se preparó a partir con sus tropas. Antes de partir llamó a Ima, y dándole la urna sagrada, le dijo:

—Antes de dejarla caer en manos de los enemigos, arrójala al lago sombrío[11], oculto en medio de la sierra.

Ima prometió hacer lo que mandaba su esposo. A los pocos días el curaca partió con sus guerreros.

▲▲▲

Un día llegaron a la lejana provincia unos veloces[12] chasquis. Anunciaron que el Inca Atahualpa había prometido al jefe de los invasores, en cambio de su libertad, una sala llena de oro y dos piezas más pequeñas llenas de plata. En todas partes del imperio mandaron recoger todos los metales preciosos.

Nadie rehusó, nadie murmuró cuando vino la orden de entregar los tesoros para rescatar[13] al Hijo del Sol. Caravanas de riquezas maravillosas cruzaban el país por bosques, montañas, desiertos y ríos. Una de las caravanas paró en la casa del curaca, donde recibió muchos objetos de oro y de plata.

El jefe que recogía los objetos de valor notó que Ima apartaba[14] la urna. Como nunca había estado en aquella región, ignoraba las propiedades maravillosas de la urna sagrada.

—¿Por qué aparta Ud. eso?—preguntó a la mujer del curaca.

Ima le explicó el motivo por qué guardaba la urna. Al guerrero no le interesó la explicación. Él había recibido orden de recoger todos los objetos de oro y de plata.

—Lo que Ud. dice no me importa—dijo a Ima. —¡Déme la urna!

—No; tome todo lo demás para el rescate del Inca, nuestro señor. Pero la urna he prometido no entregarla jamás.

—En nombre del Inca, ¡déme la urna!

—¡Jamás!

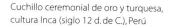

[14]**apartaba** retiraba
[15]**acudieron** fueron en su ayuda
[16]**a través del valle** por el valle
[17]**alzando** levantando
[18]**altivez** orgullo

3

Viendo que Ima no consentía, el guerrero quiso quitarle el objeto sagrado por la fuerza. Los criados de la casa acudieron[15] y hubo una lucha. El ruido del combate atrajo a gente que tomó parte en favor de Ima. En la confusión del combate, Ima se escapó con el tesoro; iba a cumplir su promesa de arrojar la urna al lago y no dejarla caer en manos de los forasteros.

El jefe había visto huir a Ima y la siguió. Ésta corría con tal velocidad a través del valle[16] que su perseguidor varias veces la perdió de vista. Luego apareció a los ojos del jefe indio la superficie lisa y opaca del lago encantado.

Allí alcanzó a Ima cuando ésta levantaba los brazos con la urna. Los dos lucharon unos instantes. La mujer del curaca, que no podía sostener con éxito una lucha desigual, tomó una resolución suprema. Con un movimiento repentino se libró de las manos del guerrero, y alzando[17] la urna sagrada, se arrojó con ella al agua.

El agua se agitó con un rumor de voces bajas y excitadas. El lago se iluminó pronto con una luz color de oro. El mágico espectáculo duró algunos instantes. El resplandor se apagó y el guerrero vio otra vez el lago tranquilo en la sombra. Tenía por cierto que el fenómeno extraordinario provenía de la urna sagrada, y que los dioses iban a castigarle. Lleno de espanto, olvidando su altivez[18] de guerrero, volvió la espalda al lago misterioso, y huyó como un loco a través de las selvas.

Al día siguiente hallaron el cuerpo sin vida del indio… Y la urna no cayó en manos de los conquistadores.

Cuchillo ceremonial de oro y turquesa, cultura Inca (siglo 12 d. de C.), Perú

PARA APLICAR

COMPRENSIÓN I

A **Contesta las siguientes preguntas.**

1. ¿De qué se trata esta leyenda?
2. Describe el lago y el paraje donde se encuentra.
3. ¿Cómo se llega a ese lugar?
4. ¿Quiénes habitaban esa región?
5. ¿Cómo era el curaca de ese pueblo?
6. ¿Qué objeto especial tenía él entre sus tesoros?
7. ¿De dónde vino esa urna?
8. ¿Por qué era necesario cuidar mucho esa urna?
9. ¿Cuándo se exhibía la urna?
10. Cuenta algo de la tradición común que tenían las razas indias.
11. ¿Qué diferencia había entre la leyenda de los indios que vivían cerca del mar y los que vivían en las montañas?
12. ¿Qué noticia llevó cierto día un chasqui?

COMPRENSIÓN II

A **Escoge la expresión de la segunda lista (2) que completa la idea empezada en la primera lista (1).**

1. El noble curaca amaba
2. Cuando recibieron las primeras noticias del Cuzco,
3. El curaca confiaba que el Inca estaría libre
4. Ima opinaba distinto porque
5. Muchas veces los sueños engañan
6. La bandada de pájaros que volaba hacia el norte
7. Antes de irse el curaca le dio a su esposa la urna
8. Más tarde llegaron unos chasquis anunciando
9. Nadie rehusó la orden de entregar sus objetos valiosos de oro y plata
10. El guerrero ignoraba las propiedades maravillosas de la urna

a. porque dijo que llegarían guerreros de todas partes a rescatarlo.
b. porque no todos son enviados por los dioses.
c. y caravanas de riquezas fueron mandadas al Cuzco.
d. también indicaba calamidad.
e. a Ima con ternura y con pasión.
f. soñaba que las hojas caían de los árboles, lo cual era una señal de desgracia.
g. y exigió que Ima se la diera.
h. Ima tuvo sueños de mal agüero.
i. que Atahualpa, prisionero de los invasores, había prometido grandes cantidades de oro y plata por su libertad.
j. que no debía caer en manos del enemigo.

Note: Complete with the entire class. Do orally, but at times, have students at the board to write answers given orally by others.

A. 1. un lago encantado **2.** tranquilo, circular y rodeado de montañas cubiertas de vegetación **3.** por una estrecha quebrada **4.** unas tribus de indios, vasallos de los incas **5.** rico, respetado y querido de su pueblo **6.** una urna de oro **7.** fue un regalo de uno de los reyes incas **8.** si caía en manos enemigas, perecería la dinastía y reinarían los conquistadores **9.** cada año, en la gran Fiesta del Sol **10.** un día debían llegar al continente hombres de piel blanca y de costumbres extrañas **11.** unos esperaban a los blancos del otro lado del mar; otros, que los forasteros iban a venir de allende las montañas, de los desiertos o de la selva **12.** que del norte venían hombres de aspecto nunca visto

A. 1. e **2.** h **3.** a **4.** f **5.** b **6.** d **7.** j **8.** i **9.** c **10.** g

B *Contesta las siguientes preguntas.*

1. ¿Cómo reaccionó el pueblo a la noticia del chasqui?
2. ¿Qué le pasó a Atahualpa poco después de esto?
3. ¿Cómo afectaron las noticias a la esposa del curaca?
4. Relata algo del diálogo que tuvieron ellos sobre los sueños.
5. Antes de partir el curaca, ¿qué le dijo a Ima?
6. ¿Cuánto valoraba Atahualpa su libertad?
7. ¿Qué hicieron los incas para rescatar al Hijo del Sol?
8. ¿Qué sucedió cuando llegó una de las caravanas a la casa del curaca?
9. ¿Por qué se dirigió el jefe de la caravana a Ima?
10. ¿Qué orden había recibido el guerrero?

3
COMPRENSIÓN III

A *Contesta las siguientes preguntas.*

1. Viendo que Ima no consentía en darle la urna, ¿qué hizo el guerrero?
2. ¿Por qué se escapó Ima? ¿Qué iba a hacer?
3. ¿Quién la vio huir?
4. ¿Qué hizo él?
5. ¿Dónde alcanzó el jefe a Ima?
6. ¿Qué resolución tomó ella?
7. Describe lo que ocurrió en el lago cuando se arrojó Ima en el agua.
8. ¿Cómo afectó todo esto al guerrero?

Máscara fúnebre, Perú

B. 1. con inquietud; ofrecieron sacrificios al Sol 2. cayó prisionero en poder de los invasores 3. tuvo sueños de mal agüero 4. los sueños engañan a veces 5. antes de dejar caer la urna en manos enemigas, arrójala al lago 6. prometió llenar una sala de oro y dos otras, de plata 7. mandaron recoger todos los metales preciosos 8. el jefe recogió objetos de valor 9. notó que Ima apartaba la urna 10. de recoger todos los objetos de oro y de plata

A. 1. quiso quitarle la urna por fuerza 2. escapó en la confusión del combate; iba a cumplir su promesa de arrojar la urna al lago 3. el jefe 4. la siguió 5. en la orilla del lago 6. arrojarse al lago con la urna 7. El agua se agitó con un rumor de voces bajas y excitadas y se iluminó con una luz color de oro 8. Huyó, lleno de espanto.

Ruinas incas. La fortaleza de Sacsahuamán, Perú

PARA CONTINUAR CONVERSANDO

1. ¿Cuáles son algunas de las supersticiones en que crees?
2. ¿Tienes algunas posesiones que traen buena suerte? ¿Cuáles son? ¿Dónde las guardas?
3. ¿Lees tu horóscopo todos los días? ¿De vez en cuando?
4. ¿Cuál es tu signo del zodíaco?
5. ¿Llevas algún amuleto de ese signo?

PARA PRACTICAR

A *Completa las siguientes oraciones con una palabra apropiada.*

1. Una extensión de agua rodeada de tierra es un _____.
2. Los _____ vencieron a los indios.
3. El lago estaba rodeado de _____ altas.
4. Un sinónimo de extranjero es _____.
5. El cuento que se repite durante varias generaciones es una _____.
6. Un lugar seco donde no hay agua es un _____.
7. El que está sometido a otro es un _____.
8. Esposo es lo mismo que _____.
9. La _____ tiene muchos árboles y vegetación.
10. La sucesión de reyes de una familia forma una _____.

POR SI ACASO…

A *Con un(a) compañero(a) repasen sus conocimientos sobre los incas.*

Antes de leer esta selección, ¿qué sabías de la historia de los incas? ¿Dónde habitaban? ¿Era una nación grande o pequeña? ¿Qué tipo de gobierno tenían? ¿Era democrático? ¿Un reino? ¿Un imperio? ¿Cómo se llamaba su ciudad más importante? En esta selección, ¿cuáles personajes son verdaderamente históricos y cuáles son ficticios? ¿Qué nación conquistó a los incas? ¿A qué suceso histórico se refiere la leyenda? ¿Es cierto lo que dice la tradición de la urna en manos enemigas? ¿Cómo son las leyendas, verdaderas o completamente ficticias?

Máscara del sol, Ecuador

La Vieja del Candilejo
Antonio Jiménez-Landi

Para Presentar La Lectura

Cada región de España tiene su bello tesoro de leyendas. Algunas tienen antiguos temas que recorrieron el mundo medieval; otras están inspiradas en mitos locales o en algún suceso histórico. La que sigue es una leyenda andaluza que evoca el nombre de una calle de Sevilla, la de la cabeza del Rey don Pedro, y un extraño suceso de la época del rey del mismo nombre. La leyenda viene de una colección reunida por Antonio Jiménez-Landi.

Don Pedro I, hijo de Alfonso XI, fue rey de Castilla de 1350 hasta 1369. No le interesaba la doctrina caballeresca ni las maniobras políticas de la gente que le rodeaba. Fue hombre de acción, a veces demasiado dispuesto a matar primero y juzgar después. Sus partidarios le llamaban el Justiciero y sus enemigos, el Cruel.

Pre-reading: Discuss Don Pedro I the controversial nature of which earned him the nicknames "el Justiciero" y "el Cruel."

Para Aumentar El Vocabulario

Palabras clave I

1. **apresuró (apresurarse)** se dio prisa, no tardó
   Rosa se apresuró a identificar al delincuente.
2. **bulto** figura que se distingue mal, masa indefinible
   Notamos un bulto en el rincón que parecia el cuerpo de un hombre.
3. **candil** lámpara de aceite
   Ese candil es muy bonito pero da poca luz.
4. **restaurar** reparar o reconstruir en su forma original
   Los artesanos restauraron el edificio al estilo morisco.
5. **rezar** orar de palabra, recitar las oraciones usadas por la iglesia
   Delante del altar se puso de rodillas para rezarle a Dios.
6. **temporadas** espacios de tiempo que se dedican a algo
   En la temporada de vacaciones siempre vamos a la playa.

PRÁCTICA

Completa con una palabra de la lista.

rezar	*el candil*
restaurar	*temporadas*
apresuró	*el bulto*

1. Con la luz de _____ Adela pudo ver el camino.
2. Todos los domingos va a la iglesia a _____.
3. Don Pedro hizo _____ el Alcázar de Sevilla para vivir en él.
4. A don Pedro le gustaba pasar largas _____ en el palacio restaurado.
5. No pudo identificar _____ que vio en la calle.
6. Se _____ a iniciar la reunión porque tenía muchos temas que presentar.

Palabras clave II

1. **asunto** tema
   Es un asunto de gran importancia.
2. **ejercer** practicar un oficio o facultad
   El rey quería ejercer su autoridad de justiciero.
3. **pegado (pegar)** colocado firmemente con un clavo, goma, etc.
   Han pegado fotos del candidato en todos los árboles del barrio.
4. **prende (prender)** se apodera de un delincuente
   Busca al ladrón y préndelo antes de que abandone la ciudad.

PRÁCTICA

Completa con una palabra de la lista.

> pegado prende
> el asunto ejercer

1. No entendí _____ que discutían.
2. La víctima, al ver al ladrón, le gritó a su amiga: ¡_____ a ese miserable!
3. ¿Qué tienes _____ al zapato? ¿Goma de mascar?
4. Es abogada, pero no quiere _____ más su profesión, ya que está vieja y enferma.

PALABRAS CLAVE III

1. **amenazas** declaraciones de malos intentos (*threats*)
   No tengo miedo de sus amenazas.
2. **prosiguió (proseguir)** siguió o continuó después de una interrupción
   El Alcalde Mayor entró y el rey prosiguió con la investigación.
3. **recorría (recorrer)** caminaba, andaba por
   La policía recorría toda la ciudad en busca del asesino.
4. **temblar (ie)** agitarse con movimiento frecuente y rápido
   El culpable va a temblar más al saber su castigo.

PRÁCTICA

Completa con una palabra de la lista.

> las amenazas prosiguió
> recorría temblar

1. Yo _____ toda la escuela varias veces al día.
2. Van a _____ de frío si no les permiten entrar.
3. Después de una pausa la doctora _____ con el examen.
4. A pesar de _____ el rey se portó como un gran líder de su pueblo.

Interior del Alcázar de Sevilla

La Vieja del Candilejo

Antonio Jiménez-Landi

[1] **candilejo** lámpara pequeña
[2] **sucedido** suceso
[3] **partidarios** *followers*
[4] **justiciero** *strictly fair, stern*
[5] **alcázar** fortaleza, palacio, castillo
[6] **amplió** hizo más grande
[7] **retorcido** *twisted*
[8] **naranjo** *orange tree*
[9] **lóbrega** oscura, tenebrosa
[10] **angosta** estrecha
[11] **desfallecida** *faint*
[12] **ventanuco** ventana pequeña
[13] **mortecina** *dying, pale, wan*
[14] **membrudo** muscular, fuerte
[15] **diestra** mano derecha
[16] **ambas** *both*
[17] **torpeza** poca habilidad
[18] **pisadas** *steps*
[19] **muro** pared
[20] **choquezuelas**, rótulas (*kneecaps*)
[21] **furtivamente** *furtively*
[22] **alguaciles** constables (*bailiffs*)
[23] **Alcalde Mayor** *Lord Mayor*
[24] **pesquisas** investigaciones

Note: Have students locate Sevilla on a map of Spain. Discuss the "provincial" geography of Spain and things that characterize Andalucía. McGraw-Hill has a film entitled *"La Feria: Regocijo de Sevilla"* which can be shown. It depicts the events associated with Sevilla's annual fair.

En Sevilla hay una calle que se llama la calle de la cabeza del Rey don Pedro. Este nombre evoca un sucedido[2] de la época de don Pedro I de Castilla, a quien sus partidarios[3] llamaban el Justiciero[4] y sus enemigos, el Cruel.

A don Pedro le gustaba mucho residir en Sevilla; hizo restaurar su alcázar[5] morisco, lo amplió[6] con magníficos salones y pasaba grandes temporadas en él. Todavía, al cabo de los siglos, se conserva un antiquísimo y retorcido[7] naranjo[8] en sus jardines maravillosos, que, según tradición, fue plantado por el propio don Pedro.

Era una noche lóbrega[9]. No se oía ningún ruido en la angosta[10] callejuela, cuyos vecinos dormían ya, sin duda, salvo la viejecita que habitaba, sola, en una casa muy pobre.

De pronto se oyó el choque de unas espadas, allí mismo, en el esquinazo de la calle y, poco después, una voz agónica, desfallecida[11], que exclamaba: «¡Dios me valga! ¡Muerto soy!»

La viejecilla, sin pensar en las consecuencias que podría tener aquel acto, cogió el candilejo que la alumbraba y se dirigió a un ventanuco[12] de la habitación. A la mortecina[13] luz del candil pudo ver, entonces, el bulto de un hombre bañado en sangre y caído sobre las piedras de la calle y, a su lado, un caballero membrudo[14] y alto, que permanecía con la espada en la diestra[15]. La luz del candil iluminó el rostro del matador, quien se apresuró a cubrirlo con ambas[16] manos, de manera que la curiosa mujer no pudo conocerle entonces.

Quizá arrepentida por lo que acababa de hacer, la vieja retiróse del ventanuco precipitadamente, pero con tan mala fortuna, quizá torpeza[17], que el candil se le cayó a la calle.

Su curiosidad no había quedado satisfecha; permaneció detrás de la ventana, para escuchar, y pronto oyó las pisadas[18] del matador, bajo el muro[19], y el ruido, que ya conocía bien, de sus choquezuelas[20], o rótulas, al andar.

Por ese ruido tan extraño conoció que el matador era el caballero que pasaba todas las noches, a la misma hora, por debajo de su ventana. La viejecita le había visto, furtivamente[21], más de una vez y sabía quién era.

—¡Sálvanos, Virgen de los Reyes! —exclamó, y se puso a rezar.

A la mañana siguiente, los alguaciles[22] de la ciudad hallaron el cadáver de la víctima, y el Alcalde Mayor[23], que era don Martín Fernández Cerón, comenzó rápidamente sus pesquisas[24] para descubrir y encarcelar al asesino.

Se sospechaba de los judíos y de los moriscos, pobladores[25] de aquel barrio. Alguien habló de una hermosa dama que recibía la visita de un personaje principal a altas horas de la noche; pero todos ignoraban quién pudiera ser el galanteador[26].

Los vecinos próximos al lugar del criminal suceso no sabían absolutamente nada, ni habían oído nada, ni nada podían declarar.

El hecho levantó muchos comentarios en Sevilla y no pocas censuras contra la negligencia de sus autoridades. Hasta que el rumor público llegó a oídos del propio Rey como una oleada[27] de protestas contra sus justicias, nombre que se daba, genéricamente a los encargados de ejecutarla.

Don Pedro tuvo que tomar cartas en el asunto[28] y llamó, con premura[29], al Alcalde Mayor.

—¿Es posible que dentro de Sevilla maten a un hombre y ni tú ni tus alguaciles hayáis averiguado, todavía, quién es el culpable? ¿Ni siquiera habéis encontrado algún indicio que os sirva de rastro[30] para dar con[31] él? ¿Puede ejercerse así la justicia que me ha dado fama?

[25] **pobladores** habitantes
[26] **galanteador** hombre que trata de enamorar a una mujer
[27] **oleada** *big wave*
[28] **tomar cartas en el asunto** *to look into the matter*
[29] **premura** *urgency, haste*
[30] **rastro** *track, trail*
[31] **dar con** *find*

Plaza de España, Sevilla

[32] **corrido** *ashamed, abashed*
[33] **no se esclarecía** *wasn't clarified*
[34] **haz** *bundle*
[35] **sarmientos** *shoots or branches of a grapevine*
[36] **balbució** *stammered*
[37] **sayones** *henchmen*
[38] **vergajos** *short whips*
[39] **descargarlos** *to strike blows with them*

El Alcalde Mayor se excusaba en vano:

—Señor, hemos hecho todas las averiguaciones imaginables; pero he de confesar que, hasta ahora, han resultado inútiles; en el lugar del suceso tan sólo hemos hallado un candil pegado al muro de la casa donde vive una pobre mujer muy viejecilla, a quien, sin duda, pertenece. Pero esto, ¿qué puede probarnos?

—¿Has tomado declaración a esa anciana?

—Sí, Alteza; y ha reconocido el candil como suyo, pero asegura no saber nada más.

—Préndela de nuevo y tráela a mi presencia. Yo te aseguro que delante de mí tendrá que declarar.

El Alcalde Mayor salió del Real Alcázar temeroso y corrido[32], porque sabía muy bien que si el Rey se interesaba por el asunto y si éste no se esclarecía[33] pronto, su cabeza había de pagar por la del misterioso matador, y le faltaron minutos para dar cumplimiento a la orden recibida.

Algunas horas más tarde don Martín regresó al Alcázar, en uno de cuyos salones moriscos tuvo lugar la escena siguiente:

—Señor, ésta es la vieja—dijo don Martín.

La débil mujer se estremecía de miedo. ¿Cuándo se había visto ella delante del Rey, en un palacio que le pareció de leyenda? Ningún contraste más elocuente que el de aquella vieja arrugada, retorcida como un haz[34] de sarmientos[35], pequeñita, casi miserable, y el corpulento monarca, de gesto duro, de mirada fría, en lo más florido de su juventud, rodeado de un lujo oriental.

Preguntó el Alcalde Mayor:

—¿Conoces este candil?

—Sí... ya he dicho que es mío —balbució[36] la anciana.

—¿Y no has reconocido a la persona que mató al caballero?

—No la vi...

—Está bien—continuó el alcalde. —Quieres que te obliguemos a confesar y vas a hacerlo muy pronto.

Los sayones[37] empuñaron los vergajos[38], y ya se disponían a descargarlos[39] fieramente sobre la insignificante viejecilla, cuando dijo el monarca:

—Si sabes quién es el matador, te ordeno que declares su nombre. Mi justicia es igual para todos y nada tienes que temer de ella.

Pero la anciana, pálida y temblorosa, no se atrevía a fijar los ojos en don Pedro, que, sin duda, le parecía algún semidiós.

Y solamente pudo balbucir unas palabras ininteligibles.

—Empezad...—ordenó don Martín a los sayones.

odavía no—dijo don Pedro. —Mujer, por última vez te mando que delates[40] al asesino, sea quien fuere, y si no lo haces te mandaré a ti a la horca[41].

—¡Responde!—gritó, fuera de sí, el Alcalde. —Vamos... ¿Quién ha sido?

Pero la vieja callaba. Don Pedro insistió nuevamente, volvió don Martín a sus amenazas, avanzaron los sayones hacia la víctima y, tan acosada[42] se vio ésta que, al fin, sacando fuerzas de su debilidad respondió temerosa pero con aplomo[43]:

—El Rey.

El espanto paralizó los brazos de los verdugos[44] y selló[45] la boca de don Martín. ¿Qué iba a suceder, santo cielo? Mejor era que se abriese la boca.

Pero don Pedro, con voz templada y firme, rompió aquel silencio de muerte para declarar ante el general asombro:

—Has dicho la verdad y la justicia te ampara[46].

Sacó luego una bolsilla con cien monedas de oro y se la entregó a la mujer, añadiendo:

—Toma; el Rey don Pedro sabe premiar a quien le sirve bien.

La viejecilla creyó que estaba soñando, mientras cogía la bolsa...

Prosiguió el monarca:

—En cuanto al homicida[47], será ajusticiado...[48] Ya lo oyes, don Martín...

El Alcalde empezó a temblar; un escalofrío[49] recorría todo su cuerpo, desde las uñas de los pies hasta las puntas de los cabellos venerables.

Nuevamente la voz de don Pedro, grave, reposada, le sacó de su angustiosa perplejidad. Añadió el soberano:

—Mas como nadie puede dar muerte al rey de Castilla, mando que se degüelle[50] su efigie, que se le corte la cabeza y que ésta se ponga en la misma esquina de la calle donde fue muerto el caballero, para que sirva de escarmiento[51] a todas las gentes.

Y así se hizo. Durante muchos años, una cabeza de don Pedro el Cruel estuvo colgada en aquella esquina de la calle de la cabeza del Rey don Pedro.

[40] **delates** *give away*
[41] **horca** *gallows*
[42] **acosada** *harassed*
[43] **aplomo** *aplomb, poise*
[44] **verdugos** *executioners*
[45] **selló** *sealed*
[46] **ampara** *protects, shelters*
[47] **homicida** asesino
[48] **ajusticiado** ejecutado
[49] **escalofrío** *chill, shiver*
[50] **se degüelle** *be disgorged*
[51] **escarmiento** *warning, lesson*

PARA APLICAR

COMPRENSIÓN I

A *Contesta las siguientes preguntas.*

1. ¿En qué ciudad se encuentra la calle de la cabeza del Rey don Pedro?
2. Don Pedro I de Castilla, ¿era don Pedro el Cruel o don Pedro el Justiciero?
3. El antiquísimo naranjo que se conserva todavía, ¿fue plantado por don Pedro o por la viejecita?
4. ¿Quién habitaba sola en la casita pobre de la callejuela?
5. ¿Qué exclamó la voz agónica?
6. ¿Estaba vivo o muerto el hombre bañado en sangre?
7. ¿Por qué no quedó satisfecha la curiosidad de la vieja al iluminar el rostro del asesino?
8. ¿Dónde permaneció para escuchar?
9. ¿Cuándo hallaron el cadáver de la víctima los alguaciles?
10. ¿Qué sabían los vecinos próximos al lugar del suceso criminal?

A. **1.** Sevilla **2.** tenía ambos apodos **3.** por don Pedro **4.** la viejecita **5.** ¡Dios me valga! ¡Muerto soy! **6.** muerto **7.** Él se apresuró a cubrir el rostro con ambas manos y ella no pudo reconocerlo. **8.** detrás de la ventana **9.** a la mañana siguiente **10.** no sabían nada

COMPRENSIÓN II

A *Contesta las siguientes preguntas.*

1. ¿Por qué tuvo que intervenir el propio Rey don Pedro?
2. ¿Donde habían hallado los alguaciles el candil?
3. ¿Por qué salió el Alcalde Mayor muy temeroso a buscar a la vieja?
4. ¿Regresó don Martín con la vieja o solo?
5. ¿Reconoció la vieja el candil?
6. ¿Confesó el Alcalde Mayor que conocía a la persona que mató al caballero?
7. ¿La conocía?

A. **1.** Había muchas censuras contra la negligencia de las autoridades. **2.** pegado al muro de la casa donde vivía la viejecilla **3.** Sabía que su cabeza había de pagar el asesinato si el asunto no se esclarecía pronto. **4.** Regresó con la vieja. **5.** sí **6.** no **7.** no

COMPRENSIÓN III

A *Contesta las siguientes preguntas.*

1. ¿Qué castigo prometió don Pedro a la mujer si no declaraba el nombre del asesino?
2. ¿Por qué tenía más miedo la viejecilla de declarar el nombre del asesino que de sufrir castigo por no declararlo?
3. ¿Qué dijo don Pedro ante la terrible acusación?
4. ¿Por qué sabemos si se trata o no de un suceso cierto?
5. ¿Cuántas cabezas de don Pedro el Cruel hubo en Sevilla durante muchos años según se entiende por la leyenda?

A. **1.** mandarla a la horca **2.** Sabía que el asesino era el rey mismo. **3.** que la vieja había dicho la verdad y la justicia la amparaba **4.** Nadie puede dar muerte al rey de Castilla y así se degolló su efigie y colgaron la cabeza en la calle del Candilejo. **5.** dos

Escribe las oraciones siguientes en el orden en que ocurrieron en la selección.

1. Los sayones se dispusieron a castigar a la pobre viejecilla.
2. El rey le mandó que dijera quién era el asesino.
3. La señora no se atrevía a mirar al rey.
4. Cuando todos comenzaron a gritarle, amenazándola de muerte, ella encontró fuerzas para nombrar al rey.
5. Por decir la verdad recibió cien monedas de oro como premio.
6. El rey sorprendió a todos diciendo que el culpable sería castigado.
7. Mandó que se cortara la cabeza de su efigie para que sirviera de escarmiento a todos.

B. 3, 1, 2, 4, 5, 6, 7

PARA CONTINUAR CONVERSANDO

1. ¿Has sido testigo alguna vez de un accidente o un crimen? Habla más sobre el tema.
2. ¿Has tenido que dar una deposición (*testimony under oath*)? Explica. ¿Quién tomó la deposición?
3. ¿Has tenido que dar testimonio en un juicio? ¿Bajo qué circunstancias? ¿Estabas nervioso(a)?
4. ¿Opinas que hay injusticias en nuestra sociedad? ¿Cuáles son? Explica tu opinión.

Note: Do this exercise after the other exercises of *La vieja del candilejo*.

Additional activities: Divide the class into 5 small groups. One group goes to the library to research details of the life of Don Pedro I of Castilla and take notes. Another group translates their data into Spanish. Others do Exercise 1b of *Por si acaso*. Still others prepare the report indicated in Exercise 1c of *Por si acaso*. The last group prepares the dialog indicated in *Por si acaso* Exercise 2 and rehearses it to enact before the class. Exercise 3 is done individually by all.

PARA PRACTICAR

Completa las siguientes oraciones con una palabra de la lista.

temporada	amenazas	asunto
prosiguió	ejerce	me atrevo
restaurar	arrepentida	arrugada
soñando	se dirigió	regresará

1. Yo no _____ a acusarle del crimen.
2. Pasaron una _____ en Sevilla.
3. La ladrona se da cuenta de lo serio de sus acciones, y está _____.
4. Yo estoy _____ con conocer Sevilla.
5. Más tarde _____ con la pesquisa.
6. Ellas no se interesan por este _____ personal.
7. El palacio está en malas condiciones, pero lo van a _____.
8. Siempre nos asusta con sus _____.
9. Es ingeniero pero no _____ su profesión.
10. Arrojaron su ropa en la silla y ya está completamente _____.
11. La policía _____ mañana a las ocho.
12. La vieja _____ hacia el palacio.

1. me atrevo 2. temporada
3. arrepentida 4. soñando
5. prosiguió 6. asunto
7. restaurar 8. amenazas
9. ejerce 10. arrugada
11. regresará 12. se dirigió

POR SI ACASO...

1. Formen grupos de tres o cuatro alumnos y luego busquen algunos detalles de la vida de don Pedro I de Castilla. Luego, hagan los siguientes ejercicios:

   a. Uno o dos alumnos preparan un breve párrafo discutiendo lo que quiere decir el rey don Pedro cuando en el cuento habla de «la justicia que me ha dado fama».

   b. Otro alumno escribe una composición titulada «El reino tempestuoso de don Pedro el Cruel».

   c. Finalmente todo el grupo prepara un informe (oral o escrito) comentando por qué don Pedro I de Castilla merece los dos apodos: el Justiciero y el Cruel.

2. Con los mismos grupos de la actividad anterior preparen un diálogo de la última escena de la lectura, comenzando con el rey ordenando que declare quién es el asesino. Luego, preséntenlo a la clase.

3. ¿En qué consiste el interés del desenlace? ¿Cómo creías que iba a terminar?

La Giralda de Sevilla, España

LA CAMISA DE MARGARITA
RICARDO PALMA

PARA PRESENTAR LA LECTURA

Ricardo Palma (1833-1919) es el creador de un género literario llamado «la tradición». Trabajando de bibliotecario, Palma se inspiró en crónicas viejas, documentos legales, dibujos y mapas que encontró en la Biblioteca Nacional del Perú para desarrollar una especie de anécdota histórica. Al fondo histórico, Palma añadió leyendas románticas, narradas con nostalgia y con humor, en las cuales nos revela no sólo la historia peruana sino la cultura y la gracia de la época incaica, colonial, y republicana.

Como se hace en todas las leyendas, Palma dio rienda suelta a su imaginación para incluir algo de verdad y algo de ficción. A la vez se preocupó mucho del estilo para asegurar una obra de perfección.

«La camisa de Margarita» es una de las tradiciones más populares de la época colonial. Los peruanos suelen decir cuando sube el precio de un artículo: —¡Esto es más caro que la camisa de Margarita Pareja!

PARA AUMENTAR EL VOCABULARIO

PALABRAS CLAVE I

1. **al fiado** dado a crédito, sin pagar en seguida
   Compramos el coche al fiado.
2. **cautivan (cautivar)** aprisionan, atraen
   Esos músicos cautivan al público.
3. **cayó (caer) en gracia** le gustó
   Al joven no le cayó en gracia que su padre hablara con la profesora.
4. **echó (echar) flores** dijo cosas bonitas a alguien
   El candidato, buscando votos, le echó flores al grupo.
5. **logro** lo que uno obtiene como resultado de sus esfuerzos, ganancia
   Ella trabajó noche y día para el logro de una buena posición.
6. **lucía (lucir)** brillaba, mostraba físicamente
   El novio lucía una sonrisa incomparable después de la ceremonia.

Note: Introduce and practice pronunciation. Read application sentences, be certain that the ideas are understood. Have students create new sentences with the *Palabras clave*.

Completa con una palabra de la lista.

el logro	al fiado	cayó en gracia
lucía	echó flores	cautivan

1. La joven rechazó al galán que le _____.

2. Esa carta de su hijo no le _____ al padre.

3. _____ de una buena educación no es fácil.

4. Sus ojos _____ a todos los que los miran.

5. El ganador del premio _____ una expresión de alegría.

6. No tengo mucha plata. ¿Me permite comprarlo _____?

1. echó flores **2.** cayó en gracia
3. El logro **4.** cautivan **5.** lucía
6. al fiado

PALABRAS CLAVE II

1. botica lugar donde se preparan y se venden medicinas, farmacia
Se puede comprar aspirina en la botica.

2. chisme murmuración, cuento (*gossip*)
El chisme hace enemigos de los que lo repiten.

3. envenenarse tomar veneno, tomar algo que puede matarle o hacerle daño
Hay peligro de envenenarse con medicinas no recetadas por el médico.

4. suegro padre de uno de los esposos respecto del otro (*father-in-law*)
(suegros = *in-laws*)
A veces los recién casados tienen que vivir en casa de los suegros.

PRÁCTICA

Completa con una palabra de la lista.

suegro	el chisme
la botica	envenenarse

1. El señor Torres tenía miedo de _____ por eso nunca comía lo que él mismo no había preparado.

2. El favorito de todos mis parientes es mi _____.

3. Le gustó oír _____, pero no lo va a repetir.

4. El farmacéutico prepara las medicinas en _____.

1. envenenarse **2.** suegro
3. el chisme **4.** la botica

Ricardo Palma

PALABRAS CLAVE III

1. **alfiler** clavillo de metal con punta por un extremo y cabeza por el otro
   Al hacer vestidos, el alfiler sirve para pegar la tela antes de coserla.
2. **arguyó (argüir)** puso argumentos contra algo
   Yo no quería pelear, pero él arguyó hasta la medianoche.
3. **arrodillándose (arrodillarse)** poniéndose de rodillas
   Arrodillándose en la tierra, el campesino examinó las nuevas plantitas.
4. **juramento** lo que uno promete hacer *(oath)*
   El juez hizo juramento de obedecer las leyes.

PRÁCTICA

Completa con una palabra de la lista.

> *el juramento*   *arrodillándose*
> *el alfiler*   *arguyó*

1. El hombre testarudo _____ toda la noche.
2. Ella se lastimó el dedo con _____ dejado en el vestido.
3. El viejo estaba _____ con mucha dificultad delante del altar.
4. Siendo ella misma una persona honrada, la princesa tomó
   en serio _____ del caballero.

1. arguyó 2. el alfiler 3. arrodillándose
4. el juramento

Pre-reading note: Brainstorm with students about the period of *virreyes* and aristocratic life in colonial Lima.

LA CAMISA DE MARGARITA

RICARDO PALMA

Probable es que algunos de mis lectores hayan oído decir a las viejas de Lima, cuando quieren ponderar lo subido de precio[1] de un artículo: —¡Qué! Si esto es más caro que la camisa de Margarita Pareja.

Margarita Pareja era (por los años 1765) la hija más mimada[2] de don Raimundo Pareja, caballero de Santiago[3] y colector general del Callao[4].

La muchacha era una de esas limeñitas que, por su belleza, cautivan al mismo diablo y lo hacen persignarse[5]. Lucía un par de ojos negros que eran como dos torpedos cargados de dinamita y que hacían explosión sobre el alma de los galanes limeños.

Llegó por entonces de España un arrogante mancebo[6] llamado don Luis de Alcázar. Tenía éste en Lima un tío aragonés[7], solterón y acaudalado[8].

Mientras le llegaba la ocasión de heredar al tío, vivía nuestro don Luis tan pelado como una rata[9]. Hasta sus trapicheos[10] eran al fiado y para pagar cuando mejorase de fortuna.

En la procesión de Santa Rosa conoció Alcázar a la linda Margarita. La muchacha le llenó el ojo y le flechó el corazón[11]. Le echó flores, y aunque ella no le contestó ni sí ni no, dio a entender con sonrisitas y demás armas del arsenal femenino que el galán era plato muy de su gusto. La verdad es que se enamoraron hasta la raíz del pelo.

Como los amantes olvidan que existe la aritmética, creyó don Luis que para el logro de sus amores no sería obstáculo su presente pobreza, y fue al padre de Margarita, y le pidió la mano de su hija.

A don Raimundo no le cayó en gracia la petición, y cortésmente despidió al postulante[12], diciéndole que Margarita era aún muy niña para tomar marido; pues a pesar de sus diez y ocho mayos, todavía jugaba a las muñecas[13].

Una joven vestida de rojo
de José María Estrada

[1] **ponderar lo subido de precio** exagerar el valor de algo
[2] **mimada** *spoiled*
[3] **caballero de Santiago** *knight of the order of St. James, patron saint of Spain*
[4] **el Callao** puerto de Lima
[5] **persignarse** hacer la señal de la cruz
[6] **mancebo** joven
[7] **aragonés** de Aragón, provincia del norte de España
[8] **acaudalado** rico
[9] **tan pelado como una rata** pobre (*poor as a church mouse*)
[10] **trapicheos** *insignificant or illicit transactions*
[11] **le flechó el corazón** *drove an arrow through his heart, stole his heart*
[12] **postulante** el que pide algo
[13] **muñecas** *dolls*

Pero no era ésta la verdadera madre del ternero[14]. La negativa nacía de que don Raimundo no quería ser suegro de un pobretón[15]; y así hubo de decirlo en confianza a sus amigos, uno de los que fue con el chisme a don Honorato, el tío aragonés. Éste, que era más altivo[16] que el Cid[17], trinó de rabia[18] y dijo:

—¡Cómo se entiende! ¡Desairar[19] a mi sobrino! Muchos se darían con un canto en el pecho[20] por emparentar[21] con el muchacho, que no hay más gallardo[22] en todo Lima. Pero, ¿adónde ha de ir conmigo ese colectorcillo[23]?

Margarita gimoteó[24], y se arrancó el pelo, y si no amenazó con envenenarse, fue porque todavía no se habían inventado los fósforos.

Margarita perdía colores y carnes, se desmejoraba a vista de ojos, hablaba de meterse de monja.

—¡O de Luis o de Dios!—gritaba cada vez que los nervios se le sublevaban[25], lo que acontecía[26] una hora sí y la otra también.

Alarmóse el caballero santiagués, llamó a físicos y curanderos[27], y todos declararon que la única medicina salvadora no se vendía en la botica. O casarla con el varón de su gusto, o encerrarla en el cajón[28]. Tal fue el ultimátum del médico.

Don Raimundo (¡al fin, padre!) se encaminó como loco a casa de don Honorato y le dijo:

—Vengo a que consienta usted en que mañana mismo se case su sobrino con Margarita; porque, si no, la muchacha se nos va por la posta[29].

—No puede ser—contestó con desabrimiento[30] el tío. —Mi sobrino es un pobretón, y lo que usted debe buscar para su hija es un hombre que varee la plata[31].

El diálogo fue borrascoso[32]. Mientras más rogaba[33] don Raimundo, más se subía el aragonés a la parra[34], y ya aquél iba a retirarse desahuciado[35] cuando don Luis, terciando en la cuestión[36], dijo:

—Pero, tío, no es de cristianos que matemos a quien no tiene la culpa.

—¿Tú te das por satisfecho?

—De todo corazón, tío y señor.

—Pues bien, muchacho, consiento en darte gusto; pero con una condición, y es ésta: don Raimundo me ha de jurar que no regalará[37] un ochavo[38] a su hija ni le dejará un real en la herencia.

[14] **verdadera madre del ternero** razón verdadera
[15] **pobretón** pobre e insignificante
[16] **altivo** con cualidad de altivez
[17] **el Cid** héroe nacional de España, Rodrigo Díaz de Vivar
[18] **trinó de rabia** gritó enojado
[19] **Desairar** Insultar
[20] **Muchos... pecho** *Many would be tickled*
[21] **emparentar con** llegar a ser pariente de
[22] **gallardo** bien parecido
[23] **¿adónde... colectorcillo?** *what does that petty tax collector think he's doing to me?*
[24] **gimoteó** lloró
[25] **se le sublevaban** se excitaban
[26] **acontecía** sucedía
[27] **curanderos** personas que hacen de médico sin serlo
[28] **encerrarla en el cajón** *put her in a coffin*
[29] **se nos va por la posta** se nos muere
[30] **desabrimiento** disgusto
[31] **varee la plata** tenga dinero
[32] **borrascoso** *stormy*
[33] **rogaba** *begged*
[34] **más... parra** *the more obstinate the Aragonés became*
[35] **desahuciado** sin esperanza
[36] **terciando en la cuestión** interrumpiendo
[37] **regalará** *dará*
[38] **ochavo** moneda de poco valor

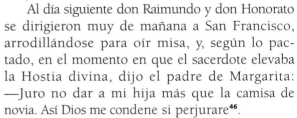

³⁹ se entabló comenzó
⁴⁰ litigio pelea
⁴¹ de dote *for her dowry*
⁴² lo encapillado la ropa que lleva
⁴³ el ajuar de novia *trousseau*
⁴⁴ acomoda acepta
⁴⁵ san se acabó eso es todo
⁴⁶ perjurare *I perjure myself*
⁴⁷ maravedí moneda de poco valor
⁴⁸ encaje *lace*
⁴⁹ Flandes hoy Holanda y Bélgica
⁵⁰ cadeneta de brillantes *small chain of diamonds*

Aquí se entabló³⁹ un nuevo y más agitado litigio⁴⁰.

—Pero, hombre—arguyó don Raimundo, —mi hija tiene veinte mil duros de dote⁴¹.

—Renunciamos a la dote. La niña vendrá a casa de su marido nada más que con lo encapillado⁴².

—Concédame usted entonces obsequiarle los muebles y el ajuar de novia⁴³.

—Ni un alfiler. Si no acomoda⁴⁴, dejarlo y que se muera la chica.

—Sea usted razonable, don Honorato. Mi hija necesita llevar siquiera una camisa para reemplazar la puesta.

—Bien. Para que no me acuse de obstinado, consiento en que le regale la camisa de novia, y san se acabó⁴⁵.

Al día siguiente don Raimundo y don Honorato se dirigieron muy de mañana a San Francisco, arrodillándose para oír misa, y, según lo pactado, en el momento en que el sacerdote elevaba la Hostia divina, dijo el padre de Margarita:

—Juro no dar a mi hija más que la camisa de novia. Así Dios me condene si perjurare⁴⁶.

Y don Raimundo Pareja cumplió su juramento; porque ni en la vida ni en muerte dio después a su hija cosa que valiera un maravedí⁴⁷.

Los encajes⁴⁸ de Flandes⁴⁹ que adornaban la camisa de la novia costaron dos mil setecientos duros. El cordoncillo que ajustaba al cuello era una cadeneta de brillantes⁵⁰, valorizada en treinta mil morlacos⁵¹.

Los recién casados hicieron creer al tío aragonés que la camisa a lo más valdría una onza⁵², porque don Honorato era tan testarudo⁵³ que, a saber lo cierto, habría forzado al sobrino a divorciarse.

Convengamos en que fue muy merecida la fama que alcanzó la camisa nupcial de Margarita Pareja.

⁵¹ morlacos moneda de cinco pesetas españolas
⁵² a lo más valdría una onza *at the most was worth very little*
⁵³ testarudo persistente, (*obstinate*)

Un elegante vestido de la época colonial.
Retrato de Doña Juana María Romero, de Ignacio María Barreda

PARA APLICAR

COMPRENSIÓN I

A *Contesta las siguientes preguntas.*

1. ¿Qué suelen decir las viejas de Lima al hablar de algo de mucho valor?
2. ¿En qué época vivió Margarita?
3. ¿Cómo se sabe que el padre la quería mucho?
4. ¿Cómo eran los ojos de Margarita?
5. ¿Por qué vivía don Luis con su tío?
6. ¿Cuándo conoció a Margarita?
7. ¿Cómo le impresionó Margarita?
8. ¿Cómo respondió Margarita a las flores que él le echó a ella?
9. ¿Qué quiere decir Ricardo Palma con «los amantes olvidan que existe la aritmética»?
10. ¿Qué dijo don Raimundo cuando don Luis le pidió la mano de su hija?

B *Escoge la respuesta apropiada.*

1. ¿Qué quiere decir «Esto es más caro que la camisa de Margarita Pareja»?
   a. Las viejas de Lima son muy altas.
   b. Un artículo tiene un valor muy exagerado.
   c. Los precios en Lima son altos.
2. ¿Quién era Margarita Pareja?
   a. la hija más mimada del colector general
   b. el diablo en forma humana
   c. una limeña que se persignaba al ver al diablo
3. Describe a don Luis Alcázar.
   a. Era un galán limeño que hacía explosiones de dinamita.
   b. Era solterón y acaudalado.
   c. Era un español joven y altivo.
4. ¿Por qué vivía con su tío?
   a. Esperaba heredar la fortuna de ese pariente.
   b. Quería ahorrar dinero.
   c. Podía pagar la renta al fiado.
5. ¿Qué sucedió cuando Margarita y don Luis se conocieron?
   a. Su tío le dio mucho dinero.
   b. Luis le regaló una camisa a la chica.
   c. El galán le cayó en gracia a la limeña.
6. Al darse cuenta de que estaban enamorados, ¿qué hizo don Luis?
   a. Creyó que Margarita era demasiado grande para jugar a las muñecas.
   b. Estudió la aritmética para lograr sus amores.
   c. Le dijo a don Raimundo Pareja que quería a su hija en matrimonio.

A. 1. ¡Qué! Si esto es más caro que la camisa de Margarita Pareja. 2. por los años 1765 3. era la hija más mimada 4. negros y como dos torpedos cargados de dinamita 5. Era pobre (tan pelado como una rata) y esperaba heredar al tío. 6. en la procesión de Santa Rosa 7. Le llenó el ojo y le flechó el corazón. 8. No le contestó ni sí ni no, pero le dio a entender que le gustaba. 9. A veces el amor es ciego y los enamorados no son racionales. 10. Dijo que Margarita era aún muy niña para tomar marido y todavía jugaba a las muñecas.

B. 1. b 2. a 3. c 4. a 5. c 6. c

2 COMPRENSIÓN II

A *Contesta las siguientes preguntas.*

1. ¿Cuál era la verdadera razón por la cual el padre no permitió que don Luis se casara con su hija?
2. ¿Qué indiscreción cometió don Raimundo?
3. ¿Cómo era el tío de don Luis?
4. ¿Cómo se puso el tío cuando supo del chisme que le contaron en confianza?
5. ¿Cómo se portó Margarita al tratar de persuadir a su padre?
6. Viendo a Margarita enferma y débil, ¿qué hizo el padre?
7. ¿Cuál fue el diagnóstico de los médicos?
8. Olvidándose de su orgullo y portándose como padre, ¿qué hizo don Raimundo?
9. ¿Qué razón le dio don Honorato para no consentir en la boda?
10. ¿Cómo fue resuelta la pelea entre los dos caballeros?
11. Al ceder a la petición, ¿qué condición impuso el tío?

3 COMPRENSIÓN III

A *Contesta las siguientes preguntas.*

1. ¿Cuánto valía la dote de la hija?
2. Cita los regalos a los que el tío renunció.
3. ¿En qué consintió para que no lo acusaran de obstinado?
4. ¿Cuándo y dónde prometió don Raimundo que nunca daría nada a su hija?
5. ¿Cumplió con su palabra?
6. ¿Cómo era la camisa regalada a Margarita por su padre?
7. ¿Qué secreto tuvieron que ocultarle al tío?
8. ¿Qué habría hecho don Honorato si hubiera sabido el valor de la camisa?
9. ¿En qué podemos convenir?

PARA PRACTICAR

A *Da un sinónimo de las siguientes expresiones.*

1. farmacia
2. suceder
3. obsequiar
4. estar de acuerdo
5. gustar
6. joven
7. ponerse de rodillas
8. obstinado
9. insultar
10. palabra de honor

A. 1. No quería ser suegro de un pobretón. 2. Contó todo a sus amigos. 3. más altivo que el Cid 4. Trinó de rabia. 5. Gimoteó, se arrancó el pelo, se enfermó. 6. Llamó a físicos y curanderas. 7. que la única medicina salvadora era casarla con el varón de su gusto 8. Fue a la casa de don Honorato para arreglar el asunto. 9. Su sobrino era un pobretón y Margarita merecía mejor. 10. Al saber que el sobrino quería casarse se pusieron de acuerdo con una condición. 11. Don Raimundo tenía que jurar que no regalaría un ochavo a su hija ni le dejaría un real en la herencia.

A. 1. veinte mil duros 2. el dote, los muebles, el ajuar de novia 3. que don Raimundo le regale la camisa de novia 4. al día siguiente en la iglesia de San Francisco 5. sí 6. muy valiosa, adornada con encajes de Flandes y tenía un cordoncillo que era una cadeneta de brillantes 7. el valor actual de la camisa 8. habría forzado al sobrino a divorciarse 9. que fue muy merecida la fama que alcanzó la camisa de Margarita

A. 1. botica 2. ocurrir 3. regalar 4. convenir 5. querer 6. mancebo 7. arrodillarse 8. testarudo 9. ofender 10. juramento

B *Reemplaza las palabras indicadas con una de las palabras o expresiones de la lista.*

al fiado   se envenenó   mi suegro
se desmejoraba   echó flores   el logro de
solterón   un pobretón   cautivó
chismes

1. El mancebo le *dijo cosas bonitas.*
2. Margarita *se empeoraba* cada día.
3. Mi marido no ha llegado, pero *su padre* está.
4. El cazador *aprisionó* al pájaro en una jaula.
5. No te preocupes. Llévatelo *pagando más tarde.*
6. *Se mató* con un ácido fuerte.
7. No quieren oír *murmuraciones* de sus amigos.
8. Por tener la responsabilidad de cuidar a sus padres, él se quedó *sin casarse.*
9. Para *conseguir* su educación, estudió y trabajó.
10. Él es *tan pelado como una rata.*

POR SI ACASO...

1. Con un(a) compañero(a) indiquen y discutan algunas de las acciones de los personajes de la selección que nos parecen hoy anticuadas y extrañas.
2. Imagínense que el tío sospechó que el padre de Margarita les estuviera regalando dinero, ropa, etc. Con un(a) compañero(a) escriban una escena entre los dos personajes en la cual el padre se defiende, y convence al tío de que no tiene razón. Las siguientes palabras podrían ayudar en la dramatización.

juramento
divorciarse
perjurarse
camisa de novia
enfrentarse con
acaudalado
pobretón
equivocado

Arquitectura colonial, Lima, Perú

PARA GOZAR

PARA PRESENTAR LA LECTURA

Los que visitan la catedral de Santo Domingo de la Calzada como turistas así como los fieles que asisten regularmente a las misas no pueden menos de notar algo muy curioso. Construido encima de uno de los altares ornados hay un gallinero. A un lado, tallado en la piedra se encuentra la figura de un gallo y al otro lado, la de una gallina. Enjauladas tras una reja protectora hay gallinas vivas que a veces añaden su cacareo a las voces del coro. ¿Por qué en Santo Domingo de la Calzada canta la gallina después de asada? La leyenda de un milagro nos lo explica.

Catedral de Santiago de Compostela

La Leyenda de Santo Domingo de la Calzada

Cuenta la leyenda que llegaron a la hospedería[1] de Santo Domingo tres peregrinos[2]: un matrimonio acompañado de un hijo adolescente. Una criada que atendía a los huéspedes se encaprichó[3] con el muchacho y, cuando él la rechazó, se vengó del desaire[4] metiendo en su morral[5] una valiosa copa de plata y denunciándolo luego como autor del robo. Siguiendo la ley que regía en aquella época, el muchacho fue condenado a muerte por ladrón y luego ahorcado[6]. Los padres, sin poder hacer nada por él, siguieron tristemente su peregrinaje, cumplieron con su visita a la tumba del apóstol en Santiago de Compostela y, ya de regreso, pasaron por el cadalso[7] donde vieron a su hijo colgado, pero vivo y alegre de volverles a encontrar.

Convencidos de que se hallaban ante un milagro de Santo Domingo, los viejos corrieron a la casa del corregidor[8] para darle cuenta de lo que habían contemplado y pedirle perdón para su hijo, que tan milagrosamente había sobrevivido. Pero el corregidor, que estaba sentado a la mesa dispuesto a comerse un gallo y una gallina recién asados, se rió de las pretensiones de los padres, proclamando que la supervivencia del ahorcado era tan imposible como proclamar que estuvieran vivos el gallo y la gallina que iba a comerse. Apenas lo hubo dicho, el gallo y la gallina se volvieron a cubrir de plumas y escaparon cacareando del trinchante[9] que les amenazaba.

En recuerdo de aquel prodigio[10], los ciudadanos de Santo Domingo de la Calzada mantienen desde entonces un gallo y una gallina vivos en uno de los altares de la catedral, convertido en jaula. Cada año, uno de los claveros[11] de la fiesta del santo repone con dos nuevos ejemplares los del año anterior y es más que curioso escuchar el cacareo[12] de las aves, que dejan oír su voz cuando se celebra en la catedral algún acto litúrgico[13].

Con el tiempo, se convirtió en costumbre inveterada que los peregrinos, al pasar por Santo Domingo de la Calzada, colocasen en la cinta de su sombrero una pluma procedente de aquella jaula.

[1] **hospedería** casa donde se pueden alojar peregrinos y pobres
[2] **peregrinos** viajeros por tierras santas (*pilgrims*)
[3] **se encaprichó** se interesó por él como capricho
[4] **desaire** falta de atención a una persona
[5] **morral** saco, bolsa
[6] **ahorcado** persona muerta al ser colgada por el cuello
[7] **cadalso** horca, tablado construido para ejecutar a los condenados a la horca
[8] **corregidor** oficial de justicia
[9] **trinchante** tenedor grande que sujeta lo que se va a cortar
[10] **prodigio** milagro
[11] **claveros** los que tienen custodia de las llaves
[12] **cacareo** el canto de las gallinas
[13] **litúrgico** relativo a la forma determinada por la iglesia para la celebración de los oficios divinos

Hostal de los Reyes Católicos, Santiago de Compostela

ESTRUCTURA

POR Y PARA

1. Se emplea la preposición *para* en los siguientes casos:

- Para indicar movimiento hacia un destino que puede ser lugar, persona, evento o tiempo fijo.
Salen para México.
Este regalo es para mi novia.
Estos regalos son para Navidad.

- Para indicar la razón, el propósito de una acción (expresada en el infinitivo), el servicio que ofrece una persona o el uso de una cosa.
Como poco para no engordar.
Estudiamos mucho para obtener buenas notas.
Tienen buenos maestros para enseñarles.
Esto es para escribir.

- Para indicar una comparación de desigualdad o una comparación inesperada.
Hace mucho calor para octubre.
Habla muy correctamente para extranjero.

2. Se emplea la preposición *por* en los siguientes casos:

- Para indicar movimiento libre por el espacio.
Él entró por la puerta. (*through*)
Anduvieron por la orilla del río. (*along*)
Caminó por el correo. (*by, in front of*)
Corrieron por la calle. (*along, down*)

- Para indicar el cambio de una cosa por otra.
Pagué veinte pesos por el diccionario.

- Para indicar un período de tiempo—la duración de una acción.
Estuvo aquí por dos meses. (*for, during*)

- Para indicar algo hecho en favor de otra persona.
Escribo esta carta por mi hermano. (*as a favor to*)
Habló elocuentemente por la familia. (*in behalf of*)
¡Una caridad, por Dios, señor! (*for the sake of*)

- Para indicar lo que uno consigue u obtiene con los verbos *ir, mandar, venir,* etc.
Voy por el médico. (*to get*)
Viene por agua.

- Para indicar razón o motivo de una acción.
  Pelean por la honra.
  No fui a la fiesta por falta de ropa.

- Para indicar manera o medio.
  Él sacó el diente por la fuerza.
  El paquete llegó por correo.

- Para indicar el agente de la voz pasiva.
  El cuento fue escrito por López y Fuentes.
  Los regalos fueron traídos por los Reyes.

- Para indicar unidades de medidas o número.
  Los compro por docenas.
  Hay una rebaja del diez por ciento.

- Para indicar el bienestar.
  Mis amigas preguntaron por ti, mamá.

- Para indicar lo que queda por hacer en el futuro.
  Quedan varias cartas por escribir.

EJERCICIOS

A *¿Qué es esto?* *Los niños aprenden haciendo muchas preguntas. Se requiere mucha paciencia con muchas repeticiones. No te olvides que así aprendiste tú.*

> **un lápiz**
> **Niño:** *¿Qué es esto?*
> **Tú:** *Es un lápiz. Es para escribir.*

1. llave
2. coche
3. libro
4. la guía telefónica

5. peine
6. tijeras
7. lámpara

8. pelota
9. jabón
10. toalla

B *Y tú, ¿qué dices?* *Sigue el juego con un compañero, nombrando artículos que tienes al alcance.*

C *¿Qué hay para mañana?* *José Luis se enfermó y perdió un día de clases. Por eso llama a distintos compañeros que le informan de los deberes. Mira la siguiente lista de deberes.*

Posibles deberes

a. aprender las fórmulas de la pág. 129 y citar las posibles reacciones existentes
b. saber de memoria la «Marcha de la Victoria»
c. preparar una comparación de la economía del Sur en el año 1859 con la del Norte
d. leer el acto II de Macbeth
e. resolver el problema del estacionamiento de los automóviles de los alumnos.
f. hacer los ejercicios de los mandatos negativos y afirmativos
g. un examen sobre las ecuaciones lineales

A. 1. Es una llave. Es para abrir la puerta 2. Es un coche. Es para manejar. 3. Es un libro. Es para leer. 4. Es la guía telefónica. Es para buscar números de teléfono. 5. Es un peine. Es para peinarse. 6. Son las tijeras. Son para cortar. 7. Es una lámpara. Es para iluminar. 8. Es una pelota. Es para jugar. 9. Es el jabón. Es para lavarse. 10. Es una toalla. Es para secarse.

C. 1. Hola, Marta. Habla José Luis. ¿Qué tenemos que hacer para mañana para la clase de historia? Para historia, tenemos que preparar una comparación de la economía del Sur en el año 1859 con la del Norte. 2. ... para la clase de álgebra? Tenemos un examen sobre las ecuaciones lineales. 3. ... para la clase de español? Tenemos que hacer los ejercicios de los mandatos negativos y afirmativos. 4. ... para la clase de química? Tenemos que aprender las fórmulas de la página 129 y citar las posibles reacciones existentes. 5. ... para mañana para el Consejo Estudiantil? Para el Consejo Estudiantil, tenemos que resolver el problema del estacionamiento de los automóviles de los alumnos. 6. ... para la banda? Tenemos que saber de memoria la "Marcha de la Victoria".

Quino / clase de inglés
José Luis: *Hola, Quino. ¿Qué tenemos que hacer para mañana para la clase de inglés?*
Quino: *Para inglés tenemos que leer el acto II de Macbeth.*

1. Marta / historia
2. Ricardo / álgebra
3. Saúl / español
4. Mónica / química
5. Lina / el Consejo Estudiantil
6. Tomás / la banda

D **Y tú, ¿qué dices?** *Describe brevemente cómo va a pasar la noche José Luis. ¿En qué grado más o menos debe estar? ¿Qué clase de alumno es? ¿Llevas un horario académico tan pesado como el de José Luis? Describe tu horario y los deberes que tienes cada noche.*

E **Regalos super-especiales.** *Haz tu lista de compras y la última fecha para enviárselos a tus familiares y amigos con suficiente tiempo.*

el libro *Tesoros de Egipto del Museo Metropolitano* / mi padre / 20 de noviembre
Voy a comprar el libro *Tesoros de Egipto* para mi padre. Tengo que conseguirlo del Museo Metropolitano para el 20 de noviembre.

1. una bufanda de seda de El Palacio de Hierro / tía Mariana / 1° de noviembre
2. una bata de lana de El Corte Inglés / mi madre / 5 de diciembre
3. un suéter de una tienda local / mi hermana que vive en Chicago / 15 de diciembre
4. una colcha de plumas de Galerías Preciados / nuestra hermana recién casada / 26 de noviembre
5. entradas para el concierto de Gloria Estefan / mi hermano / el 10 de diciembre

F **Y tú, ¿qué dices?** *Continúa la lista de personas, ideas y fechas para completar tu lista de compras. ¿Dónde se encuentran las tiendas mencionadas aquí?*

G **Algo especial para todos.** *Pilar y Nela hicieron sus compras de Navidad, pero antes de envolver los regalos se los muestran la una a la otra.*

¿Este suéter? (mi hermano Raúl)
Pilar: *¿Este suéter? ¿Para quién es?*
Nela: *Es para mi hermano Raúl. Espero que le guste.*

1. ¿Este collar de perlas? (mamá)
2. ¿Estas medias negras? (mi amiga Florencia)
3. ¿Estas cintas cassette? (nuestra prima Laurencia)
4. ¿Este libro de sellos internacionales? (nuestro tío Salvador)
5. ¿Este llavero de plata? (mi compañero de laboratorio de física)
6. ¿Estos pendientes de oro? (nuestra tía Alicia)
7. ¿Este regalo ya envuelto? (ti / Es una sorpresa. / Dámelo.)

E. 1. Voy a comprar una bufanda de seda para mi tía Mariana. Tengo que conseguirla de Palacio de hierro para el primero de noviembre. 2. Voy a comprar una bata de lana para mi madre. Tengo que conseguirla de El Corte Inglés para el cinco de diciembre. 3. Voy a comprar un suéter para mi hermana que vive en Chicago. Tengo que conseguirlo de una tienda local para el quince de diciembre. 4. Voy a comprar una colcha de plumas para nuestra hermana recién casada. Tengo que conseguirla de Galerías Preciados para el veintiséis de noviembre. 5. Voy a comprar entradas para el concierto de Gloria Estefan para mi hermano. Tengo que conseguirlas para el diez de diciembre.

G. 1. ¿Este collar de perlas? ¿Para quién es? Es para mi mamá. Espero que le guste. 2. ¿Estas medias negras? ¿Para quién son? Son para mi amiga Florencia. Espero que le gusten. 3. ¿Estas cintas cassette? ¿Para quiénes son? Son para nuestra prima Laurencia. Espero que les gusten. 4. ¿Este libro de sellos internacionales? ¿Para quién es? Es para nuestro tío Salvador. Espero que le guste. 5. ¿Este llavero de plata? ¿Para quién es? Es para mi compañero de laboratorio de física. Espero que le guste. 6. ¿Estos pendientes de oro? ¿Para quién son? Son para nuestra tía Alicia. Espero que le gusten. 7. ¿Este regalo ya envuelto? ¿Para quién es? Es para ti. Es una sorpresa. Dámelo.

H **Y tú, ¿qué dices?** *¿Cuánto pagaste por los regalos citados? Di el precio aproximado de cada regalo.*

Pagué cincuenta y cinco dólares por el suéter para mi hermano.

I **La excursión del Club de Viajeros Internacionales.** *Antes de partir para Europa, el conductor del tour distribuye los itinerarios a los viajeros, y explica algunos detalles.*

> **sábado /10/4 / Los Angeles—Nueva York (Chicago)**
> **Conductor del tour: Miren Uds. El sábado, 10 de abril, partimos de Los Angeles para Nueva York, pasando por Chicago.**

1. lunes /12/4 / Nueva York—París (Londres)
2. miércoles /14/4 / París—Barcelona (Carcassonne)
3. viernes /16/4 / Barcelona—Madrid (Zaragoza)
4. lunes /19/4 / Madrid—Sevilla (Córdoba)
5. jueves / 22/4 / Sevilla—Málaga (Granada)
6. sábado / 24/4 / Málaga—Nueva York (Islas Azores)
7. domingo / 25/4 / Nueva York—Los Angeles (San Luis)

J **Y tú, ¿qué planes tienes?**

1. Supongamos que estás en San Luis, Missouri, y que quieres ir en coche a otra ciudad. Nombra una ciudad por la cual vas a pasar para llegar al destino deseado.
San Luis—Chicago
San Luis—San Francisco
San Luis—Washington, D.C.
San Luis—Nueva Orleáns
2. En el estado en que vives, cita unas ciudades que quieres visitar y nombra otras por las cuales tienes que pasar en el camino a ellas.

K **Un robo del banco.** *Haga el papel de un testigo después del robo de un banco.*

> **Policía: ¿Cuándo ocurrió el robo? (la mañana)**
> **Testigo: Por la mañana. (también: Ocurrió por la mañana.)**

1. ¿Los tomó por ladrones? (gente normal)
2. ¿Cómo entraron? (la puerta de abajo)
3. ¿Cómo subieron al segundo piso? (la escalera interior)
4. ¿Cuánto tiempo estuvieron dentro? (diez minutos máximo)
5. ¿Cómo pasaron el dinero afuera? (la ventana allá arriba)
6. ¿Por qué entraron en la caja fuerte? (el dinero)

K. 1. Los tomé por gente normal. 2. Entraron por la puerta de abajo. 3. Subieron por la escalera interior. 4. Estuvieron dentro por diez minutos máximo. 5. Pasaron el dinero afuera por la ventana allá arriba. 6. Entraron en la caja fuerte por el dinero.

I. 1. Miren Uds. El lunes, 12 de abril, partimos de Nueva York para París, pasando por Londres. 2. El miércoles, 14 de abril, partimos de París para Barcelona, pasando por Carcassonne. 3. El viernes, 16 de abril, partimos de Barcelona para Madrid, pasando por Zaragoza. 4. El lunes, 19 de abril, partimos de Madrid para Sevilla, pasando por Córdoba. 5. El jueves, 22 de abril, partimos de Sevilla para Málaga, pasando por Granada. 6. El sábado, 24 de abril, partimos de Málaga para Nueva York, pasando por las Islas Azores. 7. El domingo, 25 de abril, partimos de Nueva York para Los Ángeles, pasando por San Luis.

L. **1.** para indicar el cambio de una cosa por otra **2.** para indicar movimiento libre por el espacio **3.** para indicar manera o medio **4.** para indicar un período de tiempo, la duración de una acción **5.** para indicar movimiento libre por el espacio **6.** para indicar el agente de la voz pasiva **7.** para indicar la razón o motivo de una acción

M. **1.** por **2.** para **3.** para **4.** por **5.** por **6.** por **7.** para **8.** por **9.** para **10.** por

L **Y tú, ¿qué dices?** *Lee el interrogatorio otra vez e identifica los siete distintos usos de* por.

M **Una decisión difícil.** *Los indios querían cooperar con las órdenes de los soldados, pero no querían desobedecer al jefe de su pueblo. Fue una decisión difícil. Completa las ideas con* por *y* para.

1. Los indios salieron del pueblo y caminaron _____ la quebrada.
2. Caminaron rápidamente _____ guardar la urna.
3. Tomaron el camino estrecho _____ (hacia) el lago.
4. Caminaron _____ el camino más corto.
5. Caminaron _____ muchas horas.
6. No querían pasar _____ el centro del pueblo.
7. Al llegar a un pueblo pequeño, compraron pan y leche _____ sus niños.
8. Pagaron _____ sus compras con monedas de cobre.
9. Tenían que estar de vuelta _____ el lunes.
10. Algunos niños fueron llevados _____ sus padres.

LOS TIEMPOS COMPUESTOS

INDICATIVO

1. Los tiempos compuestos se forman con el tiempo apropiado del auxiliar *haber* y el participio pasado. El participio pasado de los verbos de la primera conjugación termina en *-ado*; el de los verbos de la segunda y tercera conjugaciones termina en *-ido*.

infinitivo	participo pasado	infinitivo	participo pasado
hablar	hablado	vender	vendido
mirar	mirado	vivir	vivido
comer	comido	salir	salido

2. Los siguientes verbos tienen participio pasado irregular:

infinitivo	participo pasado	infinitivo	participo pasado
abrir	abierto	morir	muerto
cubrir	cubierto	poner	puesto
decir	dicho	romper	roto
escribir	escrito	resolver	resuelto
freír	frito	ver	visto
hacer	hecho	volver	vuelto

PARTICIPIOS CON ACENTO

1. Si la penúltima sílaba del verbo termina con *a, e* u *o*, el participio lleva un acento para evitar la formación de un diptongo no deseado.

leer   le + ido = leído
traer   tra + ido = traído
oír   o + ido = oído

2. Otros verbos parecidos son: *creer, atraer, caer, reír, sonreír.*

EL PRESENTE PERFECTO

1. El presente perfecto se forma con el presente del verbo *haber* y el participio pasado.

hablar

he hablado	hemos hablado
has hablado	habéis hablado
ha hablado	han hablado

2. Se emplea para expresar una acción terminada en el pasado reciente.

He consultado con él esta mañana.
No sé si se han ido.

EL PLUSCUAMPERFECTO

1. El pluscuamperfecto se forma con el imperfecto del verbo *haber* y el participio pasado.

comer

había comido	habíamos comido
habías comido	habíais comido
había comido	habían comido

2. Se emplea para expresar una acción pasada terminada anteriormente a otra acción pasada.

Ya había comido cuando mi amigo me invitó a cenar.

A. 1. ¿Has recogido los documentos? Los he recogido pero no los he devuelto todavía.
2. ¿Has llenado la solicitud? La he llenado pero no la he enviado.
3. ¿Has completado los papeles? Los he completado pero no he pedido una foto. **4.** ¿Has hecho el cheque? Lo he hecho pero no he pagado la cuota. **5.** ¿Has pedido una visa especial? La he pedido pero no he recibido el pasaporte. **6.** ¿Has escrito solicitando reservaciones en el hotel? He escrito solicitándolas pero no he tenido respuesta. **7.** ¿Has abierto toda la correspondencia de hoy? La he abierto pero no he visto nada. **8.** ¿Has hecho arreglos en tu trabajo? He hecho arreglos pero no he resuelto todos los detalles.
9. ¿Te has puesto de acuerdo con la secretaria? Me he puesto de acuerdo con la secretaria pero no le he dicho nada de los últimos detalles.

C. 1. Carlos ha oído el rugir de los leones, pero nosotros no lo hemos oído. **2.** Nosotros hemos visto los elefantes, pero ellos no los han visto. **3.** Tú has subido al camello, pero tu hermano no ha subido. **4.** Yo he vuelto a la casa de los pájaros, pero los otros chicos no han vuelto. **5.** Mi tío ha sacado fotos de los pandas, pero yo no he sacado fotos de ellos.
6. Papá ha abierto un paquete de película a colores, pero tú no lo has abierto. **7.** Yo he roto la cámara, pero los fotógrafos profesionales no la han roto. **8.** Yo he leído el horario de las presentaciones, pero Lucía no lo ha leído.

"Nosotros hemos visto los elefantes, pero elllos no los han visto".

EJERCICIOS

A **Solicitando un pasaporte.** *La señora Téllez va a viajar a Buenos Aires. Su marido le hace preguntas relativas al viaje.*

> **solicitar el pasaporte / conseguirlo**
> Sr. Téllez: *¿Has solicitado el pasaporte?*
> Sra. Téllez: *Lo he solicitado, pero no lo he conseguido.*

1. recoger los documentos / devolverlos todavía
2. llenar la solicitud / enviarla
3. completar los papeles / pedir una foto
4. hacer el cheque / pagar la cuota
5. pedir una visa especial / recibir el pasaporte
6. escribir solicitando reservaciones en el hotel / obtener respuesta
7. abrir toda la correspondencia de hoy / ver nada
8. hacer arreglos en su trabajo / resolver todos los detalles
9. ponerse de acuerdo con la secretaria / no decirle nada de los últimos detalles

B **Y tú, ¿qué dices?** *Cambia los personajes a nosotros y Uds. y sigue practicando.*

C **Una visita al jardín zoológico.** *Di lo que han hecho muchos visitantes hoy en el zoológico.*

> **Yo /Juan: visitar la jaula de los monos**
> *Yo he visitado la jaula de los monos, pero Juan no la ha visitado.*

1. Carlos / nosotros: oír el rugir *(roaring)* de los leones
2. Nosotros / ellos: ver los elefantes
3. Tú / tu hermano: subir al camello
4. Yo / los otros chicos: volver a la casa de los pájaros
5. Mi tío / yo: sacar fotos de los pandas
6. Papá / tú: abrir un paquete de película a colores
7. Yo / los fotógrafos profesionales: romper la cámara
8. Yo / Lucía: leer el horario de las presentaciones

D *¿Qué causó los accidentes?* *Parece que mis padres siempre corren al hospital porque nosotros siempre sufrimos accidentes. Toma en cuenta lo que pasó el mes pasado.*

> **Rebeca, mi hermana mayor, (caerse) y (fracturar) la muñeca.**
> **Pedro (dejar) los patines al pie de la escalera.**
> *Rebeca, mi hermana mayor, **se cayó** y **fracturó** la muñeca porque*
> *Pedro **había dejado** los patines al pie de la escalera.*

1. Yo (chocar) con la puerta y (quedarme) con el ojo negro.
   Alguien (dejar) abierta la puerta del armario.
2. Mamá (quemarse) la mano derecha.
   Alguien no (desconectar) la cafetera al vaciarla.
3. Cuando andaba descalza por la cocina, (cortarme) el pie.
   Un cuchillo (caerse) al piso. Nadie lo (levantar).
4. Todos (enfermarse) anoche.
   Milo (dejar) su proyecto para biología en el refrigerador.
5. Yo (resfriarse) y (tener) que guardar cama.
   (Salir) de casa sin abrigo ni suéter.
6. Nuestra abuelita (resbalarse) en el hielo.
   Ella (impacientarse) y no (querer) esperar la ayuda de nadie.

D. 1. choqué, me quedé, había dejado 2. se quemó, había desconectado 3. me corté, había caído, había levantado 4. se enfermaron, había dejado 5. me resfrié, tuve, había salido 6. se resbaló, se había impacientado, había querido

E *¿Por qué?* *Di por qué ocurrieron estas escenas en el aeropuerto cuando Marta y Rogelio se preparaban para partir para Sudamérica.*

> **Rogelio, ¿por qué decidiste ir a Sudamérica? (ganar un premio)**
> *Porque **había ganado** un premio.*

1. Rogelio, ¿por qué decidiste ir a Sudamérica?
   a. no tener vacaciones durante tres años
   b. ganar un premio de vuelos y alojamiento de hotel para dos personas
   c. no visitar Machu-Picchu
   d. leer sobre las civilizaciones antiguas de Colombia, Perú y Bolivia

2. Marta, ¿por qué no llegaron Uds. al aeropuerto a tiempo?
   a. pararse el reloj
   b. desvelarse anoche en una fiesta de despedida
   c. el agente no informarnos del cambio de la hora de partida del vuelo
   d. no terminar de arreglar las maletas

E. 1. a. porque no había tenido vacaciones durante tres años b. porque había ganado un premio de vuelos y reservas y alojamiento de hotel para dos personas c. porque no había visitado Machu Picchu d. porque había leído sobre las civilizaciones antiguas de Colombia, Perú y Bolivia 2. a. porque se nos había parado el reloj b. porque nos habíamos desvelado anoche en una fiesta de despedida c. porque el agente no nos había informado del cambio de la hora de partida del vuelo d. porque no habíamos terminado de arreglar las maletas

F *Y tú, ¡qué dices?*
1. Sigue practicando estas ideas con un compañero de clase, cambiando los sujetos a *nosotros, tú, ellos.*
2. Prepara con un compañero una escena de llegada o despedida en el aeropuerto parecida a ésta. Pueden limitarse a cinco oraciones cada uno.

El presente perfecto del subjuntivo

1. El presente perfecto del subjuntivo se forma con el presente del subjuntivo del verbo *haber* y el participio pasado.

descubrir

haya descubierto	hayamos descubierto
hayas descubierto	hayáis descubierto
haya descubierto	hayan descubierto

2. Se emplea en una cláusula que requiere el subjuntivo cuando la acción de la cláusula está en el pasado.

Dudo que ellos hayan llegado.
Es posible que él lo haya hecho.

EJERCICIOS

A **Alborotos cotidianos (Daily disturbances).** *Cada mañana hay mucho ruido y confusiones en la administración de cierto colegio secundario. Miremos la escena por unos momentos.*

> **Alumno: ¿Recibió la directora mi solicitud? (Dudo)**
> **Secretaria: *Dudo que la haya recibido.***

1. ¿Trajo mis llaves el conserje (custodian)? (No, no creo)
2. ¿Encontraron nuestros libros de español? (Es posible)
3. ¿Vio el consejero la lista de sobresalientes? (Es improbable)
4. ¿Pidió la bibliotecaria los libros de arte? (Es probable)
5. ¿Resolvieron el conflicto del horario? (No estoy segura)
6. ¿Dijeron los resultados de la elección de ayer? (No es posible)
7. ¿Devolvió el proyector el departamento de gobierno? (Dudo)
8. ¿Abrieron la cafetería para la reunión? (No estoy segura)

B **Y tú, ¿qué dices?** *¿Te gustaría trabajar allí? ¿Cómo se puede mejorar la situación?*

C **¿De veras es posible?** *Combina los elementos de las distintas columnas para formar ideas lógicas y conformes con las leyendas leídas.*

> **Es posible que la vieja haya hecho mucho ruido.**

Es posible	la vieja	escaparse del peligro
Es probable	Margarita	ver una escena trágica y horrorosa
No es posible	el rey don Pedro	hacer mucho ruido
Es dudoso	el corregidor	creer la historia tan rara
Es cierto	las gallinas	luchar con su enemigo
Es una lástima	Ima	decir exactamente lo que pasó
Es imposible	los padres peregrinos	asustarse de verse en tal situación

D **Y tú, ¿qué dices?** *Continúa con estas ideas, aumentándolas con otros detalles de las selecciones.*

> **Es posible que la vieja haya hecho mucho ruido cuando dejó caer el candil desde su ventana a la calle.**

A. 1. No, no creo que las haya traído. **2.** Es posible que los hayan encontrado. **3.** Es improbable que la haya visto. **4.** Es probable que los haya pedido. **5.** No estoy segura que lo hayan resuelto. **6.** No es posible que los hayan dicho. **7.** Dudo que lo haya devuelto. **8.** No estoy segura que la hayan abierto.

C. (A sample combination of the elements from each list. There are other possibilities) **1.** Es posible que la vieja haya visto una escena trágica y horrorosa. **2.** Es probable que Margarita se haya asustado de verse en tal situación. **3.** No es posible que el rey don Pedro haya dicho exactamente lo que pasó. **4.** Es dudoso que el corregidor se haya escapado del peligro. **5.** Es cierto que las gallinas han hecho mucho ruido. **6.** Es una lástima que Ima haya luchado con el enemigo. **7.** Es imposible que los padres peregrinos hayan creído la historia tan rara.

cuanto antes *as soon as possible*

Se suplica que escriba su contestación a mi carta cuanto antes.

en un dos por tres *in a jiffy*

Podemos hacer el trabajo en un dos por tres.

tomarle el pelo a uno *to pull one's leg*

¿Por qué no hablas en serio? Siempre me estás tomando el pelo.

volver en sí *to come to* (*after fainting*)

Cuando volvió en sí, se dio cuenta de que estaba paralizado del pecho abajo.

¡OJO!

asistir:

El significado más común de esta palabra es «estar presente».

Siempre le sigue la preposición *a*.

Ejemplo: El artista está enfermo y no puede asistir a la exposición.

atender:

Esta palabra quiere decir «tener en cuenta una cosa».

Sólo significa *attend* en el sentido de «cuidar».

Ejemplo: Parece que nadie atiende a los detalles importantes.

SENTIMIENTOS Y PASIONES

A donde el corazón se inclina, el pie camina.

Note: To introduce the theme have the class list some emotions they have experienced. Which were pleasant? Which were not? Ask them about their reaction. Discuss the refrain "Home is where the heart is." Then read and/or discuss the introduction. Continue the discussion with the questions that follow PARA ENTABLAR CONVERSACIÓN.

PARA PREPARAR LA ESCENA

Muchas obras literarias incluyen el sentimiento y la pasión. Tales obras producen un efecto emocionante y, a veces, inolvidable en el lector.

Los españoles, o sus descendientes, muestran sus emociones fácilmente y sin vergüenza. Por lo general, no dejan de mostrar cómo les afectan sentimientos tales como el amor familiar, la alegría, la tristeza, el temor; o pasiones tales como el amor romántico, el odio, el deseo de vengarse, la ira, los celos o el valor.

Para comprender mejor el carácter español, es preciso ver cómo éstos y otros sentimientos y pasiones afectan a la gente hispana—raza que ha producido guerreros valientes, poetas tiernos y artistas vibrantes.

Move around the classroom and help groups as needed. Insist that all oral work be done in Spanish. Have all students participate in the conversational activity with partners.

◄
Amantes de Pablo Picasso

▶
Plato laminado en oro y barniz, Pátzcuaro,
Michoacán, México (siglo diecinueve)

EL ABANICO
VICENTE RIVA PALACIO

PARA PRESENTAR LA LECTURA

Vicente Riva Palacio, mexicano (1832-1896), fue periodista, político, general, novelista y, sobre todo, historiador. Pasó mucho tiempo en los archivos estudiando la historia y por eso, conocía muy bien la época colonial. Entrelazados en sus tradiciones y leyendas de aquel entonces hay una ironía ligera y cierto sentido de humor característicos de sus obras.

El abanico es parte integrante de la dama tradicional española. Lo usaba no sólo para abanicarse y como adorno, sino para puntuar su conversación y para coquetear. Sencillamente, la española hablaba con su abanico. Había un verdadero lenguaje del abanico.

Entre las costumbres traídas al Nuevo Mundo por los colonizadores españoles está el uso del abanico, la cual es una costumbre que todavía existe. En el cuento que sigue, Riva Palacio nos habla del papel importante que desempeñó un abanico en la selección de una esposa.

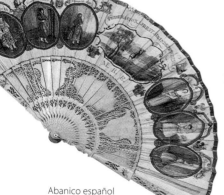

Abanico español
(siglo diecinueve)

PARA ENTABLAR CONVERSACIÓN

Con un(a) amigo(a) hagan una lista de pasiones, actitudes, o acciones que:

animan	inspiran
asustan	muestran cariño
desalientan	reflejan grandeza de espíritu
destruyen	exhiben ternura y consideración
halagan	(Sigan con otras.)

Consideren las consecuencias del empleo de estas formas de conducta. ¿Es posible sufrir un engaño u otros problemas debido a la falta de control personal; el exceso de pasión; o permitir que el corazón dirija las acciones de uno? Cita unos ejemplos históricos, literarios o contemporáneos que demuestran tales circunstancias.

¿Qué problema(s) pueden tener los jóvenes en sus primeros encuentros con el amor apasionado?

¿Has estado enamorado(a)? ¿Cómo se conocieron? ¿Fue una experiencia positiva? ¿Sigue esa relación o se ha terminado?

¿Cómo se distingue el amor erótico (sensual) del amor pasajero o platónico? En fin, siendo muy joven, ¿debe uno rendirse al amor o esperar la madurez? ¿Por qué se considera este tema tanto en este momento?

Para Aumentar el Vocabulario

PALABRAS CLAVE I

1. **aborrecer** odiar, detestar
   Llegará a aborrecer el invierno aquí porque hace mucho frío.
2. **capaz** que puede hacer una cosa, que tiene un talento, instrucción o fuerza para hacer algo
   Mario no es capaz de hablar delante del público.
3. **daba (dar) con** encontraba
   El señor Morales buscaba a su compañero pero no daba con él.
4. **relámpago** rayo de luz producido por la electricidad durante una tempestad
   Mucha gente tiene miedo de los relámpagos.
5. **tienes (tener) ganas** tienes deseos
   El viejo enfermo no tiene ganas de comer.

Note: Vary the presentation of new vocabulary and practice. Encourage the class to conduct vocabulary drills; use flash cards; include some marginal notes. You may wish to have students create new sentences with the *Palabras clave*.

Note: As an assignment, you may wish to have students create original sentences using these vocabulary items. Exaggerated or humorous sentences may be used in order to check students' knowledge of proper use. Example: *Un relámpago es capaz de iluminar todo el continente.*

PRÁCTICA

Completa con una palabra de la lista.

tengo ganas	daba con
capaz	aborrecer
un relámpago	

1. La noticia de las bodas corrió por la ciudad como _____.
2. Es fácil _____ a una persona egoísta.
3. Claudia es _____ de dirigir el departamento de inglés.
4. No voy al baile. No _____ de salir esta noche.
5. El niño buscaba y buscaba pero nunca _____ un gatito tan encantador como aquél.

PALABRAS CLAVE II

1. **embajada** casa en que reside el embajador
   Los terroristas pusieron una bomba en la embajada.
2. **exige (exigir)** obliga
   El profesor exige que estudiemos mucho.
3. **mundanal** mundano, relativo o perteneciente al mundo
   Él se retiró del ruido mundanal.
4. **soberbia** arrogante, excesivamente orgullosa
   Me enojó con su actitud soberbia.
5. **vacilaría (vacilar)** dudaría, estaría indeciso
   De tanto vacilar se quedó sin hacer nada.

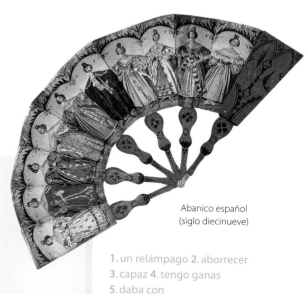

Abanico español
(siglo diecinueve)

1. un relámpago 2. aborrecer
3. capaz 4. tengo ganas
5. daba con

Note: Avoid rushing through vocabulary practice. Stimulate interest with intensive drills using synonyms and antonyms.

PRÁCTICA

Completa con una palabra de la lista.

exige	soberbio	la embajada
mundanal	vacilaría	

1. _____ de los Estados Unidos está en aquella avenida.
2. De acuerdo. Juan es guapo, pero es frío y _____.
3. El patrón _____ que yo llegue a tiempo.
4. María nunca _____; por eso la escogieron para tomar la decisión.
5. Debido a su experiencia _____, mi amiga siempre podía acompañar sus discursos con anécdotas.

Palabras clave III

1. **apuestos** guapos, bien parecidos
   Varios apuestos caballeros asistieron a la tertulia.
2. **bandeja** plato grande que sirve para diversos usos
   La bandeja llena de refrescos está sobre la mesa.
3. **desplegó (desplegar—ie)** desdobló, abrió
   El niño desplegó el abanico y sin saberlo, lo rompió.
4. **estorbando (estorbar)** poniendo obstáculo
   Había muchos automóviles estorbando el paso hacia la casa.
5. **rasgó (rasgar)** desgarró, rompió una cosa de tela o papel
   El chico rasgó sus pantalones.
6. **tropezó (tropezar—ie)** chocó con, por poco cayó (tripped, stumbled)
   Bajando la escalera, el niño tropezó.

PRÁCTICA

Completa con una palabra de la lista.

una bandeja	estorbando	tropezó
rasgó	desplegó	apuestos

1. No vamos a estacionar el auto aquí _____ el paso a los demás.
2. La señora _____ el abanico cuando cerraron las ventanas.
3. El anciano _____ en la nieve; por suerte no le pasó nada.
4. La niña _____ los papeles porque estaba enojada.
5. El criado servía los platos de _____.
6. El salón estaba lleno de _____ caballeros y damas.

EL ABANICO

VICENTE RIVA PALACIO

Pre-reading: Prior to reading the selection, discuss the setting, about mid-18th century Lima, Peru, its aristocratic surroundings, and European attitudes of the ruling class. Read Section I in class and discuss the customs of the times, many of which are now defunct.

El Marqués estaba resuelto a casarse, y había comunicado aquella noticia a sus amigos. La noticia corrió con la velocidad del relámpago por toda la alta sociedad como toque de alarma a todas las madres que tenían hijas casaderas[1], y a todas las chicas que estaban en condiciones y con deseos de contraer matrimonio, que no eran pocas.

Porque, eso sí, el Marqués era un gran partido[2], como se decía entre la gente de mundo. Tenía treinta y nueve años, un gran título, mucho dinero, era muy guapo y estaba cansado de correr el mundo, haciendo siempre el primer papel[3] entre los hombres de su edad dentro y fuera del país.

Pero se había cansado de aquella vida de disipación[4]. Algunos hilos de plata comenzaban a aparecer en su negra barba y entre su sedosa cabellera[5]; y como era hombre de buena inteligencia y no de escasa lectura, determinó sentar sus reales[6] definitivamente, buscando una mujer como él la soñaba para darle su nombre y partir[7] con ella las penas o las alegrías del hogar en los muchos años que estaba determinado a vivir todavía sobre la tierra.

Con la noticia de aquella resolución no le faltaron seducciones ni de maternal cariño ni de románticas o alegres bellezas; pero él no daba todavía con su ideal, y pasaban los días, y las semanas y los meses, sin haber hecho la elección.

—Pero, hombre—le decían sus amigos, —¿hasta cuándo no vas a decidirte?

—Es que no encuentro todavía la mujer que busco.

—Será porque tienes pocas ganas de casarte que muchachas sobran. ¿No es muy guapa la Condesita de Mina de Oro?

—Se ocupa demasiado de sus joyas y de sus trajes; cuidará más de un collar de perlas que de su marido, y será capaz de olvidar a su hijo por un traje de la casa de Worth.

—¿Y la Baronesa del Iris?

—Muy guapa y muy buena; es una figura escultórica, pero lo sabe demasiado; el matrimonio sería para ella el peligro de perder su belleza, y llegaría a aborrecer a su marido si llegaba a suponer[8] que su nuevo estado marchitaba[9] su hermosura.

---

[1] **casaderas** *eligible for marriage*
[2] **un gran partido** *a good "catch"*
[3] **haciendo siempre el primer papel** *always playing the leading role*
[4] **disipación** *wasteful spending*
[5] **sedosa cabellera** *silky hair*
[6] **sentar sus reales** *to settle down*
[7] **partir** *to share*
[8] **suponer** creer, anticipar *(to suppose)*
[9] **marchitaba** *was wilting*

**¹⁰por no perder una función
del Real** *in order not to miss
a performance at the Opera
House*

¹¹sermón de cuaresma *Lenten
sermon*

—¿**Y** la Duquesa de Luz Clara?

—Soberbia belleza; pero sólo piensa en divertirse; me dejaría moribundo en la casa por no perder una función del Real[10], y no vacilaría en abandonar a su hijo enfermo toda una noche por asistir al baile de una embajada.

—¿Y la Marquesa de Cumbre-Nevada, no es guapísima y un modelo de virtud?

—Ciertamente; pero es más religiosa de lo que un marido necesita: ningún cuidado, ninguna pena, ninguna enfermedad de la familia le impediría pasarse toda la mañana en la iglesia, y no vacilaría entre un sermón de cuaresma[11] y la alcobita de su hijo.

—Vamos; tú quieres una mujer imposible.

—No, nada de imposible; ya veréis cómo la encuentro, aunque no sea una completa belleza; porque la hermosura para el matrimonio no es más que el aperitivo para el almuerzo; la busca sólo el que no lleva apetito, que quien tiene hambre no necesita aperitivos, y el que quiere casarse no exige el atractivo de la completa hermosura.

Dama con abanico de Velázquez

Tenía el Marqués como un axioma, fruto de sus lecturas y de su mundanal experiencia, que a los hombres, y quien dice a los hombres también dice a las mujeres, no debe medírseles[12] para formar juicio acerca de ellos por las grandes acciones, sino por las acciones insignificantes y familiares; porque los grandes hechos, como tienen siempre muchos testigos presentes o de referencia, son resultado más del cálculo que de las propias inspiraciones, y no traducen con fidelidad las dotes del corazón o del cerebro[13]; al paso que[14] las acciones insignificantes hijas son[15] del espontáneo movimiento de la inteligencia y de los sentimientos, y forman ese botón que, como dice el refrán antiguo, basta para servir de muestra[16].

Una noche se daba un gran baile en la Embajada de Inglaterra. Los salones estaban literalmente cuajados[17] de hermosas damas y apuestos caballeros, todos flor y nata[18] de las clases más aristocráticas de la sociedad. El Marqués estaba en el comedor, adonde había llevado a la joven Condesita de Valle de Oro, una muchacha de veinte años, inteligente, simpática y distinguida, pero que no llamaba, ni con mucho[19], la atención por su belleza, ni era una de esas hermosuras cuyo nombre viene a la memoria cada vez que se emprende conversación acerca de mujeres encantadoras.

La joven Condesa era huérfana de madre, y vivía sola con su padre, noble caballero, estimado por todos cuantos le conocían.

La Condesita, después de tomar una taza de té, conversaba con algunas amigas antes de volver a los salones.

—Pero, ¿cómo no estuviste anoche en el Real? Cantaron admirablemente el *Tannhauser*[20]—le decía una de ellas.

—Pues mira: me quedé vestida, porque tenía deseos, muchos deseos, de oír el *Tannhauser;* es una ópera que me encanta.

—¿Y qué pasó?

—Pues que ya tenía el abrigo puesto, cuando la doncella[21] me avisó que Leonor estaba muy grave. Entré a verla, y ya no me atreví a separarme de su lado.

—Y esa Leonor—dijo el Marqués terciando[22] en la conversación, —¿es alguna señora de la familia de Ud.?

—Casi, Marqués; es el aya[23] que tuvo mi mamá; y como nunca se ha separado de nosotros y me ha querido tanto, yo la veo como de mi familia.

—¡Qué abanico tan precioso traes!—dijo a la Condesita una de las jóvenes que hablaba con ella.

[12]**medírseles** *measure them*

[13]**no traducen... del cerebro** *don't faithfully convey what is in the heart or mind*

[14]**al paso que** mientras que

[15]**hijas son** *are the result*

[16]**ese botón... de muestra** *that small bit of proof that... suffices as an example*

[17]**cuajados** llenos

[18]**flor y nata** lo mejor

[19]**ni con mucho** *by any means*

[20]*Tannhauser* ópera de Wagner

[21]**doncella** criada

[22]**terciando** *forming the third party*

[23]**aya** *governess*

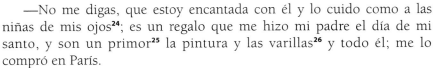

24 **las niñas de mis ojos** algo
especial

25 **primor** belleza, perfección

26 **varillas** *ribs of a fan*

27 **en derredor** alrededor de

28 **Crujieron** Se rompieron

29 **sudando de pena** *sweating
from embarrassment*

30 **podía apenas balbucir una
disculpa** *could scarcely
stammer an apology*

31 **No se apure** No se preocupe

32 **comprometido** *promised*

33 **puñalada de pícaro** *a
roguish joke*

34 **estocada de caballero** *a
gentleman's word*

35 **bodas** ceremonia del
matrimonio

36 **moldura** *showcase*

37 **desposados** recién casados

—No me digas, que estoy encantada con él y lo cuido como a las niñas de mis ojos²⁴; es un regalo que me hizo mi padre el día de mi santo, y son un primor²⁵ la pintura y las varillas²⁶ y todo él; me lo compró en París.

—A ver, a ver—dijeron todas, y se agruparon en derredor²⁷ de la Condesita, que, con una especie de infantil satisfacción, desplegó a sus ojos el abanico, que realmente era una maravilla del arte.

En este momento, uno de los criados que penosamente cruzaba entre las señoras llevando en las manos una enorme bandeja con helados, tropezó, vaciló y, sin poderse valer, vino a chocar contra el abanico, abierto en aquellos momentos, haciéndolo pedazos. Crujieron²⁸ las varillas, rasgóse en pedazos la tela y poco faltó para que los fragmentos hirieran la mano de la Condesita.

—¡Qué bruto!—dijo una señora mayor.

—¡Qué animal tan grande!—exclamó un caballero.

—¡Parece que no tiene ojos!—dijo una chiquilla.

Y el pobre criado, rojo de vergüenza y sudando de pena²⁹, podía apenas balbucir una disculpa³⁰ inteligible.

—No se apure³¹ Ud., no se mortifique—dijo la Condesita con la mayor tranquilidad; —no tiene Ud. la culpa; nosotras, que estamos aquí estorbando el paso.

Y reuniendo con la mano izquierda los restos del abanico, tomó con la derecha el brazo del Marqués, diciéndole con la mayor naturalidad:

—Están tocando un vals, y yo lo tengo comprometido³² con Ud; ¿me lleva Ud. al salón de baile?

—Sí, Condesa; pero no bailaré con Ud. este vals.

—¿Por qué?

—Porque en este momento voy a buscar a su padre para decirle que mañana iré a pedirle a Ud. por esposa, y dentro de ocho días, tiempo suficiente para que Uds. se informen, iré a saber la resolución.

—Pero, Marqués—dijo la Condesita trémula—¿es esto puñalada de pícaro³³?

—No, señora; será cuando más, una estocada de caballero³⁴.

▲▲▲

Tres meses después se celebraban aquellas bodas³⁵; y en una rica moldura³⁶ bajo cristal, se ostentaba en uno de los salones del palacio de los nuevos desposados³⁷ el abanico roto.

Retrato de una dama de Diego Rivera

PARA APLICAR

COMPRENSIÓN I

A *Termina las oraciones según la selección.*
1. El personaje principal es…
2. Él estaba resuelto a…
3. La noticia corrió…
4. Muchas señoritas querían…
5. El Marqués era un…
6. Quería casarse porque estaba cansado de…
7. Quería compartir con su esposa…
8. Pasaban los días, las semanas y los meses sin…
9. La Condesita de Mina de Oro es guapa pero…
10. Para la Baronesa de Iris el matrimonio…

B *Contesta las siguientes preguntas.*
1. ¿Quién es el personaje principal de este cuento?
2. ¿Qué había resuelto?
3. ¿Cómo recibió esta noticia la alta sociedad?
4. ¿Por qué era el Marqués un gran partido?
5. Describe al Marqués.
6. ¿Por qué no había hecho la elección el Marqués?
7. ¿Quiénes eran las señoritas elegibles?

COMPRENSIÓN II

A *Contesta las siguientes preguntas.*
1. ¿Cómo era la Duquesa de Luz Clara?
2. ¿Cómo era la Marquesa de Cumbre Nevada?
3. ¿Cómo era la mujer ideal que buscaba el Marqués?
4. ¿Qué dijo el Marqués de la hermosura para el matrimonio?
5. Según el axioma del Marqués, ¿cómo se debe medir a la gente?
6. ¿Dónde hubo un gran baile una noche?
7. ¿Cómo estaban los salones?
8. ¿Cómo era la joven Condesita de Valle de Oro?

3
COMPRENSIÓN III

A **Contesta las siguientes preguntas.**

1. ¿Quién era Leonor?
2. ¿Qué quiere decir «terciando en la conversación»?
3. ¿Cómo era el abanico que llevaba la Condesita?
4. ¿Quién se lo había regalado?
5. ¿Qué hizo la Condesita para mejor mostrar el abanico?
6. ¿Quién cruzó entre las señoras?
7. ¿Qué le pasó al abanico?
8. ¿Cómo reaccionaron las personas que presenciaron el accidente?
9. ¿Cómo reaccionó la Condesita?
10. ¿Qué tocaba la orquesta en aquel momento?
11. ¿Por qué no lo bailó el Marqués?
12. ¿Dónde encontramos el abanico al final?

B **Escoge la respuesta apropiada.**

1. ¿Por qué no había ido la Condesita a la ópera la noche anterior?
   a. Se había quedado sin vestido.
   b. No quería separarse del aya.
   c. No tenía ganas de oír *Tannhauser.*
2. ¿Qué supo el Marqués de la conversación entre la Condesita y sus amigas?
   a. La Condesa de Valle de Oro era fiel y cariñosa.
   b. Terciar en la conversación es grave.
   c. La Condesa de Valle de Oro se parece a la Duquesa de Luz Clara.
3. ¿Cómo se portó la Condesa de Valle de Oro cuando un criado hizo pedazos el abanico?
   a. Le gritó: —¿Por qué no usa los ojos?
   b. Con serenidad dijo: —No se preocupe.
   c. Comenzó a sudar y balbucir.
4. ¿Por qué no bailó el Marqués con ella?
   a. Tenía otro compromiso.
   b. No sabía bailar el vals.
   c. Fue a anunciar al padre de ella que al día siguiente iría a pedir su mano.
5. ¿Qué creía la Condesita?
   a. Que él se burlaba de ella.
   b. Que él era un caballero.
   c. Que él arreglaría el abanico.

PARA CONTINUAR CONVERSANDO

A *Contesta las siguientes preguntas.*
1. ¿Te gusta bailar? ¿Qué bailes prefieres?
2. ¿Has asistido alguna vez a un baile formal? ¿Cómo te vestiste? ¿Cómo se vistió tu compañero(a)?
3. ¿Qué recuerdos tienes de aquella ocasión?
4. ¿Qué clase de música prefieres?
5. Nombra algunos de los grupos musicales que te interesan.
6. ¿Has oído algunas óperas? ¿Cuáles? ¿Hay alguna que te encante? ¿Te gusta la música clásica?
7. ¿Cuáles son las cualidades que buscas en un esposo o en una esposa?
8. ¿Cómo las vas a medir?
9. ¿Todavía es costumbre pedirle al padre la mano de la novia?

Note: Have students form pairs or groups and ask them to use these questions in friendly conversation.

PARA PRACTICAR

A *Da un sinónimo de las palabras indicadas.*
1. No lo debes *odiar* tanto.
2. Muchos caballeros *guapos* asistieron a la fiesta.
3. Los *recién casados* vinieron a visitarnos.
4. Es mejor no estar *indeciso*.
5. Asistimos *al casamiento* del Marqués.
6. Fue una experiencia *mundana*.

A. **1.** aborrecer **2.** apuestos
3. desposados **4.** incierto, dudoso
5. a la boda **6.** mundanal

POR SI ACASO...

En grupo o con un(a) compañero(a) consideren estas ideas:
1. Prepara una lista de las cualidades que buscas en un esposo o en una esposa. ¿Son algunas más importantes que otras? ¿Cómo las puedes medir? Más o menos, ¿a qué edad piensas casarte?
2. Busca información para una discusión sobre las costumbres del noviazgo en los Estados Unidos y en los países de habla española. Sugerencias: la dueña, la serenata, la petición de mano, el anuncio del noviazgo.
3. Continúa en forma similar conversando sobre otras costumbres relacionadas con la boda. Puedes incluir temas como el anillo de prometida, las fiestas de despedida, las ceremonias de la iglesia, el "rol" del cura o del pastor, la boda civil y la religiosa, la importancia de las firmas de los testigos, las madrinas de la novia, las obligaciones de los padrinos, el simbolismo de las arras, el lazo, la fiesta de boda, y los discursos (*speeches*) de varios parientes.

LA PARED
VICENTE BLASCO IBÁÑEZ
(1867-1928)

Note: You may wish to tell students that this reading selection presents an environment of hatred and vengeance, and a determination not to make peace between two enemies; but that it also offers a solution to those problems.

PARA PRESENTAR LA LECTURA

El poeta norteamericano Robert Frost en su poema «Mending Wall» dice: «Hay algo que no quiere una pared, que quiere derribarla». Una pared o tapia entre dos casas debe de ser un símbolo de respeto mutuo. Cuando no representa tal respeto llega a ser un testimonio vivo de odio, mezclado con temor, como lo fue el infame muro de Berlín. Si un símbolo deja de representar lo decente, debe de ser cambiado o destruido.

En «La pared», Vicente Blasco Ibáñez, famoso escritor español de este siglo, nos muestra lo inútil que es vivir consumido por el odio y por deseos de venganza. Sólo cuando los principales personajes fueron impulsados por la compasión humana y decidieron salvar una vida en vez de matar, fue restaurada la amistad de antaño y se destruyó el símbolo de su separación.

Note: Have students offer possible solutions to some of the problems of hate and violence that we face in our society and throughout the world today.

PARA ENTABLAR CONVERSACIÓN

¿Existen impedimentos a la amistad en nuestros tiempos (en los tiempos presentes)? Da ejemplos si estás enterado(a) de unos.

¿Has sufrido problemas con los vecinos? ¿Fue posible resolverlos? ¿Cómo?

En la sociedad de hoy, ¿qué grupos o autoridades pueden resolver conflictos de manera apacible? En tu escuela, ¿hay tales grupos o consejeros?

Destrucción del infame muro de Berlín, Alemania

PARA AUMENTAR EL VOCABULARIO

PALABRAS CLAVE I

1. **agudo** delgado, sutil, penetrante *(pointed, sharp)*
   Sus agudas palabras ofendieron al grupo.
2. **anochecer** llegar la noche, la oscuridad
   Las gallinas se duermen al anochecer.
3. **descuidos** faltas de cuidado o atención, omisiones
   Aproveché su descuido para avanzar.
4. **escopetazo** tiro que sale de la escopeta *(shotgun)*; herida hecha
   con este tiro
   La liebre murió de un escopetazo.
5. **mocetones** muchachos jóvenes y robustos
   Su hijo era un mocetón mimado.
6. **odios** sentimientos que uno siente cuando detesta algo o a alguien
   El anciano le guardaba un odio profundo a su vecino.
7. **predicaban (predicar)** pronunciaban un sermón, decían en público
   El deber del cura es predicar el amor de Dios.
8. **rencor** resentimiento, amargura
   Por medio de sus malas acciones mostró su rencor.
9. **tendió (tender—ie)** extendió en el suelo
   Van a tender el tapiz en la sala.

Note: Present and practice the vocabulary until students have learned it well.

PRÁCTICA

Completa con una palabra de la lista.

agudo	el descuido	predicaban
el odio	mocetón	el anochecer
tendió	el rencor	el escopetazo

1. Vamos bien. Llegaremos allí antes de _____.
2. El cura y el alcalde _____ la paz.
3. Pídale a ese _____ que le ayude a llevar el equipaje.
4. Su acento _____ nos irritó.
5. _____ no adelanta las buenas relaciones humanas.
6. Él ayudó al herido y lo _____ en el suelo.
7. Estos instrumentos ya no sirven a causa de _____.
8. _____ es semejante al odio.
9. _____ le causó la muerte.

1. del anochecer 2. predicaban
3. mocetón 4. agudo 5. El odio
6. tendió 7. el descuido
8. el rencor 9. el escopetazo

Valencia, España

Palabras clave II

1. **aislarse** separarse de otros
   A María le gusta aislarse de los demás cuando tiene que trabajar.
2. **asombro** sorpresa
   Su padre no mostró el menor asombro al oír el chisme.
3. **ásperas** de superficie desigual (*rough*)
   El mecánico usa una loción especial para no tener las manos ásperas.
4. **gemía (gemir)** expresaba el dolor con sonidos de sufrimiento
   Las víctimas del incendio gemían toda la noche.
5. **leña** trozos de madera que se queman en la chimenea
   Antes de hacer el fuego en la chimenea, hay que buscar leña.
6. **transcurrió (transcurrir)** pasó el tiempo
   Transcurrió un día tras otro sin que llegara la noticia.

PRÁCTICA

Completa con una palabra de la lista.

gemía	ásperas	transcurrió
leña	el asombro	aislarse

1. Transcurrió 2. el asombro
3. leña 4. ásperas 5. gemía
6. aislarse

1. _____ un año hasta que terminaron la construcción.
2. Por su cara pálida se nota _____ del ganador.
3. Se dice que la madera seca hace muy buena _____.
4. La enfermera tenía las manos _____ de haberlas lavado tantas veces.
5. El niño enfermo _____ toda la noche. Tenía mucha fiebre y dolor.
6. Es difícil tener amigos si uno insiste en _____ todo el tiempo.

La pared

Vicente Blasco Ibáñez

1

Siempre que los nietos del tío Rabosa se encontraban con los hijos de la viuda de Casporra en las sendas[1] de la huerta o en las calles de Campanar, todo el vecindario[2] comentaba el suceso. ¡Se habían mirado! ¡Se insultaban con el gesto! Aquello acabaría mal, y el día menos pensado el pueblo sufriría un nuevo disgusto.

El alcalde con los vecinos más notables predicaban paz a los mocetones de las dos familias enemigas, y allá iba el cura, un vejete[3] de Dios, de una casa a otra, recomendando el olvido de las ofensas.

Treinta años que los odios de los Rabosa y Casporra traían alborotado[4] a Campanar. Casi en las puertas de Valencia, en el risueño[5] pueblecito que desde la orilla del río miraba a la ciudad con los redondos[6] ventanales de su agudo campanario[7], repetían aquellos bárbaros, con un rencor africano, la historia de luchas y violencias de las grandes familias italianas en la Edad Media. Habían sido grandes amigos en otro tiempo; sus casas, aunque situadas en distinta calle, lindaban[8] por los corrales, separadas únicamente por una tapia[9] baja. Una noche, por cuestiones de riego[10], un Casporra tendió en la huerta de un escopetazo a un hijo del tío Rabosa, y el hijo menor de éste, para que no se dijera que en la familia no quedaban hombres, consiguió, después de un mes de acecho[11], colocarle una bala entre las cejas[12] al matador. Desde entonces las dos familias vivieron para exterminarse, pensando más en aprovechar los descuidos del vecino que en el cultivo de las tierras. Escopetazos en medio de la calle; tiros que al anochecer relampagueaban desde el fondo de una acequia[13] o tras los cañares[14] o ribazos[15] cuando el odiado enemigo regresaba del campo; alguna vez un Rabosa o un Casporra camino del cementerio con una onza de plomo dentro del pellejo[16], y la sed de venganza[17] sin extinguirse, antes bien, extremándose[18] con las nuevas generaciones, pues parecía que en las dos casas los chiquitines salían ya del vientre[19] de sus madres tendiendo las manos a la escopeta para matar a los vecinos.

Después de treinta años de lucha, en casa de los Casporra sólo quedaban una viuda con tres hijos mocetones que parecían torres de músculos. En la otra estaba el tío Rabosa, con sus ochenta años, inmóvil en un sillón de esparto[20], con las piernas muertas por la parálisis, como un arrugado ídolo de la venganza, ante el cual juraban sus nietos defender el prestigio de la familia.

Pero los tiempos eran otros. Ya no era posible ir a tiros como sus padres en plena plaza a la salida de la misa mayor. La Guardia Civil no les perdía de vista; los vecinos les vigilaban, y bastaba que uno de ellos

[1] **sendas** *paths*
[2] **vecindario** *neighborhood*
[3] **vejete** *viejo*
[4] **alborotado** *agitado*
[5] **risueño** *agradable*
[6] **redondo** *de figura circular*
[7] **campanario** *bell tower*
[8] **lindaban** *were joined*
[9] **tapia** *pared*
[10] **riego** *irrigation*
[11] **acecho** *lying in wait*
[12] **cejas** *eyebrows*
[13] **acequia** *canal*
[14] **cañares** *cane fields*
[15] **ribazos** *mounds, hillocks*
[16] **pellejo** *skin*
[17] **venganza** *revancha (revenge)*
[18] **extremándose** *going to even further extremes*
[19] **vientre** *insides*
[20] **esparto** *hemp*

se detuviera algunos minutos en una senda o en una esquina, para verse al momento rodeado de gente que le aconsejaba la paz. Cansados de esta vigilancia que degeneraba en persecución y se interponía entre ellos como infranqueable[21] obstáculo, Casporra y Rabosa acabaron por no buscarse, y hasta se huían cuando la casualidad les ponía frente a frente.

Tal fue su deseo de aislarse y no verse, que les pareció baja la pared que separaba sus corrales. Las gallinas de unos y otros, escalando los montones de leña, fraternizaban en lo alto de las bardas[22]; las mujeres de las dos casas cambiaban desde las ventanas gestos de desprecio. Aquello no podía resistirse: era como vivir en familia; la viuda de Casporra hizo que sus hijos levantaran la pared una vara[23]. Los vecinos se apresuraron a manifestar su desprecio[24] con piedra y argamasa[25], y añadieron algunos palmos más a la pared. Y así, en esta muda y repetida manifestación de odio la pared fue subiendo y subiendo. Ya no se veían las ventanas; poco después no se veían los tejados[26]; las pobres aves del corral estremecíanse[27] en la lúgubre sombra de aquel paredón que les ocultaba parte del cielo, y sus cacareos sonaban tristes y apagados a través de aquel muro, monumento de odio, que parecía amasado[28] con los huesos y la sangre de las víctimas.

Así transcurrió el tiempo para las dos familias, sin agredirse[29] como en otra época, pero sin aproximarse: inmóviles y cristalizadas en su odio.

Una tarde sonaron a rebato[30] las campanas del pueblo. Ardía la casa del tío Rabosa. Los nietos estaban en la huerta; la mujer de uno de éstos en el lavadero, y por las rendijas[31] de puertas y ventanas salía un humo denso de paja quemada[32]. Dentro, en aquel infierno que rugía[33] buscando expansión, estaba el abuelo, el pobre tío Rabosa, inmóvil en su sillón. La nieta se mesaba los cabellos[34], acusándose como autora de todo por su descuido; la gente arremolinábase[35] en la calle, asustada por la fuerza del incendio. Algunos, más valientes, abrieron la puerta, pero fue para retroceder ante la bocanada[36] de denso humo cargada de chispas que se esparció[37] por la calle.

—¡El agüelo[38]! ¡El pobre agüelo!—gritaba la de los Rabosas volviendo en vano la mirada en busca de un salvador.

Los asustados vecinos experimentaron el mismo asombro que si hubieran visto el campanario marchando hacia ellos. Tres mocetones entraban corriendo en la casa incendiada. Eran los Casporra. Se habían mirado cambiando un guiño de inteligencia[39], y sin más palabras se arrojaron como salamandras en el enorme brasero[40]. La multitud les aplaudió al verles reaparecer llevando en alto como a un santo en sus andas[41] al tío Rabosa en su sillón de esparto. Abandonaron al viejo sin mirarle siquiera, y otra vez adentro.

—¡No, no!—gritaba la gente.

Pero ellos sonreían siguiendo adelante. Iban a salvar algo de los intereses de sus enemigos. Si los nietos del tío Rabosa estuvieran allí, ni se habrían movido ellos de casa. Pero sólo se trataba de un pobre viejo, al que debían proteger como hombres de corazón[42]. Y la gente les veía tan pronto en la calle como dentro de la casa, buceando en el humo[43], sacudiéndose las chispas como inquietos demonios, arrojando muebles y sacos para volver a meterse entre las llamas[44].

Lanzó un grito la multitud al ver a los dos hermanos mayores sacando al menor en brazos. Un madero[45], al caer, le había roto una pierna.

—¡Pronto, una silla!

La gente, en su precipitación, arrancó al viejo Rabosa de su sillón de esparto para sentar al herido.

El muchacho, con el pelo chamuscado[46] y la cara ahumada, sonreía, ocultando los agudos dolores que le hacían fruncir los labios[47]. Sintió que unas manos trémulas, ásperas, con las escamas[48] de la vejez, oprimían las suyas.

—¡Fill meu[49]! ¡Fill meu!—gemía la voz del tío Rabosa, quien se arrastraba hacia él.

Y antes que el pobre muchacho pudiera evitarlo, el paralítico buscó con su boca desdentada y profunda[50] las manos que tenía agarradas y las besó un sinnúmero de veces, bañándolas con lágrimas.

▲▲▲

Ardió toda la casa. Y cuando los albañiles[51] fueron llamados para construir otra, los nietos del tío Rabosa no les dejaron comenzar por la limpia del terreno, cubierto de negros escombros[52]. Antes tenían que hacer un trabajo más urgente: derribar[53] la pared maldita[54]. Y empuñado el pico, ellos dieron los primeros golpes.

[42] **hombres de corazón** *good-hearted men, men of good will*
[43] **buceando en el humo** *plunging into the smoke*
[44] **llamas** *flames*
[45] **madero** *beam, plank*
[46] **pelo chamuscado** *singed hair*
[47] **fruncir los labios** *pucker up his lips*
[48] **escamas** *calluses*
[49] **¡Fill meu!** ¡Hijo mío! *(My son!)*
[50] **boca desdentada y profunda** *deep, toothless mouth*
[51] **albañiles** *stone masons*
[52] **escombros** *rubble*
[53] **derribar** *tear down*
[54] **maldita** *cursed*

PARA APLICAR

COMPRENSIÓN I

A *Contesta las siguientes preguntas.*

1. ¿Dónde tiene lugar este cuento?
2. ¿Cómo se llaman las dos familias enemigas de Campanar?
3. ¿Qué suceso comentaba el vecindario?
4. ¿Qué temía el pueblo?
5. ¿Quiénes predicaban la paz?
6. ¿Adónde iba el cura? ¿Qué hacía para evitar otra desgracia?
7. ¿Por cuántos años traían alborotado a Campanar?
8. Describe la colocación de las dos casas.
9. ¿Qué las separaba?
10. ¿Por qué mató un Casporra a un hijo del tío Rabosa?
11. Describe al tío Rabosa.
12. ¿Qué hacían para evitar enfrentarse el uno con el otro?
13. ¿Cómo son los tiempos ahora?

Una calle céntrica en la ciudad de Valencia, España

A *Contesta las siguientes preguntas.*

1. ¿Por qué levantaron más la pared?
2. ¿Qué oyeron una tarde?
3. ¿Qué hacía la gente enfrente de la casa incendiada?
4. ¿Qué hacia la nieta?
5. ¿Cómo fue salvado el tío?
6. Después de llevarlo afuera de la casa, ¿qué hicieron?
7. ¿Qué le pasó a uno de los Casporra?
8. ¿Cómo le llamó el tío Rabosa?
9. ¿Qué hicieron los nietos del tío Rabosa antes de reconstruir la casa?

A. 1. por el deseo de aislarse y no verse 2. las campanas del pueblo 3. se arremolinaba en la calle 4. se mesaba los cabellos 5. los Casporra lo sacaron de la casa 6. volvieron a entrar en la casa 7. Un madero, al caer, le rompió una pierna. 8. ¡Fill meu! ¡Fill meu! 9. derribaron la pared

B. 3, 6, 8, 10, 1, 4, 9, 7, 2, 5

B *Escribe las siguientes oraciones, poniéndolas en el orden en que se encuentran en la selección.*

1. Debido a la tapia baja, las gallinas fraternizaban.
2. Una tarde comenzó a quemarse la casa del tío.
3. Las luchas duraron treinta años.
4. La viuda mandó hacer más alta la pared.
5. Aunque algunos querían hacerlo, nadie entró a salvar al pobre viejo.
6. Era imposible cambiar escopetazos en la calle porque todo el mundo les vigilaba.
7. Mientras más aumentó el odio, más subió la tapia.
8. El tío paralizado parecía un arrugado ídolo cuyo buen nombre sus nietos juraban proteger.
9. Las mujeres cambiaban gestos de desprecio sobre la pared.
10. Terminaron por evitar un encuentro.

PARA CONTINUAR CONVERSANDO

A *Contesta las siguientes preguntas.*

1. ¿Te enojas fácilmente? ¿Cuáles son las cosas que te enojan?
2. ¿Cómo resuelves tu ira? ¿Hay alguien con quien puedes discutir los problemas? ¿Quién es?
3. ¿Prefieres aislarte en tales circunstancias?
4. ¿Qué harías si vieras que se quema la casa de un vecino?
5. ¿Qué cosas tratarías de salvar de una casa incendiada?
6. ¿Dónde queda el servicio de bomberos en tu pueblo?
7. ¿Qué aparato tienen para extinguir incendios?
8. ¿Dónde están colocados los extinguidores en la escuela? ¿Y las alarmas?
9. ¿A qué número llamarías para avisar que hay un incendio?

Iglesia Santa Catalina, Valencia, España

PARA PRACTICAR

A *Completa las siguientes oraciones con una palabra apropiada.*

1. El señor murió y dejó a la _____ con cuatro niños.
2. Tenemos que _____ la buena noticia por todo el pueblo.
3. Ellos quieren _____ y no hablar con nadie.
4. Es mejor _____ el amor y no el rencor.
5. La máquina no funciona; está _____.

POR SI ACASO...

En grupo o con un(a) compañero(a) consideren estas actividades:

1. Haz una lista de las varias pasiones evidentes en la historia. Cita ejemplos.
2. Cita ejemplos de otras disputas ficticias o verdaderas que terminaron con la extinción entera o parcial de las familias.
3. Hoy día en nuestra sociedad no aprobamos la idea de vengarnos por ningún motivo, pero en otros tiempos se consideraba un derecho natural conseguir una satisfacción por una cuestión de honor. ¿Por qué dejaron de buscar su venganza los hijos de los ofendidos? ¿Qué hacían cuando se encontraban? Nota el simbolismo en este cuento. ¿Qué simboliza la pared? ¿El fuego? ¿El hecho de los Casporra? ¿El derribo de la pared?
4. Prepara una escena para el noticiero de televisión y entrevista a un nieto del tío y a un hijo de la viuda después del incendio.

PARA GOZAR

PARA PRESENTAR LA LECTURA

La Semana Santa en España es la semana antes de la Pascua Florida. Se celebra en todas partes de España, pero es la ciudad de Sevilla la que atrae a miles de personas para observar las ceremonias religiosas.

El Viernes Santo los miembros de hermandades religiosas desfilan solemnemente por las calles llevando en alto las andas[1] con sus estatuas adornadas. Se visten de túnica morada[2] sin bordados y llevan capuchas[3] para cubrirse la cara. Desfilan descalzos[4] expiando[5] sus pecados[6]. Son los penitentes... los arrepentidos.

La selección que sigue se llama «El arrepentido». No se trata en esta ocasión de la Semana Santa. Tomeu el Viejo no se pone túnica ni capucha; tampoco desfila. Pero quiere mostrar antes de morir que también es buen creyente.

La selección fue escrita por Ana María Matute, autora contemporánea de cuentos memorables.

[1] **andas** plataformas en las cuales se llevan las figuras representativas durante la Semana Santa

[2] **morada** de color de violeta oscuro

[3] **capucha** especie de capilla prendida al cuello de algunos hábitos religiosos (*hood*)

[4] **descalzos** con los pies desnudos

[5] **expiando** reparando una culpa por medio de un sacrificio (*atoning*)

[6] **pecados** transgresiones

EL ARREPENTIDO
ANA MARÍA MATUTE

Note: Ask students to pay attention to the vocabulary glosses. Have several individuals read the selection and help with comprehension as needed. Vary the procedure to keep interest level high.

El café era estrecho y oscuro. La fachada principal daba a[1] la carretera y la posterior a la playa. La puerta que se abría a la playa estaba cubierta por una cortina de cañuelas[2], bamboleada[3] por la brisa. A cada impulso sonaba un diminuto crujido, como de un pequeño entrechocar[4] de huesos.

Tomeu el Viejo estaba sentado en el quicio[5] de la puerta. Entre las manos acariciaba lentamente una petaca[6] de cuero negro, muy gastada. Miraba hacia más allá de la arena, hacia la bahía. Se oía el ruido del motor de una barcaza[7] y el coletazo[8] de las olas contra las rocas. Una lancha vieja, cubierta por una lona, se mecía[9] blandamente, amarrada[10] a la playa.

—Así que es eso—dijo Tomeu, pensativo. Sus palabras eran lentas y parecían caer delante de él, como piedras. Levantó los ojos y miró a Ruti.

Ruti era un hombre joven, delgado y con gafas. Tenía ojos azules, inocentes, tras los cristales.

—Así es—contestó. Y miró al suelo.

Tomeu escarbó[11] en el fondo de la petaca, con sus dedos anchos y oscuros. Aplastó una brizna[12] de tabaco entre las yemas[13] de los dedos y de nuevo habló, mirando hacia el mar:

—¿Cuánto tiempo me das?

Ruti carraspeó[14]:

—No sé... a ciencia cierta, no puede decirse así. Vamos: quiero decir, no es infalible.

—Vamos, Ruti. Ya me conoces: dilo.

Ruti se puso encarnado[15]. Parecía que le temblaban los labios.

—Un mes..., acaso dos...

—Está bien, Ruti. Te lo agradezco, ¿sabes?... Sí, te lo agradezco mucho. Es mejor así.

Ruti guardó silencio.

—Ruti—dijo Tomeu. —Quiero decirte algo: ya sé que eres escrupuloso, pero quiero decirte algo, Ruti. Yo tengo más dinero del que la gente se figura: ya ves, un pobre hombre, un antiguo pescador, dueño de un cafetucho[16] de camino... Pero yo tengo dinero, Ruti. Tengo mucho dinero.

Ruti pareció incómodo. El color rosado de sus mejillas se intensificó:

—Pero, tío..., yo... ¡no sé por qué me dice esto!

—Tú eres mi único pariente, Ruti—repitió el viejo, mirando ensoñadoramente[17] al mar. —Te he querido mucho.

Ruti pareció conmovido.

—Bien lo sé—dijo. —Bien me lo ha demostrado siempre.

Vocabulary glosses

[1] **daba a** enfrentaba (*faced on, overlooked*)
[2] **cortina de cañuelas** *protective beaded curtain*
[3] **bamboleada** movida a un lado y otro (*swayed*)
[4] **entrechocar** chocar dos cosas una contra otra
[5] **quicio** parte de la puerta
[6] **petaca** estuche para llevar tabaco o cigarros
[7] **barcaza** lanchón para transportar carga de los barcos a la tierra y vice-versa
[8] **coletazo** golpe dado con la cola (*whipping*)
[9] **se mecía** se movía de un lugar a otro sin mudar de lugar (*rocked*)
[10] **amarrada** sujetada, atada y asegurada por medio de cuerdas o cadenas
[11] **escarbó** rasguñó (*scratched around*)
[12] **brizna** un poco (*a pinch of tobacco*)
[13] **yemas** puntas de los dedos al lado opuesto a las uñas (*fingertips*)
[14] **carraspeó** habló con voz ronca (*said in a hoarse voice*)
[15] **encarnado** colorado, color de carne
[16] **cafetucho** un café de mal aspecto
[17] **ensoñadoramente** de una manera que parecía un ensueño

[18] **mechones** porciones de pelo separadas de un conjunto

[19] **zumbido** ruido o sonido producido por los insectos

[20] **parpadeó** abrió y cerró rapidamente los ojos *(blinked)*

[21] **dio un sorbito** tomó una cantidad pequeña del coñac

—Volviendo a lo de antes: tengo mucho dinero, Ruti. ¿Sabes? No siempre las cosas son como parecen.

Ruti sonrió. (*Acaso quiere hablarme de sus historias de contrabando. ¿Creerá acaso que no lo sé? ¿Se figura, acaso, que no lo sabe todo el mundo? ¡Tomeu el Viejo! ¡Bastante conocido, en ciertos ambientes! ¿Cómo hubiera podido costearme la carrera de no ser así?*) Ruti sonrió con melancolía. Le puso una mano en el hombro:

—Por favor, tío... No hablemos de esto. No, por favor... además, ya he dicho: puedo equivocarme. Sí: es fácil equivocarse. Nunca se sabe...

Tomeu se levantó bruscamente. La cálida brisa le agitaba los mechones[18] grises:

—Entra, Ruti. Vamos a tomar una copa juntos.

Apartó con la mano las cañuelas de la cortinilla y Ruti pasó delante de él. El café estaba vacío a aquella hora. Dos moscas se perseguían, con gran zumbido[19]. Tomeu pasó detrás del mostrador y llenó dos copas de coñac. Le ofreció una:

—Bebe, hijo.

Nunca antes le llamó hijo. Ruti parpadeó[20] y dio un sorbito[21].

—Estoy arrepentido—dijo el viejo, de pronto.

Ruti le miró fijamente.

—Sí—repitió, —estoy arrepentido.

—No le entiendo, tío.

—Quiero decir: mi dinero, no es un dinero limpio. No, no lo es.

Bebió su copa de un sorbo, y se limpió los labios con el revés de la mano.

—Nada me ha dado más alegría: haberte hecho lo que eres, un buen médico.

—Nunca lo olvidaré—dijo Ruti, con voz temblorosa. Miraba al suelo otra vez, indeciso.

—No bajes los ojos, Ruti. No me gusta que desvíen la mirada cuando yo hablo. Sí, Ruti: estoy contento por eso. ¿Y sabes por qué?

Ruti guardó silencio.

—Porque gracias a ello tú me has avisado de la muerte. Tú has podido reconocerme, oír mis quejas, mis dolores, mis temores… Y decirme, por fin: *acaso un mes, o dos.* Sí, Ruti: estoy contento, muy contento.

—Por favor, tío. Se lo ruego. No hable así…, todo esto es doloroso. Olvidémoslo.

—No, no hay por qué olvidarlo. Tú me has avisado y estoy tranquilo. Sí, Ruti: tú no sabes cuánto bien me has hecho.

Ruti apretó la copa entre los dedos y luego la apuró[22], también de un trago.

—Tú me conoces bien, Ruti. Tú me conoces muy bien.

Ruti sonrió pálidamente.

El día pasó como otro cualquiera. A eso de las ocho, cuando volvían los obreros del cemento, el café se llenó. El viejo Tomeu se portó como todos los días, como si no quisiera amargar[23] las vacaciones de Ruti, con su flamante[24] título recién estrenado. Ruti parecía titubeante[25], triste. Más de una vez vio que le miraba en silencio.

El día siguiente transcurrió, también, sin novedad. No se volvió a hablar del asunto entre ellos dos. Tomeu más bien parecía alegre. Ruti, en cambio, serio y preocupado.

Pasaron dos días más. Un gran calor se extendía sobre la isla. Ruti daba paseos en barca, bordeando la costa. Su mirada azul, pensativa, vagaba por el ancho cielo. El calor pegajoso le humedecía la camisa, adhiriéndosela al cuerpo. Regresaba pálido, callado. Miraba a Tomeu y respondía brevemente a sus preguntas.

Al tercer día, por la mañana, Tomeu entró en el cuarto de su sobrino y ahijado[26]. El muchacho estaba despierto.

—Ruti—dijo suavemente.

Ruti echó mano de sus gafas, apresuradamente. Su mano temblaba:

—¿Qué hay, tío?

Tomeu sonrió.

—Nada—dijo. —Salgo, ¿sabes? Quizá tarde algo. No te impacientes.

Ruti palideció:

—Está bien—dijo. Y se echó hacia atrás, sobre la almohada.

—Las gafas, Ruti—dijo Tomeu. —No las rompas.

Ruti se las quitó despacio y se quedó mirando al techo. Por la pequeña ventana entraban el aire caliente y el ruido de las olas.

Era ya mediodía cuando bajó al café. La puerta que daba a la carretera estaba cerrada. Por lo visto su tío no tenía intención de atender a la clientela.

Ruti se sirvió café. Luego, salió atrás a la playa. La barca amarrada se balanceaba lentamente.

A eso de las dos vinieron a avisarle. Tomeu se había pegado un tiro, en el camino de la Tura. Debió de hacerlo cuando salió, a primera hora de la mañana.

[22] **apuró** acabó con la bebida

[23] **amargar** comunicar sabor o gusto desagradable a una cosa, arruinar

[24] **flamante** resplandeciente y nuevo

[25] **titubeante** vacilando

[26] **ahijado** cualquier persona respecto de sus padrinos (*godchild*)

27 abatido desanimado
28 miope que necesita aproximarse mucho a las cosas
para verlas por exceso de
refracción de la luz en el ojo

Ruti se mostró muy abatido[27]. Estaba pálido y parecía más miope[28] que nunca.

—¿Sabe usted de alguna razón que llevara a su tío a hacer esto?

—No, no puedo comprenderlo..., no puedo imaginarlo. Parecía feliz.

Al día siguiente, Ruti recibió una carta. Al ver la letra con su nombre en el sobre, palideció y lo rasgó, con mano temblorosa. Aquella carta debió de echarla su tío al correo antes de suicidarse, al salir de su habitación.

Ruti leyó:

«Querido Ruti: Sé muy bien que no estoy enfermo, porque no sentía ninguno de los dolores que te dije. Después de tu reconocimiento consulté a un médico y quedé completamente convencido. No sé cuánto tiempo habría vivido aún con mi salud envidiable, porque estas cosas, como tú dices bien, no se saben nunca del todo. Tú sabías que si me creía condenado, no esperaría la muerte en la cama, y haría lo que he hecho, a pesar de todo; y que, por fin, me heredarías. Pero te estoy muy agradecido, Ruti, porque yo sabía que mi dinero era sucio, y estaba ya cansado. Cansado y, tal vez, eso que se llama arrepentido. Para que Dios no me lo tenga en cuenta—tú sabes, Ruti, que soy buen creyente a pesar de tantas cosas—dejo mi dinero a los niños del Asilo.»

ACTIVIDADES

A. 1. Tomeu se arrepiente de su
dinero sucio; de haber puesto
su confianza en Ruti; de otros
pecados porque es buen creyente.
2. ruidos de huesos chocantes -
amenaza de tragedia; ojos azules
- inocencia; corazón negro- men-
tiroso; dinero sucio - malos actos;
Ruti baja la mirada-culpa; regalo
al Asilo - contrición **3.** revela que
sabía que Ruti le mentía **4.** Answers
will vary.

B. Answers will vary.

A *Contesta las siguientes preguntas.*

1. ¿Qué significa el título del cuento?
2. ¿Puedes identificar algunos ejemplos de simbolismo o ironía en el cuento? ¿Cuáles son?
3. ¿Qué sorpresa contiene el desenlace?
4. Haz un comentario de reacción a las siguientes oraciones:
   a. Ruti tenía ojos azules, inocentes y un corazón negro, frío.
   b. Tomeu quería mostrar que era buen creyente y se suicidó.

B *Usando los siguientes datos, prepara una conversación imaginaria entre el administrador del Asilo que heredó el dinero de Tomeu y su secretario.*

a. Ruti mintió a su padrino quien le había cuidado y educado.
b. Ruti contaba con la herencia de su padrino.
c. El dinero de Tomeu era sucio, es decir, había sido ganado de una manera ilegal.
d. Pensando en su dinero mal ganado y la mentira que le había dicho su ahijado, Tomeu no quería vivir.
e. El padrino le dio a su ahijado la oportunidad de retractarse de la mentira que le había contado.
f. Ruti luchó con su conciencia pero no hizo nada para rectificar la mentira del diagnóstico.
g. El viejo cambió su último testamento, dejando todo al Asilo, y luego se suicidó.

PARA PRESENTAR LA LECTURA

Pablo Neruda (seudónimo de Neftalí Ricardo Reyes) nació en Chile en 1904. Escribió y publicó gran cantidad de libros y poemas. A los veinte años escribió Veinte poemas de amor y una canción desesperada *que le hace famoso por la originalidad (el tono displicente) con que trata el tema del amor. Su obra poética le gana uno de los más altos puestos en la lírica hispanoamericana. Ganó el premio Nóbel de literatura en 1971 y murió en 1973.*

En «Hemos perdido aún», Neruda nos presenta una evocación de un momento de amor, trayendo al presente los momentos nostálgicos del pasado cuando «él» estaba con «ella».

Note: Read the introduction and discuss the importance of Pablo Neruda. Read the poem with the entire class. Select a good reader and ask him/her to model a clear and dramatic reading of the poem. Answer any questions that may arise in regards to understanding. Students may write their opinions of the poem, but do not let this interfere with enjoyment.

Pablo Neruda

Torres de Paine, Chile

HEMOS PERDIDO AÚN
PABLO NERUDA

[1] **crepúsculo** anochecer
[2] **poniente** oeste (donde se
  pone el sol)

Hemos perdido aún este crepúsculo[1].
Nadie nos vio esta tarde con las manos unidas
mientras la noche azul caía sobre el mundo.

He visto desde mi ventana
la fiesta del poniente[2] en los cerros lejanos.

A veces como una moneda
se encendía un pedazo de sol entre mis manos.

Yo te recordaba con el alma apretada
de esa tristeza que tú me conoces.

¿Entonces dónde estabas?
¿Entre qué gentes?
¿Diciendo qué palabras?
¿Por qué se me vendrá todo el amor de golpe
cuando me siento triste, y te siento lejana?

Cayó el libro que siempre se toma en el crepúsculo,
y como un perro herido rodó a mis pies mi capa.

Siempre, siempre te alejas en las tardes
hacia donde el crepúsculo corre borrando estatuas.

*Arco iris sobre la laguna Armaga
y la cordillera de Paine, Chile*

COMUNICÁNDOSE SIN HABLAR

CATALINA: Había una vez en que una chica española no podía salir con su novio sin que alguien la acompañara.

MANUEL: ¡Qué barbaridad!

CATALINA: Sí, la dueña estaba siempre cerca asegurándose que la conducta de los novios fuera apropiada y decorosa.

MANUEL: ¡Qué horror! Me alegro de que cambien las cosas.

CATALINA: Los novios nunca podían cambiar sentimientos íntimos sin que la dueña los oyera.

MANUEL: ¡Habráse visto! Hoy día las chicas no aguantarían tal cosa.

CATALINA: Las chicas son muy ingeniosas. Fíjate. Si la novia llevaba un abanico podía comunicarse con su novio colocando el abanico de tal manera que transmitiera ciertos sentimientos personales.

MANUEL: No te entiendo.

CATALINA: Bueno, si la chica, por ejemplo, quería confesarle su amor al novio sin pronunciar las palabras, podía cerrar el abanico y colocarlo a través del corazón. Eso significaba «Te quiero mucho».

MANUEL: ¡Verdaderamente ingenioso!

CATALINA: Hay muchas ideas o expresiones que se pueden comunicar haciendo gestos pero sin hablar.

MANUEL: ¡Ah, sí! Los emperadores romanos podían salvar la vida o sentenciar a muerte a los gladiadores usando el pulgar como señal de aprobación o desaprobación.

ACTIVIDADES

1. Demuestra los gestos usados por los hispanos que representan estas ideas:
   a. Tengo hambre.
   b. Vamos a beber algo.
   c. Adiós.
   d. ¡Piensa!
   e. ¡Ven!

2. Mientras unos alumnos hacen gestos conocidos, otros van explicando la idea comunicada por el gesto.

3. ¿Qué costumbres consideras anticuadas? (Nota: Actualmente en España los jóvenes denominan «carrozas» a los mayores con costumbres anticuadas.) ¿Entre las personas que conoces hay «carrozas»? ¿Quiénes son?

4. Hoy día los jóvenes se comunican mucho por medio del teléfono. Contesta.
   a. ¿Cuántas líneas de teléfono hay en tu casa?
   b. ¿Tienes un teléfono personal?
   c. ¿Cuánto tiempo pasas al teléfono diariamente?
   d. ¿Hay restricciones impuestas por tus padres? ¿Cuáles son?
   e. ¿Usas el teléfono para hacer la tarea? ¿Para chismear? ¿Para hablar con tu novio(a)?
   f. ¿Quién inicia la mayoría de las llamadas telefónicas? ¿Tú o tus amigos?
   g. ¿Cuánto tiempo duran las conversaciones?
   h. ¿Presenta problemas en tu casa tu uso del teléfono?

CONVERSACIÓN II

CUANDO UN AMIGO SE VA

Note: Have students read the dialog with a partner. Follow it with the poem/song. This song may be available commercially. If you are able, you may wish to play it while the class sings the song.

PEDRO:	Oye, guapa, ¿por qué tienes la cara tan triste?
CARMEN:	¿No oíste? Dolores Gutiérrez se traslada a España.
PEDRO:	¡Cuánto me alegro! Y, ¿por eso te entristeces?
CARMEN:	¡No seas tonto! Es que no regresa. Se va a quedar allí con sus padres. Su papá tiene una nueva colocación, así que es una mudanza permanente.
PEDRO:	¡Estupendo!
CARMEN:	Para ella, sí; para mí, no. Dolores y yo hemos sido buenas amigas desde hace quince años.
PEDRO:	Ya comprendo. Cuando un amigo se va...
CARMEN:	Sí, queda un espacio vacío.
PEDRO:	Esas palabras ya las he oído antes.
CARMEN:	¿Cómo?
PEDRO:	El poema y canción de Alberto Cortez. ¿No te acuerdas?

Cuando un amigo se va

Cuando un amigo se va,
queda un espacio vacío
que no lo puede llenar
la llegada de otro amigo.

Cuando un amigo se va,
queda un tizón[1] encendido
que no se puede apagar
ni con las aguas de un río.

Cuando un amigo se va,
una estrella se ha perdido,
la que ilumina el lugar
donde hay un niño dormido.

Calle desierta de Irene Iribarren

Cuando un amigo se va,
se detienen los caminos
y se empieza a avinagrar[2]
el duende[3] dulce del vino.

Cuando un amigo se va
galopando su destino,
empieza el alma a vibrar
porque se llena de frío.

Cuando un amigo se va,
queda un terreno baldío[4]
que quiere el tiempo llenar
con las piedras del hastío[5].

Cuando un amigo se va,
se queda un árbol caído
que ya no vuelve a brotar[6]
porque el viento lo ha vencido.

Cuando un amigo se va,
queda un espacio vacío
que no lo puede llenar
la llegada de otro amigo.

[1] **tizón** *brand, firebrand*
[2] **avinagrar** ponerse agrio
(*to sour*)
[3] **duende** espíritu travieso (*spirit*)
[4] **baldío** sin cultivo (*untilled*)
[5] **hastío** disgusto, repugnancia
[6] **brotar** salir flores, hojas,
renovarse las plantas
(*to bud*)

Note: Have the class write their
feelings or reactions to the
poem. Does Cortez exaggerate
the sentiment?

ACTIVIDADES

1. En la sociedad actual y móvil es necesario que muchas personas cambien de residencia varias veces durante su vida. ¿Has tenido que cambiarte de un colegio a otro? ¿De una parte de la ciudad a otra? ¿De una ciudad a otra? ¿De un estado a otro? ¿De un país a otro? ¿Cómo reaccionaste al saber la noticia de la mudanza?

2. ¿Has perdido amigos cuyas familias se han mudado? ¿Cómo te sientes cuando un amigo se va? ¿Has ayudado o aceptado a nuevos alumnos en tus clases o colegio? ¿Te gustaría ser alumno(a) de intercambio en otro país? ¿Adónde te gustaría ir? ¿Haces amistades con los alumnos de intercambio que vienen a tu colegio?

ESTRUCTURA

EL FUTURO Y EL CONDICIONAL

1. **El futuro.** Se forma el futuro agregando las formas de *haber* al infinitivo. En tiempos remotos se decía: *hablar he, comer hemos, escribir has.* Con el desarrollo y la perfección de formas escritas, se eliminó la *h* y se juntaron los dos elementos: *hablaré, comeremos, escribirás.* Todos los verbos usan los mismos términos finales.

mirar	comer	vivir
miraré	comeré	viviré
mirarás	comerás	vivirás
mirará	comerá	vivirá
miraremos	comeremos	viviremos
miraréis	comeréis	viviréis
mirarán	comerán	vivirán

2. **El condicional.** Se forma el condicional agregando al infinitivo los términos del imperfecto de los verbos de la segunda y tercera conjugaciones, o sea, los que terminan con *-er* e *-ir* y cuyos términos son *-ía, -ías, -ía, -íamos, -íais, -ían.*

mirar	comer	vivir
miraría	comería	viviría
mirarías	comerías	vivirías
miraría	comería	viviría
miraríamos	comeríamos	viviríamos
miraríais	comeríais	viviríais
mirarían	comerían	vivirían

3. **Los verbos irregulares.** Los siguientes verbos tienen una raíz irregular en el futuro y en el condicional.

infinitivo	raíz	futuro	condicional
caber	cabr-	cabré	cabría
decir	dir-	diré	diría
haber	habr-	habré	habría
hacer	har-	haré	haría
poder	podr-	podré	podría
poner	pondr-	pondré	pondría
querer	querr-	querré	querría
saber	sabr-	sabré	sabría
salir	saldr-	saldré	saldría
tener	tendr-	tendré	tendría
valer	valdr-	valdré	valdría
venir	vendr-	vendré	vendría

4. **Usos del futuro.** Se emplea el futuro para expresar una acción futura.

> **Comerán aquí mañana.**
> **Veremos a los López la semana que viene.**

5. **Usos del condicional.** El condicional se emplea para expresar una condición basada en algo expresado o entendido.

> **Dijo que llamaría anoche.**
> **Escribió que nos pagaría pronto.**
> **Me gustaría tener un coche, pero no tengo el dinero.**

EJERCICIOS

A ***¿Qué harán mañana?*** *Di lo que hicieron las siguientes personas, y si van a hacer lo mismo otra vez.*

> **Yo (ir) a esquiar en Bariloche.**
> *Yo fui a esquiar en Bariloche e iré allí otra vez.*
> *Yo fui a esquiar en Bariloche, pero no iré allí otra vez.*

A. 1. patinó; no patinará
2. fuiste; no irás 3. rezaron; no rezarán 4. corrieron; no correrán 5. alquilaron; no alquilarán 6. sacó; no sacará 7. ganó; no ganará 8. se reunieron; no se reunirán 9. batiste; no batirás

1. Miguel (patinar) en el hielo en un centro comercial.
2. Tú (ir) a la cancha de esquí.
3. Las gemelas (rezar) en la capilla.
4. Las chicas (correr) en las pistas fáciles.
5. Todos (alquilar) el equipo necesario para esquiar.
6. Mi novio (sacar) fotos en el telesquí.
7. Nuestro equipo de hockey (ganar) el partido internacional.
8. Los atletas (reunirse) en el Palacio de Hielo.
9. Tú (batir) el récord en el «slalom».

B ***Lo que dijo Colón.*** *Éstas son las ideas que Cristóbal Colón expresó a su reina y amigos. Expresa los verbos en el futuro.*

B. 1. convenceré, encontraré, llevaré, traeré, seré 2. partirán, llevarán, navegarán, regresarán 3. iremos, llegaremos, nos quedaremos, estaremos 4. dará, ofrecerá, me nombrará, será 5. trabajarán, verán, vivirán, serán

1. Yo (convencer) a la reina para que me respalde en esta misión,
(encontrar) una nueva ruta al Oriente,
(llevar) el cristianismo a otras gentes,
(traer) gloria y honor a España y
(ser) famoso durante el resto de mi vida y más tarde en la historia.
2. Los barcos (partir) de Palos en agosto de 1492.
(Llevar) hombres valientes y con deseos de cambiar su vida,
(navegar) en aguas desconocidas y peligrosas y
(regresar) con grandes riquezas de la China.
3. Nosotros (ir) a Palos a construir barcos fuertes y bien equipados,
(llegar) a las Islas Canarias por agua dulce y más provisiones,
(quedarse) en las Canarias para hacer reparaciones y
(estar) aislados del mundo cristiano durante varias semanas.

4. La reina Isabel (dar) su aprobación a la empresa,
(ofrecer) su dinero para la expedición,
(nombrarme) Almirante del Océano y
(ser) la mujer más famosa del mundo.

5. Los marineros (trabajar) día y noche durante
el cruce,
(ver) nuevas tierras,
(vivir) bien al regresar a España y
(ser) hombres respetados y honrados.

C *Y tú, ¿qué dices?*

1. Expresa lo que dijo Colón en el pasado.
Introduce cada idea con *Colón dijo que* + el
condicional. Haz los cambios necesarios para
la concordancia con los pronombres, los
complementos y los posesivos. Por ejemplo:

**Colón dijo que convencería a la reina para
que lo respaldara en esta (esa) misión.**

2. Seguramente has pensado en tu futuro y has
comenzado a hacer planes concretos.
Considera ideas tales como: los estudios
universitarios, dónde quieres vivir, el matrimonio
y la familia, y, quizás, la posibilidad de ser famoso (a).
Escribe algunas ideas y preséntalas en clase.

El arte se cita con la historia.

"Lección de historia: El viaje de Colón". Pieza creada por Lladró para conmemorar la presencia de la Comunidad Valenciana en la EXPO '92. Inspirada en la hazaña que, hace 500 años, amplió los horizontes del mundo, y dedicada a los exploradores del mañana. Elaborada y pintada a mano, por más de veinte artesanos distintos. Realizada en porcelana brillante, mide 22.5 cm.

LLADRÓ
*inspiración
sentimiento
expresión*

D *¿Qué se debe hacer en tales casos?* *Expresa lo que tú harías.*

un aguacero / llevar un impermeable
En un aguacero llevaría un impermeable.

1. un incendio / llamar a los bomberos / salir rápidamente
2. un robo / tratar de mantener la calma / llamar a la policía
3. un avión / abrocharse el cinturón de seguridad / no fumar
4. la biblioteca / no hablar / escribir mis deberes
5. una boda / felicitar a los novios / ver a los amigos
6. una fiesta de cumpleaños / abrir los regalos / dar las gracias a todos
7. la playa / vestirse de traje de baño / tomar el sol
8. un restaurante / pedir una hamburguesa y un refresco / comer a gusto
9. la carretera / conducir con cuidado / no pasar de la velocidad máxima
10. un accidente / mantener la calma / ayudar a los accidentados
11. una disputa callejera / evitar un conflicto / alejarme del sitio
12. la cancha de esquí / subir en el teleférico / correr las pistas negras y rojas
13. la noche de Halloween / «morirme del susto» al ver a los pequeños
fantasmas / darles dulces

Cambia el sujeto a *tú, nosotros* y *ellos*, y sigue practicando.

C. Answers will vary but should contain elements present in the example given.

D. 1. llamaría; saldría 2. trataría; llamaría 3. me abrocharía; no fumaría 4. no hablaría; escribiría 5. felicitaría; vería 6. abriría; daría 7. me vestiría; tomaría 8. pediría; comería 9. conduciría; no pasaría 10. mantendría; ayudaría 11. evitaría; me alejaría 12. subiría; correría 13. me moriría; les daría

E. Answers will vary.

E *Y tú, ¿qué dices?* *Escoge cuatro o cinco de las situaciones de arriba o expresa otras situaciones y di cómo reaccionarías. ¿Es fácil acordarse de hacer lo correcto o lo lógico en todas ocasiones?*

EL FUTURO Y EL CONDICIONAL DE PROBABILIDAD

1. Se puede expresar una probabilidad o una conjetura relacionada con el presente por medio del futuro.

   Ahora estarán en casa. Probablemente están en casa.
   ¿Quién será ella? ¿Quién puede ser ella?

2. Si la probabilidad o la conjetura está relacionada con el pasado, se usa el condicional.

   Ayer estarían en casa. Ayer probablemente estuvieron en casa.
   ¿Quién sería ella? Me pregunto quién era ella.

A. Answers should follow the model.

EJERCICIOS

A *¿Quién será?* *Unos jóvenes van a estudiar una lista de hispanos famosos. No pueden contestar con confianza y hacen preguntas tales como: ¿Quién será...? (I wonder who... is?) Sus respuestas también reflejan su falta de certeza: Será...(She/he probably is...). Ayuda a estos estudiantes a sacar una buena nota en su trabajo.*

TONI: **¿Carmen Lomas Garza?**
LUPE: **Una golfista de España / no, pintora contemporánea de los Estados Unidos.**
TONI: *¿Quién será Carmen Lomas Garza?*
LUPE: *Será una golfista de España.*
TÚ: *No. Es una pintora contemporánea de los Estados Unidos.*

1. ¿Carolina Herrera? una actriz de cine y teatro / una modista famosa
2. ¿Gabriel García Márquez? un político controvertido de la Argentina / escritor colombiano
3. ¿John Secada? un jugador de baloncesto de California / cantante popular
4. ¿José Carrera? un crítico del *Washington Post* / cantante de ópera
5. ¿Alicia Alonso? una ecologista de Costa Rica / bailarina cubana
6. ¿Sofía de Grecia? una especialista en la nutrición de niños / reina de España
7. ¿Franklin Chang Días? un famoso jugador de tenis / astronauta nacido en Costa Rica
8. ¿Octavio Paz? un compositor de música religiosa / un escritor mexicano
9. ¿Alicia de Larrocha? una profesora de nuestra escuela / una pianista
10. ¿Plácido Domingo? un jugador de béisbol de Venezuela / cantante de ópera

Plácido Domingo, tenor español

Y tú, ¿qué dices? *Sigue practicando el ejercicio y prepara más ideas con tus compañeros de clase. Continúa con lugares famosos.*

> **¿Brasil?**
> A: ¿Dónde estará Brasil?
> B: No estoy seguro(a). Estará en África.
> Tú: No. Está en Sudamérica.

1. ¿la playa de Cancún? / México
2. ¿Taikal? / Guatemala
3. ¿el Vaticano? / Italia
4. ¿las pirámides de Teotihuacán? / México
5. ¿el río Amazonas? / Brasil
6. ¿el Escorial? / España
7. ¿la Costa Brava? / España
8. ¿las cataratas del Iguazú? / Argentina / Brasil
9. ¿el monte Aconcagua? / Chile
10. ¿el Museo del Prado? / España

La pirámide del sol,
Teotihuacán, México

EL FUTURO PERFECTO Y EL CONDICIONAL PERFECTO

1. El futuro perfecto se forma con el futuro del verbo *haber* y el participio pasado. Se emplea para expresar una acción futura terminada anteriormente a otra acción futura.

salir

habré salido	habremos salido
habrás salido	habréis salido
habrá salido	habrán salido

> **Ellos habrán salido antes de que lleguemos.**
> **Yo habré empezado cuando tú vengas.**

2. El condicional perfecto se forma con el condicional del verbo *haber* y el participio pasado. Se emplea para expresar lo que habría ocurrido si no fuera por otra cosa que lo interrumpió o lo prohibió.

escribir

habría escrito	habríamos escrito
habrías escrito	habríais escrito
habría escrito	habrían escrito

> **Él habría hecho el viaje pero no pudo porque no tenía suficiente dinero.**

EJERCICIOS

A ***¡Llega a tiempo!*** *La tía Lucha se cansa de esperar a su sobrino y le dice que puede participar en sus actividades, pero él debe llegar a tiempo porque no le van a esperar. (Se pueden introducir las ideas con* llega, ven *o* llama.*)*

> **a las 2:00 / nosotros—comer**
> *Llega a las dos o habremos comido.*

1. a las ll:20 / tu tío y yo—ir a oír misa
2. a las 12:50 / yo—salir en el coche
3. a las 4:20 / los primos—comenzar a mirar el vídeo
4. antes de las 6:00 / las primas—invitar a otro chico
5. a las 2:45 / yo—envolver los regalos
6. antes del mediodía / Ruperto—dar el libro a otro
7. a las 3:30 / nosotros—hacer y consumir los refrescos
8. antes de las 10:00 / tu primo—acostarse
9. antes de las 10:30 / tu tío—dormirse
10. antes de comprar zapatos / tú—perder una oferta fantástica

B ***Y tú, ¿qué hacías ayer?*** *Di lo que probablemente habrías hecho ayer a estas horas.*

> **Ayer a las dos / almorzar en casa**
> *Ayer a las dos ya habría almorzado en casa*

1. a las 4:30 / ya (salir) del gimnasio
2. a las 6:15 / ya (conversar) con mi padre
3. a las 9:00 / ya (lavar) los platos
4. a medianoche / ya (acostarme)

SABER Y CONOCER

1. Hay diferencias sutiles entre los verbos *saber* y *conocer*. *Saber* quiere decir «tener conocimiento de hechos o realidades por pensar o por ser informado». Seguido de un infinitivo, quiere decir «tener la habilidad para una cosa».

   Yo sé que María va a salir.
   Sabemos que el mundo es redondo.
   Mi hermana sabe cantar.
   ¿Saben Uds. hablar español?

2. *Conocer* significa familiaridad con una persona, un lugar o una cosa adquirida por experiencia personal.

   Conozco a tu tío sólo de vista.
   El maestro conoce muy bien Madrid.

A. **1.** habremos ido **2.** habré salido **3.** habrán comenzado **4.** habrán invitado **5.** habré envuelto **6.** habrá dado **7.** habremos hecho y consumido **8.** se habrá acostado **9.** se habrá dormido **10.** habrás perdido

B. **1.** habría salido **2.** habría conversado **3.** habría lavado **4.** me habría acostado

---

EJERCICIOS

A **Oyente cautivo.** *Javier le muestra a su primo Andrés fotos sacadas durante su reciente viaje a España. Éste muestra poco interés y pretende saber o conocer todo. En tono aburrido contesta con «Ya lo sé» o «Yo lo (la, etc.) conozco bien».*

Javier: Hicimos el vuelo en este superjet de Iberia.
Andrés: *Ya lo sé.*

JAVIER:	Estos son mis padres en la aduana buscando el equipaje.
ANDRÉS:	Yo los **(1)** _____ bien.
JAVIER:	Éste es el centro de Madrid que es enorme pues tiene casi 5 millones de habitantes, y es una ciudad moderna.
ANDRÉS:	Ya lo **(2)** _____.
JAVIER:	¡Tú has estado en Madrid! Nadie me lo había dicho.
ANDRÉS:	Yo **(3)** _____ Madrid bien.
JAVIER:	Mira. En ésta capté bien el Palacio Real, pero el rey actual no vive allí. Él vive en las afueras de Madrid.
ANDRÉS:	Ya lo **(4)** _____.
JAVIER:	Después paseamos por la Puerta del Sol, el centro geográfico de España. Allí hay muchas tiendas, restau...
ANDRÉS:	Yo la **(5)** _____ bien.
JAVIER:	Actualmente están haciendo muchas reformas allí.
ANDRÉS:	Ya lo **(6)** _____.
JAVIER:	Anduvimos por el barrio viejo en el cual se conserva la arquitectura de los tiempos de...
ANDRÉS:	Yo **(7)** _____ ese barrio muy bien.
JAVIER:	Los españoles cenan muy tarde. A veces no se levantan de la mesa hasta la medianoche.
ANDRÉS:	Ya lo **(8)** _____.
JAVIER:	Mira allí a ese grupo de jóvenes. Siempre están reuniéndose con amigos en las calles o pubs y...
ANDRÉS:	Ya lo **(9)** _____. Y, ¿por qué no hacemos lo mismo? Guarda tus fotos y vamos.

A. 1. conozco 2. sé 3. conozco 4. sé 5. conozco 6. sé 7. conozco 8. sé 9. sé

Techos de Madrid
de Antonio López García

B. **1.** conocí **2.** sabía **3.** sé **4.** sé
5. no la conozco **6.** conocerla
7. saber **8.** conozca **9.** saber
10. saben

B **Sabiendo y conociendo.** *Llena los espacios con la forma apropiada de* saber *o* conocer *según el sentido.*

Hace unas semanas yo **(1)** (*pretérito*) a Bernardo Gómez. Es un joven de diecisiete años que es de Venezuela y está de visita en mi pueblecito. Yo no **(2)** (*imperfecto*) que era tu primo. ¡Qué sorpresa! Empezamos a hablar de Venezuela, y francamente yo **(3)** (*presente*) muy poco de este país. Claro **(4)** (*presente*) que está en Sudamérica pero no la **(5)** (*presente*). Me gustaría **(6)** (*infinitivo*) la y **(7)** (*infinitivo*) más de su historia. Bernardo dijo que me va a presentar a unos amigos suyos, también de Venezuela, para que **(8)** (*presente de subjuntivo*) a más personas de habla española y para **(9)** (*infinitivo*) hablar mejor el idioma. Todos **(10)** (*presente*) que la práctica hace al maestro. ¡Ojalá!

Estar con el participio pasado

En español se usa la tercera persona singular o plural de *estar* con el participio pasado de otro verbo para indicar una condición que resulta de un acto previo. El participio pasado concuerda en número y género con el sujeto. Esta construcción no expresa la acción sino el resultado de la acción.

A. **1.** está bajada **2.** está abierta
3. está enchufado **4.** está cargado
5. está conectado **6.** están cerradas
7. están apagadas **8.** está prendido
9. está parado **10.** están encendidas

EJERCICIOS

A **El bedel ayuda.** *En España los profesores universitarios gozan de un respeto y privilegios desconocidos en los Estados Unidos. Lo único que hacen dentro del aula es dictar clase. Si los profesores necesitan ayuda física con la puerta, etc., llaman al bedel, personaje importante que mantiene el orden y ayuda a los profesores tanto como a los alumnos. Hoy el profesor Castro necesita ayuda con el aparato audiovisual. Expresa la acción terminada con* estar *y el participio pasado.*

Profesor Castro: Borre la pizarra.
El Bedel: *Ya está borrada, profesor.*

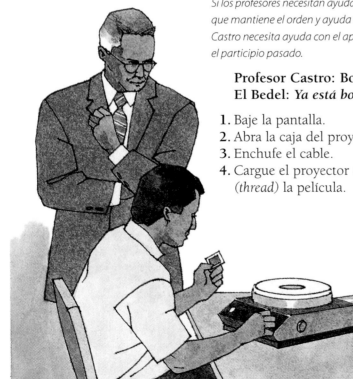

1. Baje la pantalla.
2. Abra la caja del proyector.
3. Enchufe el cable.
4. Cargue el proyector con (*thread*) la película.
5. Conecte el altavoz.
6. Cierre las ventanas.
7. Apague las luces.
8. Prenda el aparato.
9. Pare el motor.
10. Encienda las luces.

MODISMOS Y EXPRESIONES

Note: Review these expressions. Can students add other slang expressions from other areas?

a pesar de *in spite of*
A pesar del mal tiempo, iremos a la playa durante las vacaciones.

dar a *to face, to overlook*
La casa daba a un pequeño jardín de flores con fuentes y estatuas.

a eso de *about*
Mis padres regresaron a eso de las doce.

¡Qué barbaridad! *How awful!*
¿Dices que tú hiciste todas las decoraciones y no te han invitado a la fiesta del sábado? ¡Qué barbaridad!

¡Qué rollo! *How boring! What a drag! (slang)*
¿No puedes ir al cine a menos que tu hermano te acompañe? ¡Qué rollo!

¡Qué follón! *how complicated! (slang)*
Ana no va al baile sin Roberto; él no va sin Carmen, y ella no va a menos que vaya yo. ¡Qué follón!

¡OJO!

Note: Tell students that these two important words are not interchangeable. You may wish to practice them in context as needed.

éxito:
Esta palabra se refiere al fin de un negocio o asunto. Corresponde a la palabra *success* en inglés.
Ejemplo: El autor obtuvo gran éxito con el primer libro que escribió.

suceso:
Suceso quiere decir «cosa que sucede»; un evento.
Ejemplo: Francamente, es un suceso inesperado. Nunca contaba con que la Chona iba a casarse.

abanico:
Instrumento (de papel, plástico) para mover el aire.
Ejemplo: La bailarina de flamenco usa el abanico con mucha elegancia.

ventilador:
Aparato eléctrico que sirve para ventilar.
Ejemplo: En casa, usamos un ventilador durante el verano.

TIERRA Y LIBERTAD

Nuevos reyes, nuevas leyes

Note: A new broom sweeps clean. How does this apply to leadership?

Prereading questions: What does freedom mean to you? When liberty is threatened, to what extremes have the oppressed been driven?

PARA PREPARAR LA ESCENA

La historia de la «revolución» en las naciones de habla hispana encierra muchas lecciones en sus sangrientas páginas. Ella nos enseña que un pueblo oprimido no vacila en cambiar el bienestar por todas las calamidades de la «guerra», con tal de ser dueño de su destino. El claro ejemplo de los revolucionarios ha infundido incontrastable ánimo en el pueblo hispano.

Algunas veces la lucha y sus ideales originales se extravían por culpa de líderes corruptos que pierden de vista el bien del pueblo entero. Entonces sigue un período de oscuridad, cuando los revolucionarios sinceros tienen que analizar sus objetivos originales, recobrar la calma y poner manos a la obra nuevamente. Los cuentos que siguen muestran cuántos sacrificios ha hecho la gente en busca de su ideal.

◄
Barricada (1931) de José Clemente Orozco

▶
Emiliano Zapata (detalle) de David Villafáñez

UNA ESPERANZA
AMADO NERVO

PARA PRESENTAR LA LECTURA

Este cuento trata de un joven que está en la cárcel esperando la muerte por haber participado en actos contra el gobierno de México durante la revolución. La familia por su reputación consigue la ayuda de los hombres encargados de la ejecución. Prometen ayudarle a salvar su vida. Hasta un sacerdote hace cosas que no debiera para salvar al joven.

Mientras está esperando la muerte piensa en lo que significa morir por la patria... cambiar su vida real y concreta por una noción abstracta de patria y de partido. Es una cuestión filosófica sumamente interesante.

Amado Nervo es conocido en el mundo literario principalmente por su poesía, y un tema corriente en sus versos es la cuestión de la existencia de Dios y el significado de la muerte. Este cuento muestra claramente lo que quería decir el autor cuando escribió en una de sus poesías: «Oh, muerte, tú eres madre de la filosofía».

La ironía es un elemento fuerte en este cuento. Trata de notar cómo usa el autor esta técnica estilística para aumentar el conflicto trágico.

Las fuerzas revolucionarias de David Alfaro Siqueiros

PARA ENTABLAR CONVERSACIÓN

1. Haz una lista de causas de revoluciones o sublevaciones.
2. ¿Cuáles son unas revoluciones conocidas en la historia?
3. ¿Por qué se arriesgan algunos en tal forma de protesta?
4. ¿Qué es necesario para iniciar tal movimiento?
5. ¿Hay riesgos para los que no apoyen la revolución?

Note: Have students work in pairs or groups; then, they can share their ideas with the entire class.

PARA AUMENTAR EL VOCABULARIO

PALABRAS CLAVE I

1. **abrumado (abrumar)** *overwhelmed with a burden*
   Tomeu el Viejo estaba tan abrumado que se suicidó.
2. **afiliarse** asociarse
   Los pobres querían afiliarse a la revolución.
3. **desvanecerse** evaporarse, desaparecer
   Cuando el jefe oiga esto, van a desvanecerse sus sueños de victoria.
4. **sublevaba (sublevar)** alzaba en rebelión
   Logró sublevar al pueblo contra el gobierno.
5. **turbación** confusión, desorden
   Cada revolución es una turbación para todos.

Note: After the introduction, vocabulary items may be reviewed in small groups.

Note: All the *Prácticas* may be written for homework, corrected on the overhead projector, and discussed together in class. You may also wish to have students create new sentences using the *Palabras clave*.

PRÁCTICA

Completa con una palabra de la lista.

abrumado	una turbación
afiliarse	desvanecerse
sublevaba	

1. La vida moderna es _____ continua.
2. Él quiere _____ a un buen club campestre.
3. El líder revolucionario _____ al pueblo contra el gobierno.
4. Los recuerdos de su juventud tuvieron que _____ para darle una paz completa.
5. Ese hombre parece _____ por el trabajo.

1. una turbación 2. afiliarse
3. sublevaba 4. desvanecerse
5. abrumado

PALABRAS CLAVE II

1. **alba** luz del día antes de salir el sol, aurora
   Lo van a fusilar a las primeras luces del alba.
2. **apenas** casi no, luego que *(scarcely, as soon as)*
   Apenas llegó, se fue otra vez.
3. **cuchicheo** murmullo, acción de hablar en voz baja *(whisper)*
   El cuchicheo no es cortés porque no lo pueden entender todos.
4. **sobornar** corromper con regalos *(to bribe)*
   Es fácil sobornar a alguien deshonesto.

PRÁCTICA
Completa con una palabra de la lista.

   apenas   sobornar
   el alba   el cuchicheo

1. _____ llegó el cura cuando el joven empezó a sollozar.
2. _____ del público durante el concierto molestó a los artistas.
3. Siempre hay alguien que trata de _____ a los que tienen el poder.
4. Cuando llegó _____, los amantes ya se habían ido.

1. Apenas 2. El cuchicheo
3. sobornar 4. el alba

PALABRAS CLAVE III

1. **ajusticiados** criminales a quienes se ha aplicado la pena de muerte
   El ajusticiado había sido condenado injustamente.
2. **endulzar** hacer dulce, hacer soportable
   La presencia de su amigo sirvió para endulzar su sufrimiento.
3. **erguida (erguir—i)** levantada, derecha
   La mujer orgullosa anda con la cabeza erguida.
4. **infamias** deshonras
   Robarles a los pobres es una infamia.
5. **yacía (yacer)** estaba echado *(was lying down, laid in the grave)*
   Aquí yace el grupo de soldados muertos por la patria.

PRÁCTICA
Completa con una palabra de la lista.

   erguida   una infamia   el ajusticiado
   yace   endulzar

1. A veces ni aun el amor puede _____ los sufrimientos.
2. El muchacho se cuadró delante del pelotón con la cabeza _____.
3. _____ no estaba muerto a pesar del balazo recibido en la cabeza.
4. Fue _____ lo que hizo, y todos lo van a reconocer.
5. En este sitio _____ el soldado desconocido.

1. endulzar 2. erguida
3. El ajusticiado 4. una infamia
5. yace

UNA ESPERANZA
AMADO NERVO

Pre-reading: Discuss the concept of military service with students. Should it be required or voluntary?

En un ángulo de la pieza[1], Luis, el joven militar, abrumado por todo el peso de su mala fortuna, pensaba.

Pensaba en los viejos días de su niñez, en la amplia y tranquila casa de sus padres, uno de esos caserones de provincia, sólidos, vastos, con jardín y huerta, con ventanas que se abrían sobre la solitaria calle de una ciudad de segundo orden (no lejos por cierto de aquella donde iba a morir).

Recordaba su adolescencia, sus primeros ensueños[2], vagos como luz de estrellas, sus amores con la muchacha de falda corta.

Luego desarrollábase ante sus ojos el claro paisaje de su juventud. Recordaba sus camaradas alegres y sus relaciones, ya serias, con la rubia, vuelta mujer[3] y que ahora, porque él volviese con bien, rezaba ¡ay! en vano, en vano...

Y, por último, llegaba a la época más reciente de su vida. Llegaba al período de entusiasmo patriótico que le hizo afiliarse al partido liberal. Se encuentra amenazado de muerte por la reacción, a la cual ayudaba en esta vez un poder extranjero. Tornaba a ver el momento en que un maldito azar[4] de la guerra le había llevado a aquel espantoso trance[5].

Cogido con las armas en la mano fue hecho prisionero y ofrecido con otros compañeros a trueque de[6] las vidas de algunos oficiales reaccionarios. Había visto desvanecerse su última esperanza, porque la proposición llegó tarde, cuando los liberales habían fusilado ya a los prisioneros conservadores.

Iba, pues, a morir. Esta idea que había salido por un instante de la zona de su pensamiento, gracias a la excursión amable por los sonrientes recuerdos de su niñez y de la juventud, volvía de pronto, con todo su horror, estremeciéndole de pies a cabeza.

Iba a morir... ¡a morir! No podía creerlo, y, sin embargo la verdad tremenda se imponía[7]. Bastaba mirar en rededor[8]. Aquel altar improvisado, aquel Cristo viejo sobre cuyo cuerpo caía la luz amarillenta de las velas, y ahí cerca, visibles a través de la rejilla[9] de la puerta, los centinelas... Iba a morir, así, fuerte, joven, rico, amado... ¿Y todo por qué? Por una abstracta noción de Patria y de partido... ¿Y qué cosa era la Patria? Algo muy impreciso, muy vago para él en aquellos momentos de turbación. En cambio la vida, la vida que iba a perder era algo real, realísimo, concreto, definido... ¡era su vida!

[1] **pieza** sala
[2] **ensueños** sueños, ilusiones
[3] **vuelta mujer** *a young woman now*
[4] **azar** casualidad
[5] **trance** momento grave
[6] **a trueque de** *in exchange for*
[7] **se imponía** *asserted itself*
[8] **en rededor** alrededor
[9] **rejilla** *grill work*

Reading strategies: Have students read Part I of the selection quietly. Ask them to concentrate on the description of Luis' happiness as a child, and to contrast it with the harsh reality of the present.

¡La Patria! ¡Morir por la Patria!... pensaba. Pero es que ésta, en su augusta y divina inconciencia, no sabrá siquiera que he muerto por ella...

¡Y qué importa si tú lo sabes!... le replicaba allá dentro una voz misteriosa. La Patria lo sabrá por tu propio conocimiento, por tu pensamiento propio, que es un pedazo de su pensamiento y de su conciencia colectiva. Eso basta...

No, no bastaba eso... y, sobre todo, no quería morir. Su vida era muy suya y no se resignaba a que se la quitaran. Un formidable instinto de conservación se sublevaba en todo su ser y ascendía incontenible, torturador y lleno de protestas.

A veces, la fatiga de las prolongadas vigilias anteriores, la intensidad de aquella fermentación de pensamiento, el exceso mismo de la pena, le abrumaban y dormitaba[10] un poco. El despertar brusco y la inmediata y clarísima noción de su fin eran un tormento horrible. El soldado, con las manos sobre el rostro, sollozaba[11] con un sollozo que, llegando al oído de los centinelas, hacíales asomar[12] por la rejilla sus caras, en las que se leía la indiferencia del indio.

Emiliano y Eufemio Zapata con sus esposas, Morelos, México, 1914

Se oyó en la puerta un breve cuchicheo y en seguida ésta se abrió dulcemente para dar entrada a un hombre. Era un sacerdote.

El joven militar, apenas lo vio, se puso en pie y extendió hacia él los brazos como para detenerlo, exclamando:

—¡Es inútil, no quiero confesarme!—Y sin aguardar[13] a que la sombra aquella respondiera, continuó:

—No, no me confieso; es inútil que venga Ud. a molestarse. ¿Sabe Ud. lo que quiero? Quiero la vida, que no me quiten la vida: es mía, muy mía y no tienen derecho de arrebatármela[14]...

—Si son cristianos, ¿por qué me matan? En vez de enviarle a Ud. a que me abra las puertas de la vida eterna, que empiecen por no cerrarme las de ésta... No quiero morir, ¿entiende Ud.? Me rebelo a morir. Soy joven, estoy sano, soy rico, tengo padres y una novia que me adora. La vida es bella, muy bella para mí... Morir en el campo de batalla, en medio del combate, al lado de los compañeros que luchan... ¡bueno, bueno! pero morir, oscura y tristemente en el rincón de una sucia plazuela[15], a las primeras luces del alba, sin que nadie sepa siquiera que ha muerto uno como los hombres... padre, padre, ¡eso es horrible!—Y el infeliz se echó en el suelo, sollozando.

—Hijo mío—dijo el sacerdote cuando comprendió que podía ser oído: —Yo no vengo a traerle a Ud. los consuelos de la religión. En esta vez soy emisario de los hombres y no de Dios. Si Ud. me hubiese oído con calma desde el principio, hubiera Ud. evitado esa pena que le hace sollozar de tal manera. Yo vengo a traerle justamente la vida, ¿entiende Ud.?, esa vida que Ud. pedía hace un instante con tales extremos de angustia... ¡la vida que es para Ud. tan preciosa! Óigame con atención, procurando dominar sus nervios y sus emociones, porque no tenemos tiempo que perder. He entrado con el pretexto de confesarlo a Ud. y es preciso que todos crean que Ud. se confiese. Arrodíllese, pues, y escúcheme. Tiene Ud. amigos poderosos que se interesan por su suerte. Su familia ha hecho hasta lo imposible por salvarlo. No pudiendo obtenerse del jefe de las armas la gracia a Ud., se ha logrado con graves dificultades y riesgos sobornar al jefe del pelotón encargado de fusilarle. Los fusiles estarán cargados sólo con pólvora y taco[16]; al oír el disparo Ud. caerá como los otros y permanecerá inmóvil. La oscuridad de la hora le ayudará a representar esta comedia. Manos piadosas[17], las de los Hermanos de la Misericordia, ya de acuerdo, lo recogerán a Ud. del sitio en cuanto el pelotón se aleje[18]. Lo ocultarán hasta llegada la noche, durante la cual sus amigos facilitarán su huida. Las tropas liberales avanzan sobre la ciudad, a la que pondrán sin duda cerco dentro de breves horas. Se unirá Ud. a ellas si gusta. Ya lo sabe Ud. todo. Ahora rece en voz alta, mientras pronuncio la fórmula de la absolución. Procure dominar su júbilo durante el tiempo que falta para la ejecución, a fin de que nadie sospeche la verdad.

[13]**aguardar** esperar

[14]**no tienen derecho de arrebatármela** *they have no right to snatch it away from me*

[15]**sucia plazuela** *small, dirty square*

[16]**pólvora y taco** *powder and wadding*

[17]**piadosas** *kind*

[18]**se aleje** se vaya

19 Apuntaba Empezaba
20 friolenta fría
21 escoltaba acompañaba
22 que vendara a los reos *that he blindfold those who were going to be executed*
23 leve ligero, escaso *(light, faint)*
24 teñir dar color a
25 desigual no igual
26 granuja vagabundo
27 desnudando *stripping, baring*
28 ceñida *girded, tied to the waist*
29 sien parte lateral de la frente *(temple)*

Reading strategies: Ask students to identify with Luis' feeling of elation. Would it be difficult to face the firing squad knowing that he will be spared? What could alter the outcome?

—Padre—murmuró el oficial, a quien la invasión de una alegría loca permitía apenas el uso de la palabra—¡que Dios lo bendiga!

Y luego, una duda terrible:—Pero... ¿todo es verdad?—añadió temblando—¡No se trata de un engaño piadoso, destinado a endulzar mis últimas horas? ¡Oh, eso sería horrible, padre!

—Hijo mío: un engaño de tal naturaleza constituiría la mayor de las infamias, y yo soy incapaz de cometerla...

—Es cierto, padre: perdóneme, no sé lo que digo, ¡estoy loco de contento!

—Calma, hijo, mucha calma y hasta mañana; yo estaré con Ud. en el momento solemne.

Apuntaba[19] apenas el alba, una alba friolenta[20] de febrero, cuando los presos... cinco por todos... que debían ser ejecutados, fueron sacados de la prisión. Fueron conducidos, en compañía del sacerdote, que rezaba con ellos, a una plazuela donde era costumbre llevar a cabo las ejecuciones.

Nuestro Luis marchaba entre todos con paso firme, con erguida frente. Pero llevaba llena el alma de una emoción desconocida y de un deseo infinito de que acabase pronto aquella horrible farsa.

Al llegar a la plazuela, los cinco hombres fueron colocados en fila a cierta distancia. La tropa que los escoltaba[21] se dividió en cinco grupos de a siete hombres según previa distribución hecha en el cuartel.

El coronel, que asistía a la ejecución, indicó al sacerdote que vendara a los reos[22] y se alejase a cierta distancia. Así lo hizo el padre, y el jefe del pelotón dio las primeras órdenes con voz seca.

La leve[23] sangre de la aurora empezaba a teñir[24] las nubecillas del Oriente y estremecían el silencio de la madrugada los primeros toques de una campanita cercana que llamaba a misa.

De pronto, una espada en el aire y una detonación formidable y desigual[25] llenó de ecos la plazuela, y los cinco cayeron trágicamente.

El jefe del pelotón hizo en seguida desfilar a sus hombres con la cara vuelta hacia los ajusticiados. Con breves órdenes organizó el regreso al cuartel, mientras que los Hermanos de la Misericordia comenzaban a recoger los cadáveres.

En aquel momento, un granuja[26] de los muchos que asistían a la ejecución, gritó, señalando a Luis, que yacía al pie del muro: —¡Ése está vivo! ¡Ése está vivo! Ha movido una pierna...

El jefe del pelotón se detuvo, vaciló un instante, quiso decir algo al granuja, pero sus ojos se encontraron con la mirada interrogativa y fría del coronel, y desnudando[27] la gran pistola de Colt que llevaba ceñida[28], avanzó hacia Luis que preso del terror más espantoso, casi no respiraba, apoyó el cañón en su sien[29] izquierda e hizo fuego.

PARA APLICAR

COMPRENSIÓN I

A *Termina las oraciones según la selección.*

1. Luis estaba pensando en...
2. Pasó su niñez en un caserón...
3. De su adolescencia recordaba...
4. El paisaje de su juventud se desarrollaba, y él recordaba...
5. El entusiasmo patriótico le hizo...
6. Va a morir como traidor porque...
7. Fue capturado con...
8. Fue ofrecido con otros compañeros a cambio de...
9. Su última esperanza se desvaneció porque...
10. No quería morir porque era...
11. Para él la patria era...
12. En cambio, la vida era...
13. Algo en su conciencia le dijo que la patria...
14. Debido a su tormento el joven lloraba y...
15. Al asomarse los centinelas por la rejilla él veía...

B *Contesta las siguientes preguntas.*

1. ¿Dónde estaba Luis al principio del cuento?
2. ¿Por qué se encontraba allí?
3. ¿Qué clase de patriota era Luis?
4. ¿Quería Luis morir por su patria?

COMPRENSIÓN II

A *Contesta las siguientes preguntas.*

1. ¿Quién era el personaje que visitó a Luis en la cárcel?
2. ¿De quién era emisario?
3. ¿Qué mensaje le trajo a Luis?
4. ¿Quiénes iban a recoger los cuerpos después de la ejecución?

A. 1. Un cura 2. de la familia de Luis
3. Explicó el soborno del jefe del
pelotón 4. los Hermanos de la
Misericordia

A. 1. su niñez 2. tranquilo
3. sus primeros ensueños
4. sus camaradas alegres
5. afiliarse al partido liberal
6. creía en una abstracta noción
de Patria y del partido
7. las armas en la mano
8. las vidas de algunos oficiales
reaccionarios 9. la proposición
llegó tarde 10. joven
11. una noción muy imprecisa
y vaga 12. algo real y concreto
13. no sabría que había muerto
por ella 14. sollozaba
15. la indiferencia del indio

B. 1. en una cárcel 2. fue cogido
con las armas en la mano 3. En
este momento, la patria era para
él algo impreciso, vago. 4. No.

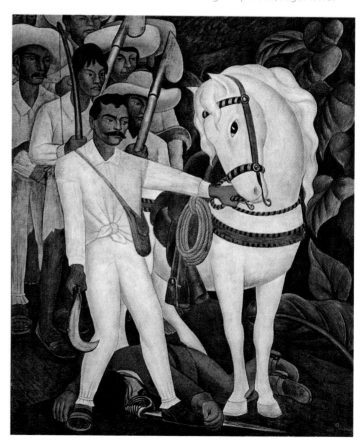

Líder agrario Emiliano Zapata (1931), de Diego Rivera

COMPRENSIÓN III

A **Contesta las siguientes preguntas.**

1. ¿Dónde iba a tener lugar la ejecución?
2. Cuando se oyó la detonación, ¿por qué no murió Luis?
3. ¿Qué dijo el granuja?
4. ¿Cómo lo sabía él?
5. Describe el papel del coronel en la ejecución.
6. ¿Por qué murió Luis al fin?

PARA PRACTICAR

A **Completa las siguientes oraciones con una palabra apropiada.**

1. El condenado tuvo que _____ el día de la muerte en la cárcel.
2. Era un _____ del joven ver libre a su país.
3. Le tiraron en _____.
4. Era una mañana _____ que merecía un abrigo.
5. ¡Qué _____ matar a un joven inocente!
6. La revolución causa mucha _____ en la vida diaria de la gente.
7. El joven orgulloso siempre iba con la cabeza _____.
8. No se puede _____ la amargura del joven condenado.

B **Da un sinónimo de las palabras indicadas.**

1. Van *a alzarse en rebelión* contra el régimen.
2. Pudimos oír el *murmullo* de los espectadores.
3. No se puede *hacer más dulce* tal situación.
4. Sería difícil *corromper* a la jefa.
5. Quería *asociarse con* los revolucionarios.
6. Apareció ante el juez con la cabeza *levantada*.
7. Tendrán que *esperar* a que venga el capitán.

C **Contesta las siguientes preguntas según la indicación.**

1. ¿Con quiénes se afilió el joven? los liberales
2. ¿Por qué no hizo nada de valor? un granuja
3. ¿Por qué lo visitó el cura? endulzar su pena
4. ¿Por qué hay tanta turbación? sublevar los revolucionarios
5. ¿Qué trataron de hacerle al oficial? sobornar
6. ¿Llegó sano y salvo? apenas
7. ¿Qué escucha el guardián? el cuchicheo del reo
8. ¿Qué acto cometió? una infamia

POR SI ACASO...

Con un(a) compañero(a) de clase contesten las preguntas.

1. ¿Cuáles son los aspectos trágicos de la muerte de Luis?
2. Imagina que a ti, como a Luis, te espera la muerte. ¿En qué pensarías?
3. ¿Cómo emplea el autor la ironía para aumentar el conflicto trágico?

MEJOR QUE PERROS
JOSÉ MANCISIDOR
(1895-1956)

PARA PRESENTAR LA LECTURA

Cuando tenía más o menos veinte años, José Mancisidor se unió a las fuerzas revolucionarias de México luchando contra el dictador Victoriano Huerta. Éste se había apoderado de las riendas del gobierno y había ordenado la supresión de los revolucionarios. Había numerosos encuentros entre las tropas federales (huertistas) y los rebeldes. Quizás una experiencia sufrida mientras servía en el ejército de los rebeldes haya dado origen a este cuento.

Mancisidor es un autor que se interesa por los cambios sociales y las razones políticas y económicas que los influyen. Tiene gran simpatía por la clase social de la cual es producto. Es un escritor sensible, interesado, preocupado sobre todo con la confraternidad. En este cuento describe la compasión, el interés común que sienten dos adversarios.

Note: Discuss the great breach that existed between the social classes in Mexico in 1910. Prepare students for the emotional impact of this selection. Note the poetic quality of the author's style. Contrast the cold night with the Coronel's harsh indifference. Note the change of attitude from aloofness to friendship; all of the characters wish to live better lives.

PARA AUMENTAR EL VOCABULARIO

PALABRAS CLAVE I

1. **ahogaba (ahogarse)** se sofocaba en agua, humo o pensamiento *(drowned, submerged)*
   Se ahogaba el joven en sus pensamientos profundos.
2. **a través de** por, entre
   Caminamos muchas horas a través de los campos.
3. **aullido** voz triste y prolongada del lobo y del perro
   Se oyó en la noche el aullido de un lobo solitario.
4. **barranco** precipicio
   El caballo se cayó en el barranco y no pudimos salvarlo.
5. **hundir** meter en lo hondo *(to sink)*
   Para esconder su dinero, la abuelita lo tenía que hundir en la maleta.
6. **roncaba (roncar)** hacía ruido al respirar mientras dormía
   Susana roncaba al dormir, pero no lo quería creer.
7. **sacudió (sacudir)** movió violentamente
   La explosión sacudió el edificio y rompió muchas ventanas.

Note: After an introduction, vocabulary items may be reviewed in small groups.

Note: All the *Prácticas* may be written for homework, corrected on the overhead projector, and discussed together in class. You may also wish to have students create new sentences using the *Palabras clave*.

PRÁCTICA

Completa con una palabra de la lista.

sacudió	a través de	aullido
el barranco	roncaba	hundir
ahogaba		

1. En el fondo de _____ se veían piedras caídas.
2. Viajamos _____ las montañas para llegar al campamento.
3. El triste _____ de los perros no me dejó dormir.
4. Su hermano _____ tan fuerte que nadie en la casa podía dormir.
5. Un movimiento rápido de viento helado _____ mi cuerpo.
6. Todas vinieron a salvar a la niñita que se _____ en el río.
7. Se separó de los otros y trató de _____ sus pensamientos en el sueño.

1. del barranco 2. a través de
3. aullido 4. roncaba 5. sacudió
6. ahogaba 7. hundir

PALABRAS CLAVE II

1. **apreté (apretar–ie)** oprimí (*I squeezed*)
   Apreté la mano del joven rebelde.
2. **burlamos (burlarse)** despreciamos (*scoffed, made fun of*)
   Nos burlamos de su manera de pensar.
3. **párpados** piel que cubre los ojos al dormir
   Angela cerró los párpados para meditar y se quedó dormida.
4. **tripas** intestinos (*innards*)
   El animal recibió una bala en las tripas.

PRÁCTICA

Completa con una palabra de la lista.

apreté	las tripas
burlamos	los párpados

1. Meditando en silencio, todos los alumnos tenían _____ cerrados.
2. Le sonaban _____ de hambre.
3. Nos _____ del granuja que vimos en la calle.
4. Para no caerme, _____ la mano del amigo que me acompañaba.

1. los párpados 2. las tripas
3. burlamos 4. apreté

Perros aullando (1941) de Rufino Tamayo

MEJOR QUE PERROS
JOSÉ MANCISIDOR

La noche se nos había venido encima de golpe. El Coronel ordenó hacer alto[1] y pernoctar[2] sobre el elevado picacho[3] de la intrincada serranía[4]. Por valles y colinas y en el fondo del cercano barranco, disparos aislados acosaban[5] a los dispersos. A mi lado, los prisioneros arrebujados[6] en sus tilmas[7], dejaban al descubierto los ojos negros y expresivos que se extraviaban[8] en insondables[9] lejanías.

Una racha[10] de viento helado sacudió mi cuerpo y un lúgubre aullido hizo crujir[11] entre mis dientes la hoja del cigarro.

El Coronel, mirándome con fijeza, me preguntó:

—¿Cuántos muchachos le faltan?

Llamé al oficial subalterno[12], le di órdenes de pasar lista y quedé nuevamente de pie, sobre la cúspide[13] pronunciada de la sierra, como un punto luminoso en la impenetrable oscuridad de la noche.

El Coronel volvió a llamarme. Me hizo tomar un trago de alcohol y me ordenó:

—Mañana, a primera hora, fusile a los prisioneros...

Luego, sordo[14] al cansancio de la jornada[15], me recomendó:

—Examínelos primero. Vea qué descubre sobre los planes del enemigo.

Al poco rato, el Coronel roncaba de cara al cielo, en el que la luna pálida trataba de descubrirnos.

[1] **hacer alto** parar
[2] **pernoctar** pasar la noche
[3] **picacho** pico
[4] **serranía** terreno montañoso, sierra
[5] **acosaban** *harassed*
[6] **arrebujados** *bundled*
[7] **tilmas** *cloaks*
[8] **se extraviaban** *wandered*
[9] **insondables** *unfathomable*
[10] **racha** *gust*
[11] **crujir** *creak*
[12] **subalterno** inferior
[13] **cúspide** *summit*
[14] **sordo** *oblivious*
[15] **jornada** *journey*

Zapatistas (1931)
de José Clemente Orozco

▲▲▲

16 sumidos en un hermetismo
encerrados en sí mismos
17 encima sobre (*on top*)
18 tenue *delicately*
19 susurrar *whispering*
20 avivaron *enlivened*
21 rescoldos *embers*
22 fugaz *fleeting*
23 brindándoles ofreciéndoles
24 Brotaba Salía
25 dotada *endowed*
26 honda *deep*
27 resbalarla pasarla (*to slide it*)
28 moles espesas *bulky masses*
29 aristas *edges*
30 aceradas *of steel*
31 enderecé *straightened out*
32 apoderándome *seizing*
33 dorso *back*
34 esfinges *sphinxes*

Los prisioneros seguían allí, sin cerrar los ojos, sumidos en un hermetismo[16] profundo que se ahogaba en el dramático silencio de la noche.

Encima[17] de nuestras cabezas pasaba el cantar del viento y tenue[18], muy tenue, el susurrar[19] de los montes que murmuraban algo que yo no podía comprender.

Se avivaron[20] los rescoldos[21] de la lumbre y los ojos de los prisioneros brillaron en un relámpago fugaz[22]. Me senté junto a ellos y brindándoles[23] hoja y tabaco, les hablé, con el tono fingido de un amigo, de cosas intrascendentes.

Mi voz, a través del murmullo de los montes, era un murmullo también. Brotaba[24] suave, trémula por la fatiga y parecía dotada[25] de honda[26] sinceridad.

Los prisioneros me miraban sin verme. Fijaban su vista hacia donde yo estaba para resbalarla[27] sobre mi cabeza y hundirla allá en las moles espesas[28] de la abrupta serranía. De sus ojos, como aristas[29] aceradas[30], brotaba una luz viva y penetrante.

—¿Por qué pelean?—aventuré sin obtener respuesta.

El silencio se hizo más grave aún, casi enojoso.

Me enderecé[31] de un salto, llegué hasta el Coronel y apoderándome[32] de la botella que antes me brindara, la pasé a los prisioneros, invitándoles a beber. Dos de ellos se negaron a hacerlo, pero el otro, temblándole el brazo, se apresuró a aceptar. Después se limpió la boca con el dorso[33] de la mano y me dirigió un gesto amargo que quiso ser una sonrisa.

Volví a sentarme junto a los hombres como esfinges[34], y obedeciendo a un impulso inexplicable, les hablé de mí. De mi niñez, de mi juventud que se deslizaba en la lucha armada y de un sueño que en mis años infantiles había sido como mi compañero inseparable. A veces tenía la impresión de locura, de hablar conmigo mismo y de estar frente a mi propia sombra, descompuesto en múltiples sombras bajo la vaga luz de la luna que huía entre montañas de nubes. Y olvidado de mis oyentes continuaba hablando, más para mí que para ellos, de aquello que de niño tanto había amado.

De repente una voz melodiosa vibró a mi lado y callé sorprendido de escuchar otra que no fuera la mía.

El más joven de los prisioneros, aquel que había aceptado la botella con mano temblorosa, ocultando los ojos tras los párpados cerrados, meditaba:

—Es curiosa la vida... Como tú, yo también tuve sueños de niño. Y como tú... ¡qué coincidencia!... soñé en las mismas cosas de que has hablado. ¿Por qué será así la vida?

Tornó a soplar una racha helada que se hizo más lastimera y más impresionante.

El joven prisionero quedó pensativo para después continuar:

—Me sentí como tú, peor que perro... Acosado[35] por todas partes. Comiendo mendrugos[36] y bebiendo el agua negra de los caminos.

Calló y luego, quebrándose su voz en un gemido[37]:

—Ahora seré algo peor—dijo. —Seré un perro muerto con las tripas al sol y a las aguas, devorado por los coyotes.

—¡Calla!—ordené con voz cuyo eco parecía tiritar[38] sobre el filo[39] de la noche.

Guardé silencio y me tendí junto a los prisioneros que pensaban tal vez en la oscuridad de otra noche más larga, eterna, de la que nunca habrían de volver.

▲▲▲

Poco a poco me fui aproximando a ellos y al oído del que había hablado repetí:

—¿Por qué peleas tú?

—No te lo podría explicar... Pero es algo que sube a mi corazón y me ahoga a toda hora. Un intenso deseo de vivir entre hombres cuya vida no sea peor que la vida de los perros.

Saqué mi mano de la cobija[40] que la envolvía y buscando la suya la apreté con emoción profunda. Y luego, acercando mi boca hasta rozar[41] su oreja, le dije velando la voz:

—¿Quieres que busquemos nuestro sueño juntos?

Los otros prisioneros adivinaron[42] nuestro diálogo. Nos miraron con interrogaciones en la mirada, y enterados de nuestros planes, se apresuraron a seguirnos.

Nos arrastramos trabajosamente. Cerca, el centinela parecía cristalizado por el frío de la hora, sobre la oscura montaña. Burlamos su vigilancia y nos hundimos en el misterio de la noche. La luna se había ocultado ya y mis nuevos compañeros y yo, dando traspiés[43], corríamos por montes y valles en busca de un mundo en que los hombres, como en nuestros sueños de niños, vivieran una vida mejor que la vida de los perros...

[35] **Acosado** Perseguido
[36] **mendrugos** *crusts of bread*
[37] **gemido** *moan*
[38] **tiritar** *to shiver*
[39] **filo** *edge*
[40] **cobija** manta
[41] **rozar** *to touch slightly*
[42] **adivinaron** *guessed*
[43] **dando traspiés** *stumbling*

Vendedor de flores (1935), de Diego Rivera

PARA APLICAR

COMPRENSIÓN I

A *Contesta las siguientes preguntas.*

1. ¿Qué ordenó el Coronel?
2. ¿Qué molestaba a los dispersos?
3. ¿Qué sacudió el cuerpo del joven protagonista?
4. ¿Qué le preguntó el Coronel?
5. ¿Quién tuvo que pasar lista?
6. ¿Qué ordenó el Coronel después?
7. ¿Por qué debía el narrador examinar a los prisioneros?
8. Al poco rato, ¿qué hizo el Coronel?
9. ¿Dónde se sentó el narrador y qué les ofreció a los prisioneros?
10. ¿Qué fingió ser y qué pregunta les hizo el narrador?
11. ¿Qué contestaron los prisioneros?
12. ¿De qué se apoderó el narrador?
13. ¿A quiénes se la ofreció? ¿Aceptaron ellos?

COMPRENSIÓN II

A *Contesta las siguientes preguntas.*

1. ¿De qué les habló el narrador a los prisioneros?
2. ¿De quién era la voz que oyó el narrador?
3. ¿De qué se sorprendió el narrador?
4. ¿Qué había tenido también el joven?
5. ¿Cómo había sido el joven?
6. ¿Cómo pensó que sería?
7. ¿Qué ordenó el narrador?
8. ¿A quién repitió su pregunta? ¿Qué contestó el joven?
9. ¿Qué le sugirió el narrador al joven?
10. ¿Quiénes escaparon? ¿Qué buscaban?

Para Continuar Conversando

A *Prepárate a contestar estas preguntas. Después, en grupos, expresen sus ideas.*

1. ¿Has acampado alguna vez al aire libre? ¿Dónde? ¿Bajo qué circunstancias? ¿Qué tiempo hacía? ¿Quiénes administraban el campamento?
2. ¿Prefieres las montañas o la playa? ¿Por qué? Da algunos detalles del ambiente en cada lugar.
3. ¿Te has sentado alrededor de una hoguera en un campamento? ¿Qué discutiste? ¿Cantaste? ¿Narraste experiencias personales? ¿Escuchaste cuentos de fantasmas?
4. ¿Recuerdas algunos sueños que tenías de niño? ¿Cuáles son? ¿Se han realizado ya?
5. ¿Cuál es el primer recuerdo que tienes? ¿Cuántos años tenías? ¿Con quiénes jugabas? ¿Cuáles eran tus juegos favoritos?

Para Practicar

A *Completa las siguientes oraciones con una palabra apropiada.*

1. Los _____ protegen los ojos.
2. Pudimos oír el _____ triste del perro salvaje.
3. _____ sobre la nieve y se rompió la pierna.
4. El viento fuerte _____ las casuchas.
5. Corrieron _____ los campos en busca de los revolucionarios.
6. Se durmió y empezó a _____.
7. Era difícil cruzar la _____.

A. 1. párpados 2. aullido
3. Resbaló 4. sacudió 5. a través de
6. roncar 7. serranía

B *Contesta las siguientes preguntas.*

1. ¿Qué hacía mientras dormía?
2. ¿Cómo se cayó sobre la nieve?
3. Ya que no le dije nada, ¿cómo lo sabía él?
4. ¿Qué causó la corriente feroz del agua?
5. ¿Qué sacudió los edificios?

B. 1. roncaba 2. se resbaló
3. Lo adivinó. 4. el aguacero
5. una explosión; una racha
de viento

POR SI ACASO...

1. Los protagonistas del cuento «tenían un sueño». ¿Cuál era? Nombra algunos personajes (de la historia o de la literatura, del pasado o contemporáneos) que buscaban un ideal parecido.
2. Analiza el título del cuento. ¿Por qué ha escogido el autor este título? Haz una lista de otros títulos posibles.
3. Un mundo de filosofía existe en la pregunta «¿Por qué será así la vida?» Prepara algún comentario.

Considera tus ideas y sentimientos y con otros(as) compañeros(as) comparen ideas. ¿Cambiaron algunas de sus opiniones?

Note: Ask students to consider their answers to these questions. Some of them may need to write them. Allow time to discuss in small groups. Have them share their thoughts.

PARA PRESENTAR LA LECTURA

A veces uno se encuentra en una situación precaria de la cual no hay manera de salirse. El individuo se da cuenta de lo peligroso que es quedarse, pero tiene que disimular como si nada. Hernando Téllez, escritor y periodista de Colombia, había observado de cerca el efecto de actos brutales sobre otros. Nota el efecto psicológico de la presencia del capitán que da órdenes que el pobre barbero se ve obligado de cumplir. El autor manipula a los dos personajes que se confrontan con riesgos graves, pero ni el uno ni el otro se aprovecha de su poder durante este episodio. Los dos muestran un control extraordinario para no revelar al otro la tentación de eliminar al enemigo. ¿Qué deseaba saber el capitán? ¿Qué impidió al barbero?

ESPUMA Y NADA MÁS
HERNANDO TÉLLEZ

¹ **badana** *razor strap*
² **ribeteado** *trimmed*
³ **kepis** *military cap*
⁴ **pasta** *cream*
⁵ **rebosante** *overflowing*

Note: Assign this selection to be read for homework. In class, consider the contrasting personalities and behavorial traits of the characters, and their psychological effects on each other. Is it easy to feign indifference?

No saludó al entrar. Yo estaba repasando sobre una badana¹ la mejor de mis navajas. Y cuando lo reconocí me puse a temblar. Pero él no se dio cuenta. Para disimular continué repasando la hoja. En ese instante se quitaba el cinturón ribeteado² de balas de donde pendía la funda de la pistola. Lo colgó de uno de los clavos del ropero y encima colocó el kepis³. Volvió completamente el cuerpo para hablarme y, deshaciendo el nudo de la corbata, me dijo: «Hace un calor de todos los demonios. Aféitame». Y se sentó en la silla. Me puse a preparar minuciosamente el jabón. Corté unas rebanadas de la pasta⁴, dejándolas caer en el recipiente, mezclé un poco de agua tibia y con la brocha empecé a revolver. Pronto subió la espuma. «Los muchachos de la tropa deben tener tanta barba como yo». Seguí batiendo la espuma. «Pero nos fue bien, ¿sabe? Pescamos a los principales. Unos vienen muertos y otros todavía viven. Pero pronto estarán todos muertos». «¿A cuántos cogieron?» pregunté. «Catorce. No se salvará ni uno, ni uno». Se echó para atrás en la silla al verme con la brocha en la mano, rebosante⁵ de espuma. Faltaba ponerle la sábana. Ciertamente yo estaba aturdido. Extraje del cajón una sábana y la anudé al cuello de mi cliente. «El pueblo habrá escarmentado[6] con lo del otro día», dijo. «Sí», repuse mientras concluía de hacer el nudo sobre la oscura nuca. «Estuvo bueno, ¿verdad?» «Muy bueno», contesté mientras regresaba a la brocha. Jamás lo había tenido tan cerca de mí. El día en que ordenó que el pueblo desfilara por el patio de la escuela para ver a los cuatro rebeldes allí colgados, me crucé con él un instante. Pero el espectáculo de los cuerpos mutilados me impedía fijarme en el rostro del hombre que lo dirigía todo y que ahora iba a tomar en mis manos. Se llamaba Torres. El capitán Torres. «De buena gana me iría a dormir un poco», dijo, «pero esta tarde hay mucho que hacer». Retiré la brocha y pregunté con aire falsamente desinteresado. «¿Fusilamiento?» «Algo por el estilo, pero más lento», respondió. «¿Todos?» «No. Unos cuantos apenas». Reanudé de nuevo la tarea de enjabonarle la barba. Otra vez me temblaban las manos. El hombre no podía darse cuenta de ello y ésa era mi ventaja. Pero yo hubiera querido que él no viniera. Probablemente muchos de los nuestros lo habrían visto entrar. Y el enemigo en la casa impone condiciones. Sí. Yo era un revolucionario clandestino, pero era también un barbero de conciencia, orgulloso de la pulcritud del oficio.

Tomé la navaja. La hoja respondía a la perfección. Hice una pausa para limpiarla, porque soy un barbero que hace bien sus cosas. El hombre que había mantenido los ojos cerrados, los abrió, sacó una de las manos por encima de la sábana, se palpó la zona del rostro que empezaba a quedar libre de jabón, y me dijo: «Venga usted a las seis, esta tarde, a la escuela». «¿Lo mismo del otro día?» le pregunté horrorizado. «Puede que resulte mejor», respondió. «¿Qué piensa usted hacer?» «No sé todavía. Pero nos divertiremos». «¿Piensa castigarlos a todos?» aventuré tímidamente. «A todos». Torres no sabía que yo era su enemigo. No lo sabía él ni los demás. Se trataba de un secreto entre muy pocos, precisamente para que yo pudiese informar a los revolucionarios de lo que Torres estaba haciendo en el pueblo y de lo que proyectaba hacer cada vez que emprendía una excursión para cazar revolucionarios. Iba a ser, pues, muy difícil explicar que yo lo tuve entre mis manos y lo dejé ir tranquilamente, vivo y afeitado.

La barba le había desaparecido casi completamente. Bajo el golpe de mi navaja Torres rejuvenecía. Sí, porque yo soy un buen barbero, el mejor de este pueblo, lo digo sin vanidad. ¡Qué calor! Torres debe estar sudando como yo. Pero él no tiene miedo. Es un hombre sereno que ni siquiera piensa en lo que ha de hacer esta tarde con los prisioneros. En cambio yo con esta navaja entre las manos no puedo pensar serenamente. Maldita la hora en que vino, porque yo soy un revolucionario pero no soy un asesino. Y tan fácil como resultaría matarlo. Y lo merece. ¿Lo merece? No, ¡qué diablos! Nadie merece que los demás hagan el sacrificio de convertirse en asesinos. ¿Qué se merece que los demás hagan el sacrificio de convertirse en asesinos? ¿Qué se gana con eso? Pues nada. Pero estoy temblando como un verdadero asesino. Yo tendría que huir,

[6] **escarmentado** *learned a lesson*

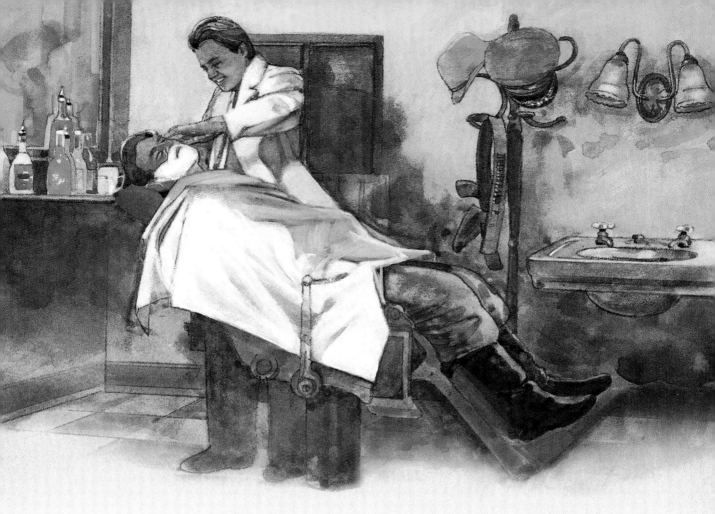

dejar estas cosas, refugiarme lejos, bien lejos. Pero me perseguirían hasta dar conmigo. «El asesino del capitán Torres. Lo degolló mientras lo afeitaba la barba. Una cobardía». Y por el otro lado: «El vengador de los nuestros. Un nombre para recordar (aquí mi nombre). Era el barbero del pueblo. Nadie sabía que él defendía nuestra causa...» ¿Y qué? ¿Asesino o héroe? Del filo de esta navaja depende mi destino. Pero yo no quiero ser un asesino, no señor. Usted vino para que yo lo afeitara. Y yo cumplo honradamente con mi trabajo... No quiero mancharme de sangre. De espuma y nada más. Usted es un verdugo y yo no soy más que un barbero.

El hombre se incorporó para mirarse en el espejo. «Gracias», dijo. Se dirigió al ropero en busca del cinturón, de la pistola y del kepis. Del bolsillo del pantalón extrajo unas monedas para pagarme el importe del servicio. Y empezó a caminar hacia la puerta. En el umbral se detuvo un segundo y volviéndose me dijo:

«Me habían dicho que usted me mataría. Vine para comprobarlo. Pero matar no es fácil. Yo sé por qué se lo digo». Y siguió calle abajo.

ACTIVIDADES

A *Contesta las siguientes preguntas.*

1. Describe la entrada del oficial.
2. Desde el principio, ¿cómo es el ambiente del relato?
3. El capitán pidió que lo afeitara, ¿pero qué comenzó a relatar?
4. Aunque el barbero pretendió estar calmado, ¿en qué se nota su nerviosidad?
5. ¿En qué otra ocasión ha visto el barbero al cliente? Describe lo que sucedió.
6. ¿Cómo disimuló indiferencia a lo que hace el barbero?
7. ¿Qué piensa hacer el capitán más tarde?
8. ¿Por qué se muestra indiferente el barbero al oír eso?
9. ¿Cómo se describe a sí mismo el barbero?
10. ¿Cómo se aprovecha éste de la ocasión?
11. Describe la lucha interna del barbero.
12. ¿Por qué opta por no aprovecharse de la situación?
13. ¿Cuál fue el motivo verdadero del capitán en acudir a la barbería?

B *Usando las siguientes ideas, prepara una entrevista de radio o televisión con el barbero sobre este episodio.*

a. ¿En qué sitio tuvo lugar el acontecimiento?
b. Al darse cuenta de quién era el cliente. ¿Cómo cambió su estado de ánimo? ¿Cuál fue su estado de ánimo?
c. ¿Cómo trató de disimular su nerviosidad?
d. ¿Cómo parecía estar el capitán?
e. ¿Notó él que usted disimulaba sus nervios?
f. ¿Mostró remordimiento el oficial de lo que había hecho en el pasado? ¿De lo que pensaba hacer ese día?
g. ¿Sintió Ud. ganas de eliminar al enemigo? ¿Por qué no consideró aprovecharse de esa oportunidad increíble?
h. En efecto, ¿cómo le afectó lo que le dijo el capitán al salir? ¿Por qué?

ESTRUCTURA

Note: Begin a review of all imperfect subjunctive forms. Avoid rushing this review. Pay special attention to forms that may not have been previously learned.

Note: Review the uses of the imperfect subjunctive. Refer students to uses of the present subjunctive in *Cuadro 3,* pp. 109-116. Apply the same principles, but now in the past.

EL IMPERFECTO DEL SUBJUNTIVO

El imperfecto del subjuntivo tiene su raíz en la tercera persona plural del pretérito, de la cual se omite *-ron*. A la raíz se le agregan las terminaciones apropiadas. Hay dos formas del imperfecto del subjuntivo, *-ra* y *-se*. En muchos casos pueden intercambiarse, pero la forma con *-ra* es la que se usa con más frecuencia.

Fue necesario que ley*era* la carta.
Fue necesario que ley*ese* la carta.

VERBOS REGULARES

amar	comer	vivir
amara, amase	comiera, comiese	viviera, viviese
amaras, amases	comieras, comieses	vivieras, vivieses
amara, amase	comiera, comiese	viviera, viviese
amáramos, amásemos	comiéramos, comiésemos	viviéramos, viviésemos
amarais, amaseis	comierais, comieseis	vivierais, vivieseis
amaran, amasen	comieran, comiesen	vivieran, viviesen

VERBOS IRREGULARES

infinitivo	3a. persona pl. del indicativo	imperfecto del subjuntivo
andar	anduvieron	anduviera(se), anduvieras(ses), anduviera(se), anduviéramos(semos), anduvierais(seis), anduvieran(sen)
caber	cupieron	cupiera(se), cupieras(ses), cupiera(se), cupiéramos(semos), cupierais(seis), cupieran(sen)
caer	cayeron	cayera(se), cayeras(ses), cayera(se), cayéramos, cayerais(seis), cayeran(sen)
dar	dieron	diera(se), dieras(ses), diera(se), diéramos(semos), dierais(seis), dieran(sen)
decir	dijeron	dijera(se), dijeras(ses), dijera(se), dijéramos(semos), dijerais(seis), dijeran(sen)
estar	estuvieron	estuviera(se), estuvieras(ses), estuviera(se), estuviéramos(semos), estuvierais(seis), estuvieran(sen)
haber	hubieron	hubiera(se), hubieras(ses), hubiera(se), hubiéramos(semos), hubierais(seis), hubieran(sen)

hacer	hicieron	hiciera(se), hicieras(ses), hiciera(se), hiciéramos(semos), hicierais(seis), hicieran(sen)
ir	fueron	fuera(se), fueras(ses), fuera(se), fuéramos(semos), fuerais(seis), fueran(sen)
leer	leyeron	leyera(se), leyeras(ses), leyera(se), leyéramos(semos), leyerais(seis), leyeran(sen)
oír	oyeron	oyera(se), oyeras(ses), oyera(se), oyéramos(semos), oyerais(seis), oyeran
poder	pudieron	pudiera(se), pudieras(ses), pudiera(se), pudiéramos(semos), pudierais(seis), pudieran(sen)
poner	pusieron	pusiera(se), pusieras(ses), pusiera(se), pusiéramos(semos), pusierais(seis), pusieran(sen)
producir	produjeron	produjera(se), produjeras(ses), produjera(se), produjéramos(semos), produjerais(seis), produjeran(sen)
salir	salieron	saliera(se), salieras(ses), saliera(se), saliéramos(semos), salierais(seis), salieran(sen)
ser	fueron	fuera(se), fueras(ses), fuera(se), fuéramos(semos), fuerais(seis), fueran(sen)
tener	tuvieron	tuviera(se), tuvieras(ses), tuviera(se), tuviéramos(semos), tuvierais(seis), tuvieran(sen)
traer	trajeron	trajera(se), trajeras(ses), trajera(se), trajéramos(semos), trajerais(seis), trajeran(sen)
venir	vinieron	viniera(se), vinieras(ses), viniera(se), viniéramos(semos), vinierais(seis), vinieran(sen)

VERBOS DE CAMBIO RADICAL

infinitivo	3a. persona pl. del indicativo	imperfecto del subjuntivo
sentir	sintieron	sintiera(se), sintieras(ses), sintiera(se), sintiéramos(semos), sintierais(seis), sintieran(sen)
dormir	durmieron	durmiera(se), durmieras(ses), durmiera(se), durmiéramos(semos), durmierais(seis), durmieran
pedir	pidieron	pidiera(se), pidieras(ses), pidiera(se), pidiéramos(semos), pidierais(seis), pidieran(sen)

Usos del imperfecto del subjuntivo

Cláusulas nominales

El imperfecto del subjuntivo se usa en las cláusulas nominales bajo las mismas condiciones que gobiernan el uso del presente del subjuntivo (*Cuadro 3*, pp. 109–113). Si el verbo de la cláusula principal se expresa en el pretérito, el imperfecto, el pluscuamperfecto o el condicional, el imperfecto del subjuntivo se emplea en la cláusula subordinada.

Fue necesario	
Era necesario	**que salieran.**
Quería	**que saliesen.**
Durante años había querido	

EJERCICIOS

A **Desesperación y esperanzas.** *El joven Luis se desesperó cuando se dio cuenta del peligro en que se encontraba. Consideremos algunos aspectos de su situación.*

> **Luis quería que otros (cambiarlo por otro prisionero enemigo).**
> ***Luis quería que otros lo cambiaran por otro prisionero enemigo.***

1. Luis quería que otros (explicarle qué era la patria; devolverle la felicidad; dejarlo salir de la prisión).
2. El joven temía que sus carceleros (matarlo; quitarle la vida; no comprender que era demasiado joven para morir).
3. El sacerdote le dijo que (tranquilizarse; escucharle; arrodillarse; fingir que se confesaba).
4. Los padres de Luis pidieron al cura que (ayudarles a rescatar a su hijo; sobornar al jefe del pelotón; explicarle a Luis los planes para salvarlo; fingir escuchar su confesión).
5. Fue necesario que Luis (confiarse totalmente en el plan; salir a la plaza resueltamente; rezar con los otros presos; caerse al suelo al oír el disparo; permanecer inmóvil).

A. 1. le explicaran, le devolvieran, lo dejaran salir **2.** lo mataran, le quitaran, no comprendieran **3.** se tranquilizara, le escuchara, se arrodillara, fingiera **4.** les ayudara, sobornara, le explicara, fingiera **5.** se confiara, saliera, rezara, se cayera, permaneciera

B **Mejor que perros.** *En esta selección los protagonistas se dieron cuenta de que tenían algo en común. Combina las dos oraciones, haciendo todos los cambios necesarios.*

> **Hacía mucho frío. A nadie le gustó.**
> ***A nadie le gustó que hiciera mucho frío.***

1. Tuvimos que pernoctar sobre el picacho. Fue desagradable.
2. No nos dieron nada de comer. Fue una lástima.
3. El subalterno contó a los presos. El coronel le ordenó.
4. Me senté junto a ellos. Fue necesario.
5. Yo les ofrecí tabaco. Fue importante.
6. Ellos me hicieron caso. Fue difícil.
7. Hablé con ellos en tono serio. Fue necesario.
8. Poco a poco comenzaron a hablar conmigo. Me sorprendió.

B. 1. Fue desagradable que tuviéramos... **2.** Fue una lástima que no nos dieran de comer... **3.** El coronel le ordenó que contara... **4.** Fue necesario que me sentara... **5.** Fue importante que les ofreciera... **6.** Fue difícil que me hicieran caso... **7.** Fue necesario que hablara... **8.** Me sorprendió que comenzaran...

9. Ellos creían que era peligroso confiar en mí. Era probable.
10. En poco tiempo nos dimos cuenta de que compartíamos los mismos deseos. Era inevitable.
11. Huimos de allí silenciosamente. Fue urgente.
12. Salimos todos en busca de una vida mejor. Fue necesario.

9. Era probable que creyeran... 10. Era inevitable que nos diéramos cuenta... 11. Fue urgente que huyéramos... 12. Fue necesario que saliéramos...

C **Recuerdos de la niñez.** *Gracias a nuestros padres tenemos buenos recuerdos de la niñez.*
¿Te acuerdas de tu fiesta al cumplir ocho años?

Te divertiste cuando cumpliste ocho años.
Me acuerdo que ____ con tus amiguitos.
Fue importante que ____ en esa fiesta.

Me acuerdo que te divertías con tus amiguitos.
Fue importante que te divirtieras en esa fiesta.

1. En esa fiesta nos vestimos como piratas.
   Las fotos muestran que ____ como piratas.
   A nuestras tías no les gustó que ____ como piratas.
2. Yo me reí de los caballos.
   Mis hermanos salieron mientras ____ de los caballos.
   A Papá le gustaba que yo ____ de los caballos.
3. Yo no mentí acerca de los regalos.
   Mamá afirmó que yo no ____ acerca de los regalos.
   Algunos no creían que yo ____ acerca de los regalos.
4. ¡Qué sorpresa cuando pediste chocolate!
   Siempre ____ vainilla.
   Marta dudó que ____ chocolate.
5. Preferimos jugar lejos de la casa.
   Me acuerdo que ____ jugar lejos de la casa.
   Chucho negó que ____ jugar lejos de la casa.
6. Sonreímos para el fotógrafo.
   Él sacó la foto cuando ____.
   Él nos dijo que ____.
7. ¿Romper la piñata? Yo lo sugerí.
   Sí, lo ____ muchas veces.
   Nadie me pidió que yo lo ____.
8. Por poco me morí de risa al ver al payaso.
   Al ver tal escena, siempre ____ de risa.
   En realidad, fue imposible que ____ de risa.
9. Esa noche dormimos bien.
   Siendo niños activos, siempre ____ bien.
   Fue normal que ____ bien.
10. Seguimos viviendo en esa casa durante mucho tiempo.
    Es cierto que ____ viviendo allí.
    Yo quería que ____ viviendo allí.

Niños comiendo melón y uva ,
de Bartolomé Esteban Murillo

C. 1. nos vestimos / nos vistiéramos 2. me reía / me riera 3. mentí / mintiera 4. pedías / pidieras 5. preferíamos / prefirié-ramos 6. nos sonreíamos / nos sonriéramos 7. sugería / sugiriera 8. me moría / me muriera 9. dormíamos / durmiéramos 10. seguimos / siguiéramos

CLÁUSULAS ADVERBIALES

1. En oraciones en las que la cláusula adverbial se subordina a un verbo en el pretérito, el imperfecto, el pluscuamperfecto o el condicional, la cláusula adverbial se expresa en el imperfecto del subjuntivo.

Sofía se durmió
Sofía se dormía
Sofía se había dormido
Sofía se dormiría

$\left.\right\}$ **antes (de) que todos se fueran.**
antes (de) que todos se fuesen.

2. Nótese que en Cuadro 3, p. 113, ya hemos aprendido que las cláusulas adverbiales de tiempo exigen el indicativo cuando la acción se expresa en el pasado, indicando una acción terminada.

Ella me lo dijo cuando la vi.
Ellos me saludaron en cuanto llegué.
Esperé hasta que todos volvieron.

3. La única excepción es la conjunción *antes de que*, la cual siempre exige el subjuntivo.

Saldré antes de que vuelvan.
Salí antes de que volvieran.

4. Otras conjunciones adverbiales comunes que exigen el subjuntivo son las que expresan:

Propósito	para que, a fin de que, de manera que
Resultado	para que, de (tal) modo que, sin que
Suposición	en caso de que, suponiendo que
Condición	con tal (de) que, siempre que, a condición que
Excepción	a menos que, excepto que
Concesión	a pesar de que, aunque, así que
Tiempo	antes de que, después que, hasta que, cuando

UN SOLO SUJETO EN LA ORACIÓN

Cuando hay un solo sujeto en la oración, se emplea el infinitivo en vez de una cláusula.

Abrí la puerta para entrar.
pero
Abrí la puerta para que entraran.

EJERCICIOS

A ***Tanto trabajo cuando hace frío.*** *En casa de la familia todos comienzan a hacer preparativos para pasar el invierno sin sufrir demasiado. Vamos a ver lo que hicieron el año pasado.*

> **Mis padres consiguieron bastantes provisiones.**
> **(para que) Tuvimos lo suficiente para comer.**
> ***Mis padres consiguieron bastantes provisiones para que tuviéramos lo suficiente para comer.***

1. Yo cerré las llaves del agua. (en caso de que) Las tuberías (*pipes*) se congelaron.
2. Papá puso las cadenas en las llantas. (antes de que) Hacía mucho frío.
3. Antes de salir, nos pusimos un suéter y una gorra. (para que) No nos resfriamos.
4. Hice un fuego en la chimenea. (para que) Nos reunimos y nos calentamos allí.
5. Tú pusiste las cobijas eléctricas en las camas. (para que) Dormimos cómodamente.
6. Me quedé adentro. (en caso de que) Comenzó a nevar.
7. Todos ofrecimos ayudarle a mamá en la cocina. (con tal que) Nos sirvió tamales y champurrado.
8. Papá no llamó a los vecinos. (a menos que) Había una emergencia.
9. El perro se quedaba muy quieto. (para que) No lo echamos afuera.
10. Después de estar encerrados más de una semana, queríamos regresar a clase. (tan pronto como) Se mejoró el tiempo.

A. 1. en caso de que se congelaran
2. antes de que hiciera
3. para que no nos resfriáramos
4. para que nos reuniéramos y nos calentáramos 5. para que durmiéramos 6. en caso de que comenzara 7. con tal que nos sirviera 8. a menos que hubiera 9. para que no lo echáramos 10. tan pronto como se mejorara

La nevada o *El invierno* de Francisco de Goya

B **Y tú, ¿qué dices?** *¿Qué haría tu familia si hiciera mucho frío? Cambia los verbos de las cláusulas principales al condicional y sigue combinando las dos ideas con las conjunciones indicadas.*

Mis padres conseguirían bastantes provisiones para que tuviéramos lo suficiente para comer.

C **Conflictos entre los estudios y el trabajo.** *¿Deben los estudiantes trabajar? Es una situación controvertida. Consideremos algunos aspectos del problema.*

C. 1. no tenga / iría / no tuviera **2.** lleguen / Saldría / llegaran **3.** me necesite / Me quedaría / me necesitara **4.** me acompañe / depositaría / me acompañara **5.** me deje / Trabajaría / me dejara **6.** me paguen / cambiaría / me pagaran **7.** me pague / esperaría / me pagara **8.** me vea / podría / me viera

Trabajaré a menos que mis padres me (dar) un coche.
Trabajaré a menos que mis padres me den un coche.
Dije que trabajaría a menos que mis padres me dieran un coche.

1. Hoy iré en el bus para que mamá no (tener) que llevarme.
2. Saldré luego que los otros chicos (llegar).
3. Me quedaré una hora más en caso de que el gerente me (necesitar).
4. No depositaré el dinero en el banco a menos que alguien me (acompañar).
5. Trabajaré el domingo con tal que me (dejar) entrar a la una.
6. No cambiaré este empleo a menos que otros me (pagar) mejor.
7. El sábado esperaré hasta que el gerente me (pagar).
8. No podré escribir el reportaje sin que alguien me (ver).

CLÁUSULAS RELATIVAS

1. Si la cláusula relativa modifica un sustantivo o pronombre indefinido o negativo, el verbo de la cláusula relativa se expresa en el subjuntivo.

Busqué un rebozo
Buscaba un rebozo } **que fuera bonito.**
Buscaría un rebozo

2. Si la cláusula relativa se subordina a un verbo en el pretérito, el imperfecto o el condicional, el verbo se expresa en el imperfecto del subjuntivo. Se nota el contraste con una acción completa.

Buscaba un coche } **que fuera barato.**
Hablaría con un amigo } **que me comprendiera.**

Nada te impedirá acabar tus estudios.

CUENTA ESTUDIANTE BBV

Aseguramos tus estudios.

En el Banco Bilbao Vizcaya, sacarle partido a tus estudios ha dejado de ser una simple cuestión de codos.

Pásate por cualquiera de nuestras oficinas.

Te ayudaremos a llegar hasta donde tú quieras.

EJERCICIOS

A. 1. fuera / tuviera / no requiriera / viniera **2.** supiera / tuviera /estuviera / hablara **3.** tratara / identificara / explicara / tuviera / se pudiera llevar

A **¿Qué buscaban?** *Distintas personas buscaban ciertas cualidades en ciertas personas o cosas, pero no sabían si las encontrarían. Ellos expresan su incertidumbre con el verbo en el subjuntivo.*

> Mis primos querían una casa que (tener cuatro habitaciones; estar cerca de buenas escuelas; no costar más de $100.000).
>
> *Querían una casa que tuviera cuatro habitaciones.*
> *Querían una casa que estuviera cerca de buenas escuelas.*
> *Querían una casa que no costara más de $100.000.*

1. Los Sres. Sáenz buscaban un coche que (ser económico; tener cómodos asientos para seis personas; no requerir un exceso de mantenimiento; venir con frenos de aire).

2. El jefe de nuestra empresa habló con el director de la agencia de empleos. Dijo: —Ayer le indiqué que necesitábamos una persona que (saber usar los ordenadores; tener experiencia con la contabilidad; estar dispuesta de mudarse a otra ciudad; hablar español y un poco de francés).

3. En la biblioteca pregunté por algún libro que (tratar de los conflictos en el Medio Oriente; identificar y explicar las religiones de esa región; tener mapas y fotos de los distintos países; poder[se] llevar[se] a casa).

EL ESPECTACULO ES EN LA PENINSULA Y FRENTE AL MAR.

SU PLATEA EXCLUSIVA ES "PUERTO LOBOS". APARTAMENTOS DE 2 Y 3 DORMITORIOS EN 60 CUOTAS.

B **Y tú, ¿qué dices?** *(I) Antes de salir los peregrinos de Europa, ellos tenían esperanzas de encontrar un país ideal. Prepara una serie de descripciones de lo que esperaban encontrar o establecer en América. (2) ¿Cómo sería la utopía de tus sueños? Prepara una lista que exprese lo que buscarías.*

CON ADJETIVOS O ADVERBIOS

Se emplea el subjuntivo con la construcción *por* + adjetivo (o adverbio) + *que*. Tiene el significado de «however».

> **Por pobre que sea, no aceptará el dinero.** (adj.)
> **Por pobre que fuera, no aceptaría el dinero.** (adj.)
> **Por poco que estudie, José saca buenas notas.** (adv.)

EJERCICIOS

A **¡Qué afortunado!** *Éstas son algunas descripciones de un chico muy afortunado, pero a la vez, modesto y simpático.*

> **Es muy guapo, pero no es egoísta.**
> ***Por guapo que sea, no es egoísta.***

A. 1. Por popular que sea...
2. Por bajo que sea... **3.** Por fuerte que sea... **4.** Por mucho que se enoje... **5.** Por mucho que tenga... **6.** Por poco que cueste...

1. Es popular con las chicas, pero los chicos no le tienen celos.
2. Es muy bajo, pero juega bien al baloncesto.
3. Es muy fuerte, pero nadie le tiene miedo.
4. Se enoja mucho, pero siempre se controla bien.
5. Tiene mucho dinero, pero no lo ostenta *(show it off)*.
6. Mi regalo de cumpleaños cuesta poco, pero le gusta más que los otros.

B **Y tú, ¿qué dices?** *Después de practicar el ejercicio varias veces, cambia los verbos al pasado.*

> ***Por guapo que fuera, no era egoísta.***

B. 1. que fuera **2.** que fuera
3. que fuera **4.** que se enojara
5. que tuviera **6.** que costara

C **Sueños de campanas de boda.** *Dos chicas sueñan con sus bodas. Como nada es concreto, una de ellas expresa sus sueños en el subjuntivo.*

> **B: ¿Sabes cómo será tu esposo?**
> **A: *No sé, pero comoquiera que lo encuentre, será guapo, rico y considerado.***

C. 1. quienquiera - compre - será
2. cualquiera - casemos - habrá
3. quienquiera - nos case - será
4. dondequiera - vayamos - será

1. A: ¿Sabes quién te comprará el vestido de novia?
   B: No sé, pero _____ que me lo _____, _____ bonito.
2. A: ¿Sabes en qué iglesia se casarán?
   B: No sé, pero en _____ iglesia que nos _____, _____ muchas flores.
3. A: ¿Sabes quién los casará?
   B: No sé, pero _____ que _____, _____ en el rito de mi preferencia.
4. A: ¿Sabes adónde irán para la luna de miel?
   B: No sé, pero _____ que _____, _____ un secreto.
   A: Pues, chica, sigue soñando. Te deseo mucha felicidad con quienquiera que te cases.

D **Y tú, ¿qué dices?** *Después de practicar esta conversación varias veces y de familiarizarte con las formas de* quiera *+ el subjuntivo, cambia todo al pasado.*

SUEÑOS NO REALIZADOS

A: Creía que mi marido sería guapo, rico y compasivo.
B: ¿Sabías cómo lo encontrarías?
A: No sabía, pero comoquiera que lo encontrara, creía que sería guapo, rico y compasivo.

LOS SUFIJOS

1. Se puede variar el significado de muchas palabras agregando un sufijo al final o a la raíz de una palabra. Entre los sufijos más comunes tenemos los diminutivos y los aumentativos.

2. Los sufijos diminutivos pueden expresar:

   - la idea de disminuir el tamaño físico de una persona o cosa: *niño—niñito, mesa—mesita.*
   - el cariño: No me regañes, mamacita.
   - la humildad (a veces obviamente exagerada): *Bienvenidos a esta casita.*
   - el desprecio: *Ese hombrecillo se cree importante.*
   - la vergüenza (por causar molestias): *Perdón otra vez pero, ¿hay otro recadito para mí?*
   - disminuir la duración de tiempo: *Ven a tomar un cafecito conmigo.* (La taza o tacita es pequeña, lo que implica poco tiempo para tomarla.)
   - una actitud favorable: *Adiosito.* (Quiero verte otra vez pronto.)
   - acentuar o poner énfasis: *Ven ahorita.* o *¡Qué grandecito estás!*

3. Los sufijos obedecen las normas de concordancia de número y género. En algunos casos, los diminutivos cambian el significado de una palabra: *cama—camilla (stretcher); palo—palillo (toothpick).*

4. Los sufijos diminutivos más comunes son:

   -ito(a)   Se agrega a la raíz si el énfasis no cae en la última sílaba: *mesita, poquito, abuelita.*
   Se agrega directamente a palabras que terminan con *l* o *j*: *papelito, relojito.*

   -cito(a)   Se agrega a palabras que terminan con *r, n* o *e*: *doctorcito, ratoncito, madrecita.*

   -ecito(a)   Se agrega a palabras de una sílaba, y a palabras de dos sílabas con diptongo en la primera sílaba: *florecita, pueblecito.*

   -illo(a)   Puede reemplazar la sílaba final de muchas palabras. Da sentido de poca importancia; a veces es despectivo: *platillo, calzoncillo.*

   -ecillo(a)   Se agrega a palabras monosilábicas que terminan en consonante o en *y*: *panecillo, bueyecillo.*

   -ececito(a)   Excepción que se agrega a la raíz de *pie*: *pi + ececito* o *piececito.*

Los sufijos aumentativos

1. Los sufijos aumentativos deben emplearse con mucha precaución porque pueden denotar ideas despectivas o insultos fuertes e incluso peligrosos—para la persona que los emplea. El alumno debe familiarizarse con los más comunes, pero a la larga, debe evitar su uso.

2. Los aumentativos pueden expresar:

   - la idea de hacer más grande: *Este sillón es de papá.*
   - la idea de un golpe o el resultado exagerado o una acción prolongada: *Su disco es un exitazo. Dame un telefonazo.*
   - una actitud despectiva: *Ese poetastro no nos impresiona. ¡Fuera de aquí, vejete!* (old man)

3. Los sufijos aumentativos más comunes son:

-ón(a)	Aumentativo más común, a veces despectivo: *calleja* (alley)—*callejón, hombre—hombrón, casa—casona*
-chón(a)	Aumentativo que da énfasis a alguna cualidad y que se agrega a palabras con término vocal: *rico—ricachón*
-ote	Despectivo que se agrega a palabras con término vocal: *libro—librote, feo—feote*
-ete	Despectivo que da el sentido de artificial, de tamaño pequeño o de poco valor: *color—colorete*
-azo	Se agrega a palabras terminadas en vocal: *cola—colazo*
-acho	Inspira miedo, desprecio y se agrega a palabras que terminan en vocal: *pueblo—poblacho, pico—picacho*
-ucho(a)	Despectivo que refleja poco respeto o disgusto: *tienda—tenducha, animal—animalucho*
-astro(a)	Refleja la actitud de segundo orden y se agrega a la raíz o a la palabra entera: *padre—padrastro, poeta—poetastro*

4. **Atención:** En muchas ocasiones el uso de los sufijos va acompañado por un cambio de expresión de la cara o entonación vocal o por otros gestos. Por eso, se recomienda no usarlos a menos que se entienda bien todos los posibles significados.

EJERCICIOS

A **En la tierra de Lilliput** *(con el perdón del estimado Sr. Jonathan Swift). Después del accidente y la pérdida de su barco, Gulliver cayó fatigado en tierra y se durmió profundamente. Cuando se despertó, no podía moverse. Sigue con la historia, expresando las palabras indicadas en la forma diminutiva, comenzando con -ito. Se sugiere leer la selección varias veces, cambiando sólo una palabra en cada oración. Con cada lectura, escoge otra palabra a cambiar.*

1. En esa tierra *nueva* para él, Gulliver vio que las *manos* de sus habitantes *pequeños* lo amarraban.
2. Gulliver tenía la sensación de que una horda de *hormigas* caminaba sobre su cuerpo entero.
3. ¡Cuál no fue su sorpresa al ver en la punta de su nariz una *figura* agitando furiosamente las *manos*!
4. Más tarde se desató el pelo de un lado de la cabeza y él pudo ver el *pueblo* con sus *casas* bien *arregladas*.
5. Los niños pasaban *camino* de la escuela con sus *libros*, y al pasar cerca del «gigante», deseaban la compañía de sus *hermanos*.
6. La gente lo miraba con asombro en los *ojos* y Gulliver se dio cuenta de que todos eran sus enemigos—hasta los *perros* y los *gatos*.
7. Un niño preguntó—"¿Qué es, *papá*?"
8. El padre no sabía cómo contestar a su *hijo*, que tenía miedo y corrió hacia su *abuelo*.
9. Gulliver no había comido nada, pero en ese momento los del pueblo le llevaron muchos *jarros* de vino, *panes* con *manteca* y muchas *tazas* de sopa, todo lo que Gulliver ingirió con gusto.
10. En *seguida* se durmió, porque en el café habían puesto un *poco* de algún *polvo* que le indujo el sueño.
11. Horas más tarde se encontró sobre un aparato que lo conducía a un templo donde el *emperador* sobre un *caballo* blanco pronunció un *discurso* largo y animado.
12. Por fin llegó el día en que Gulliver se despidió de los *ciudadanos* que le habían tratado bien, y con un *"Adiós"* o *"Hasta luego"* el hombre enorme (o el intruso) regresó a su país.

A. 1. nuevecita, manitos, pequeñitos 2. hormiguitas 3. figurita, manitos 4. pueblito, casitas, arregladitas 5. caminito, libritos, hermanitos 6. ojitos, perritos, gatitos 7. papacito 8. hijito, abuelito 9. jarritos, panecillos, mantequilla, tacitas 10. seguidita, poquito, polvito 11. emperadorcito, caballito, discursillo 12. ciudadanitos, Adiosito, lueguito

B *En la tierra de los gigantes.* *En otro viaje, Gulliver llegó a Brobdingnag, ocupado por gigantes de dimensiones enormes. Cambia las palabras indicadas a la forma aumentativa o despectiva, comenzando con -ón, -ona.*

1. Gulliver, observando a un *hombre*, se escondió en un *monte* de paja, cuya altura llegaba a 20 pies.
2. Llegó a una *escalera* altísima cuyos escalones medían seis pies de altura.
3. Corrió por la *calleja* a esconderse de un hombre *alto* que venía seguido de siete trabajadores *gordos* con *instrumentos* del campo.
4. ¡Qué *susto*! ¡Qué *problema*! Por poco evitó la muerte bajo el *zapato* del jefe que después lo levantó para verlo mejor.
5. Gulliver protestó con *gritos* y *lágrimas*, pero el hombre grande lo metió en su *bolsa*.
6. Llegaron a una *casa* y el bueno del pueblo sacó un *libro*, el que consultó un buen rato y luego consultó con sus *amigos*.
7. Satisfecho de que Gulliver no quería hacerles daño, se sentó en una silla y pidió la comida que se sirvió en un *plato* de 20 pies de largo con *tazas* de café y *quesos*.
8. Gulliver, que sufría de un hambre atroz, no pudo comer con la *cuchara* que la mujer le ofreció, pero su hija, la *soltera*, buscó un dedal que Gulliver pudo llevarse a la boca y así comió bien.
9. Más tarde tuvo un *encuentro* con una *rata* que trató a Gulliver como un *juguete*, aunque Gulliver logró matarla más tarde con un *golpe* en la *cabeza*.

C *Y tú, ¿qué dices?* *Prepara un relato de una visita o un encuentro verdadero o imaginario en un sitio como Disneylandia o un lugar parecido. Exagera el tamaño, la importancia o el desprecio de algunos de los sitios o de las personas o personajes con algunas de tus impresiones.*

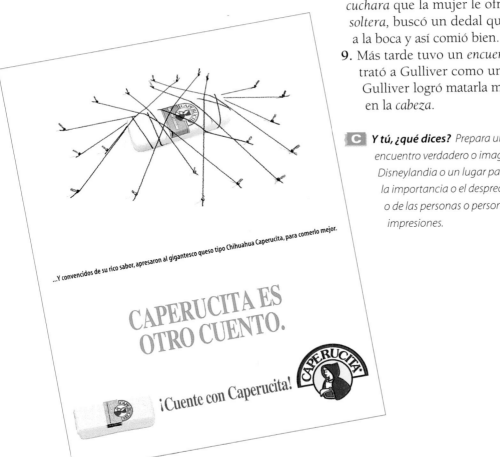

...Y convencidos de su rico sabor, apresaron al gigantesco queso tipo Chihuahua Caperucita, para comerlo mejor.

CAPERUCITA ES OTRO CUENTO.

¡Cuente con Caperucita!

MODISMOS Y EXPRESIONES

Note: Incorporate and practice these items throughout the lesson.

pasar lista *to call roll*

El sargento pasó lista y los soldados respondieron en voz alta con «a la orden».

quedar de pie *to remain standing*

El autor quedó de pie durante toda la entrevista.

negarse a *to refuse to*

Se negó a sentarse aunque le habían ofrecido una silla muy cómoda.

¡Ya lo creo! ¡Sí cómo no! *I should say so! You bet! Of course!*

¿Quieres acompañarme al cine? ¡Ya lo creo! ¡Sí cómo no!

¡OJO!

Note: Administer the unit test.

americano:

Esta palabra que quiere decir «de América» es adjetivo y sustantivo. En español, la palabra «americano» se refiere a cualquier habitante del hemisferio occidental. Un ciudadano de los Estados Unidos es un norteamericano o un estadounidense. En lenguaje familiar, a los norteamericanos también se les conoce como «yanquis» o «gringos». A veces, estos dos vocablos llevan una connotación despectiva.

Ejemplo:

Ellos son americanos del sur y nosotros somos americanos del norte.

EL ÚLTIMO VIAJE

Quien teme la muerte no goza la vida.

Note: Remind students of the Hispanic proclivity for *"refranes"*. Discuss the meaning of the refrán *"Quien teme la muerte no goza la vida"*

(He who is afraid of death does not enjoy life). Introduce other *refranes* that deal with this theme: *"La muerte a nadie perdona"* (Death forgives no one), *"Todas las cosas tienen remedio si no es la muerte"* (Everything has a remedy except death), *"La muerte todo lo iguala"* (Death makes everything equal). Ask students if they know any similar English sayings.

PARA PREPARAR LA ESCENA

La muerte ha sido siempre rodeada de misterio acompañada de dudas y temores. Sólo pensar en la muerte evoca varias reacciones: la gente primitiva no puede explicarla; los viejos y los enfermos a veces le dan la bienvenida; los niños, si alguna vez piensan en ella, la consideran como un sueño prolongado; los jóvenes creen que es algo que les ocurre a los demás. Algunos la examinan desde el punto de vista de la religión o de la filosofía que tienen del más allá. Muchos la temen; otros se burlan de ella. Pero la muerte es inevitable, y todos tendremos que prepararnos para el día que llegue.

◄
El entierro del Conde de Orgaz de El Greco

▶
Altar para el día de los muertos
(Oaxaca, México, 1960) de David Villafáñez

LA LECHUZA
ALBERTO GERCHUNOFF

Note: Research biographical information about Gerchunoff and the Jewish colonies in Argentina.

PARA PRESENTAR LA LECTURA

Un gato negro que cruza delante de uno, un espejo hecho pedazos, un paraguas abierto dentro de la casa—¡presagios de desastre! Tales creencias y conceptos han sido populares desde tiempo inmemorial. Nacen de la ignorancia, del miedo y de la incomprensión. Y a pesar de haber pruebas en su contra, son nociones muy comunes.

Las supersticiones del mundo se incluyen en muchas formas literarias. En la selección que sigue, una lechuza, frecuente-mente nocturna en sus hábitos, es el presagio de la muerte.

El argentino Alberto Gerchunoff emplea las tradiciones hebreas y la vida de la colonia judía de la Argentina como tema de muchos cuentos suyos. A veces trágicos y misteriosos, estos cuentos nos revelan la gran fuerza dramática del autor. Además, Gerchunoff ha captado en prosa la tristeza y la desesperación del pueblo judío que ha sufrido tantas pérdidas y tanta persecución a través de los años.

PARA ENTABLAR CONVERSACIÓN

1. ¿Eres supersticioso(a)?
2. ¿Crees que llevando amuletos se puede evitar desastres? ¿Llevas algo de ese tipo? ¿Qué es?
3. ¿Cuál es tu número favorito? ¿Te trae buena suerte? ¿Has ganado algo jugando ese número? Comenta.
4. Para ti, ¿qué presagios simbolizan mal agüero?
5. Da tu opinión sobre las siguientes oraciones:
   a. No vale la pena temer lo inevitable.
   b. Suicidarse es un acto de cobardía.
   c. A veces, la muerte es compasiva.
   d. (No) Se debe juzgar severamente a los médicos que ayudan a morir a las personas que tienen enfermedades terminales.
   e. La cremación en vez del entierro ayuda la ecología.

Pre-reading: Introduce this *Cuadro's* theme by asking the following question: What beliefs concerning death and the hereafter do the various religions embrace? Discuss superstitions. You may wish to use **PARA ENTABLAR CONVERSACIÓN** for stimulus.

PARA AUMENTAR EL VOCABULARIO

PALABRAS CLAVE I

1. **charcos** aguas estancadas en un hoyo en el suelo (*puddles*)
   La rana cantaba en el charco.
2. **jinete** el que monta a caballo
   Durante la carrera, el jinete se cayó del caballo.
3. **lechuza** ave nocturna (*owl*)
   La lechuza duerme con los ojos abiertos.
4. **vivaces** brillantes, vívidos
   Ella tenía una sonrisa vivaz.

Note: Vary techniques and aids for vocabulary presentation.

Note: All the *Prácticas* may be written for homework, corrected on the overhead projector, and discussed together in class. You may also wish to have students create new sentences using the *Palabras clave*.

PRÁCTICA

Completa con una palabra de la lista.

el charco	vivaz
el jinete	la lechuza

1. _____ montó a caballo y salió galopando.
2. Se dice que _____ es muy sabia.
3. Brillaba una luz _____ en sus ojos.
4. Por las tardes, los pájaros se juntaban cerca de _____.

1. El jinete **2.** la lechuza **3.** vivaz **4.** del charco

Palabras clave II

1. **astro** estrella, planeta, sol
   Aquel astro parece más brillante que la luna.
2. **comprometió (comprometerse)** se obligó, prometió casarse,
   dio palabra
   Antonio se comprometió con la novia de su niñez.
3. **maquinalmente** automáticamente
   Raquel apagó maquinalmente su cigarrillo.
4. **piedad** respeto profundo hacia las cosas sagradas; lástima
   El buen sacerdote demostró una piedad sincera.

PRÁCTICA

Completa con una palabra de la lista.

un astro	comprometió
piedad	maquinalmente

1. Júpiter es _____ muy brillante del firmamento.
2. Juanita no se _____ con Miguel porque quería más a José.
3. La niña repetía _____ todo lo que oía.
4. Margarita sentía _____ por los ancianos y los niños.

Palabras clave III

1. **aullaron (aullar)** gritaron con voces lamentosas; se dice de los
   lobos y los perros *(howled)*
   Los perros aullaron cuando oyeron la sirena.
2. **fantasma** aparición, espíritu visible
   Dicen que en el cementerio hay fantasmas que salen de noche.
3. **vago** sutil, indeterminado
   La dueña del restaurante tenía la vaga impresión de que sus
   empleados le robaban.

Note: All *Prácticas* may be done
orally and/or written for homework.

PRÁCTICA

Completa con una palabra de la lista.

el fantasma	vago
aullaron	

1. Me cogió un dolor _____.
2. Roberto gritó cuando vio a _____.
3. Los perros _____ al oír los ruidos extraños.

LA LECHUZA
ALBERTO GERCHUNOFF

Pre-reading: Brainstorm with students about life in ghettos and ethnic communities. Discuss old Hebrew traditions and practices.

Jacobo pasó en su caballo ante la casa de Reiner saludando en español. La vieja contestó en judío, y la muchacha le preguntó si había visto a Moisés, que había partido en la mañana en busca del tordillo[1].

—¿Moisés?—preguntó el muchacho. —¿Se fue en el caballo blanco?

—En el blanco.

—¿Salió por el camino de Las Moscas?

—No—respondió Perla, —tomó el camino de San Miguel.

—¿De San Miguel? No lo he visto.

La vieja se lamentó, con voz que revelaba su inquietud:

—Ya se hace tarde y mi hijo partió tan sólo con unos mates[2]; no llevó revólver...

—No hay cuidado, señora; se pueden recorrer todos los alrededores sin encontrar a nadie.

—Dios te oiga—añadió doña Eva, —dicen que cerca de los campos de Ornstein hay bandidos.

[1] **tordillo** *gray horse*
[2] **mates** hojas de una planta que se usan para hacer té

Reading strategies: Read Part I to students (books closed). Create mystery with reading voice (whispering mysteriously, reading dramatically, alternating voice levels) to build suspense. Then have students re-read Part I silently and answer *Comprensión I*. Write answers on the board as given by students. Handle Parts II/III same way or have individual students read in lieu of the teacher. (Pre-assign).

"... espoleó el caballo, obligándolo a dar un salto, para lucir su habilidad de jinete en presencia de Perla."

EL ÚLTIMO VIAJE **287**

³ **espoleó** *spurred*

⁴ **potrero** *pasture*

⁵ **pastoras … sonámbulo**
*shepherdesses return with
their drowsy flock*

⁶ **Se sumergían** *Were submerged*

⁷ **tejidos de alambre** *wire fences*

⁸ **vísperas** el día o la noche
anterior *(eve)*

⁹ **graznó lúgubremente y se
posó** *hooted mournfully and lit*

¹⁰ **pisadas** *steps (hoofbeats)*

¹¹ **visera** *shield*

El diálogo terminó con una palabra tranquilizadora de Jacobo; espoleó³ al caballo, obligándolo a dar un salto, para lucir su habilidad de jinete en presencia de Perla.

El sol declinaba y la tarde de otoño se adormecía bajo el cielo rojo. El tono amarillo de las huertas, el verde pálido del potrero⁴ quebrado por el arroyo oscuro daban al paisaje una melancolía dulce, como en los poemas hebraicos en que las pastoras retornan con el rebaño sonámbulo⁵ bajo el cielo de Canaán.

Se sumergían⁶ en oscuridad las casas de la colonia y en los tejidos de alambre⁷ brillaban en reflejos vivaces los últimos rayos del sol.

—Es tarde, hija mía, y Moisés no llega...

—No hay temor, madre, no es la primera vez. ¿Te acuerdas el año pasado, en vísperas⁸ de Pascua, cuando fue con el carro al bosque de San Gregorio? Vino con la leña al día siguiente.

—Sí, recuerdo; pero llevaba revólver, y además, cerca de San Gregorio hay una colonia...

Un silencio penoso siguió a la conversación. En los charcos cantaban las ranas y de los árboles próximos venían ruidos confusos.

Una lechuza voló sobre el corral, graznó lúgubremente y se posó⁹ en un poste.

—¡Qué feo es aquel pájaro!—dijo la muchacha.

Graznó otra vez la lechuza, y miró a las mujeres, en cuyo espíritu sus ojos hicieron la misma triste impresión.

—Dicen que es de mal agüero.

—Dicen así, pero no lo creo. ¿Qué saben los campesinos?

—¿No decimos nosotros, los judíos, que el cuervo anuncia la muerte?

—¡Ah, es otra cosa!

La lechuza voló hasta el techo, donde lanzó un graznido y tornó al poste, sin dejar de mirar a las mujeres.

En el extremo del camino lleno de sombra resonaron las pisadas¹⁰ de un caballo. La chica miró, haciendo visera¹¹ de las manos. Desengañó a la madre.

—No es blanco.

De las casas el viento traía el eco de un canto, uno de esos cantos monótonos y tristes que lamentan la pérdida de Jerusalén y exhortan a las hijas de Sion, «magnífica y única», a llorar en la noche para despertar con sus lágrimas la piedad del Señor. Maquinalmente, Perla repitió en voz baja:

Llorad y gemid, hijas de Sion...

Después, con voz más fuerte, cantó la copla de los judíos de España, que le había enseñado en la escuela el maestro don David Ben-Azán:

Hemos perdido a Sion,
hemos perdido a Toledo,
no queda consolación,

Como la madre había continuado inquietándose, la muchacha, para distraerla, continuó la conversación anterior.

—¿Tú crees en los sueños? Hace unos días, doña Raquel contó algo que nos dio miedo.

La vieja contó a su vez una historia espantosa.

Una prima suya, hermosa como un astro, se comprometió con un vecino de la aldea. Era carretero[12] muy pobre, muy honrado y muy temeroso de Dios. Pero la moza no lo quería, por ser contrahecho[13]. En la noche del compromiso, la mujer del rabino... una santa mujer... vio un cuervo.

El novio vendió un caballo y con el dinero compró un misal[14], que regaló a la novia. Dos días antes del casamiento se anuló el compromiso y la moza se casó al año siguiente con un hombre muy rico del lugar.

El recuerdo del suceso causó honda impresión en el ánimo de doña Eva. Su cara se alargó en la sombra y, en voz baja, contó el milagroso acontecimiento[15]. Se casó la muchacha, y uno a uno fueron muriendo sus hijós. ¿Y el primer novio? El buen hombre había muerto. Entonces el rabino[16] de la ciudad, consultado por la familia, intervino. Examinó los textos sagrados y halló en las viejas tradiciones un caso parecido.

3

Aconsejó a la mujer que devolviera al difunto su lujoso misal. Así recobraría[17] la tranquilidad y la dicha.

—Llévalo—le dijo—bajo el brazo derecho, mañana, a la noche, y devuélveselo.

Nada respondió la afligida. Al otro día, al salir la luna, misal bajo el brazo, salió. Una lluvia lenta le golpeaba el rostro[18], y sus pies, débiles por el miedo, apenas podían avanzar sobre la dura nieve. En los suburbios ya, muerta de fatiga, se guareció[19] junto a una pared; pensaba en los hijos muertos y en el primer novio, cuyo recuerdo había desaparecido de su memoria durante tanto tiempo. Lentamente hojeaba[20] el misal, de iniciales frondosas[21] y rosas, de estilo arcaico, que le gustaba contemplar en las fiestas de la sinagoga, mientras recitaba en coro las oraciones.

De pronto sus ojos se oscurecieron, y al recobrarse vio en su presencia al carretero, con su cara resignada y su cuerpo deforme.

—Es tuyo este misal y te lo devuelvo—le dijo.

El fantasma, que tenía tierra en los ojos, extendió una mano de hueso y recibió el libro.

[12] **carretero** *wagon driver*
[13] **contrahecho** deforme
[14] **misal** *prayer book*
[15] **acontecimiento** suceso, evento
[16] **rabino** *rabbi*
[17] **recobraría** *would recover*
[18] **rostro** cara
[19] **se guareció** *she took refuge*
[20] **hojeaba** *she leafed through*
[21] **frondosas** *ornate*

[22] **luciérnagas** *fireflies*
[23] **palenque** *stockade*
[24] **de imán** *magnetic*
[25] **gaucho** vaquero *(cowboy)* tradicional argentino
[26] **oprimida** tensa, que tiene presión
[27] **jadeante** *panting*
[28] **alarido** *howl*

Entonces la mujer, recordando el consejo del rabino, añadió:

—Que la paz sea contigo, y ruega por mí; yo pediré a Dios por tu salvación.

Perla suspiró. La noche cerraba, tranquila y transparente. A lo lejos, las luciérnagas[22] se agitaban como chispas diminutas y llevaban al espíritu de la anciana y de la chica un vago terror de fantasmas.

Y allí sobre el palenque[23], la lechuza continuaba mirándolas con sus ojos de imán[24], lucientes y fijos.

Obsesionada por un pensamiento oculto, la niña continuó:

—Pero si el gaucho[25] dice tales cosas del pájaro, bien pudiera ser...

Doña Eva miró el palenque y luego hacia el fondo negro del camino y con voz temblorosa, casi imperceptible, murmuró:

—Bien pudiera ser, hija mía...

Un frío agudo la estremeció, y Perla, con la garganta oprimida[26] por la misma angustia, se acercó a la viejecita. En esto se oyó el eco de un galope. Las dos se agacharon para oír mejor, tratando de ver en la densa oscuridad. Su respiración era jadeante[27], y los minutos se deslizaban sobre sus corazones con lentitud opresiva. Aullaron los perros de la vecindad. El galope se oía cada vez más precipitado y claro, y un instante después vieron el caballo blanco que venía en enfurecida carrera. Se pararon madre e hija, llenas de espanto, y de sus bocas salió un grito enorme, como un alarido[28]. El caballo, sudoroso, se detuvo en el portón, sin el jinete, con la silla ensangrentada...

PARA APLICAR

COMPRENSIÓN I

A *Contesta las siguientes preguntas.*

1. ¿Quién pasó por la casa de Reiner montado a caballo?
2. ¿En qué idioma saludó?
3. Y la vieja, ¿en qué le contestó?
4. ¿Qué le preguntaron a Jacobo?
5. ¿Dónde andaba Moisés?
6. ¿Qué camino había tomado él?
7. ¿Por qué temían que le hubiera pasado algo?
8. ¿Por qué espoleó Jacobo al caballo?
9. Describe el paisaje del potrero.
10. ¿Qué diferencia había entre este viaje de Jacobo y el que hizo al bosque de San Gregorio?

COMPRENSIÓN II

A *Contesta las siguientes preguntas.*

1. ¿Qué dijo la muchacha cuando vio la lechuza?
2. ¿Qué hizo la lechuza?
3. Di algo del diálogo que surgió al llegar la lechuza.
4. ¿Qué se oyó venir del extremo del camino?
5. ¿Era blanco el caballo que venía de la sombra?
6. ¿Qué traía el viento de las casas?
7. ¿Cómo quiso distraer la muchacha a la madre?
8. ¿Quién contó una historia espantosa?
9. Describe la pareja que se comprometió, según la historia.
10. ¿Qué vio la esposa del rabino la noche del compromiso?

Note: Complete with the entire class. Write *Comprensión I* on the board as students give answers orally. Then have students do *Comprensión II* orally in small groups with a student leader in each. Write *Comprensión III* for homework. Do orally in class the following day or collect, correct, return the exercise, then do it orally.

I. A. 1. Jacobo 2. en español 3. en judío 4. si había visto a Moisés 5. en busca del tordillo 6. el camino de San Miguel 7. era tarde; no había llevado revólver 8. para lucir su habilidad de jinete en presencia de Perla 9. los colores de otoño daban una melancolía dulce 10. llevaba revólver, y además San Gregorio está poblado.

II. A. 1. ¡Qué feo es aquel pájaro! 2. graznó y miró a las mujeres 3. las mujeres hablaron de supersticiones y de pájaros de mal agüero 4. las pisadas de un caballo 5. no 6. el eco de un canto triste 7. continuando la conversación anterior 8. la vieja 9. la moza, hermosa; el carretero, contrahecho 10. un cuervo

El llanto (1939), de David Alfaro Siqueiros

COMPRENSIÓN III

A. **1.** que devolviera al difunto su lujoso misal **2.** Fue el regalo del carretero a su novia. **3.** al fantasma del carretero muerto **4.** A causa del relato espantoso que había contado la vieja. **5.** Nerviosas y espantadas, se agacharon para oír mejor. **6.** Un caballo sudoroso, sin el jinete y con la silla ensangrentada se detuvo en el portón.

B. **1.** (b) **2.** (b) **3.** (c) **4.** (c) **5.** (a)

A *Contesta las siguientes preguntas.*

1. Relata lo que el rabino aconsejó.
2. ¿Qué papel tiene el misal en esta historia?
3. ¿A quién le dio la afligida mujer el misal?
4. ¿Por qué comenzaron Perla y la anciana a pensar en fantasmas?
5. ¿Cómo se encontraron Perla y la anciana cuando oyeron el eco de un galope?
6. ¿Por qué gritaron la madre y la hija?

B *Escoge la respuesta apropiada.*

1. ¿Qué hizo el novio contrahecho?
   a. Fue a misa con su novia.
   b. Le obsequió un misal a la novia.
   c. Se casó con un hombre muy rico.
2. ¿Cómo le afectó a doña Eva acordarse del suceso?
   a. Su cara se alarmó.
   b. Su cara se puso triste.
   c. Sucedió un acontecimiento milagroso.
3. ¿Por qué consultaron al rabino?
   a. porque el pobre novio había muerto
   b. para que hallara los textos sagrados
   c. para que les aconsejara
4. ¿Cómo hizo la mujer aparecer al novio muerto?
   a. Hizo desaparecer el recuerdo de su memoria.
   b. Hizo iniciales frondosas y rosas en el misal.
   c. Recitaba oraciones.
5. Al recobrarse, ¿qué vio la mujer?
   a. al fantasma del carretero
   b. al rabino que daba consejos
   c. las fiestas de la sinagoga

Note: Brainstorm with students using questions that elicit personal experiences and related associations.

PARA CONTINUAR CONVERSANDO

1. ¿Crees tú en los símbolos de mal agüero? ¿Cómo reaccionas si:
   a. rompes un espejo? **b.** ves un paraguas abierto dentro de la casa? **c.** un gato negro cruza delante de ti? **d.** ves a alguien caminando debajo de una escalera de mano?
2. ¿Sueñas cuando duermes? ¿En qué colores? ¿Recuerdas los detalles de un sueño al despertarte?
3. ¿Crees en los sueños? ¿Tratas de interpretar tus sueños?
4. ¿Te gusta oír cuentos de fantasmas?
5. ¿Te gustan las películas de fantasmas en el cine o en la televisión? ¿Puedes nombrar una que te interesó o te impresionó mucho? Explica.

PARA PRACTICAR

A *Da un antónimo de las palabras indicadas.*

1. Moisés había *vuelto* en la mañana.
2. Es *temprano*, hija mía.
3. Un *ruido* penoso siguió la conversación.
4. ¡Qué *bonita* es aquella ave!
5. La lechuza voló hacia el *suelo*.
6. Con voz *débil*, cantó la copla.
7. Llevó el misal bajo el brazo *izquierdo*.
8. Al otro día, al *ponerse* la luna, él se fue.
9. De pronto, sus ojos se *esclarecieron*.
10. Se *alejó de* la viejecita.

A. 1. salido 2. tarde 3. silencio
4. fea 5. techo 6. fuerte 7. derecho
8. salir 9. oscurecieron 10. acercó a

Note: 1. May be used as a written
composition exercise. 2. and
3. Discuss in groups.

POR SI ACASO...

1. Describe el ambiente de la selección.
2. En otras culturas, incluyendo la tuya, ¿qué animales tienen la reputación de «mal agüero»?
3. ¿Qué relación tiene el relato de la vieja con los acontecimientos de la selección?

Madres de la Plaza de Mayo,
Buenos Aires, Argentina

En el fondo del caño hay un negrito

José Luis González

Para Presentar La Lectura

El puertorriqueño José Luis González es un autor que escribe mucho sobre el tema del desempleado. En el cuento que sigue nos habla de un desafortunado que llega del campo a la ciudad en busca de trabajo. Las dificultades materiales de la vida lo hacen establecerse con su familia en el arrabal, o barrio construido sobre las márgenes de un caño. Y allí mantiene la lucha contra el ambiente que le rodea.

Un caño es un canal o brazo de mar. Sobre las tierras pantanosas del caño cerca de la ciudad de San Juan, Puerto Rico, creció el arrabal, nido de pobreza, con un amontonamiento de familias, casuchas de aspecto pobre y condiciones insalubres. Entre los arrabales más conocidos están El Fanguito y La Perla.

El ineducado, muchas veces, habla un idioma expresivo, lleno de expresiones familiares. Al leer este cuento, fíjate en el dialecto de los campesinos.

PARA ENTABLAR CONVERSACIÓN

Use the suggested questions to stimulate discussion and to encourage students to identify with these societal problems.

1. ¿Has pasado alguna vez por un área que se pueda llamar arrabal? ¿Dónde está? ¿Cómo es?
2. ¿Has visto por las calles de una ciudad a gente sin hogar? ¿Dónde duermen? ¿Qué puedes hacer tú para ayudar a tal gente?
3. ¿Piensas asistir a la universidad después de graduarte o buscar trabajo? ¿Qué clase de trabajo te interesa?
4. ¿Qué idioma vernáculo usas en el trato diario? ¿Empleas el mismo lenguaje en la escuela que usas cuando estás entre amigos o en casa? ¿Escoges tus palabras con más cuidado en ciertas ocasiones? ¿Qué palabras o expresiones están «de moda» entre los alumnos en estos días?
5. ¿Puedes reconocer de dónde viene una persona por su manera de hablar?
6. ¿Puedes nombrar unas expresiones comunes en inglés que serían difíciles de traducir al español? ¿Qué pasa cuando uno trata de traducir un modismo palabra por palabra de un idioma a otro?
7. ¿Juzgas a la gente por la manera de su hablar?

PARA AUMENTAR EL VOCABULARIO

PALABRAS CLAVE I

1. **chupándose (chuparse)** produciendo succión con los labios *(sucking)*
   La niña andaba chupándose los dedos.
2. **flojamente** perezosamente
   Teresa leía flojamente su libro hasta que se durmió.
3. **hacía (hacer) gracia** divertía
   Le hacía gracia a Mariana que Tony le tuviera miedo.
4. **mudanza** cambio de domicilio
   El trabajo de la mudanza le cansó.
5. **susto** impresión de miedo *(a scare, sudden terror)*
   Su manera de mirarla le dio un susto.

Note: New vocabulary is minimal in all three *Palabras clave* sections. Write the words in the corner of the chalkboard and leave them up during the entire unit, calling attention to each of them often. One day have students pronounce them all; another day, define; another day, use them in sentences; give antonyms, synonyms, etc.

Note: All the *Prácticas* may be written for homework, corrected on the overhead projector, and discussed together in class. You may also wish to have students create new sentences using the *Palabras clave*.

PRÁCTICA

Completa con una palabra de la lista.

flojamente   la mudanza
chupándose   hacía gracia
susto

1. _____ le costó más de lo que valían los muebles.
2. Le _____ bailar toda la noche.
3. Cansada, se levantó _____.
4. Por no tener comida, el niño estaba _____ el dedo.
5. Sintió un gran _____ al ver el fantasma.

1. La mudanza 2. hacía gracia
3. flojamente 4. chupándose
5. susto

PALABRAS CLAVE II

1. **llanto** efusión de lágrimas con lamentos *(weeping, flood of tears)*
   La pescadora oyó el llanto del niño, lo que le destrozó el alma.
2. **remó (remar)** hizo adelantar una embarcación con el movimiento de los remos *(rowed a boat, paddled)*
   El pescador remó su bote hasta la otra orilla.
3. **reprimir** contener, refrenar
   El niño no pudo reprimir el deseo de jugar en el charco.
4. **soga** cuerda *(rope)*
   El caballo estaba atado al poste con una soga larga.

PRÁCTICA

Completa con una palabra de la lista.

remó   *reprimir*
la soga   *el llanto*

1. _____ interminable del viudo me ponía triste.
2. La abogada no pudo _____ una sonrisa cuando oyó la buena noticia.
3. Tiró _____ para salvar al hombre en el agua.
4. El pescador _____ una hora sin parar para llegar antes que los otros.

PALABRAS CLAVE III

1. **atardecer** llegar el fin de la tarde, última parte de la tarde
   El obrero regresó al arrabal al atardecer.
2. **fango** barro, tierra mezclada con agua
   Cerca del caño hay mucho fango.
3. **muelle** pared al lado del río o mar para facilitar la carga y descarga de los barcos *(wharf, loading platform)*
   Él encontró trabajo en el muelle cargando mercancías.

Note: Alert students that though *Prácticas* are simple vocabulary completion exercises, other changes may have to be made. e.g. *a + el atardecer = al atardecer.*

1. muelle 2. al atardecer 3. el fango

PRÁCTICA

Completa con una palabra de la lista.

el fango   *el atardecer*
muelle

1. Los pasajeros desembarcaron en aquel _____.
2. El niño volvió a la casa a _____.
3. A los niños les gusta jugar con _____.

EN EL FONDO DEL CAÑO HAY UN NEGRITO
JOSÉ LUIS GONZÁLEZ

Note: Call attention to the text picture of the actual *arrabal* which forms the setting for the story. Have students look for newspaper photos and accounts that depict deplorable environments. The workbook reading passage (*Eliminación de los arrabales*) gives an idea of what the government of Puerto Rico is doing to provide low-income housing. Assign the appropriate lesson to talk about dialect, slang, pronunciations, and localisms.

1

La primera vez que el negrito Melodía vio al otro negrito en el fondo del caño fue temprano en la mañana del tercer o cuarto día después de la mudanza, cuando llegó gateando[1] hasta la única puerta de la nueva vivienda y se asomó[2] para mirar hacia la quieta superficie del agua allá abajo.

Entonces el padre, que acababa de despertar sobre el montón de sacos vacíos extendidos en el piso junto a la mujer semidesnuda[3] que aún dormía, le gritó:

—Mire... ¡eche p'adentro![4] ¡Diantre'e muchacho desinquieto![5]

Y Melodía, que no había aprendido a entender las palabras pero sí a obedecer los gritos, gateó otra vez hacia adentro y se quedó silencioso en un rincón, chupándose un dedito porque tenía hambre.

El hombre se incorporó sobre los codos[6]. Miró a la mujer que dormía a su lado y la sacudió flojamente por un brazo. La mujer despertó sobresaltada[7], mirando al hombre con ojos de susto. El hombre se rió. Todas las mañanas era igual: la mujer despertaba con aquella cara de susto que a él le provocaba una gracia sin maldad[8]. Le hacía gracia verla salir así del sueño todas las mañanas.

El hombre se sentó sobre los sacos vacíos.

—Bueno—se dirigió entonces a ella.—Cuela[9] el café.

[1] **gateando** *crawling on all fours, like a cat*
[2] **se asomó** *peered out*
[3] **semidesnuda** *half-naked*
[4] **¡eche p'adentro!** ¡échate para adentro! *(get inside)*
[5] **¡Diantre'e muchacho desinquieto!** *Drat that restless kid!*
[6] **codos** *elbows*
[7] **sobresaltada** asustada
[8] **maldad** malicia
[9] **Cuela** *Make, brew*

14 ¿Tampoco hay na'pal nene?
¿Tampoco hay nada para
el nene?

15 unas hojitah'e guanábana
unas hojitas de guanábana
(a few custard-apple leaves)

16 Le guá'cer un guarapillo
'horita. Le voy a hacer un
guarapillo ahora mismo.
*(I'm going to fix a tea for him
right now.)*

19 La marea 'ta alta. Hoy hay
que dir en bote. La marea
está alta. Hoy hay que ir
en bote.

La mujer tardó un poco en contestar:

—No queda.

—¿Ah?

—No queda. Se acabó ayer.

Él casi empezó a decir «¿Y por qué no compraste más?» pero se interrumpió cuando vio que la mujer empezaba a poner aquella otra cara, la cara que a él no le hacía gracia y que ella sólo ponía cuando él le hacía preguntas como ésa. A él no le gustaba verle aquella cara a la mujer.

—¿Conque[10] se acabó ayer?

—Ajá[11].

La mujer se puso de pie y empezó a meterse el vestido por la cabeza. El hombre, todavía sentado sobre los sacos vacíos, derrotó su mirada y la fijó un rato en los agujeros de su camiseta[12].

Melodía, cansado ya de la insipidez[13] del dedo, se decidió a llorar. El hombre lo miró y preguntó a la mujer:

—¿Tampoco hay na'pal nene?[14]

—Sí... Conseguí unas hojitah'e guanábana[15]. Le guá'cer un guarapillo 'horita[16].

—¿Cuántos díah va que no toma leche?

—¿Leche?—la mujer puso un poco de asombro inconsciente[17] en la voz.— Desde antier[18].

El hombre se puso de pie y se metió los pantalones. Después se acercó a la puerta y miró hacia afuera. Le dijo a la mujer:

—La marea 'ta alta. Hoy hay que dir en bote[19].

Luego miró hacia arriba, hacia el puente y la carretera. Automóviles, guaguas[20] y camiones pasaban en un desfile interminable. El hombre sonrió, viendo como desde casi todos los vehículos alguien miraba con extrañeza[21] hacia la casucha enclavada[22] en medio de aquel brazo de mar: el caño sobre cuyas márgenes pantanosas[23] había ido creciendo hacía años el arrabal. Ese alguien por lo general empezaba a mirar la casucha cuando el automóvil o la guagua o el camión llegaba a la mitad del puente y después seguía mirando, volteando gradualmente la cabeza hasta que el automóvil, la guagua o el camión tomaba la curva allá delante. El hombre sonrió. Y después murmuró: «¡Caramba!»

A poco se metió en el bote y remó hasta la orilla. De la popa del bote a la puerta de la casa había una soga larga que permitía a quien quedara en la casa atraer nuevamente el bote hasta la puerta. De la casa a la orilla había también un puentecito de madera, que se cubría con la marea alta.

Ya en la orilla, el hombre caminó hacia la carretera. Se sintió mejor cuando el ruido de los automóviles ahogó el llanto del negrito en la casucha.

La segunda vez que el negrito Melodía vio al otro negrito en el fondo del caño fue poco después del mediodía, cuando volvió a gatear hasta la puerta y se asomó y miró hacia abajo. Esta vez el negrito en el fondo del caño le regaló una sonrisa a Melodía. Melodía había sonreído primero y tomó la sonrisa del otro negrito como una respuesta a la suya. Entonces hizo así con la manita, y desde el fondo del caño el otro negrito también hizo así con su manita.

Melodía no pudo reprimir la risa, y le pareció que también desde allá abajo llegaba el sonido de otra risa. La madre lo llamó entonces porque el segundo guarapillo de hojas de guanábana ya estaba listo.

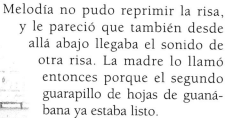

"Melodía no pudo reprimir la risa, y le pareció que también desde allá abajo llegaba el sonido de otra risa."

Dos mujeres, de las afortunadas que vivían en tierra firme, sobre el fango endurecido de las márgenes del caño, comentaban:

—Hay que velo[24]. Si me lo 'bieran contao, 'biera dicho qu'era embuste[25].

—La necesida', doña. A mí misma, quién me 'biera dicho que yo diba llegar aquí[26]. Yo que tenía hasta mi tierrita...

—Pueh nojotroh fuimoh de los primeroh[27]. Casi no 'bía gente y uno cogía la parte máh sequecita, ¿ve?[28] Pero los que llegan ahora fíjese, tienen que tirarse al agua, como quien dice[29]. Pero, bueno, y... esa gente, ¿de ónde diantre haberán salío?[30]

—A mí me dijeron que por aí[31] por la Isla Verde 'tán orbanizando y han sacao un montón de negroh arrimaoh[32]. A lo mejor[33] son d'esoh[34].

—¡Bendito...! ¿Y usté se ha fijao en el negrito qué mono[35]? La mujer vino ayer a ver si yo tenía unas hojitah de algo pa' hacerle un guarapillo, y yo le di unas poquitah de guanábana que me quedaban[36].

—¡Ay, Virgen, bendito...!

Al atardecer, el hombre estaba cansado. Le dolía la espalda. Pero venía palpando[37] las monedas en el fondo del bolsillo, haciéndolas sonar, adivinando con el tacto cuál era un vellón[38], cuál de diez, cuál una peseta. Bueno... hoy había habido suerte. El blanco que pasó por el muelle a recoger su mercancía de Nueva York. Y el obrero que le prestó su carretón toda la tarde porque tuvo que salir corriendo a buscar a la comadrona[39] para su mujer, que estaba echando un pobre más al mundo. Sí, señor. Se va tirando[40]. Mañana será otro día.

[24] **Hay que velo.** Hay que verlo.

[25] **Si me lo 'bieran contao,... embuste.** Si me lo hubieran contado, hubiera dicho que era embuste *(lie)*.

[26] **quién me 'biera dicho... aquí** quién me hubiera dicho que yo iba a llegar aquí

[27] **Pueh nojotroh fuimoh de los primeroh.** Pues nosotros fuimos de los primeros.

[28] **Casi no 'bia gente... ¿ve?** Casi no había gente y uno cogía la parte más sequecita, ¿ve?

[29] **como quien dice** *as one says*

[30] **¿de ónde diantre haberán salío?** ¿de dónde diantre habrán salido?

[31] **por aí** por allí

[32] **'tan orbanizando... negroh arrimaoh** están urbanizando y han sacado un montón de negros arrimados

[33] **A lo mejor** posiblemente

[34] **son d'esoh** son de ésos

[35] **¿Y usté se ha fijao en el negrito qué mono?** ¿Y Ud. se ha fijado en el negrito qué mono? *(Have you noticed how cute their little one is?)*

[36] **unas hojitah de algo... quedaban** unas hojitas de algo para hacerle un guarapillo, y yo le di unas poquitas de guanábana que me quedaban *(a few leaves of something to make him a little tea, and I gave her a few guanabana leaves that I had left)*

[37] **palpando** *feeling, handling*

[38] **vellón** *five-cent piece*

[39] **comadrona** *midwife*

[40] **Se va tirando.** *One struggles along.*

⁴¹ colmado *general store*
⁴² habichuelas y unas latitas
beans and a few small cans

Se metió en un colmado⁴¹ y compró café y arroz y habichuelas y unas latitas⁴² de leche evaporada. Pensó en Melodía y apresuró el paso. Se había venido a pie desde San Juan para no gastar los cinco centavos de la guagua.

▲▲▲

La tercera vez que el negrito Melodía vio al otro negrito en el fondo del caño fue al atardecer, poco antes de que el padre regresara. Esta vez Melodía venía sonriendo antes de asomarse, y le asombró que el otro también se estuviera sonriendo allá abajo. Volvió a hacer así con la manita y el otro volvió a contestar. Entonces Melodía sintió un súbito entusiasmo y un amor indecible hacia el otro negrito. Y se fue a buscarlo.

PARA APLICAR

COMPRENSIÓN I

A *Contesta las siguientes preguntas.*

A. 1. temprano en la mañana; de la única puerta de la casa 2. gateando 3. un montón de sacos vacíos 4. tenía hambre 5. sobre los codos 6. la sacudió flojamente 7. que colara el café 8. no, se había acabado el día anterior 9. si tampoco había nada para el nene 10. unas hojitas de guanábana

1. ¿Cuándo y dónde vio Melodía al otro negrito por primera vez?
2. ¿Cómo llegó hacia la puerta?
3. ¿Sobre qué dormia la madre?
4. ¿Por qué se chupaba el dedo Melodía?
5. ¿Cómo se incorporó el hombre?
6. ¿Cómo despertó a la mujer?
7. Después de despertarla, ¿qué le pidió el hombre a la mujer?
8. ¿Había café o no? ¿Por qué?
9. Cuando comenzó a llorar Melodía, ¿qué le preguntó el hombre a la mujer?
10. ¿Qué había conseguido ella para el nene?

Muchos campesinos abandonan el campo en busca de oportunidades en las ciudades, pero casi nunca realizan sus sueños.

COMPRENSIÓN II

A *Contesta las siguientes preguntas.*

1. ¿Qué hizo el hombre antes de acercarse a la puerta?
2. ¿Cómo estaba la marea?
3. ¿Qué requiría eso?
4. ¿Qué pasaba continuamente por el puente?
5. ¿Qué hacían por lo general los que pasaban por el puente?
6. Al meterse el hombre en el bote, ¿qué hizo?
7. ¿Para qué servía la soga que tenía el bote?
8. ¿Cuándo fue la segunda vez que Melodía vio al negrito?
9. ¿Qué le regaló el negrito a Melodía y qué seña le hizo éste a aquél?
10. Cuando lo llamó su mamá, ¿qué le había preparado?

COMPRENSIÓN III

A *Contesta las siguientes preguntas.*

1. Relata la conversación de las dos mujeres que vivían en tierra firme.
2. ¿Cómo se sentía el hombre al atardecer?
3. ¿Qué traía en el bolsillo?
4. Relata tres sucesos sobresalientes del día.
5. ¿Qué compró en el colmado?
6. ¿Por qué se fue a pie desde San Juan?
7. ¿Cuándo vio Melodía al negrito por tercera vez?
8. Cuando el negrito le hizo así con la manita, ¿qué sintió Melodía?
9. ¿Qué hizo después?

A. 1. se metió los pantalones 2. alta 3. era necesario ir en bote 4. automóviles, guaguas y camiones 5. miraban con extrañeza hacia el arrabal 6. remó hasta la orilla 7. permitía a quien quedara en la casa atraer nuevamente el bote hasta la puerta 8. un poco después del mediodía 9. una sonrisa; hizo así con la manita 10. un segundo guarapillo

A. 1. Hablaban de la mala fortuna de vivir en el arrabal, cómo ellas habían llegado allí y de la familia de Melodía. 2. cansado 3. monedas 4. un blanco que pasó por el muelle a recoger su mercancía; el obrero que prestó su carretón al padre de Melodía; con el dinero recibido el padre compró alimento 5. café, arroz y habichuelas, unas latitas de leche evaporada 6. para no gastar cinco centavos 7. al atardecer 8. un súbito entusiasmo y un amor indecible 9. se fue a buscarlo

B. 1. en tierra firme **2.** mudarse al arrabal **3.** la parte más sequita **4.** muchos negros pobres **5.** mono es el niñito **6.** palpando las monedas **7.** recoger mercancías del muelle **8.** iba a dar a luz a otro niño **9.** los cinco centavos en la guagua

B *Termina las oraciones poniendo en orden las palabras entre paréntesis.*

1. Las dos mujeres afortunadas vivían (firme, tierra, en).
2. Comentaban sobre la necesidad de (al, mudarse, arrabal).
3. Los primeros en llegar ocupaban (más, la, sequita, parte).
4. Están urbanizando cerca de Isla Verde y han expulsado de allí a (negros, muchos, pobres).
5. Una de ellas se ha fijado qué (mono, es, niñito, el).
6. El hombre regresaba al arrabal (las, monedas, palpando).
7. Un obrero le había prestado su carretón para (muelle, mercancías, del, recoger).
8. El obrero buscaba a la comadrona porque su mujer (a, otro, dar a luz, iba, niño, a).
9. El hombre caminaba a su casucha para no gastar (guagua, los, centavos, en, cinco, la).

PARA CONTINUAR CONVERSANDO

Note: Do not restrict conversation to the suggested questions. Amplify with others, following up student responses to encourage more speaking.

A *Contesta las siguientes preguntas.*

1. ¿Cómo obtienes el dinero que necesitas para comprarte algo, ir al cine, salir en una cita, etc.? ¿Te lo dan tus padres o trabajas por períodos incompletos?
2. Si trabajas de vez en cuando, ¿qué haces? ¿Cuántas horas semanales pasas trabajando? ¿Cuánto te pagan?
3. ¿Has ganado dinero cuidando a los niños de amigos o vecinos?
4. En estos días, ¿cuánto se paga por hora por cuidar a los niños?
5. ¿Te dieron instrucciones los padres de los niños que ibas a cuidar? ¿Cuáles eran tus responsabilidades? ¿Las restricciones?
6. ¿Ha ocurrido alguna vez una emergencia durante la ausencia de los padres cuando cuidabas a los niños? ¿Qué hiciste?

PARA PRACTICAR

A. 1. sorpresa **2.** soga **3.** malicia **4.** me hace gracia **5.** ganas

A *Da un sinónimo de las palabras indicadas.*

1. Ella recibió la carta con *asombro*.
2. ¿Dónde está la *cuerda*?
3. Siempre lo hace con *maldad*.
4. Esto *me parece divertido*.
5. Ella lo hizo sin *ánimo*.

Note: 1. Do with small groups, or develop on the board with contribution of students. **2.** Use as a homework assignment or do a group composition on the board. **3.** Have each student write one damaging social condition on paper and collect it. Teacher should read each and encourage discussion.

POR SI ACASO...

1. Imagina los acontecimientos que siguen al final del cuento. ¿Qué hizo Melodía? ¿Qué le pasó? Escribe un párrafo adicional para este cuento.
2. Expresa en un párrafo quién, en tu opinión, sufría más. ¿El que murió? ¿La madre? ¿El padre? Justifica tu opinión.
3. Describe las condiciones sociales que, como se ve en este cuento, pueden hacer daño a los que residen allí.

PARA GOZAR

PARA PRESENTAR LA LECTURA

Para los niños la muerte es un gran sueño. En el soneto que sigue, Luis Palés Matos, poeta puertorriqueño, nos presenta la muerte en forma sutil y delicada. Nos la presenta a través de los ojos de un niño para que la muerte no parezca espantosa, fea ni desagradable.

Note: Encourage students to memorize all or favorite stanzas from the poems *"Fuego infantil"* and *"¿Soy yo quien anda?"* for extra credit; bring other literary works by the same authors to class.

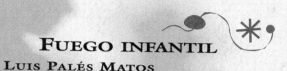

FUEGO INFANTIL

LUIS PALÉS MATOS

¹ **apagados** cerrados, sin luz
² **noches de velada** cuando nos vigilaba o cuidaba
³ **lances** episodios
⁴ **embriagados** llenos
⁵ **hada** mujer fantástica con poderes mágicos
⁶ **hueca voz** voz sonora, profunda
⁷ **ráfaga** soplo de viento

La abuela de los ojos apagados¹   *a*
nos narraba en las noches de velada²   *b*
lances³ de caballeros embriagados⁴   *a*
de romance, de novias y de espada.   *b*

Y cuentos de palacios encantados   *a*
por la varilla mágica de un hada⁵...   *b*
diabólicos, de monstruos espantados,   *a*
divinos, de princesa sonrosada.   *b*

Y una noche de rayos y de truenos,   *c*
su hueca voz⁶ llena de ritmos buenos,   *c*
en lenta gradación se iba extinguiendo.   *d*

El perro aulló.—¡Tan!—dijo la campana,   *e*
una ráfaga⁷ entró por la ventana   *e*
y la abuelita se quedó durmiendo.   *d*

ACTIVIDAD

A   *Analiza el poema «Fuego infantil», contestando las siguientes preguntas que sirven para el análisis de un poema.*

1. ¿Quién habla y a quién?
2. ¿En qué ocasión?
3. ¿Cuál es el propósito central del poema?
4. ¿Cuál es el tono del poema?
5. Da un resumen de los sucesos mencionados en el poema.

A. 1. un niño a otro niño 2. la muerte de su abuela 3. describir la muerte a través de los ojos de un niño 4. tono cariñoso 5. Answers will vary.

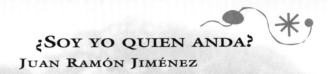

¿SOY YO QUIEN ANDA?
JUAN RAMÓN JIMÉNEZ

[1] **mendigo** *beggar*
[2] **rondaba** caminaba alrededor
[3] **en torno** alrededor
[4] **enlutado** *dressed in mourning*

¿Soy yo quien anda, esta noche,
por mi cuarto, o el mendigo[1]
que rondaba[2] mi jardín,
al caer la tarde?...

Miro
en torno[3] y hallo que todo
es lo mismo y no es lo mismo...
¿La ventana estaba abierta?
¿Yo no me había dormido?
¿El jardín no estaba verde
de luna?... ... El cielo era limpio
y azul... Y hay nubes y viento
y el jardín está sombrío...
Creo que mi barba era
negra... Yo estaba vestido
de gris... Y mi barba es blanca
y estoy enlutado[4]... ¿Es mío
este andar? ¿Tiene esta voz,
que ahora suena en mí, los ritmos
de la voz que yo tenía?
¿Soy yo, o soy el mendigo
que rondaba mi jardín,
al caer la tarde?...

Miro
en torno... Hay nubes y viento...
El jardín está sombrío...
... Y voy y vengo... ¿Es que yo
no me había ya dormido?
Mi barba está blanca... Y todo
es lo mismo y no es lo mismo...

EN HORA DE NECESIDAD

Note: Have students read the conversation silently; then, read aloud several times assigning roles; act it out before class. When perfected, present the skit to another class as an intra-departmental activity.

(La señora Salazar, representando una agencia social, toca a la puerta de la vivienda en el caño donde ocurrió la tragedia. La madre de Melodía abre la puerta.)

¹ pésame condolence

SRA. SALAZAR: Perdone Ud. la molestia, señora. He leído de la pérdida que han sufrido Uds. y vengo a darle el pésame¹ por el fallecimiento de su hijo.

MADRE: ¡Ay mi pobre niño! No lo puedo creer. Duérmete con los ángeles, hijito mío.

SRA. SALAZAR: Compadezco del dolor que está pasando, señora, pero el propósito de mi visita es ayudarles.

MADRE: Mi hijo 'ta muerto. ¡Ya no se pue'acer nada!

SRA. SALAZAR: Trabajo con la Sociedad Benéfica de San Juan. Es una organización que se dedica al auxilio social. Cuando hay una situación difícil o una tragedia como la que han sufrido Uds., la Sociedad hace una investigación y trata de ayudar lo más posible a mejorar la vida de los desafortunados. ¿Me permite hacerle unas preguntitas personales?

MADRE: Gracias, señora, gracias. Pase p'adentro. Siento no tener qué ofrecerle.

SRA. SALAZAR: Eso no importa, señora. Somos nosotros los que queremos ayudarles a Uds. Ahora...

"Compadezco del dolor que está pasando, señora, pero el propósito de mi visita es ayudarles."

ACTIVIDADES

A *Trabajando en parejas un(a) alumno(a) prepara unas preguntas que haría la trabajadora social en tales circunstancias. El (La) otro(a) las van a contestar como si fuera la madre de Melodía.*

B *Con un(a) compañero(a) de clase preparen otra posible conversación, basándose en una de estas sugerencias:*
1. El que abre la puerta es el padre de Melodía.
2. El que llama a la puerta es un policía investigando el accidente.
3. El que llama a la puerta es un periodista buscando detalles del accidente.
4. El que llama a la puerta es un(a) vecino(a) del arrabal y viene a consolar.

Note: Do Activity **A** in pairs. Select one of Activity **B** to do with the entire class, and the remainder can be done in pairs. Ultimately, treat it the same way as suggested for conversation.

ESTRUCTURA

MAS, PERO, SINO

1. Aunque las conjunciones *mas, pero* y *sino* significan *"but"* en inglés, los usos son distintos.

2. *Mas* y *pero* pueden intercambiarse, aunque *mas* se emplea preferiblemente en expresiones o estilos literarios.

   Bien mi suerte lo dice;
   mas ¿dónde halló piedad un infeliz?
   de *La vida es sueño* de Calderón de la Barca

3. *Pero* es una conjunción coordinadora que conecta dos ideas o cláusulas.

   Me gusta mucho, pero no voy a comprarlo.

4. Si la primera cláusula es negativa, la segunda puede tener distintas ideas y diferentes clases de palabras.

   El reflejo en el agua no se ríe, pero a Melodía le gusta.

5. *Sino* se usa en contradicciones algo relacionadas.

   a. Después de una idea negativa en la introducción se usa *sino* en la contradicción.

   No son amigos, sino enemigos.

   b. La contradicción siempre ocurre entre palabras de la misma clasificación lingüística y se usa cuando se comparan dos ideas opuestas pero del mismo tipo; por ejemplo: números con números, colores con colores, etc.

   Un sustantivo reemplaza un sustantivo:

   No es tu madre que te llama sino tu padre.

   Un adjetivo reemplaza un adjetivo:

   No está alegre, sino triste.

   c. Si a un verbo conjugado sigue la conjunción, *sino* se introduce seguido de *que.*

   No dijo que nevaría, sino que haría mucho frío.

EJERCICIOS

A **Antes de irse, ¿qué dijo Moisés?** *Perla y la vieja tratan de acordarse de lo que dijo Moisés.*

> **ir a Rosario / Misiones**
> *Dijo que no iría a Rosario, sino a Misiones.*

1. regresar esta noche / mañana por la mañana
2. llevar un revólver / una escopeta
3. hablar con Benjamín / con Abraham Arnstein
4. comprar otro caballo / un regalo para Perla
5. tener miedo / la certeza de evitar contratiempos
6. arreglar la fecha de la fiesta / la reunión con el rabino
7. poner flores en la sinagoga / la tumba de su padre
8. quedarse en la ciudad / en el campo
9. cantar música popular / las canciones de Israel
10. espantar a su madre / a los bandidos

B **Viene la Tuna.** *Un grupo de cantantes universitarios llamado la Tuna visitan el colegio de Betty y Soledad. Betty le hace muchas preguntas.*

> **Betty: ¿Quiénes son esos chicos? ¿Son italianos? / españoles**
> *Soledad: No son italianos, sino españoles.*

1. ¿Por qué se visten así? ¿Son toreros? / miembros de La Tuna
2. ¿Por qué han venido aquí? ¿Son espías? / estudiantes universitarios
3. ¿Vienen aquí para trabajar? / para entretenernos con su música típica del pasado y del presente
4. ¿Son actores del cine español? / cantantes de alguna facultad universitaria
5. ¿Qué hacen aquí en la asamblea? ¿Van a bailar? / cantar y tocar sus instrumentos
6. ¿Vive la mayoría en casas individuales como nosotros? / condominios de muchos pisos
7. ¿Juegan al fútbol como los equipos de aquí? / al fútbol soccer
8. ¿Cuál es su plato favorito? ¿La pasta? / paella, carnes y mariscos
9. ¿Cómo van a la escuela? ¿A pie? / en el metro, en tranvía, en moto o en transporte escolar

C **Un cuento espantoso.** *«La lechuza» tiene elementos y supersticiones que pueden asustar a cualquier persona, y en particular, a dos mujeres solas en los vastos campos de Argentina. Conecta las dos ideas con* sino, sino que *o* pero.

> **Jacobo no pasó a pie / a caballo**
> *Jacobo no pasó a pie sino a caballo.*

C. Connecting words are: **1.** pero **2.** sino **3.** pero **4.** sino que **5.** sino que **6.** sino **7.** pero **8.** sino **9.** sino que **10.** sino

1. Él saludó a la señora en español / ella le contestó en judío
2. Le dijeron que Moisés no se había ido en el caballo negro / en el blanco
3. Moisés no llevó revólver / no había mucha gente por aquellos alrededores
4. Jacobo no asustó a las mujeres / las tranquilizó con una palabra de consuelo
5. El joven no se quedó quieto / espoleó su caballo
6. No quería impresionar a la vieja / a Perla
7. El hijo no regresó antes del anochecer / no fue la primera vez que regresó tarde
8. No fue un cuervo que voló sobre el corral / una lechuza
9. La lechuza no dejó de mirar a las mujeres / voló más cerca para verlas mejor
10. No terminó felizmente / trágicamente

D. **1.** Algunos no creen que uno desaparece totalmente al morir sino que se reencarna en otra forma. **1.–8.** all connected with *sino que*

D **Distintas costumbres.** *Existen diferentes actitudes hacia la muerte. Las costumbres de distintas gentes y religiones ofrecen materia interesante de comparación. En muchos casos la superstición juega un papel importante.*

> **Algunos no creen que con la muerte se acaba la vida / comienza otra**
> *Algunos no creen que con la muerte se acaba la vida, sino que comienza otra.*

1. Algunos no creen que uno desaparece totalmente al morir / se reencarna en otra forma
2. No son tristes todos los funerales / en algunos hay fiesta con música y comida
3. En el Ecuador no se pasa en silencio respetuoso el día de los muertos / muchos llevan comida y hacen fiesta en el cementerio
4. En el mismo día en México, no solamente reverencian a los familiares muertos / los recuerdan en forma cariñosa y respetuosa
5. No es costumbre que los hispanos lleven crisantemos a un amigo enfermo / las llevan a un entierro
6. En la selección, la lechuza no es símbolo de sabiduría / es presagio de la muerte
7. Muchos niñitos no comprenden la muerte de un ser querido / creen que se ha dormido
8. Los cementerios modernos no son lugares morbosos / parecen parques donde reinan la paz y la tranquilidad

Ofrenda votiva para el día de los muertos (Oaxaca, México, 1960), de David Villafáñez

LOS PRONOMBRES DE COMPLEMENTO

COMPLEMENTOS DIRECTOS

1. El sustantivo que recibe la acción de un verbo es el objeto o el complemento directo. El pronombre que reemplaza el sustantivo complemento es el pronombre de complemento directo.
2. Los pronombres de complemento directo son: *me, te, lo, la, nos, os, los* y *las.* Sin embargo, cuando en la tercera persona singular el complemento directo es una persona masculina, el pronombre puede ser *le* o *lo.*

> **Me obedece.**
> **No nos mira.**
> **Toma el café. Lo toma.**
> **Veo a María. La veo.**
> **Veo a Carlos. Lo (Le) veo.**
> **Siempre comen las habichuelas. Siempre las comen.**

3. En una oración declarativa o interrogativa, el pronombre precede al verbo conjugado.

> **¿La conoces? Sí, la conocí el año pasado.**
> **¿Cuándo los comes? Los como en el verano.**

EJERCICIOS

A ***¿Por qué están enojados?*** *Las situaciones que siguen están fuera del control de los individuos metidos en ellas. Así, se comprenden su furia y su frustración. Nota el tiempo del verbo subrayado y expresa los demás verbos en la forma correcta del pasado.*

> **Emilia está furiosa con su hermanito por lo que *hizo* él ayer con su bolso y el contenido.**
> **¿El bolso? quitar de su ropero**
> ***¿El bolso? Lo quitó de su ropero.***

1. Emilia está furiosa con su hermanito por lo que *hizo* él ayer con su bolso y el contenido.
   ¿Las llaves de su coche? sacar y llevar a su habitación
   ¿Su cartera? mirar y meter en su bolsillo
   ¿Sus trabajos? leer, romper y destruir
2. Esta mañana cuando se abrió el banco, el gerente descubrió que *habían entrado* ladrones durante la noche.
   ¿La alarma? desconectar o apagar
   ¿La caja fuerte? forzar con un aparato electrónico y abrir
   ¿El dinero? encontrar y llevar consigo
   ¿Los cheques? quemar o dejar allí
   ¿Los guardias? ver después de entrar, pero gracias a Dios, no matar

A. 1. las sacó y las llevó a su habitación; la miró y la metió en su bolsillo; los leyó, los rompió y los destruyó 2. la habían desconectado y la habían apagado; la habían forzado con un aparato electrónico y la habían abierto; lo habían encontrado y lo habían llevado consigo; los habían quemado o los habían dejado allí; los habían visto después de entrar, pero gracias a Dios, no los habían matado

COMPLEMENTOS INDIRECTOS

1. Los pronombres de complemento indirecto son: *me, te, le* (*a Ud., a él, a ella*), *nos, os* y *les* (*a Uds., a ellos, a ellas*).
2. En una oración declarativa o interrogativa, el pronombre de complemento indirecto precede al verbo conjugado.

Rosario me habla.
Él nos enseña la lección.
¿No te explicó nada?
Le dije la verdad.

EJERCICIOS

A **¿Cómo lo sabían?** *¿Siempre hacemos caso a la persona que nos habla? ¿Es posible que a veces escuchemos sin oír? Sea como sea, escuchemos estas conversaciones.*

Ellos (estar) cerca de ti cuando (decir) que (volver).
Ellos estaban cerca de ti cuando te dijeron que volverían.
Es cierto. Te dijeron que volverían.

1. Ellos (estar) cerca de mí cuando (decir) que (ir) mañana.
2. Yo (estar) cerca de ellos cuando (prometer) que (pagar) la cuenta.
3. Santos (estar) cerca de nosotros cuando (gritar) que (poder) ir.
4. Yo (vivir) cerca de ellos cuando (escribir) que (visitar) pronto.
5. Tú (andar) cerca de ellos cuando (prometer) que (llegar) pronto.
6. Nosotros (estar) cerca de Lisa cuando (mencionar) que (tener) bastante tiempo mañana.
7. Ud. (vivir) cerca de mí cuando (indicar) que (ser) posible ayudar con el proyecto.
8. Tú (ir) cerca de ellos cuando (prometer) que (hacer) el trabajo.

A. 1. Ellos estaban cerca de mí cuando me dijeron que irían mañana. Es cierto. Me dijeron que irían mañana. 2. Yo estaba cerca de ellos cuando me prometieron que pagarían la cuenta. Es cierto. Me prometieron que pagarían la cuenta. 3. Santos estaba cerca de nosotros cuando nos gritaron que podrían ir. Es cierto. Nos gritaron que podrían ir. 4. Yo vivía cerca de ellos cuando me escribieron que me visitarían pronto. Es cierto. Me escribieron que me visitarían pronto. 5. Tú andabas cerca de ellos cuando te prometieron que llegarían pronto. Es cierto. Te prometieron que llegarían pronto. 6. Nosotros estábamos cerca de Lisa cuando le mencionaron que tendrían bastante tiempo mañana. Es cierto. Le mencionaron que tendrían bastante tiempo mañana. 7. Ud. vivía cerca de mí cuando le indicaron que sería posible ayudar con el proyecto. Es cierto. Le indicaron que sería posible ayudar con el proyecto. 8. Tú ibas cerca de ellos cuando te prometieron que harían el trabajo. Es cierto. Te prometieron que harían el trabajo.

DOS COMPLEMENTOS EN UNA ORACIÓN

1. Cuando hay dos pronombres en la misma oración, el pronombre de complemento indirecto precede al pronombre de complemento directo. Se notará que los pronombres *le* y *les* se convierten en *se*.

me		
te	lo	
se	la	da
nos	los	
os	las	
se		

2. Suele emplearse la preposición *a* + complemento indirecto después del verbo para aclarar el pronombre *se*.

Se lo doy a ella.
Se la explico a Ud.
Se lo repito a ellos.

COLOCACIÓN DE LOS PRONOMBRES

1. Como acabamos de ver, en una oración declarativa o interrogativa los pronombres de complemento preceden al verbo conjugado.

Me lo dijo ayer.

2. Los pronombres de complemento pueden añadirse al gerundio o al infinitivo o pueden preceder al verbo auxiliar.

Está diciéndomelo.　　**Me lo está diciendo.**

Va a dármela.　　**Me la va a dar.**

3. Hay que añadir los pronombres de complemento al mandato afirmativo.

Dígamelo.

4. Los pronombres de complemento preceden al mandato negativo.

No me lo diga.
No nos la devuelvas.

A. Answers will vary according to the model.

B. 1. Me gustó un perrito pastor alemán y papá me lo compró. **2.** Tú admiraste un perfume que está de moda y papá te lo compró. **3.** Me llamaron la atención unos pendientes de perlas y papá me los compró. **4.** Nos interesaron unos collares de oro y papá nos los compró. **5.** A los chicos les gustó una motocicleta y papá se la compró. **6.** Tú saliste a ver una cámara fotográfica y papá te la compró. **7.** Martín mencionó un reloj de lujo y papá se lo compró. **8.** Las tías hablaron de unos vestidos superelegantes y papá se los compró. **9.** Mamá no ganó los aparatos eléctricos y papá se los compró. **10.** Nosotros no teníamos entradas para el concierto y papá nos las compró. **11.** Tú viste un coche deportivo y papá te lo compró. **12.** Yo mencioné el viaje al Perú y papá me lo compró.

EJERCICIOS

 Presten atención. *Ha llegado el día de presentar los informes sobre la selección leída en clase. Todos deben estar atentos porque pronto habrá un examen. Combina los elementos de las tres columnas para formar ideas lógicas y en el orden necesario.*

1-1-1
Va a describir el trabajo de los gauchos a Javier.
Va a describirle el trabajo de los gauchos.
Va a describírselo. (Se lo va a describir.)

1. Va a describir	**1.** el trabajo de los gauchos	**1.** a Javier
2. Está explicando	**2.** la escena extraordinaria	**2.** a ti
3. Quiere mostrar	**3.** las experiencias chistosas	**3.** a mí
4. Están escribiendo de	**4.** los cuadros tradicionales	**4.** a ella
5. Está relatando	**5.** las diferentes costumbres	**5.** a ellos
	6. lo que pasó en el cuento	**6.** a nosotros

¡Qué generoso es papá! *Papá acaba de ganar el gordo de la lotería* (the big jackpot) *y quiere compartir su buena fortuna con el resto de la familia.*

Mamá (ver) un reloj de oro.
Mamá vio un reloj de oro y papá se lo compró.

1. Me (gustar) un perrito pastor alemán.
2. Tú (admirar) un perfume que está de moda.
3. Me (llamar) la atención unos pendientes de perlas.
4. Nos (interesar) unos collares de oro.
5. A los chicos les (gustar) una motocicleta.
6. Tú (salir) a ver una cámara fotográfica.
7. Martín (mencionar) un reloj de lujo.
8. Las tías (hablar) de unos vestidos super-elegantes.
9. Mamá no (ganar) los aparatos eléctricos.
10. Nosotros no (tener) entradas para el concierto.
11. Tú (ver) un coche deportivo.
12. Yo (mencionar) el viaje al Perú.

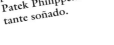

El instante soñado.
La primera tierna caricia del oro deslizando entre sus dedos. La revelación inmediata de que este reloj fue hecho para Ud. y que ya ningún otro podrá reemplazarlo. La visión de una belleza que no es jamás efímera, de un lujo que se impone con serenidad. El placer de llevar un objeto perfecto que pocas mujeres tendrán el privilegio de poseer.
Patek Philippe... el instante soñado.

Nautilus reloj a cuarzo.
Impermeable hasta 60 m.
En oro y oro/acero.

PATEK PHILIPPE
GENEVE

Patek Philippe S.A.
41, rue du Rhône-1211 Ginebra 3, Suiza

Y tú, ¿qué dices? *Parece ser que en muchas ocasiones damos o recibimos regalos. Haz una lista de los regalos que tú recibiste y que regalaste a otros durante el año pasado.*

¿Mi reloj? Mis padres me lo dieron.

C. Answers will vary. Examples: ¿Mi camisa? Mi hermana me la regaló. ¿Su televisor? Sus padres se lo regalaron. (a él)

COMPLEMENTO DE UNA PREPOSICIÓN

Note: Emphasize the exceptions to the rule *(conmigo, contigo)*.

Se notará que los pronombres que sirven de complemento de una preposición son los mismos que se emplean como sujeto, con la excepción de la primera y segunda persona del singular.

mí	**nosotros (as)**
ti	**vosotros (as)**
él, ella, Ud.	**ellos, ellas, Uds.**

No puedes ir sin mí.
Quieren viajar con nosotros.
Es para Uds.

Unas excepciones:

1. La preposición *con* tiene dos formas especiales: *conmigo y contigo*. No concuerdan con la persona a quien se refieren en género y número. Con las otras personas, *con* funciona en forma regular.

Él va conmigo.	**Él va con nosotros (as).**
Él va contigo.	**Él va con vosotros (as).**
Él va con él o ella.	**Él va con ellos o ellas.**

2. Las tres preposiciones que reciben la forma del sujeto en vez de mí o ti son: *entre, excepto* y *según*.

Entre tú y yo es muy serio.
Todos van excepto yo, y tal vez, tú.
Según tú, hay algún conflicto aquí.

3. Al contestar una pregunta con un complemento de preposición se repite la preposición de la pregunta.

¿Con quién sales?	**Con él.**
¿A quién escribes?	**A los amigos de Colombia.**
¿Para quién trabajas?	**Para mi hermano.**

EJERCICIOS

A **Preguntando se llega a Roma.** *Hay que ir al grano* (come to the point). *Si tienes dudas, pregunta. En seguida tendrás la respuesta. Combina los elementos de las dos columnas para expresar la pregunta y la respuesta. Nota: No te olvides de repetir la preposición de la pregunta.*

1-1
¿Para quién es el regalo? ¿Para mí?

1. ¿Para quién es el regalo?	**1.** Yo
2. ¿A quién ve el director?	**2.** Tú
3. ¿Con quién van ellos?	**3.** Ella
4. ¿De quién se sacó la foto?	**4.** Nosotros
	5. Uds.

A. 1. ¿Para quién? ¿Para mí? ¿Para ti? ¿Para ella? ¿Para nosotros? ¿Para Uds.? 2. ¿A mí? ¿A ti? ¿A ella? ¿A nosotros? ¿A Uds.? 3. ¿Conmigo? ¿Contigo? ¿Con ella? ¿Con nosotros? ¿Con Uds.? 4. ¿De mí? ¿De ti? ¿De ella? ¿De nosotros? ¿De Uds.?

PRONOMBRES CON ACCIONES IMPREVISTAS

A veces uno sufre las consecuencias de un accidente o de una acción hecha sin intención. La acción involuntaria se expresa con el reflexivo y se agrega el complemento indirecto refiriéndose a la persona.

Se me olvidó la llave.
Se me olvidaron las flores.

Se me olvidó la llave. *(The key lost itself to me.)* Esto es como decir: Yo no olvidé la llave. La culpa es de la llave.

EJERCICIOS

A ***Fue sin intención.*** *Tristemente algunos no nos creen cuando decimos—Yo no fui. (It wasn't my fault.) Nunca admitimos el haber hecho una tontería.*

1. *olvidar:* me / las fechas; nos / la licencia de conducir; le / el recado; te / los refrescos; les / las tarjetas
2. *acabar:* me / el tiempo; nos / la gasolina; te / la paciencia; les / los recursos necesarios; le / el vídeo
3. *ocurrir:* nos / una idea; les / otras soluciones; me / un plan fantástico; te / salir de allí en seguida; le / varias soluciones posibles
4. *romper:* te / la ventana; le / el brazo jugando al fútbol; nos / la cámara; me / los lentes; les / las cintas cassette

B ***Y tú, ¿qué dices?*** *¿Cuántas veces has gritado en tu propia defensa:—Yo no fui? Prepara una lista de eventos con resultados desfavorables que han ocurrido en tu casa. Exprésalos en un relato corto. ¿Se enojó alguien? ¿Nunca se te cayó un vaso de leche? ¡Qué suerte!*

PLUSCUAMPERFECTO DEL SUBJUNTIVO

1. En el Cuadro 5 (pág. 204) se introdujo el presente perfecto del subjuntivo, que se emplea cuando la acción de la cláusula dependiente se ha realizado en el pasado. El verbo principal está en el presente, pero la acción ya ha terminado antes. Nota el contraste entre las ideas siguientes.

Siento que tu primo esté enfermo. (Todavía vive.)
Siento que tu primo haya muerto. (Ya no vive.)

2. En el segundo modelo se reconoce lo que ha transcurrido en el pasado, pero la persona que habla expresa su consuelo en el presente cuando habla con el pariente.
3. En situaciones parecidas cuando el verbo principal está en el pretérito, el imperfecto o el condicional, el verbo dependiente se expresa en el pluscuamperfecto del subjuntivo, es decir, en el pasado perfecto del subjuntivo, y se forma con el imperfecto del subjuntivo del verbo haber (*hubiera, hubieras,* etc.) y el participio pasado.

A. 1. Se me olvidaron las fechas; se nos olvidó la licencia de conducir; se le olvidó el recado; se te olvidaron los refrescos; se les olvidaron las tarjetas **2.** Se me acabó el tiempo; se nos acabó la gasolina; se te acabó la paciencia; se les acabaron los recursos necesarios; se le acabó el vídeo **3.** Se nos ocurrió una idea; se les ocurrieron otras soluciones; se me ocurrió un plan fantástico; se te ocurrió salir de allí en seguida; se le ocurrieron varias soluciones posibles **4.** Se te rompió la ventana; se le rompió el brazo jugando al fútbol; se nos rompió la cámara; se me rompieron los lentes; se les rompieron las cintas cassette

B. Note: This activity can be a good homework exercise. Suggest a few events, ask students to use the *"acciones imprevistas"* construction. Put the answers on the overhead projector and correct them as a group.

volver

hubiera vuelto	hubiéramos vuelto
hubieras vuelto	hubiérais vuelto
hubiera vuelto	hubieran vuelto

Dudó que lo hubiéramos visto.
Esperaba que lo hubiéramos visto.
No creería que lo hubiéramos visto.

EJERCICIOS

A **Rumores peligrosos.** *Ventura no vino a clase hoy, el dos de enero.*
Se rumorea que fue arrestado mientras conducía coche después de la fiesta
de fin de año.

Él fue arrestado.
Nadie cree que él haya sido arrestado.
Nadie creía que él hubiera sido arrestado.

1. La policía lo llevó a la cárcel.
   No es posible que...
   No fue posible que...
2. Todos en la fiesta estaban tomados.
   Dudamos que...
   Dudábamos que...
3. Una chica hizo cosas extraordinarias.
   No es cierto que...
   No fue cierto que...
4. Los padres sirvieron vino a los invitados.
   No creo que...
   No creí que...
5. No tuvieron nada que comer.
   No es verdad que...
   No era verdad que...
6. Pusieron algo en el ponche *(punch).*
   No es verdad que...
   No era verdad que...
7. Los padres eran irresponsables.
   Mis padres dudan que...
   Mis padres dudaron que...

VENTURA: —¡Qué va! Se atrasó nuestro avión de Colorado, donde
          pasamos las vacaciones. ¿Por qué tienen esa cara de sorpresa?

A. 1. No es posible que lo haya llevado a la cárcel. No fue posible que lo hubiera llevado a la cárcel. 2. Dudamos que todos hayan estado tomados. Dudábamos que todos hubieran estado tomados. 3. No es cierto que una chica haya hecho cosas extraordinarias. No fue cierto que una chica hubiera hecho cosas extraordinarias. 4. No creo que los padres hayan servido vino a los invitados. No creí que los padres hubieran servido vino a los invitados. 5. No es verdad que no hayan tenido nada que comer. No fue verdad que no hubieran tenido nada que comer. 6. No es verdad que hayan puesto algo en el ponche. No fue verdad que hubieran puesto algo en el ponche. 7. Mis padres dudan que los padres hayan sido irresponsables. Mis padres dudaron que los padres hubieran sido irresponsables.

B *Y tú, ¿qué dices?*

1. ¿Escuchas los rumores sin averiguar la veracidad de lo que has oído? ¿Eres culpable de pasar rumores o chismes, o de agregar detalles de tu propia invención o suposición, tal vez sólo para hacer más interesante el relato? ¿Debes o tienes el derecho de repetir todo lo que sabes únicamente porque estás enterado de cierta información? ¿Debes guardar silencio a veces?

2. El mundo va cambiando y las dificultades que se les presentan a los jóvenes de hoy no se limitan a las mismas de sus padres. En clase prepara una lista de asuntos o situaciones sociales que causan dificultades a la juventud de hoy. Escoge un tema y, con un compañero o en grupos pequeños, expresen sus opiniones con los demás. ¿Es importante conocerse bien y tener valores bien formados?

MODISMOS Y EXPRESIONES

Note: Put each *modismo* on a flash card. Drill them often during the unit. Offer special credit when students use these target idioms correctly in class discussions.

al otro día *on the following day*
Cada viernes la señora va al mercado; al otro día prepara una comida sensacional.

acercarse a *to draw near, to approach*
La mujer se acercó al conductor y le dio su boleto.

acabarse *to be finished, to end, to be or run out of*
Se me acabó el dinero y no puedo comprar más recuerdos.

hacer caso de *to take notice of, to pay attention to*
Si no hacen caso del mapa, van a perderse en el camino.

tropezar con *to stumble over, meet with, strike against*
En la oscuridad tropezó con la silla y lanzó un grito de dolor.

de costumbre *usually*
De costumbre almorzamos a las doce y cenamos a las seis.

¡OJO!

embarazada: Se dice de la mujer preñada (que va a tener un bebé).
Ejemplo: La señora de Vázquez está embarazada. Creo que va a dar a luz el próximo mes.

Para comunicar la idea de «embarrassed» en español, hay que usar palabras como *turbado(a)*, *avergonzado(a)*.
Ejemplo: Avergonzado por haber olvidado el cumpleaños de mi amigo, le invité a cenar en un restaurante muy especial.

CAPRICHOS DEL DESTINO

Fortuna y aceituna, a veces mucha,
y a veces ninguna.

PARA PREPARAR LA ESCENA

El cuento, como casi toda ficción narrativa, habla de la naturaleza humana y su experiencia. En pocas palabras, da un comentario, una interpretación, una visión de la vida. Nos interesamos en los personajes, en el desarrollo de la acción, pero es el final del cuento lo que nos cautiva. ¿Qué fin tiene para nosotros el autor? ¿Se destaca un noble sentimiento? ¿Se subraya una acción admirable? ¿Se satiriza una costumbre? ¿O hay un desenlace opuesto al anticipado? El destino de cada individuo está frecuentemente en manos de la diosa Fortuna, y nunca se sabe qué viento soplará, qué camino se desviará, qué capricho producirá un trastorno irónico en la vida.

◀
La Tierra es un hombre (1942), de Roberto Matta

▶
La rueda de la diosa Fortuna. Pintura medieval al reverso de un juego de cartas del tarot. Atribuida a Antonio Cicognara

A LA DERIVA
Horacio Quiroga

PARA PRESENTAR LA LECTURA

La selva malsana está llena de riesgos y peligros para todos. Nunca se sabe lo que a uno le espera. Aun la muerte puede ser consecuencia de un momento de descuido.

En este cuento, el uruguayo Horacio Quiroga (1878-1937), el Kipling de la América del Sur, relata el resultado del encuentro entre un hombre y una culebra venenosa.

La selección comienza con la acción ya avanzada. En rápida sucesión el autor nos hace sentir y vivir lo que el protagonista siente y vive. Embarquémonos con Paulino en su canoa, ¡y pongamos nuestra vida «a la deriva»!

PARA ENTABLAR CONVERSACIÓN

1. ¿Cuál de estas vistas de la naturaleza prefieres? ¿En cuál preferirías vivir?
   a. el desierto
   b. la selva con su vegetación tropical y sus pájaros de plumaje vívido
   c. el cambio de color de las hojas en el otoño
   d. las montañas cubiertas de nieve
   e. las turbulentas aguas del océano o de un gran río
2. ¿Te gusta caminar por los bosques? ¿pasear en canoa? ¿nadar en el mar? ¿Qué peligros has encontrado haciéndolo?
3. ¿Has visto alguna vez una culebra venenosa? ¿Cómo era?

PARA AUMENTAR EL VOCABULARIO

PALABRAS CLAVE I
1. **adelgazada (adelgazar)** delgada, de menos peso
   En ese vestido largo Rosa parecía adelgazada.
2. **hinchazón** engrandecimiento (*swelling*)
   A causa de la hinchazón del pie, no podía ponerse el zapato.
3. **ojeada** mirada rápida, vistazo
   Una ojeada le convenció que habría problemas.
4. **reseca** muy seca, desecada
   Margarita tenía la garganta reseca y pidió agua.
5. **ronco** áspero, que tiene ronquera (*hoarse*)
   Juan tiene la garganta reseca y está ronco.

PRÁCTICA

Completa con una palabra de la lista.

> adelgazada   una ojeada   una hinchazón
> reseca   ronco

1. Saltó para atrás y dio _____ a su alrededor.
2. El golpe le causó _____ grandísima.
3. Dio un grito _____ que la mujer apenas oyó.
4. Después de esa dieta, parecía _____.
5. Tenía mucha sed y la boca estaba _____.

1. una ojeada 2. una hinchazón
3. ronco 4. adelgazada 5. reseca

PALABRAS CLAVE II

1. **aliento** respiración, soplo
   La doctora sintió el aliento cálido del paciente y supo que tenía fiebre.
2. **desbordaba (desbordar)** salía de los bordes (*overflowed*)
   En la primavera, con las lluvias torrenciales, siempre se desbordaba el río.
3. **ligadura** cinta, atadura de una vena o arteria (*tourniquet*)
   Se aplicó una ligadura para detener la sangre de la herida.
4. **pala** remo para canoa, parte plana del remo
   Tomó la pala y se fue en la canoa.
5. **sequedad** estado de seco
   Sentía una sequedad insaciable en la garganta.
6. **vientre** cavidad del cuerpo donde están los intestinos
   Sentía dolores en el estómago y en el vientre.

PRÁCTICA

Completa con una palabra de la lista.

> aliento   una ligadura   la sequedad
> desbordaba   una pala   el vientre

1. Debido a la fiebre su _____ estaba caliente.
2. _____ le dolía mucho al enfermo.
3. Cada momento le aumentaba más _____ de la garganta.
4. Puso _____ sobre la herida.
5. Sin _____ no podía remar.
6. En las inundaciones anuales se _____ el río.

1. aliento 2. El vientre
3. la sequedad 4. una ligadura
5. una pala 6. desbordaba

PALABRAS CLAVE III

1. **enderezó (enderezar)** puso derecho (*straightened*)
   Se enderezó en la canoa para poder remar.
2. **escalofrío** temblor, estremecimiento del cuerpo (*shiver, chill*)
   La fiebre le causó un escalofrío tremendo.
3. **girando (girar)** moviéndose circularmente
   La canoa estaba girando en el remolino del agua.
4. **miel** substancia dulce y viscosa producida por las abejas
   Puso la miel en el té para endulzarlo.
5. **remolino** movimiento circular de agua o de viento (*whirl, whirlpool*)
   En medio del río había un remolino.
6. **rocío** gotitas de líquido condensado sobre las plantas que aparecen
   por la mañana y por la noche
   El rocío le mojó los pies.

1. girando 2. escalofrío 3. la miel
4. enderezó 5. rocío 6. el remolino

PRÁCTICA

Completa con una palabra de la lista.

enderezó	rocío
escalofrío	la miel
el remolino	girando

1. El mundo está _____ alrededor del sol.
2. El enfermo tembló con un fuerte _____.
3. Las abejas producen _____.
4. Por un momento se _____, y luego volvió a caerse.
5. Esa mañana había poco _____ en la hierba.
6. Él no pudo controlar la canoa en _____ del río.

A LA DERIVA
HORACIO QUIROGA

1

El hombre pisó algo blanduzco¹, y en seguida sintió la mordedura² en el pie. Saltó adelante, y al volverse, con un juramento³ vio un yararacusú⁴ que, arrollada⁵ sobre sí misma, esperaba otro ataque.

El hombre echó una veloz ojeada a su pie, donde dos gotitas de sangre engrosaban dificultosamente, y sacó el machete de la cintura. La víbora⁶ vio la amenaza y hundió la cabeza en el centro mismo de su espiral; pero el machete cayó en el lomo⁷, dislocándole las vértebras.

El hombre se bajó hasta la mordedura, quitó las gotitas de sangre y durante un instante contempló. Un dolor agudo nacía de los puntitos violeta y comenzaba a invadir todo el pie. Apresuradamente se ligó el tobillo⁸ con su pañuelo y siguió por la picada⁹ hacia su rancho.

El dolor en el pie aumentaba, con sensación de tirante abultamiento¹⁰, y de pronto el hombre sintió dos o tres fulgurantes¹¹ punzadas¹² que, como relámpagos, habían irradiado desde la herida hasta la mitad de la pantorrilla¹³. Movía la pierna con dificultad; una metálica sequedad de garganta¹⁴, seguida de sed quemante, le arrancó un nuevo juramento.

Llegó por fin al rancho y se echó de brazos¹⁵ sobre la rueda de un trapiche¹⁶. Los dos puntitos violeta desaparecían ahora en la monstruosa hinchazón del pie entero. La piel parecía adelgazada y a punto de ceder, de tensa¹⁷. Quiso llamar a su mujer, y la voz se quebró en un ronco arrastre¹⁸ de garganta reseca. La sed lo devoraba.

—¡Dorotea!—alcanzó a lanzar en su estertor¹⁹. —¡Dame caña!²⁰

Su mujer corrió con un vaso lleno, que el hombre sorbió²¹ en tres tragos. Pero no había sentido gusto alguno.

—¡Te pedí caña, no agua!—rugió²² de nuevo. —¡Dame caña!

—¡Pero es caña, Paulino!—protestó la mujer, espantada.

—¡No, me diste agua! ¡Quiero caña, te digo!

La mujer corrió otra vez, volviendo con la damajuana²³. El hombre tragó²⁴ uno tras otro dos vasos, pero no sintió nada en la garganta.

Pre-reading: Set the scene of the story. You may show pictures of Iguazú Falls and the life of people along jungle rivers. Do a sketch on the board indicating the river, Paulino's home, his ultimate destination, Tacurú-Pucú, Alves' home, etc.

¹ **blanduzco** *soft*
² **mordedura** mordida (*bite*)
³ **juramento** *curse*
⁴ **yararacusú** serpiente venenosa
⁵ **arrollada** *coiled*
⁶ **víbora** serpiente
⁷ **lomo** *back*
⁸ **tobillo** *ankle*
⁹ **picada** *trail*
¹⁰ **abultamiento** hinchazón
¹¹ **fulgurantes** *flashing, sharp*
¹² **punzadas** *throbs*
¹³ **pantorrilla** *calf of the leg*
¹⁴ **garganta** *throat*
¹⁵ **se... brazos** *he leaned his arms*
¹⁶ **trapiche** *sugar press*
¹⁷ **de tensa** *it was so taut*
¹⁸ **arrastre** *rasping*
¹⁹ **estertor** respiración rápida
²⁰ **caña** *sugar cane juice, rum*
²¹ **sorbió** bebió
²² **rugió** gritó
²³ **damajuana** *jug*
²⁴ **tragó** *drank*

Reading strategies: After the initial reading and corresponding *Comprensión* sections, re-read the story quickly. Have students contribute to a group summary of each of the three parts. Write it on the board; try to reduce it to two or three line summaries.

Note: Some beautiful descriptive passages of the Paraná and it's environs (first two paragraphs of Part III) are suitable for *"dictados"*. Prepare a copy of a sketched leg and foot (with X's) and have students identify them with the new vocabulary: knee, thigh, ankle, calf, toes, etc. Review all the parts of the body they know.

25 con lustre gangrenoso *with a shiny, gangrenous appearance*

26 morcilla *blood sausage*

27 ingle *groin*

28 caldear *to scorch*

29 pretendió trató de *(to pretend, to try)*

30 fulminante *violent, exploding*

31 rueda de palo *cane press*

32 Iguazú río tributario del Paraná

33 transponía *was setting behind*

34 reventaba *was bursting through*

35 estaban disgustados tenían un desacuerdo

36 atracar acercarse a la orilla

37 cuesta arriba *uphill*

Bueno; esto se pone feo... —murmuró entonces, mirando su pie, lívido y ya con lustre gangrenoso²⁵. Sobre la honda ligadura del pañuelo la carne desbordaba como una monstruosa morcilla²⁶.

Los dolores fulgurantes se sucedían en continuos relampagueos y llegaban ahora a la ingle²⁷. La atroz sequedad de garganta, que el aliento parecía caldear²⁸ más, aumentaba a la par. Cuando pretendió²⁹ incorporarse, un fulminante³⁰ vómito lo mantuvo medio minuto con la frente apoyada en la rueda de palo³¹.

Pero el hombre no quería morir, y descendiendo hasta la costa subió a su canoa. Sentóse en la popa y comenzó a palear hasta el centro del Paraná. Allí la corriente del río, que en las inmediaciones del Iguazú³² corre seis millas, lo llevaría antes de cinco horas a Tacurú-Pucú.

El hombre, con sombría energía, pudo efectivamente llegar hasta el medio del río; pero allí sus manos dormidas dejaron caer la pala en la canoa, y tras un nuevo vómito... de sangre esta vez... dirigió una mirada al sol, que ya transponía³³ el monte.

La pierna entera, hasta medio muslo, era ya un bloque deforme y durísimo que reventaba³⁴ la ropa. El hombre cortó la ligadura y abrió el pantalón con su cuchillo: el bajo vientre desbordó hinchado, con grandes manchas lívidas y terriblemente dolorosas. El hombre pensó que no podría jamás llegar él solo a Tacurú-Pucú y se decidió pedir a su compadre Alves, aunque hacía mucho tiempo que estaban disgustados³⁵.

La corriente del río se precipitaba ahora hasta la costa brasileña, y el hombre pudo fácilmente atracar³⁶. Se arrastró por la picada en cuesta arriba³⁷; pero a los veinte metros, exhausto, quedó tendido de pecho.

—¡Alves!—gritó con cuanta fuerza pudo; y prestó oído en vano.

—¡Compadre Alves! ¡No me niegues este favor!—clamó de nuevo, alzando la cabeza del suelo. En el silencio de la selva no se oyó rumor. El hombre tuvo aún valor para llegar hasta su canoa, y la corriente, cogiéndola de nuevo, la llevó velozmente a la deriva.

Cataratas de Iguazú

El Paraná corre allí en el fondo de una inmensa hoya[38], cuyas paredes, altas de cien metros, encajonan[39] fúnebremente el río. Desde las orillas, bordeadas de negros bloques de basalto[40], asciende el bosque, negro también. Adelante, a los costados[41], atrás, siempre la eterna muralla lúgubre, en cuyo fondo el río arremolinado se precipita en incesantes borbollones[42] de agua fangosa. El paisaje es agresivo y reina en él un silencio de muerte. Al atardecer, sin embargo, su belleza sombría y calma cobra[43] una majestad única.

El sol había caído ya, cuando el hombre, semitendido en el fondo de la canoa, tuvo un violento escalofrío. Y de pronto, con asombro, enderezó pesadamente[44] la cabeza: se sentía mejor. La pierna le dolía apenas, la sed disminuía y su pecho, libre ya, se abría en lenta inspiración.

El veneno comenzaba a irse, no había duda. Se hallaba casi bien, y aunque no tenía fuerzas para mover la mano, contaba con la caída del rocío para reponerse del todo. Calculó que antes de tres horas estaría en Tacurú-Pucú.

El bienestar avanzaba, y con él una somnolencia llena de recuerdos. No sentía ya nada ni en la pierna ni en el vientre. ¿Viviría aún su compadre Gaona en Tacurú-Pucú? Acaso vería también a su ex-patrón Míster Dougald y al recibidor[45] del obraje[46].

¿Llegaría pronto? El cielo, al poniente[47], se abría ahora en pantalla[48] de oro, y el río se había coloreado también. Desde la costa paraguaya, ya entenebrecida[49], el monte dejaba caer sobre el río su frescura crepuscular en penetrantes efluvios de azahar y miel silvestre[50]. Una pareja de guacamayos[51] cruzó muy alto y en silencio hacia el Paraguay.

Allá abajo, sobre el río de oro, la canoa derivaba[52] velozmente, girando a ratos sobre sí misma ante el borbollón de un remolino. El hombre que iba en ella se sentía cada vez mejor, y pensaba entretanto en el tiempo justo que había pasado sin ver a su ex-patrón Dougald. ¿Tres años? Tal vez no; no tanto. ¿Dos años y nueve meses? Acaso. ¿Ocho meses y medio? Eso sí, seguramente.

De pronto sintió que estaba helado[53] hasta el pecho. ¿Qué sería? Y la respiración...

Al recibidor de maderas de Míster Dougald, Lorenzo Cubilla, lo había conocido en Puerto Esperanza un Viernes Santo... ¿Viernes? Sí, o jueves...

El hombre estiró lentamente los dedos de la mano.

—Un jueves...

Y cesó de respirar.

[38] **hoya** quebrada
[39] **encajonan** encierran
[40] **basalto** *basalt, hard volcanic rock*
[41] **costados** lados
[42] **borbollones** agitaciones de agua
[43] **cobra** *takes on*
[44] **pesadamente** *heavily*
[45] **recibidor** *receiving clerk*
[46] **obraje** *mill*
[47] **al poniente** al oeste
[48] **pantalla** *canopy*
[49] **entenebrecida** *in darkness*
[50] **efluvios... silvestre** *scents of orange blossoms and wild honey*
[51] **guacamayos** tipo de pájaro
[52] **derivaba** flotaba sin dirección fija
[53] **helado** frío (*cold*)

Para Aplicar

Comprensión I

A *Contesta las siguientes preguntas.*

A. 1. algo blanduzco
2. una mordedura 3. en el pie
4. el machete 5. sí 6. se ligó el
tobillo 7. no 8. dolores agudos,
sensación de tirante abultamiento,
sequedad de garganta
9. dos puntitos violeta y dolor
que irradiaba hasta la pantorrilla
10. caña 11. no sintió gusto
alguno; creía que era agua

1. ¿Qué pisó el hombre?
2. ¿Qué sintió en seguida?
3. ¿Dónde lo hirió la víbora?
4. ¿Con qué amenazó a la víbora?
5. ¿La mató el hombre?
6. ¿Qué hizo con el pañuelo?
7. ¿Podía mover la pierna fácilmente?
8. ¿Qué sensaciones inmediatas produjo la mordedura?
9. ¿Cómo estaba el pie?
10. Después de llegar a su rancho, ¿qué le pidió a Dorotea?
11. ¿Qué efecto tuvo la caña en su garganta?

Comprensión II

A *Contesta las siguientes preguntas.*

A. 1. La mordedura se ponía fea,
y el hombre no quería morir.
2. canoa 3. Tacurú-Pucú
4. el medio del río 5. un vómito
de sangre 6. un bloque deforme
y durísimo 7. la pierna reventaba
la ropa 8. pensó que no podría
jamás llegar él solo a Tacurú-Pucú
9. la corriente del río 10. no

1. ¿Por qué decidió irse el hombre?
2. ¿Cuál fue su medio de transporte?
3. ¿Adónde iba?
4. ¿Hasta dónde llegó antes de dejar caer la pala?
5. ¿Qué le sucedió en seguida?
6. ¿Cómo estaba la pierna entonces?
7. ¿Por qué cortó el pantalón con el cuchillo?
8. ¿Por qué decidió pedirle ayuda a su compadre Alves?
9. ¿Qué le ayudó a atracar fácilmente?
10. ¿Encontró a su compadre Alves?

B *Escribe estas oraciones en el orden en que aparecen en la selección.*

B. 3, 2, 1, 7, 10, 5, 9, 4, 8, 6

1. Bajó hasta la orilla y se metió en su canoa.
2. La atroz sequedad de garganta aumentaba.
3. Miró el pie, lívido y con lustre gangrenoso.
4. Decidió pedirle ayuda a su compadre.
5. Regresó a la canoa y el agua la llevó a la deriva.
6. Cuando trató de incorporarse, comenzó a vomitar.
7. Se arrastró cuesta arriba y gritó con cuanta fuerza pudo.
8. El hombre, cuyas fuerzas le escaseaban, pudo llegar al medio del río.
9. Pudo atracar fácilmente porque la corriente se precipitaba hasta la orilla.
10. Tuvo que cortar la ligadura y abrir el pantalón con el cuchillo.

COMPRENSIÓN III

3

A *Contesta las siguientes preguntas.*

1. Describe el paisaje de esta región.
2. ¿Cómo se sentía el hombre al ponerse el sol?
3. Relata las diferentes sensaciones que siguieron al violento escalofrío.
4. Al perder la sensación de la pierna, ¿de quién se acordó?
5. Describe el paisaje al ponerse el sol.
6. ¿Cuándo comenzó a delirar?
7. ¿Qué le sucedió a la canoa?
8. ¿Cómo concluye el cuento?

PARA CONTINUAR CONVERSANDO

1. ¿Cuál es la enfermedad más seria que has sufrido? ¿Tuviste fiebre? ¿Cuántos grados? ¿Qué tomaste para reducir la fiebre?
2. ¿Has estado en un hospital como paciente? ¿Qué diagnosticaron los médicos? ¿Cuánto tiempo estuviste en el hospital? ¿Te pusieron vendas? ¿Te operaron? ¿Qué medicina te recetaron?
3. ¿Cómo reacciona tu cuerpo cuando te muerde un insecto (mosquito, araña, abeja)? ¿Tienes alergias?
4. ¿Jamás te has torcido el tobillo? ¿Cómo ocurrió? ¿Fue muy doloroso? ¿Se hinchó mucho? ¿Cómo te curaste?
5. ¿Jamás se te ha roto un hueso? ¿Fue necesario usar muletas? Habla de eso.

A. **1.** Es agresivo y reina en él silencio de muerte. **2.** mejor **3.** la pierna apenas le dolía; la sed disminuía; el pecho se abría en lenta respiración **4.** su compadre Gaona; su ex-patrón Míster Dougald **5.** una pantalla de oro con olores de azahar y miel silvestre **6.** cuando el bienestar avanzaba **7.** empezó a derivar velozmente **8.** con la muerte de Paulino

Note: Use these questions to elicit and identify students' personal experiences. Answers will vary.

CAPRICHOS DEL DESTINO   **327**

PARA PRACTICAR

A *Da un antónimo de las palabras indicadas.*

1. Sentía la cara *muy mojada.*
2. Habló con voz *agradable y clara.*
3. La señora parecía *gorda.*
4. Tenía el cuerpo *acalorado.*
5. Se levantó *con gracia.*
6. Le *habló dulcemente* a su mujer.
7. Pisó algo *rígido.*

B *Da un sinónimo de las palabras indicadas.*

1. El río pasó por una inmensa *concavidad.*
2. Dio una *mirada* al paisaje.
3. Sintió *un dolor agudo* en la pierna.
4. Tenía el pie *muy grande por la herida.*

C *Completa las siguientes oraciones con una palabra apropiada.*

1. La herida le hace andar _____.
2. El viento frío le causó un _____ por todo el cuerpo.
3. La mordedura de la víbora causó una _____.
4. La herida le dolió más donde estaba la _____ del pañuelo.
5. No pude remar más porque la _____ se me cayó de las manos.
6. Por la mañana, el barco pequeño estaba cubierto de _____.
7. La chica dio una _____ al chico que pasaba.
8. La herida le causó unas _____ dolorosas.

POR SI ACASO...

1. Escribe un resumen de «A la deriva». Usa las siguientes palabras y expresiones: *mordedura, machete, dolor agudo, sequedad, escalofrío, cesó de respirar.*
2. Se desarrollan muchos cuentos alrededor del tema del ser humano y sus conflictos. Puede ser un conflicto con otra persona, con la naturaleza, con la sociedad o con un dios. ¿Cuál sería el antagonista de Paulino? Prepara un párrafo escrito en el cual desarrolles tu idea.
3. El ambiente de otros lugares también puede ser peligroso. Haz una lista de los peligros que pueden existir en uno de los siguientes lugares:
   a. en la selva
   b. en una gran ciudad moderna
   c. en alta mar

LA CITA
RAQUEL BANDA FARFÁN

PARA PRESENTAR LA LECTURA

¡Después de treinta y cinco años de ser solterona, la Chona iba a casarse! Iba a casarse con Anselmo, mocetón fuerte y guapo, de un pueblecito lejano, quien la había conocido durante una visita. Recientemente, por carta, la había invitado a reunirse con él.

El chisme voló por la vecindad, y lo que empezó por ser algo privado, acabó por ser asunto de todos. No obstante, como todos sus vecinos la habían creído una «quedada», no le molestaba a la Chona que supieran esta última noticia.

Pero el destino, siempre inconstante y caprichoso, estaba en ese mismo momento escribiendo en los anales del tiempo otra página de sorpresa para la Chona provinciana.

Pre-reading: Brainstorm students' feelings about gossip and rumors. Having just considered the dangers of the jungle, what dangers lurk with gossip, rumors, and exaggerations? Reinforce discussion of destiny and *"caprichos del destino".*

Use these questions to personalize students' experiences. Answers will vary.

PARA ENTABLAR CONVERSACIÓN

1. ¿Cuántos años tienes? Más o menos, ¿a qué edad te gustaría casarte? ¿A qué edad te considerarías una "quedada"?
2. ¿Sales con amigos(as) con frecuencia? ¿Has salido en cita arreglada por un(a) amigo(a) con una persona que no conoces? ¿Te divertiste? ¿Repetiste la experiencia? ¿Te gusta salir sólo con tu pareja o en grupo?
3. A tus amigos(as), ¿les gusta chismear? ¿Te pasan rumores? ¿Exageran las cosas? ¿Sabes guardar secretos si los dicen?
4. ¿Has mantenido correspondencia con un(a) novio(a) alejado(a)? ¿Satisface tal relación? ¿Es posible que uno se enamore por cartas?
5. ¿Qué piensas de los servicios que ofrecen escoltas y arreglan citas entre personas que no se conocen?

Las jóvenes o *La carta*
de Francisco de Goya

PARA AUMENTAR EL VOCABULARIO

PALABRAS CLAVE I

1. **abrasaba (abrasar)** quemaba, calentaba
   Hacía mucho calor, y el sol abrasaba el aire seco.
2. **aglomeró (aglomerarse)** se juntó mucha gente
   Mucha gente se aglomeró en la estación de ferrocarril.
3. **hervir (ie, i)** llegar a la ebullición *(to boil)*
   El agua va a hervir a cien grados en la escala métrica.
4. **silbar** producir un ruido agudo con un silbato, o al soplar por los
   labios en un silbido *(to whistle)*
   La gente oyó silbar el tren en la estación.

PRÁCTICA

Completa con una palabra de la lista.

abrasaba	hervir
silbar	aglomeró

1. Ponga el agua a _____ para hacer el café.
2. Un grupo de pasajeros se _____ enfrente de la taquilla.
3. Cuando oyó _____ el tren, salió con su maleta.
4. El calor sofocante le _____ el cuerpo entero.

PALABRAS CLAVE II

1. **cabaña** casilla rústica *(cabin)*
   El campesino construyó la cabaña con troncos largos.
2. **empapado (empapar)** humedecido, mojado *(soaked, drenched)*
   Su ropa quedó completamente empapada bajo la lluvia.
3. **resbaladizo** donde se resbala fácilmente *(slippery)*
   Con las lluvias el camino está resbaladizo.
4. **seno** pecho *(breast)*
   Escondió todo su dinero en el seno, debajo del abrigo.

PRÁCTICA

Completa con una palabra de la lista.

la cabaña	empapado
resbaladizo	el seno

1. Tenía el vestido _____ de agua y vino.
2. Guardó el pañuelo en _____.
3. Caminaba lentamente hacia _____ donde vivía su novio.
4. No tomó el camino directo porque estaba _____ por el aguacero.

LA CITA

RAQUEL BANDA FARFÁN

Note: Alert students to the irony in this selection.

1

«Aprisa, aprisa», se decía la Chona, «Luisita no tarda en regar la noticia[1] por todo el rancho».

Caminaba presurosa[2] bajo el sol quemante que abrasaba el aire seco. El polvo se le iba metiendo en los zapatos, pero no podía detenerse; en el rancho comenzaría a hervir el escándalo.

—Luisita debía estar repitiendo a todo el mundo: «La Chona no sabe las letras y me dio su carta a leer. El hombre ese la mandó llamar... »

La Chona se limpió el sudor[3] de la cara; el sol se le había adelantado por el camino y los rayos le daban de frente. La maleta[4] pesaba más a cada paso, pero no podía tirarla en el monte, necesitaba la ropa para lucirla cuando estuviera con Anselmo.

Recordó a su novio tal como había llegado dos meses atrás, para visitar al molinero[5]. Era un mocetón fuerte y guapo. Se habían enamorado, y cuando él partió, tres semanas más tarde, le dijo: «Volveré por ti, Chona, y nos casaremos». No había regresado, pero la carta que mandó valía lo mismo. La Chona recordó la cara que puso Luisita al leer aquellas líneas. «Te estaré esperando en la estación de Mendoza el día 4, en la madrugada».

«Si no me creyeran todos una quedada[6], tal vez no haría esto», pensó la Chona, «tengo treinta y cinco años; pero Anselmo me quiere y yo lo quiero a él; ya se callarán los chismes cuando vengamos casados, a visitar al molinero».

[1] **regar la noticia** esparcir la noticia
[2] **presurosa** con prisa
[3] **sudor** *sweat*
[4] **maleta** baúl para la ropa
[5] **molinero** *miller*
[6] **quedada** solterona (*left behind*)

"—Bueno, voy a esperar —suspiró ella,
y sentóse en la banca de enfrente."

Pardeando[7] la tarde llegó a la estación. Con una punta del rebozo[8] se enjugó[9] la cara y luego entró a la sala de espera. No tardaría en pasar «el tren de abajo». Sentada en una banca, miraba las cosas que ocurrían en torno[10]: pero el balanceo constante de sus pies y el continuo limpiarse la cara con el rebozo indicaban su nerviosidad. Un hombre gordo y sucio reía a carcajadas[11] y junto a él una viejita harapienta[12] dormitaba[13]. Paseando de un lado a otro de la sala, andaba un perro sarnoso[14]. Se detenía frente a las gentes que comían algo y no reanudaba su marcha hasta perder la esperanza de participar en el condumio[15]. Luego, llegaron unas señoras elegantes y la Chona fijó en ellas su atención. No cesó de observarlas hasta que se oyó silbar el tren de abajo y la sala se alborotó[16] con un ir y venir de cargadores. La gente se aglomeró en las taquillas[17] y los vendedores se precipitaron al andén[18].

La Chona no quería correr el riesgo de quedarse sin lugar; corrió a subirse, y antes de que el pasaje[19] hubiera acabado de bajar, ya ella estaba en un buen asiento.

Cuando el auditor le pidió el boleto, la Chona sacó del seno un pañuelo donde anudaba el dinero: unos cuantos pesos que había juntado vendiendo los huevos de sus gallinas.

—Voy a la estación de Mendoza—dijo.

Llegó en la madrugada. Una lluvia fina la envolvió en su frialdad al bajarse del tren. No había más que dos hombres en la sala de espera.

—¿No han visto a un señor... a un muchacho güero[20] por aquí?—les interrogó.

—No hemos visto a nadie—dijo fríamente uno de ellos; —tenemos aquí dos horas y no ha llegado nadie más.

—Bueno, voy a esperar—suspiró ella, y sentóse en la banca de enfrente.

En toda la noche no había pegado los ojos[21] y comenzaba a darle sueño. Pasó un rato cabeceando[22], hasta que la sala se llenó con el ruido del día. Entonces perdió la esperanza y salió a preguntar por dónde quedaba el camino a Santa Lucía Tampalatín.

Seguía lloviendo. La Chona caminaba entre el pinar[23] bamboleándose[24] sobre el suelo resbaladizo y empapado. De vez en cuando deteníase bajo la lluvia, y abrazada de un pino tomaba aliento para seguir adelante.

Habría caminado unas dos horas, cuando la cabaña apareció de pronto en un claro de la sierra.

—¿Vive aquí un señor que se llama Anselmo Hernández? —preguntó al viejo que le abrió la puerta.

—Sí, aquí vive. Es mi hijo.

La pobre se cortó tanto[25], que estuvo a punto de echarse a llorar.

—Dígale que aquí está Chona... él me mandó una carta.

El viejo la condujo a la cama de un enfermo. Anselmo estaba grave.

—Recibí una carta—dijo ella.

—Sí, te mandé decir que te esperaba en la estación, estaba bueno y sano, pero me agarró la enfermedá.

La Chona pasó la noche acurrucada[26] en la cocina. En la madrugada la despertó el viejo, que deseaba un poco de café.

—Me voy al pueblo—le dijo, —voy a trai[27] al padrecito.

El padre de Anselmo volvió pronto con el cura.

Después de haber recibido los auxilios[28], el enfermo pidió que lo casaran con la Chona, y así, en la soledad de la sierra, en una ceremonia triste y oscura, la solterona se convirtió en esposa. La tarde de ese mismo día quedó viuda.

Mientras avanzaba por el pinar, de vuelta a la estación, la Chona lloraba amargamente.

¿Quién la creería en su rancho, cuando dijera que se había casado?

[19] **el pasaje** todos los pasajeros
[20] **güero** rubio
[21] **no... ojos** *had not slept a wink*
[22] **cabeceando** *nodding*
[23] **pinar** *pine grove*
[24] **bamboleándose** *tripping*
[25] **se cortó tanto** *was so embarrassed*
[26] **acurrucada** *curled up*
[27] **voy a trai** voy a traer
[28] **auxilios** *last rites*

1 COMPRENSIÓN I

A *Contesta las siguientes preguntas.*

1. ¿Por qué tenía prisa la Chona?
2. ¿Por qué leyó Luisita la carta?
3. ¿Por qué no podía la Chona tirar la maleta en el monte?
4. ¿Quién había escrito la carta? ¿Por qué?
5. ¿Cómo se conocieron?
6. ¿Qué le prometió Anselmo a la Chona?
7. Y ahora, ¿qué quería Anselmo que hiciera la Chona?
8. ¿Qué opinión tenían todos de ella?
9. Cuando regresaran casados, ¿qué harían todos?
10. ¿Cómo se notó que la Chona estaba nerviosa?
11. ¿Quiénes parecían llamar la atención de la Chona?
12. ¿Por qué se alborotó la sala?
13. ¿Qué hizo la gente?

B *Escoge la respuesta apropiada.*

1. ¿Por qué tenía tanta prisa la Chona?
    a. Tenía que regar el rancho.
    b. Su amiga les diría la noticia a todos.
    c. Quería oír noticias del rancho.
2. ¿Cuál fue esa noticia importante?
    a. Debía detenerse en el rancho para hervir el café.
    b. La Chona no sabía leer.
    c. La Chona iba a casarse.
3. ¿Por qué era difícil caminar?
    a. La maleta pesaba mucho.
    b. Tuvo que limpiarse el sudor de la cara.
    c. No podía tirar la ropa en que se iba a lucir.
4. ¿Qué le prometió Anselmo a la Chona?
    a. Iba a visitar al molinero.
    b. Regresaría para casarse con ella.
    c. Partiría dentro de tres semanas.
5. ¿Cumplió con su promesa?
    a. No, no había regresado.
    b. No, no se habían casado.
    c. Sí, porque le dijo que fuera a Mendoza.
6. ¿Qué deseaba la Chona mostrar a los de su pueblo?
    a. No debían burlarse de ella.
    b. Ya tenía treinta y cinco años.
    c. No le importaba ser soltera.

A. 1. Luisita iba a regar la noticia de su cita. **2.** La Chona no sabe letras. **3.** necesitaba la ropa **4.** Anselmo; la mandó a llamar para casarse con ella. **5.** Anselmo había venido a visitar al molinero. **6.** Prometió que volvería por ella y se casarían. **7.** Quería que ella lo visitara. **8.** que era una quedada **9.** Se callarían los chismes. **10.** el balanceo de los pies y el continuo limpiarse la cara **11.** unas señoras elegantes **12.** Se oyó el silbato del tren. **13.** se aglomeró en las taquillas

B. 1. b **2.** c **3.** a **4.** b **5.** c **6.** a

7. ¿Cómo se veía que estaba nerviosa?

    a. Llegó tarde a la estación.

    b. Movía mucho los pies.

    c. No quería esperar en la sala.

8. ¿Por qué se paraba el perro delante de los pasajeros?

    a. Le gustaba el señor que reía a carcajadas.

    b. Esperaba que alguien le diera de comer.

    c. Quería fijar su atención en la Chona.

9. Antes de oír el ruido anunciando el tren, ¿qué hizo la Chona?

    a. Se alborotó en la sala.

    b. Salió a silbarles a los cargadores.

    c. No cesó de mirar todo lo que pasaba a su alrededor.

COMPRENSIÓN II

A *Contesta las siguientes preguntas.*

1. Describe la llegada de la Chona a Mendoza.

2. ¿Había ido Anselmo a recibirla?

3. ¿Cuánto tiempo se quedó la Chona esperando?

4. ¿Qué decidió hacer?

5. ¿Fue difícil el viaje a la cabaña? ¿Por qué?

6. Describe la llegada de la Chona a la cabaña.

7. ¿Por qué no había ido Anselmo a la estación por ella?

8. ¿Cómo pasó esa noche la Chona?

9. ¿Qué pidió el enfermo después de recibir los auxilios?

10. ¿Por qué estaba tan triste la Chona?

PARA CONTINUAR CONVERSANDO

1. ¿Has viajado por tren (avión)? ¿Adónde ibas? ¿Dónde compraste el boleto? ¿Fue boleto de ida y vuelta? ¿Con quién viajaste?

2. ¿Pasaste tiempo en la sala de espera? ¿Cuánto tiempo tuviste que esperar? ¿Qué hiciste mientras esperabas? ¿Hiciste observaciones de la gente reunida allí? Di algo de eso.

3. ¿Tuviste un buen asiento en el tren (avión)? ¿Dónde te acomodaste? ¿Qué se podía ver desde allí? ¿Quién se sentó cerca de ti?

4. ¿Cuántas paradas hizo el tren (avión)? ¿Dónde? ¿Tuviste tiempo para bajar? ¿Quién te cobró el boleto? ¿Comiste en el tren (avión)? ¿Qué comiste?

7. b 8. b 9. c

A. 1. Llegó en la madrugada; llovía. 2. no 3. un rato, hasta que la sala se llenó con el ruido del día 4. Decidió caminar a la cabaña de Anselmo. 5. Sí, porque llovía, el camino estaba resbaladizo y empapado. 6. Un viejo le abrió la puerta; la Chona explicó que Anselmo le había mandado una carta; estaba a punto de llorar. 7. Estaba enfermo. 8. acurrucada en la cocina 9. que lo casaran con la Chona 10. Nadie creería que se había casado.

Note: Ask the questions listed to elicit personal experiences and stimulate discussion. Answers will vary.

PARA PRACTICAR

A *Completa las siguientes oraciones con una palabra de la lista.*

empapado	la taquilla	la cabaña
hervido	enjugó	resbaladizo
el seno	abrasaba	aglomeró

1. ¡Cuidado! El andén está _____.
2. Compré mi boleto en _____.
3. Dejó de llorar y se _____ las lágrimas.
4. Vio _____ en un cerro del pueblo.
5. El sol le _____ la cara.
6. El suelo quedó _____ por la lluvia.
7. La gente se _____ en la sala de espera.
8. El café _____ tiene un sabor amargo.
9. Guardó su dinero en _____.

B *Escoge una palabra de la primera lista que está relacionada con la palabra en la segunda lista.*

1. maleta	_____	a. cabeceaba
2. mal vestida	_____	b. secó
3. güero	_____	c. se amontonó
4. abrasaba	_____	d. harapienta
5. se aglomeró	_____	e. chal
6. dormitaba	_____	f. baúl
7. rebozo	_____	g. oscurecer
8. madrugada	_____	h. rubio
9. enjugó	_____	i. alba
10. pardear	_____	j. calentaba

POR SI ACASO...

1. ¿Qué evidencias de «tensión» hay en la selección? Cita varios ejemplos. ¿Qué importancia tienen?
2. Describe el ambiente. ¿Es fantástico, romántico o realista? Da ejemplos.
3. Haz una lista de los detalles que muestran que la Chona es de clase humilde.
4. ¿En qué consiste la ironía de la selección? ¿Por qué estaba triste la Chona al final?

PARA PRESENTAR LA LECTURA

Los padres deben ser modelos admirables para los hijos. No es cuestión de "Haz lo que te digo" sino "Haz lo que hago". En el relato que sigue, el padre se enoja de las tonterías de sus hijas. Se ha olvidado de sus propias acciones cuando era joven. Pero parece que para Mamá la brecha entre generaciones no es tan grande que se ha olvidado de las cartas de amor que ella recibió hace años. Ella ayuda a sus hijas a resolver el problema de sus cartas de amor.

PAPÁ PROPONE; MAMÁ DISPONE

Note: All students should read for enjoyment. Discuss generation gaps. Elicit personal experiences.

Una noche mi hermana y yo estábamos sentadas frente a la chimenea leyendo en voz alta algunos fragmentos de las cartas que nos habían escrito nuestros respectivos novios. Mi padre, que estaba en la sala también, se esforzaba por parecer absorto en la lectura de su periódico. Pero al fin gritó:

—¡Por amor de Dios, no me molesten más con las tonterías de esos tontos!

Al oír aquello, mamá puso a un lado su trabajo y salió en silencio del cuarto, haciéndonos señas para que las siguiéramos. Cuando todas tres regresamos, mi hermana y yo dijimos a papá, que aún estaba quejándose en voz baja de la actual generación, que le faltaba oír lo peor. Entonces mi hermana Rosa empezó a leer una carta tan llena de tonterías que eclipsaba a todas las demás.

—¡Nunca en mi vida he oído yo semejantes tonterías!—gritó papá. —¡Te prohibo que contestes esa carta!

Después que hubo rabiado un rato, le mostramos la carta. Estaba fechada 14 de febrero de 1955, y estaba dirigida a mamá y firmada por papá.

Santiago, 14 de febrero de 1955

Mi adorada Cristina:

Gracias por tu tarjetita del Día de los Enamorados; sin embargo, mi felicidad sólo duró un momento porque cada minuto que vivo sin ti es como un ... de tristeza para mi por ... m. Desde ...

ACTIVIDADES

Imagina lo que escribió papá en su carta de amor a mamá. Trata de reproducir la carta que mamá les mostró a las hijas. ¿Sería diferente una carta de amor escrita hoy día? ¿Cómo?

CONVERSACIÓN

ENTRE VECINAS

Note: Conversations should be done aloud. Assign roles, practice them in pairs and enact conversations in class as skits. Point out the use of vocabulary and structures previously taught (future of probability, position of object pronouns, comparisons). Add *"canas y dientes"*, etc. and *"el hombre propone; Dios dispone"* to students' list of memorized *refranes*.

1ª VECINA: ¿No te dije que era embuste? Vi a la Chona vendiendo huevos como de costumbre. ¡Y tú me dijiste que había dejado el rancho e iba a casarse!

LUISITA: Fíjate, hija, que con mis propios ojos leí la carta que le había mandado el mocetón. Como la Chona no sabe leer, me la dio a mí. En efecto, ése la mandó llamar.

2ª VECINA: ¿Y cómo firmó la carta?

LUISITA: No había despedida sentimental. La firmó sencillamente «Anselmo».

2ª VECINA: ¿Pero no mencionó nada de casarse?

LUISITA: En la carta, no, pero la Chona me dijo que ya estaba comprometida.

1ª VECINA: ¡Mentira! Otro sueño suyo. A las solteronas les gusta vivir en un mundo de fantasía.

2ª VECINA:	¿Cuántos años tendrá la Chona? A mí, me parece bastante joven.
1ª VECINA:	¡Joven! ¿La Chona? Tiene más arrugas que un campo arado. Canas y dientes son accidentes pero arrugas y arrastrapiés... eso sí es la vejez.
2ª VECINA:	No seas tan desagradable. La vida no ha sido fácil para la Chona... huérfana desde los ocho años.
LUISITA:	No es tan vieja como la supones. Hace cinco meses cumplió los treinta y cinco.
1ª VECINA:	¡Otra mentira!
LUISITA:	¡Es la pura verdad! ¡Y la carta también! Y ayer la Chona me confirmó que sí se habían casado a pesar de estar tan enfermo el novio.
1ª VECINA:	Francamente no lo creo. ¿No te parece un poquito sospechoso que la Chona se convirtiera en esposa y viuda en el mismo día?
1ª VECINA:	El hombre propone; Dios dispone.
LUISITA:	¡Eso sí! ¡La pobre Chona!
1ª VECINA:	Bueno, cree lo que quieras. ¡Pero no hay duda que gallinera era, y gallinera es! ¡Y pronto la Chona pasará los treinta y seis!

ACTIVIDADES

1. Prepara otro diálogo como el anterior pero con otra vecina terciando en la conversación.
2. Escribe la carta que Anselmo le mandó a la Chona. Incluye un encabezamiento, un saludo y una despedida apropriados.
3. Escribe un breve diálogo usando uno de los siguientes temas:
   a. La Chona compra su boleto en la ventanilla en la estación de ferrocarril.
   b. Las dos señoras elegantes comentan entre sí sobre la Chona.
   c. La Chona habla con uno de los pasajeros en la sala de espera.
4. Dramatiza la conversación.

CLÁUSULAS CON *SI*

Hay varias construcciones con *si* que requieren el indicativo.

1. En una cláusula dependiente que tiene significado de *if* o *whether.*

> **No sé si va a llover.**
> **No sabía si iba a llover.**

2. En una oración neutra en la cual la cláusula con *si* da la posibilidad de realizar la acción, se expresan los verbos en el indicativo.

> **Si ella sale, yo salgo con ella.**
> **Si ella sale, saldré con ella.**
> **Si ella salió, no me di cuenta.**
> **Si ella salía, no lo sabía yo.**
> **Si ella ha salido, no sé cuándo.**

3. En cláusulas hipotéticas o improbables la cláusula subordinada con *si* siempre se expresa con el imperfecto del subjuntivo cuando se relaciona con el presente y así existe la posibilidad (aunque improbable) de que la acción se realice. La cláusula resultante se expresa con el condicional.

> **Si ella saliera, yo iría con ella.**
> *(If she were to leave, I would go with her.)*

4. En cláusulas contrarias a la verdad, si la acción se relaciona con el pasado y es totalmente contraria a la verdad, se expresa el verbo de la cláusula con *si* en el pluscuamperfecto, y la cláusula resultante en el perfecto del condicional.

> **Si ella hubiera salido, yo habría ido también.**

Resumen

Cláusula con *si*	Cláusula resultante
a. Posibilidad de realizar la acción	
Si + indicativo	Indicativo

> **Si él tiene dinero, me pagará.**
> *(If he has the money, he will pay me.)*

b. Poca posibilidad de realizar la acción, o improbabilidad

Si + imperfecto del subjuntivo   **Condicional**

Si él tuviera el dinero, me pagaría.
(If he had / were to have / the money, he would pay me.)

c. Condiciones contrarias a la verdad

Si + pluscuamperfecto   **Perfecto del condicional**

Si él hubiera tenido el dinero, me habría pagado.
(If he had had the money, he would have paid me.)

EJERCICIOS

A   **Todo sería mejor si...** *Expresa cómo se podrían eliminar y mejorar estas condiciones.*

Estaría contento si yo estuviera en España.

1. Estaría contento si yo:
   estar de vacaciones
   vivir en otra parte del país
   poder pasar más tiempo con mis amigos
   haber recibido otra beca para el año entrante
   ganar el concurso
2. Mis profesores serían felices si:
   ganar mejor sueldo
   no tener tanto trabajo
   sus alumnos aplicarse más
   haber suficiente tiempo para conocer mejor a sus alumnos
   los padres cooperar más con ellos
3. El gobierno funcionaría más eficazmente si:
   los políticos no engañar al pueblo
   no haber tanta corrupción
   el pueblo no solicitar tantos favores
   haber menos malicia y envidia
4. Habría menos problemas en las ciudades si:
   el tráfico no ser tan complicado
   poderse reducir los niveles de polución
   los distintos grupos tratar de entenderse
   respetarse los derechos de los demás

B   **Y tú, ¿qué dices?** *En tu opinión, ¿cómo se podría mejorar tu colegio; la ciudad en que vives; el gobierno estatal; el gobierno nacional; las relaciones entre los países del mundo?*

C   **Sueños divertidos.** *Expresa lo que harían estas personas si los siguientes posibles sueños fueran verdad.*

     Yo—tener $30.000 / comprar un coche nuevo.
     Si yo tuviera $30.000, compraría un coche nuevo.

A. 1. estuviera de vacaciones; viviera; pudiera pasar; hubiera recibido; ganara 2. ganaran; no tuvieran; se aplicaran; hubiera; cooperaran 3. no engañaran; no hubiera; no solicitara; hubiera 4. no fuera; se pudieran; trataran; se respetaran

B. Answers will vary. Stress the construction of *si* clauses.

C. 1. tuvieran tiempo... irían
2. fueran... se divertirían
3. no perdiera... aprendería
4. fuera mejor... habría
5. supieras... encontrarías
6. no nos preocupáramos...
seríamos 7. soñara... sería
8. fuera... ¿me divertiría?

1. Mis padres—tener tiempo / ir de vacaciones.
2. Mi hermanitas—ir al zoológico / divertirse con los animales.
3. Yo—no perder tanto tiempo / aprender a tocar el piano.
4. La economía—ser mejor / haber menos tensiones y problemas.
5. Tú—saber usar el ordenador / encontrar un buen trabajo.
6. Nosotros—no preocuparse tanto / ser más felices.
7. Yo—soñar menos / ser más realista.
8. Yo—ser más realista / ¿divertirse más?

D **Y tú, ¿qué dices?** *Di lo que te gustaría hacer en estas circunstancias:*

hacer más ejercicio
Si yo hiciera más ejercicio, estaría más sano.

1. ganar el gordo de la lotería
2. poder asistir a una buena universidad
3. tener la oportunidad de ir en un cohete al espacio
4. vivir cerca de Aspen, Colorado
5. trabajar en un restaurante italiano
6. ver unos rufianes maltratando a unos niños
7. encontrar la cura para el cáncer o el SIDA (*AIDS*)
8. ser presidente de nuestro país

D. Note: Completed part of *si* clauses will vary, but verbs should be in the conditional tense. 1. Si yo ganara... 2. Si pudiera asistir... 3. Si tuviera... 4. Si viviera... 5. Si trabajara... 6. Si viera... 7. Si encontrara... 8. Si fuera...

E **Cambiando la historia.** *Muchas cosas serían diferentes si algunos eventos históricos no hubieran pasado. Expresa algunas posibles diferencias.*

Los romanos conquistaron muchos países.
Si los romanos no hubieran conquistado muchos países, no habrían sido tan poderosos.

1. Los vikingos llegaron a América.
2. Marco Polo comió espagueti en la China.
3. Los chinos inventaron la pólvora.
4. Newton vio caer una manzana de un árbol.
5. Colón descubrió América.
6. Los peregrinos llegaron a Plymouth Rock.
7. Las tempestades hundieron muchos barcos españoles.
8. Napoleón perdió en la batalla de Waterloo.
9. Alexander Graham Bell inventó el teléfono.
10. Albert Einstein desarrolló la teoría de la relatividad.
11. Se descubrió oro en California en 1848.
12. Braille ayudó a los ciegos a leer con los dedos.
13. Los aliados ganaron la Segunda Guerra Mundial.
14. Los astronautas norteamericanos volaron a la luna.

E. Individual answers will vary, but stress *pluscuamperfecto del subjuntivo* in *si* clauses and *condicional perfecto* in resulting clauses. 1. Si los vikingos no hubieran llegado... 2. Si Marco Polo no hubiera comido espagueti... 3. Si los chinos no hubieran inventado... 4. Si Newton no hubiera visto caer... 5. Si Colón no hubiera descubierto... 6. Si los peregrinos no hubieran llegado... 7. Si las tempestades no hubieran hundido... 8. Si Napoleón no hubiera perdido... 9. Si Alexander Graham Bell no hubiera inventado... 10. Si Albert Einstein no hubiera desarrollado... 11. Si no se hubiera descubierto... 12. Si Braille no hubiera ayudado... 13. Si los aliados no hubieran ganado... 14. Si los astronautas norteamericanos no hubieran volado...

F **Y tú, ¿qué dices?** *¿Puedes cambiar la historia? Sigue preparando una lista de eventos o, tal vez, de tu colegio.*

COMO SI...

Como si + el imperfecto del subjuntivo significa «*as if...*», «*were*», «*would*» o «*might*». Siempre indica lo que no es real, es decir, la irrealidad.

Hablan como si fueran amigos.

EJERCICIOS

A la deriva y confuso. *El hombre no estaba en control de sus acciones y actuó muy raro, como si no supiera lo que hacía.*

> **el hombre caminaba por el bosque—no haber peligro**
> ***El hombre caminaba por el bosque como si no hubiera peligro.***

1. el hombre gritó—una víbora amenazarlo
2. la víbora se arrolló sobre sí misma—esperar otro ataque
3. el hombre sintió dolores fulgurantes—el veneno invadir todo el pie
4. él ligó el tobillo—temer los efectos fatales del veneno
5. tenía sed—ser un día sumamente caluroso
6. bebió la caña—quitarle la sed
7. comenzó a temblar—tener frío
8. de repente se sintió bien—el peligro desaparecerse
9. el hombre no sentía ningún dolor—estar bien

A. 1. lo amenazara 2. esperara 3. invadiera 4. temiera 5. fuera 6. le quitara 7. tuviera 8. se desapareciera 9. estuviera

¡OJALÁ... !

1. *¡Ojalá... !* («*I wish that...*», «*I hope that...*») se usa con o sin *que* + el presente del subjuntivo. Expresa el deseo de la realización de una posible acción.

   ¡Ojalá que no llueva durante el partido!
   ¡Ojalá (que) lleguemos a tiempo!

2. *Ojalá* también se usa con o sin *que* + el imperfecto del subjuntivo. Usado de esta manera, ojalá expresa un deseo y/o la idea de una acción remota y no realizada. El imperfecto del subjuntivo contribuye a la noción de improbabilidad de verse realizada la acción del verbo. Aunque el verbo está en el pasado, la idea puede aliarse con el presente. En inglés se usa cualquier forma del pasado.

Ojalá que estuviera con ellos.	*I wish I were with them.*
Ojalá que tuviera más tiempo.	*I wish I had more time.*
Ojalá que pudiera hacerlo.	*I wish I could do it.*

A *Esperanzas.* *Durante la lectura de la selección sobre Melodía, es lógico que el lector tenga estos deseos.*

El agua no llama la atención del niñito.
¡Ojalá que el agua no llame la atención del niñito!

A. 1. se acerque 2. dé 3. haga
4. salga 5. vaya 6. preste 7. pague

1. Melodía no se acerca al borde del porche.
2. La vecina le da algo de comer.
3. El padre le hace caso al niño hambriento.
4. El padre sale para los muelles.
5. El hombre va a buscar trabajo.
6. Alguien le presta su carretón.
7. El patrón le paga en seguida.

B *Así vivían en el fondo del caño.* *Hablemos de cómo preferiríamos que vivieran los habitantes del arrabal.*

Melodía tenía hambre.
Ojalá que no tuviera hambre.

B. 1. no vivieran 2. no gateara
3. no saliera 4. no se acercara
5. no mirara 6. no pudiera ver
7. no llorara 8. no regresara

1. Los pobres vivían en el caño miserable.
2. El niño gateaba hacia la única puerta del domicilio.
3. Melodía salía del cuarto sin ser atendido.
4. El negrito se acercaba al borde de la puerta.
5. El bebito miraba la cara de su amiguito en el agua.
6. Él podía ver la sonrisa del otro allá.
7. Él lloraba cuando no había comido adecuadamente.
8. El pequeño regresaba a ver al otro.

C *Eliminando unos problemas.* *Parece que hay unas diferencias de opinión porque indican que las ideas expresadas no son verdaderas. Nota que las ideas contrarias a la verdad se expresan con ojalá + el pluscuamperfecto del subjuntivo.*

Dejaron de fumar.
Ojalá que hubieran dejado de fumar.

C. 1. hubieran tomado 2. hubieran
mirado 3. hubieran corrido
4. hubieran cesado 5. hubieran
comido 6. hubieran apostado
7. se hubieran comunicado
8. hubieran gastado 9. hubieran
evitado 10. hubieran jugado
11. se les hubieran olvidado
12. los hubieran pescado

1. Tomaron menos tiempo para arreglarse.
2. Miraron menos el fútbol en la tele.
3. Corrieron los coches con velocidad moderada.
4. Cesaron de emborracharse los fines de semana.
5. Comieron menos grasas y colesterol.
6. No apostaron en las carreras de caballos.
7. No se comunicaron con los delincuentes.
8. No gastaron su dinero en cosas frívolas.
9. Evitaron peleas en los bares y tabernas.
10. No jugaron con mi dinero en los casinos.
11. Se les olvidaron las palabrotas.
12. Unos policías los pescaron.

Cambia el sujeto de *ellos* (o *Uds.*) a *tú*, y sigue practicando estas expresiones.

COMPARACIONES

1. Se compara la igualdad entre personas, cosas y otras entidades con adjetivos y adverbios, usando esta fórmula:

tan + adjetivo o adverbio + *como* («*as... as*»)

El adjetivo concuerda en número y género con el sujeto del verbo.

> **Tu hermana es tan alta como la mía.**
> **Tu hermano es tan alto como mi hermana.**
> **Tus hermanas son tan altas como mi hermano.**
> **Tus hermanos corren tan rápidamente como el mío.**

2. Se compara la igualdad de cantidades de lo que se puede contar o medir con esta fórmula:

tanto como («*as much as*»)
tanto(a)(s) + sustantivo + *como* («*as much o many as*»)

Tanto y sus formas concuerdan con el sustantivo de la comparación.

> **Los niños comen tanto como los mayores.** *(as much as)*
> **En cuanto a la influencia, Lisa tiene tanta como él.**
> **La niña tiene tanta paciencia como su madre.**
> **Hay tantos libros aquí como allí.** *(as many as)*

3. La desigualdad se expresa así:

más (o menos) + adjetivo / sustantivo / adverbio + *que*

Los adjetivos concuerdan con el sustantivo de la comparación.

> **Mi padre tiene menos (más) paciencia que mi madre.**
> **Los mayores ganan más (menos) dinero que los jóvenes.**
> **Ellos son más (menos) fuertes que los otros.**
> **Estos niños corren más (menos) rápidamente que los otros.**

Niños jugando al fútbol, Buenos Aires, Argentina

FORMAS IRREGULARES

1. De los adjetivos

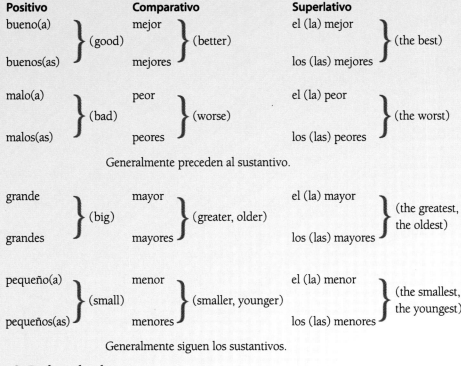

Positivo	Comparativo	Superlativo
bueno(a)	mejor	el (la) mejor
} (good)	} (better)	} (the best)
buenos(as)	mejores	los (las) mejores
malo(a)	peor	el (la) peor
} (bad)	} (worse)	} (the worst)
malos(as)	peores	los (las) peores

Generalmente preceden al sustantivo.

Positivo	Comparativo	Superlativo
grande	mayor	el (la) mayor
} (big)	} (greater, older)	} (the greatest, the oldest)
grandes	mayores	los (las) mayores
pequeño(a)	menor	el (la) menor
} (small)	} (smaller, younger)	} (the smallest, the youngest)
pequeños(as)	menores	los (las) menores

Generalmente siguen los sustantivos.

2. De los adverbios

Positivo	Comparativo	Superlativo
rápidamente	más rápidamente	lo más rápidamente
	menos rápidamente	lo menos rápidamente

Como los adverbios son neutros, el artículo neutro *lo* los modifica.

> **El bus corre rápidamente.**
> **El tren corre más rápidamente.**
> **El tren expreso corre lo más rápidamente.**

3. Con los números. Se usa *de* en comparaciones afirmativas de números, pero en comparaciones negativas, se usa *que*.

> **Le quedan más de mil pesetas.**
> **Recibió más de tres trofeos.**
> **No. Él no recibió más que dos trofeos.**

EJERCICIOS

A **Noticias del diario.** *Después de leer unas noticias, los Sres. Ávila comentan sobre lo leído. Léelas y contesta las preguntas, haciendo las comparaciones debidas.*

1. ¿Quién corrió lo más rápidamente de los tres?
2. De los otros mencionados, ¿quién corrió menos rápidamente?
3. ¿Cómo se llama el mayor?
4. ¿Es Alonso Gonzalo mayor o menor que Daniel Moratín?
5. ¿Cuál ha participado menos veces que los otros dos?
6. ¿Quién ha ganado más trofeos que los demás?
7. ¿Cuál de los tres tiene menos experiencia?

El maratón capitalino

Ayer en el maratón en la capital, los tres ganadores fueron: José Martínez de 23 años en el primer lugar, Alonso Gonzalo de 21 años en el segundo y Daniel Moratín de 19 años quedó en tercer lugar. Fue la primera vez que Martínez había entrado en dicho maratón; Gonzalo había corrido durante los últimos tres años; y Moratín ganó el segundo lugar el año pasado. Los tres recibieron trofeos por haber triunfado entre unos 5.000 participantes.

A. 1. José Martínez **2.** Daniel Moratín **3.** Martínez **4.** Alonso es mayor que Daniel. **5.** Martínez **6.** Moratín **7.** Martín

Competencia internacional

Anoche en el partido de baloncesto el equipo de los Estados Unidos se lució por la rapidez y precisión de sus movimientos. El resultado final fue EE.UU. 112, Argentina 92. El público argentino quedó maravillado de la altura de tres miembros del equipo de EE.UU. porque la altura de tres jugadores es extraordinaria: Tom Meyers mide 2.08 metros de altura; Clarence Jones 2.13 y Francis Carlton 2.19 metros. Meyers acertó la canasta 15 veces haciendo un total de 30 puntos; Jones marcó 17 veces, agregando un total de 34 puntos; y Carlton se apuntó 38 puntos en 19 intentos. Resultó un partido de mucha competencia, emocionante y agresivo.

8. ¿Quién es el más alto? ¿el más bajo?
9. ¿Es Jones más alto o más bajo que Meyers?
10. ¿Acertó más Carlton que Meyers? ¿Meyers más que Jones?
11. ¿Quién obtuvo más puntos, Meyers o Jones? ¿Jones o Carlton?
12. ¿Quién fue el jugador más valioso anoche?
13. ¿Qué sorprendió a los argentinos?
14. ¿Cuál fue el mejor equipo?

8. Carlton; Meyers **9.** Jones es más alto. **10.** Sí, Carlton acertó más; no, Meyers acertó menos. **11.** Jones; Carlton **12.** Carlton. **13.** la altura de tres miembros del equipo de EE.UU. **14.** El equipo de EE.UU.

FIN DE UNA ERA

El sábado pasado en una subasta (*auction*) en Sotheby's, Madrid, se vendieron unos cuadros y muebles de la vieja y señorial mansión Los Arcos, ubicada en la provincia de Huesca, España. Una pintura de Goya de tamaño regular fue vendida por 131.990.000 ptas.; una de dimensiones enormes pintada por Sorolla costó 97.150.000 ptas. y una miniatura por Tiziano por 134.000.000 ptas. Una mesa tallada del siglo XVII llevó el precio de 3.075.300 ptas.; una silla de la época de María Antonieta fue vendida por 4.053.500 ptas.; y una cama de los tiempos de Fernando e Isabel llevó un precio de 6.030.000 ptas. Los dueños se quedaron contentos con los resultados de la subasta.

La pintura de Sorolla costó menos que la de Goya.

Mangiando en mía barca de Joaquín Sorolla

15. La obra de Goya costó más.
16. No, costó más la de Tiziano.
17. La más pequeña de las tres era la miniatura de Tiziano.
18. El mueble más antiguo era la cama; el más reciente, una silla.
19. más interés histórico, la cama; menos interés histórico, la mesa tallada

B. Note: Make specific assignments and do them orally. Make sure that the proper use of comparisons is included and emphasized.

15. ¿Qué obra costó más, la de Goya o la de Sorolla?
16. ¿Costó más la pintura de Sorolla que la de Tiziano?
17. ¿Cuál era la pintura más pequeña (grande)?
18. ¿Qué mueble era el más antiguo (reciente)?
19. ¿Cuál de los muebles tenía más (menos) interés histórico?

B **Y tú, ¿qué dices?** *¿Cuál de los tres artículos te resulta más interesante? Prepara un artículo parecido para un periódico de tu colegio en el cual compares tres o más asuntos; por ejemplo: las notas de los cuatro grados; unos equipos deportivos de tres colegios; la gran competencia de las bandas, etc. Debes preparar unas preguntas para una discusión más tarde.*

Los negativos

Negativos	Afirmativos
no	sí
nadie	alguien
nada	algo
nunca, jamás	siempre
tampoco	también
ninguno(a)	alguno(a)(s)
ni... ni	o... o
sin	con

Posición de los negativos

1. El negativo *no*, va inmediatamente delante del verbo.

   Él no va hoy.

2. El negativo *no* siempre va delante del complemento del verbo.

   Ella no lo tiene.
   Yo no te los doy.

3. Con dos negativos, *no* va delante del verbo; el otro lo sigue.

   Ella no ve nada.
   Ellos no ven a nadie.

4. Con *ni... ni, ni* va delante de cada palabra de la comparación.

   No comió ni pan ni carne.
   Dicen que no está ni caliente ni frío.

   Si la construcción precede al verbo, el verbo es plural.

   Ni Luri ni Nelda quieren ir.

5. Con un complemento directo que es persona se requiere la *a* personal.

   No conozco a nadie en esa ciudad.
   A nadie vemos por allí.

6. Con *ninguno* y *alguno* y sus femeninos hay concordancia con el objeto, persona o entidad. Generalmente se usa *ninguno* sólo en el singular con la excepción de sustantivos cuya forma es siempre plural.

   No he comprado ningún regalo. ¿Tienes alguno?
   ¿Tienes algún proyecto para las vacaciones?
   Ninguna chica quiere ir al partido.
   Tengo que buscar algunas tijeras.

7. Con *nunca* o *jamás, nunca* es más común y preferido y va en cualquier posición.

   Nunca come aquí.
   No come nunca aquí.

8. Otros negativos comunes son *sin* y *tampoco*. Son opuestos de *con* y *también*.

   Ellos van sin suficiente dinero.
   ¡Qué va! Van con bastante.

   ¿Fuisteis a Santiago y a Oviedo también?
   No fuimos ni a Santiago ni a Oviedo tampoco.

EJERCICIOS

A **El torneo internacional.** *Dos miembros del club campestre hablaban acerca del campeonato de tenis. Uno de ellos era negativo y desagradable y convirtió todo en negativo. Di lo que él expresó, cambiando al negativo la(s) palabra(s) indicada(s). Haz otros cambios que sean necesarios.*

A. 1. no vi... ninguna
2. Nunca... ni... ni 3. no va nunca
ni... ni el jueves tampoco
4. no tiene nada 5. nadie
6. ninguna... nada... tampoco
7. no se presentan nunca
8. ningún 9. ningunos... sin
10. nadie se divierte... ni... ni... ni...
tampoco 11. nunca 12. no van...
a nadie

1. Vi a tu prima en *alguna* parte ayer.
2. *Siempre* juega al tenis *o* los lunes *o* los miércoles.
3. Dijo que va *siempre* al club *o* el martes *o* el jueves.
4. Parece que tiene *algo* que ver con el torneo.
5. *Alguien* le dijo que venía el alcalde.
6. *Alguna* chica mencionó *algo* de los premios *también*.
7. Se presentan *siempre* a los participantes antes de la partida.
8. *Algún* jugador llegó tarde.
9. *Algunos* espectadores vienen *con* cámaras y lentes de campo.
10. *Muchos* se divierten en el salón donde *o* comen *o* charlan *o* dicen bromas *también*.
11. *Siempre* me gusta ver una competencia internacional.
12. Van a entrevistar a *alguien*.

B. 1. No 2. No... nada 3. No... nadie
4. Ni... ni 5. Ni él, ni ella... ninguna
6. No... tampoco 7. No 8. No, ni...
tampoco 9. no... ninguna
10. Ninguno... nada 11. sin
12. Nada... nada 13. A nadie

B **¿Tomar el autobús o no?** *Hace calor cuando Ricardo y Yolanda deciden ir al centro. Ella no quiere acalorarse caminando. Usa la forma apropiada para completar las frases en negativo.*

1. ¿_____ oíste el autobús?
2. De veras. _____ oí _____.
3. _____ lo había visto _____.
4. _____ Ricardo _____ Yolanda tenían ganas de caminar.
5. _____ _____ tenían _____ otra manera de ir.
6. ¿Prefieres caminar? _____ dije eso _____.
7. ¿_____ has tenido tal experiencia? Puede ser interesante.
8. _____ _____ lo quiero _____.
9. ¿Una moneda? Yo _____ tengo _____.
10. ¡Qué amigos! _____ de los dos me ofrecieron _____.
11. ¡Qué lástima que hayas salido _____ tu cartera!
12. ¿Qué puedo hacer? ¡_____! ¡Absolutamente _____!
13. ¡Qué follón! ¡_____ _____ le gusta ir a pie en este calor!

MODISMOS Y EXPRESIONES

Note: Repeat and use often throughout the unit. Have students write original sentences with these words for homework.

a ratos de vez en cuando (*from time to time*)

A ratos sonaba la campanilla de la iglesia en la plaza.

de nuevo *again*

Hice un viaje a Madrid el año pasado, y pienso hacer otro de nuevo en julio.

¡OJO!

oficio:

La palabra oficio se refiere a la ocupación habitual o profesión de una persona.

Ejemplo:

Su trabajo es manual. Es un oficio muy duro.

oficina:

No se debe confundir esta palabra con la palabra *oficio*. La oficina es el sitio donde se trabaja. Si es un lugar grande donde trabajan muchos empleados es sencillamente la *oficina*. Si es una oficina privada se puede llamar el *despacho*. Si es la oficina de un abogado se llama el *bufete* o *estudio*. Si es la oficina de un doctor se llama el *consultorio* o *consulta*. En España se le llama *gabinete* a un consultorio dental. Y todas estas palabras se traducen «office» en inglés.

Ejemplos:

En la oficina donde trabajo, el ruido de las máquinas es muy penetrante.

Voy al consultorio del doctor para un examen físico.

Iré al bufete de un abogado para hacer una demanda.

Prefiero trabajar en mi propio despacho.

LA MUJER

"De mujer, alabanza o silencio"

José Martí

Note: This quote from José Martí ("Regarding women, praise or silence.") expressed his elevated regard for women. He valued *«la liberalidad y la bondad en la mujer.»* Other praises attributed to him are: *«Una mujer demanda cortesía y respeto»* ("A woman demands courtesy and respect.") and *«La mujer es la nobleza del hombre.»* ("Women represent the nobility of mankind.")

PARA PREPARAR LA ESCENA

Venus dio la belleza y la gracia; Minerva añadió la inteligencia y la sabiduría; Diana combinó la salud y la proeza física... los dioses habían creado una obra maestra... la mujer... y hoy día está liberada.

Hubo un tiempo en que a la mujer se le refería como «el sexo débil,» pero todo esto ha cambiado.

La mujer de hoy no ha perdido su femineidad, pero sí ha logrado nivelarse con los hombres en referencia a derechos y privilegios, en campos de trabajo, política, oportunidades y la manera de ser considerada en la sociedad.

El mundo entero ha reconocido los talentos y aptitudes dados por los dioses, y la mujer moderna tiene campo libre para seguir adelante con sus ideales y esperanzas.

◄
Retrato de Alicia Galant, de Frida Kahlo

▶
Una dama, cerámica artesanal,
San Pedro Tlaquepaque, Jalisco, México

CARTAS DE AMOR TRAICIONADO
ISABEL ALLENDE

Pre-reading: Introduce this *Cuadro's* theme by asking the following questions: Why is there so much interest in the role of women in today's society? What measures are being taken to assure women of security and safety and the protection of their rights?

Note: Read the introduction together. Assign the projects suggested on p. 363 for reports to the class. Suggest the readings on Allende's book covers for easy reference.

PARA PRESENTAR LA LECTURA

Según un proverbio latino medieval, «mentir, llorar, coser, son los dones de la mujer.» En aquellos tiempos, ¿quién sabe si las mujeres se contentaban con tal imagen de su valía? Hoy día, seguramente, muchas mujeres no la toleran. Han avanzado en forma significativa hacia la independencia. ¿Qué significa para las mujeres esta nueva independencia? ¿A qué precio la obtienen? La protagonista del siguiente relato da pruebas que no le fue fácil. ¿De dónde sacó el ánimo de luchar contra una fuerza desigual?

Isabel Allende basa en parte esta selección en sus propias experiencias en Chile donde vivió de niña en casa de sus abuelos, en la cual gozaba un fuerte vínculo (bonding) *con otras mujeres (abuela, madre, hija y nieta). La educación que recibió la preparaba a seguir las huellas tradicionales designadas para las mujeres. Le encantaba el idioma y poseía el don de crear historias descriptivas, juegos con palabras, y cuentos que espantaban a sus hermanos. Afortunadamente, decidió dedicarse al periodismo que le ayudó a aguzar sus talentos descriptivos mientras llega al fondo de la motivación de acciones que no siempre prometen resoluciones satisfactorias pero que regalan a los lectores ideas que penetran la conciencia. Actualmente vive en San Francisco, California, lejos de los problemas políticos que afectaban su país hace más de veinticinco años cuando su tío Salvador Allende fue elegido presidente al caer el gobierno militar.*

Note: Use the questions in groups, then with the entire class to encourage everyone to express his/her ideas and feelings.

PARA ENTABLAR CONVERSACIÓN

1. ¿A qué se atribuye tanto interés en el tema de la mujer hoy en día?
2. ¿Opinas que la mujer merece tener los mismos derechos que el hombre?
3. La Declaración de Independencia de los EE.UU. asevera: "Todos los hombres son iguales…" ¿Se incluyen las mujeres en esta declaración? ¿Estás de acuerdo con esto? ¿Crees que Tomás Jefferson se hubiera equivocado con tal omisión?
4. ¿Merecen las mujeres las mismas oportunidades que los hombres en cuanto a asuntos legales, cívicos, educacionales, laborales, y otros?
5. Cita algunas mujeres que admiras hoy. Di por qué.

Para Aumentar el Vocabulario

Note: Few new words are introduced here. Incorporate items from MODISMOS Y EXPRESIONES and ¡OJO! into drills.

Palabras clave I

1. **aferrada** unida fuertemente
   El barco estaba aferrado al muelle con cadenas gruesas.
2. **desván** parte más alta de la casa junto al techo
   Mis abuelos guardaban cosas de poco uso en el desván.
3. **hacerse cargo de** tomar control de algo
   El nuevo médico se hace cargo de dirigir el hospital.
4. **interno/a** alumno/a que reside en una institución educacional
   Analía fue interna en el convento durante doce años.
5. **proveniente de** viniendo de, originando de
   Todo proveniente de este plan dará satisfacción.

PRÁCTICA

Completa con una palabra de la lista.

hacerse cargo de   el desván   interna
provenientes de   aferrada

1. Guardó la silla rota en _____.
2. La pobre esposa vive _____ al marido enfermo.
3. Son documentos _____ los archivos estatales.
4. Pasó sus años formativos de _____ en el convento.
5. La nueva directora va a _____ este proyecto.

1. el desván 2. aferrada
3. provenientes de 4. interna
5. hacerse cargo de

Isabel Allende

PALABRAS CLAVE II

1. contrahecho deformado

Sufrió un golpe a la espina dorsal que lo dejó contrahecho.

2. jorobado con un bulto en la espalda

¿Conoces la novela de Víctor Hugo, *El jorobado de Notre Dame?*

3. rechoncho/a algo gordo y bajo de estatura

De niña le faltaba gracia por ser rechoncha.

4. viruela enfermedad que deja cicatrices feas y permanentes

Es importante vacunar a los niños contra las viruelas.

PRÁCTICA

Completa con una palabra de la lista.

| contrahecho | la viruela |
| rechoncho | jorobado |

1. rechoncho 2. jorobado
3. contrahecho 4. la viruela

1. Ese niño _____ nunca deja de comer pasteles y dulces.

2. Dormía mal e incómodo el pobre _____.

3. Se quedó _____ e inútil después de la caída.

4. Hubo un pánico general cuando se anunció que un niño
padecía de _____.

PALABRAS CLAVE III

1. atascado/a impedido/a, detenido/a el paso de algo

La camioneta está atascada en el fango.

2. bullicio ruido, tumulto, alboroto

Debido al bullicio de los aficionados, no oí el tanto final.

3. pedirle cuentas finalizar un asunto, hacer arreglos

He venido a pedirle cuentas porque esta nota tiene un error.

PRÁCTICA

Completa con una palabra de la lista.

| el bullicio | pedirle cuentas |
| atascado | |

1. pedirle cuentas 2. El bullicio
3. atascada

1. Esta recomendación tiene un error. Vengo a _____ para rectificarla.

2. _____ de la fiesta de al lado despertó al niño.

3. No hay paso por esta ruta porque está _____.

CARTAS DE AMOR TRAICIONADO
ISABEL ALLENDE

Pre-reading: Ask students if there is a key word in the title of the story that alerts us to some unusual situation.

Reading Strategies: (1) Have students read part I with a partner or in small groups. (2) Have students answer *Comprensión I*. (3) With the entire class and books closed, review and discuss the salient points of the story. What is the general tone?

La madre de Analía Torres murió de una fiebre delirante cuando ella nació y su padre no soportó la tristeza y dos semanas más tarde se dio un tiro de pistola en el pecho... Su hermano Eugenio administró las tierras de la familia y dispuso del destino de la pequeña huérfana según su criterio. Hasta los seis años Analía creció aferrada a las faldas de un ama india en los cuartos de servicio de la casa de su tutor y después, apenas tuvo edad para ir a la escuela, la mandaron a la capital, interna en el Colegio de las Hermanas del Sagrado Corazón, donde pasó los doce años siguientes. Era buena alumna y amaba la disciplina.... Cada vez que lograba burlar la vigilancia de la monjas, se escondía en el desván... para contarse cuentos a sí misma.

Cada seis meses recibía una breve nota de su tío Eugenio recomendándole que se portara bien y honrara la memoria de sus padres,... quienes estarían orgullosos de que su única hija dedicara su existencia a los más altos preceptos de la virtud, es decir, entrara de novicia al convento. Pero Analía le hizo saber desde la primera insinuación que no estaba dispuesta a ello y mantuvo su postura con firmeza simplemente para contradecirlo, porque en el fondo le gustaba la vida religiosa; sin embargo su instinto la advertía, contra los consejos de su tutor. Sospechaba que sus acciones estaban motivadas por la codicia de las tierras, más que por la lealtad familiar. Nada proveniente de él le parecía digno de confianza.

Cuando Analía cumplió dieciséis años, su tío fue a visitarla al colegio por primera vez. La Madre Superiora llamó a la muchacha a su oficina y tuvo que presentarlos porque no se reconocieron.

—Veo que las Hermanitas han cuidado bien de ti, Analía—comentó el tío. —Te ves sana y hasta bonita. En mi última carta te notifiqué que a partir de la fecha de este cumpleaños recibirás una suma mensual para tus gastos, tal como lo estipuló en su testamento mi hermano, que en paz descanse.

—¿Cuánto?

—Cien pesos.

—¿Es todo lo que dejaron mis padres?

—No, claro que no. Ya sabes que la hacienda te pertenece, pero la agricultura no es tarea para una mujer, sobre todo en estos tiempos de huelgas y revoluciones. Por el momento te haré llegar una mensualidad que aumentaré cada año... Luego veremos.

—¿Veremos qué, tío?

—Veremos lo que más te conviene.

—¿Cuáles son mis alternativas?

—Siempre necesitarás a un hombre que administre el campo, niña. Yo lo he hecho todos estos años y no ha sido tarea fácil, pero es mi obligación, se lo prometí a mi hermano en su última hora y estoy dispuesto a seguir haciéndolo por ti.

—No deberá hacerlo por mucho tiempo más, tío. Cuando me case me haré cargo de mis tierras.

—¿Cuándo se case, dijo la chiquilla? Dígame, Madre, ¿es que tiene algún pretendiente?

—¡Cómo se le ocurre, señor Torres! Cuidamos mucho a las niñas. Es sólo una manera de hablar.

Analía Torres se puso de pie e hizo una breve reverencia más bien burlona y salió. La Madre Superiora le sirvió chocolate al caballero, comentando:

...Ella es la única alumna que nunca sale de vacaciones y a quien jamás le han mandado un regalo de Navidad— dijo la monja en tono seco....

—Yo le aseguro que estimo mucho a mi sobrina y he cuidado sus intereses como un padre. Pero tiene usted razón, Analía necesita más cariño, las mujeres son sentimentales...

Antes de treinta días el tío se presentó de nuevo en el colegio. Se limitó a notificarle a la Madre Superiora que su propio hijo deseaba mantener correspondencia con Analía... y a ver si la camaradería con su primo reforzaba los lazos de la familia. Las cartas comenzaron a llegar regularmente. Sencillo papel blanco y tinta negra, una escritura de trazos grandes y precisos. A veces el sobre incluía un libro o un dibujo hecho con los mismos trazos firmes de la caligrafía. Analía se propuso no leerlas, pero en el aburrimiento del colegio las cartas representaban su única posibilidad de volar. Se escondía en el desván... a releer con avidez las notas enviadas por su primo hasta conocer de memoria la inclinación de las letras y la textura del papel. Al principio no las contestaba, pero al poco tiempo no pudo dejar de hacerlo. Creció la intimidad entre los dos y pronto lograron ponerse de acuerdo en un código secreto con el cual empezaron a hablar de amor.

Analía Torres no recordaba haber visto jamás a ese primo que se firmaba Luis, porque cuando ella vivía en casa de su tío el muchacho estaba interno en un colegio en la capital. Estaba segura de que debía ser un hombre feo, tal vez enfermo o contrahecho, porque le parecía imposible que a una sensibilidad tan profunda y una inteligencia tan precisa se sumara un aspecto atrayente. Trataba de dibujar en su mente una imagen del primo: rechoncho como su padre con la cara picada de viruela, cojo y medio calvo; pero mientras más defectos le agregaba más se inclinaba a amarlo. El brillo del espíritu era lo único importante. Se preguntaba cuánta deformidad sería capaz de tolerar. La correspondencia entre Analía y Luis Torres duró dos años, al cabo de los cuales la muchacha tenía una caja de sombrero llena de sobres y el alma definitivamente entregada.

3

El día en que cumplió dieciocho años la Madre Superiora la llamó al refectorio porque había una visita esperándola... Luis Torres no era el enano retorcido que ella había construido en sueños y había aprendido a amar. Era un hombre bien plantado con ojos claros pero vacíos de expresión... Analía se repuso del impacto y decidió que si había aceptado en su corazón a un jorobado,... podía querer a este joven elegante.

▲▲▲

Desde el primer día de casada Analía detestó a Luis Torres... *[y nunca conoció la felicidad. El nacimiento de un hijo no trajo la debida alegría a los casados o al matrimonio. Luis perdió la vida en un accidente. En seguida, Analía se despidió del tío y se encargó de la finca y de la educación de su hijo. Lo mandó a un colegio local dónde gozó éxito escolar. Un día con la caja de sombrero en el brazo, fue a visitar el colegio de su hijo.]*

▲▲▲

—Muéstrame tu aula, quiero conocer a tu maestro —dijo ella.

En la puerta Analía le indicó al muchacho que se fuera, porque ése era un asunto privado, y entró sola... Al fondo, en un escritorio sobre una plataforma, se encontraba el maestro. El hombre levantó la cara sorprendido y no se puso de pie, porque sus muletas estaban en un rincón, demasiado lejos para alcanzarlas sin arrastrar la silla. Analía... se detuvo frente a él.

—Soy la madre de Torres —dijo porque no se le ocurrió algo mejor.

—Buenas tardes, señora...

—Dejemos eso, no vine para cortesías. Vine a pedirle cuentas —dijo Analía colocando la caja de sombrero sobre la mesa.

—¿Qué es esto?

Ella abrió la caja y sacó las cartas de amor que había guardado todo ese tiempo.

—Usted me debe once años de mi vida —dijo Analía.

—¿Cómo supo que yo las escribí? —balbuceó él cuando logró sacar la voz que se le había atascado en alguna parte.

—El mismo día de mi matrimonio descubrí que mi marido no podía haberlas escrito y cuando mi hijo trajo a la casa sus primeras notas, reconocí la caligrafía. Y ahora que lo estoy mirando no me cabe ni la menor duda, porque yo a usted lo he visto en sueños desde que tengo dieciséis años. ¿Por qué lo hizo?

—Luis Torres era mi amigo y cuando me pidió que le escribiera una carta para su prima no me pareció que hubiera nada de malo. Así fue con la segunda y la tercera; después, cuando usted me contestó, yo no pude retroceder. Esos dos años fueron los mejores de mi vida, los únicos en que he esperado algo. Esperaba el correo.

—Ajá.

—¿Puede perdonarme?

—De usted depende —dijo Analía pasándole las muletas.

El maestro se colocó la chaqueta y se levantó. Los dos salieron al bullicio del patio, donde todavía no se había puesto el sol.

PARA APLICAR

COMPRENSIÓN I

Note: Check the written material on the board or on an overhead projector.

A *Contesta las siguientes preguntas.*

1. ¿Cómo fue la niñez de Analía?
2. Describe el genio de la protagonista.
3. ¿Cómo crees que lo habría pasado si hubiera seguido viviendo en la finca en vez de trasladarse al convento?
4. La Madre Superiora estaba descontenta porque Analía jugaba en el desván, ¿verdad? ¿Por qué la llamó a la oficina?
5. ¿Se reconocieron los parientes en seguida?

A. **1.** solitaria e ignorada por la familia. **2.** independiente, fuerte, traviesa, resoluta **3.** Answers will vary. **4.** No; para conocer al tío **5.** No se acordaron.

B *Contesta las siguientes preguntas.*

1. ¿Cómo se portó el tío para con Analía? Cita cuando menos tres ejemplos en los cuales expresó su desdén.
2. ¿Cuáles son los motivos de su visita?
3. ¿Intenta Analía aceptar su plan? ¿Cuáles son sus planes para el futuro?
4. ¿Con quién se identifica la Madre Superiora? Da ejemplos.
5. ¿Cómo clasifica el tío a las mujeres?

B. **1.** despectivo, burlón, sarcástico **2.** para informarle de una cuota mensual y para sugerirle que entre en el convento **3.** no; hacerse cargo de sus tierras cuando se case **4.** Answers will vary. **5.** débiles, incapaces

COMPRENSIÓN II

A *Contesta las siguientes preguntas.*

1. ¿Qué plan concibió para mostrar interés en su sobrina?
2. Al principio, ¿le interesó a la chica la llegada de las cartas? ¿Por qué rechazó ese intercambio de cartas? ¿Qué la motivó a cambiar de opinión?
3. Describe la correspondencia y cómo le afectó. ¿Cómo imaginaba ser su primo?
4. Cuando tuvo ocasión de conocer al primo, ¿qué impacto tuvo sobre ella?

A. **1.** un cambio de correspondencia **2.** No, era impersonal; el aburrimiento **3.** Se desarrolló interés, intimidad y hasta el amor **4.** Se sorprendió

Analía despidió a su tío Eugenio de su propiedad.

COMPRENSIÓN III

A *Contesta las siguientes preguntas.*

A. 1. Nunca, lo detestó. 2. Después de la muerte de Luis, ella despidió al tío. 3. en un colegio local 4. la de visitar su colegio 5. No, pero quería pedirle cuentas. El maestro era cojo; cortés, y dispuesto de contestar preguntas. 6. Se dieron cuenta de su amor y buscaban un futuro feliz.

Note: Have students work in pairs. Some questions may arouse more interest; these can be answered or discussed with the entire class.

1. A pesar de haber sufrido una desilusión, se casó con el primo. ¿Encontró Analía la felicidad deseada?
2. ¿Cómo logró encargarse de sus propios asuntos?
3. ¿Dónde optó educar a su hijo?
4. ¿Qué sorpresa le presentó a su hijo?
5. Describe la escena en el aula. ¿Estaba contrariada con el maestro?
6. ¿Qué significa «salieron al bullicio del patio, donde todavía no se había puesto el sol»?

PARA CONTINUAR CONVERSANDO

1. ¿Tienes tus obligaciones propias en casa? ¿Cuáles son?
2. ¿Es importante para ti satisfacer tus deseos sin tener que contar con otros?
3. ¿Qué significa «ser uno mismo»?
4. ¿Cómo responderías a la pregunta: ¿quién soy yo?
5. De niño(a), ¿jugaste con muñecas? ¿con autitos? ¿a la pelota?
6. ¿Qué opinas de las armas artificiales como juguetes para los niños?
7. ¿Te gustaba inventar nuevos juegos o actividades? Explica.
8. ¿Quién es el disciplinario en tu casa? ¿Hay reglas severas?
9. ¿Qué opinas del castigo corporal?
10. ¿Qué es la diferencia entre la disciplina y el abuso?
11. ¿Has encontrado tu identidad personal?
12. ¿Es posible integrar un «rol» dentro de la casa con otro fuera de ella?
13. ¿Son siempre los miembros de la familia los que nos ayudan a desarrollar los valores básicos? ¿Y la confianza de determinar las acciones más apropiadas?
14. ¿Qué concepto tienes del otro sexo?
15. (para mujeres) ¿Quieres casarte? ¿Cuándo? ¿Quieres seguir trabajando después de tener hijos?
16. (para hombres) ¿Quieres casarte? ¿Cuándo? ¿Quieres que tu mujer siga trabajando después de casarse? ¿Después de tener hijos?
17. En tu opinión, ¿quién debe hacer lo siguiente: **a.** el aseo de la casa; **b.** lavar la ropa; **c.** cuidar el jardín; **d.** cambiar los pañales sucios de los bebés; **e.** disciplinar a los hijos?

POR SI ACASO...

1. ¿Cuáles situaciones en el relato se pueden igualar a las experiencias en la vida de Isabel Allende?

2. ¿Cómo se extravió de la vida anticipada para ella?

3. El tío y padrino de Isabel Allende fue Salvador Allende Gossens, presidente de Chile que murió en el movimiento militar contra el gobierno en 1973. Haz un estudio más completo de ese golpe de estado. ¿Quiénes fueron los enemigos del Presidente Allende? ¿Qué tipo de gobierno tenía Chile bajo su presidencia? ¿Después? ¿A qué lado soportó el gobierno de los EE.UU.? ¿Por qué? ¿Cómo le afectó a Isabel Allende la pérdida de la democracia chilena? Describe el gobierno actual de Chile.

4. Tal vez te interesaría leer otras obras de esta autora de esta lista: *La casa de los espíritus* (1981); *De amor y de sombras* (1985), *Eva Luna* (1987), *Cuentos de Eva Luna* (1989), *El plan infinito* (1992), *Paula* (1994).

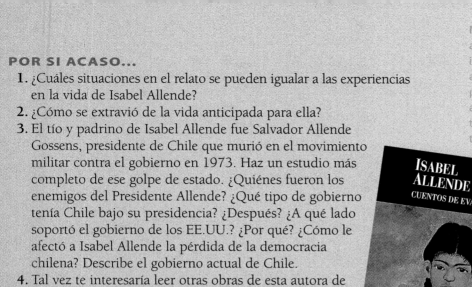

Santiago de Chile

PARA PRESENTAR LA LECTURA

Sor Juana Inés de la Cruz (Juana de Asbaje) nació en San Miguel Nepantla, México, en 1648. Era una niña precoz quien compuso versos a los ocho años y siguió desarrollando su talento intelectual hasta su muerte en 1695. En 1669 se hizo monja jerónima para dedicarse por completo a los estudios y a la religión.

En sus obras dramáticas, así como en su poesía, Sor Juana empleó una gran variedad de formas: comedias, autos, sainetes, romances y liras. La llaman «La décima musa.» Pero lo que más se lee hoy tras tres siglos de haberse publicado son sus sonetos y redondillas. En las redondillas que siguen, Sor Juana censura a los hombres que en las mujeres acusan lo que causan. Es, en efecto, una de las primeras feministas de América.

REDONDILLAS
SOR JUANA INÉS DE LA CRUZ

Note: Briefly review the notes on Sor Juana, her unusual life, and her intellectual prowess. Tell students that these are a few select verses of a long poem. What is her tone?

[1] **necios** tontos
[2] **errada** wrong, guilty
[3] **rogada** flattery's snare
[4] **pecar** to sin
[5] **fundo** maintain, base one's opinion
[6] **lidia** struggle

Hombres necios[1] que acusáis
a la mujer sin razón,
sin ver que sois la ocasión
de lo mismo que culpáis:

si con ansia sin igual
solicitáis su desdén,
¿por qué queréis que obren bien
si las incitáis al mal?

Con el favor y el desdén
tenéis condición igual,
quejándoos, si os tratan mal,
burlándoos, si os quieren bien.

Siempre tan necios andáis
que con desigual nivel,
a una culpáis por cruel
y a otra por fácil culpáis.

¿Cuál mayor culpa ha tenido
en una pasión errada[2]:
la que cae de rogada[3],
o el que ruega de caído?

¿O cuál es más de culpar,
aunque cualquiera mal haga,
la que peca por la paga,
o el que paga por pecar[4]?

¿Pues para qué os espantáis
de la culpa que tenéis?
Queredlas cual las hacéis,
o hacedlas cual las buscáis.

Bien con muchas armas fundo[5]
que lidia[6] vuestra arrogancia,
pues en promesa e instancia
juntáis diablo, carne y mundo.

ACTIVIDADES

A Sor Juana Inés de la Cruz es una de las
primeras feministas de América. ¿Qué te
parece si las redondillas hubieran sido
escritas por un hombre chauvinista?
¿De qué habría censurado él a las mujeres?

B Supongamos que las redondillas empiezan con esta estrofa:
Mujeres necias que acusáis
al hombre sin razón
sin ver que sois la ocasión
de lo mismo que culpáis...
Indica algunas cosas de que las mujeres acusan a los hombres.

C Notarás que la autora ha empleado la forma de vosotros en las
redondillas. Identifica cada forma de vosotros en el poema y luego
indica el infinitivo del verbo y la forma formal (Uds.) correspondiente.

Note: Avoid being too academic,
but enjoy the suggestions.
Encourage open dialog.

PARA PREPARAR LA ESCENA

Alfonsina Storni (1892-1938) conocida poeta argentina ganó un lugar envidiable entre los escritores argentinos. Compartió con José Martí un alto concepto de la mujer sobre todo en las líneas del poeta cubano: «Dícese mujer y se adivina ternuras, abnegaciones, divinas locuras y promesas.» Desde su juventud Alfonsina admitió un interés extraordinario en el concepto de la mujer durante los siglos. Su preocupación en mejorar el estatus de la mujer se revela en muchos poemas suyos. Era, por eso, otra que luchaba por mejorar las condiciones de la mujer. Por fin se vio vencida y a la vez se reveló víctima de una enfermedad sin cura. Entonces escribió el poema "Voy a dormir" y buscó la solución de sus problemas en el mar—el mismo mar que es parte de tantas obras suyas. En el poema que sigue muestra su comprensión y compasión por la que puede ser responsable por más sufrimiento.

LA QUE COMPRENDE
ALFONSINA STORNI

Ex-voto (pintura o retablo de expresión de gratitud) para el "Señor de la columna" por *la curación de una niña después de una caída*

Con la cabeza negra caída hacia adelante
está la mujer bella, la de mediana edad,
postrada de rodillas, y un Cristo agonizante
desde su duro leño la mira con piedad.

En los ojos la carga de una enorme tristeza,
en el seno la carga del hijo por nacer,
al pie del blanco Cristo que está sangrando reza:
—¡Señor: el hijo mío que no nazca mujer!

La autora del artículo «¿Discriminación o simplemente tradición?», María Nieves Castillo de Hill, es natural de Pamplona, España, y ha residido en los Estados Unidos desde 1971. La Sra. de Hill basa su artículo en su experiencia personal como mujer española y como empleada administrativa de comercio y de una agencia de viajes hasta su matrimonio. Desde 1981, la Sra. de Hill es profesora y ha ejercido sus funciones como profesora de educación bilingüe, y desde 1983 es profesora de español en Crockett High School en Austin, Texas.

Note: Some students may develop the idea that all women of the Spanish-speaking world are oppressed and ignored. This selection will inform them of today's opportunities for women in modern day Spain. This selection may be assigned for outside reading or as a class project. Avoid belaboring the issues.

¿DISCRIMINACIÓN O SIMPLEMENTE TRADICIÓN?

MARÍA-NIEVES CASTILLO DE HILL

La posición de la mujer hispana en la sociedad con relación al hombre varía enormemente con respecto al tipo de trabajo o carrera que la mujer desempeña y depende, asimismo[1], de la zona geográfica donde desarrolla sus funciones.

Se sabe con certeza que las mujeres de avanzada[2] a principios de este siglo tuvieron que luchar denodadamente[3] para establecer su identidad en el campo de trabajo y especialmente en las profesiones hasta entonces tradicionalmente masculinas tales como la medicina, el derecho, etc. Recordemos también que en algunas universidades norteamericanas a principios de siglo y bien entrado el siglo veinte no se permitía el acceso a la universidad a las mujeres que buscaban proseguir[4] ciertas carreras. Las pocas que lo lograban tenían que luchar activamente para establecer su valía y no dejarse humillar por sus colegas masculinos. Esta actitud afortunadamente ha sido combatida con los años no solamente en los Estados Unidos sino también en el mundo hispano, porque según los datos actuales, el porcentaje de ingresados a las universidades es: 60% mujeres; 40% hombres.

En la actualidad, ¿cuáles son las oportunidades que tiene la mujer hispana para competir con éxito en una sociedad tradicionalista donde la mayoría de las decisiones fundamentales las llevan a efecto los hombres? Con el mismo empuje[5] que en el resto del mundo, la mujer hispana actual tiene que vivir dentro de las demandas del

[1] **asimismo** también
[2] **mujeres de avanzada** *women in the forefront*
[3] **denodadamente** *boldly*
[4] **proseguir** *to continue with something already started*
[5] **empuje** *push*

María-Nieves Castillo de Hill

[6] **prurito** *eagerness*
[7] **ingresos** *income*
[8] **banca** *the banking business*
[9] **comercio al detalle** *retail*
[10] **ramo de hostelería** *branch of hotel business*
[11] **loable** *elogiable*
[12] **expedientes académicos** *academic records, transcripts*

mundo moderno y del progreso que la civilización actual requiere de ella como individuo. En el mundo hispano, muchas mujeres trabajan fuera del hogar ya sea por prurito[6] profesional o, como es en la mayoría de los casos, para completar los ingresos[7] familiares. De esta manera obtienen un mayor bienestar económico. Naturalmente, existen otros casos en los cuales la mujer, por diversidad de circunstancias, es la sola proveedora de los ingresos familiares.

En cuanto a discriminación salarial en contra de la mujer española, ésta ha existido y existirá en el futuro en muchos sectores de la industria y comercio e incluso en la banca[8], aunque no muy generalizada en este último sector debido a que los puestos en un banco se obtienen por concurso y aptitud. No es así en el comercio al detalle[9], algunos sectores de la industria o en el ramo de hostelería[10] donde el hombre, por lo general, percibe un salario aproximadamente un tercio más alto que el que percibe la mujer por exactamente el mismo tipo de trabajo y con exactamente la misma preparación en cuanto a estudios y educación o experiencia.

Es posible que esta discriminación se deba en gran parte a la tradición española de encasillar a la mujer en su papel de esposa y madre, y que el futuro de la mayoría de las mujeres es «casarse, tener hijos y dedicarse exclusivamente al hogar y a la familia». Todo esto es muy loable[11] y hermoso; sin embargo, la realidad del mundo actual, sobre todo en los últimos años, es muy distinta. Gran número de mujeres de todas las edades, condiciones sociales y niveles de educación, se han ido incorporando a la fuerza laboral española o por lo menos lo han intentado. Debido a las condiciones económicas actuales de España y de Europa, frecuentemente se da el caso de no poder encontrar empleo aún con estudios universitarios completos y expedientes académicos[12] brillantes. La mujer española de hoy se encuentra perfectamente capacitada para cumplir el mismo tipo de función que su colega masculino.

Como ya se ha mencionado más arriba, la mujer hispana, y concretamente la española, se ha dedicado tradicionalmente a labores propias de su sexo y condición. Recuérdese que en los documentos nacionales de identidad y pasaportes aún se ve aquello de... «Profesión: sus labores» o «Profesión: su casa», sin tener en cuenta que muchas de estas mujeres sin una profesión definida participan activamente desde su hogar, y a veces fuera de él, en trabajos poco remunerados tales como tricotar[13], costura, planchado, servicio doméstico, o un pequeño negocio de chucherías[14]. De esta manera pueden incrementar los ingresos familiares, muchas veces sin ningún tipo de reconocimiento por parte de la sociedad o incluso de su propia familia, a la cual tiene que atender como si no tuviera otras obligaciones.

Dentro del ambiente de trabajo español, existe discriminación salarial en contra de la mujer en aquellos empleos dedicados a labores menos remuneradas tales como servicios de limpieza, fábricas pequeñas y comercios de comestibles, etc. Singularmente, uno de los sectores en los que no parece existir esta discriminación salarial es aquel de las profesiones libres: medicina, periodismo, farmacia, comunicaciones, etc. En otras palabras, no hay discriminación en aquellas profesiones para las cuales se requieren estudios universitarios o técnicos superiores. En todas estas profesiones, las mujeres compiten codo a codo[15] con sus colegas masculinos, disfrutando, en general, de las mismas oportunidades salariales y de promoción y ascenso que ellos.

En cuanto a la ayuda que el marido medio[16] español proporciona a su esposa en los quehaceres domésticos, ésta varía con el individuo y depende de la educación que haya recibido de su propia madre. En este aspecto, muchas madres españolas pecan de mimar demasiado a los varones de la casa discriminando muchas veces a las hijas. Tradicionalmente, en muchas familias españolas se ha considerado indigno que el niño lave un plato, tome la escoba para barrer, haga su propia cama, etc., pero no que obligue a su hermana a hacer estas labores «propias de su sexo». Es decir, que en muchos hogares españoles, las niñas han crecido con la idea de que a los hombres de la familia «hay que servirles». Naturalmente, el varón español criado en este ambiente tiende a perpetuar la «tradición», una vez casado, de que su mujer está para atenderles a él y a los hijos y preocuparse de todos los problemas domésticos aún cuando ella también trabaje fuera del hogar.

En toda justicia, hay que admitir que la actitud mencionada va cambiando progresivamente en el ambiente español sobre todo en aquellas parejas menores de cuarenta y cinco años. En este grupo, se observa una mayor compenetración del marido con su esposa para sobrellevar juntos

[13]**tricotar** *to knit*
[14]**chucherías** *knickknacks*
[15]**codo** *elbow*
[16]**medio** *average*

MINISTERIO DE ASUNTOS SOCIALES
Instituto de la Mujer

no sólo la organización y distribución de las diversas tareas domésticas, sino también el cuidado y la educación de los hijos. Existe, por lo general, una mayor compenetración conyugal[17] y se observa un mayor reconocimiento por parte del marido de la valía de su esposa como individuo y compañera de su vida con una preparación y educación similares a la suya propia. En la mayoría de los matrimonios españoles jóvenes, como en todo el mundo occidental, si los dos en la pareja trabajan fuera del hogar, distribuyen equitativamente las labores del mismo. Y en casos en que la mujer se dedica al cuidado de los hijos, el marido moderno español ayuda en las tareas domésticas, valorando de esta forma la labor de su esposa y participando activamente en el cuidado y educación de los hijos.

Es de esperar que en un futuro no muy lejano, así como va desapareciendo la división de tareas domésticas, vayan desapareciendo también las discriminaciones salariales y profesionales en contra de la mujer hispana. Esto dará a la esposa el justo valor que se merece por su labor de administradora del hogar, y será beneficioso no sólo para la mujer hispana, sino para todas las mujeres del mundo que contribuyen con su esfuerzo y trabajo a crear un mundo mejor.

EL TRABAJO DE LAS MUJERES A TRAVES DE LA HISTORIA EXPOSICIÓN

Mujer, conoce tus derechos

MINISTERIO DE ASUNTOS SOCIALES
INSTITUTO DE LA MUJER

ESTRUCTURA

LOS PRONOMBRES RELATIVOS

que	*that, which, who*
lo que	*which* (neutro)
quien, quienes	*who* (m. o f.)
el que, la que	*he/she who/which, the one who/which*
los que, las que	*those who/which, the ones who/which*
el cual, la cual	*which, who*
los cuales, las cuales	
lo cual	*which* (neutro)
cuyo, cuya	*whose* (adjetivo relativo)
cuyos, cuyas	

¿Qué es el pronombre relativo? Un pronombre relativo une dos palabras o dos grupos de palabras que tienen algo en común. Pertenece al segundo y se refiere al primero, que se llama antecedente.

EL PRONOMBRE *QUE*

1. El pronombre relativo más común es *que*. Se refiere a personas y a cosas. Se emplea como sujeto o complemento de la cláusula subordinada.

    La mujer que quiere ser independiente se prepara.

2. Si una preposición precede al relativo, *que* se refiere sólo a cosas.

    Las ciencias a que me dedico son muy importantes.

A. Join all ideas with *que*.

Alicia de Larrocha

EJERCICIOS

A *La mujer independiente.* *Siguen descripciones de la mujer, las situaciones en que algunas se encuentran y cómo quieren ser. Combina las descripciones con* La mujer que...

1. busca su identidad, desea ser igual a todos
2. fue educada para ser ama de casa, se siente defraudada en la sociedad de hoy
3. se conoce, puede encauzarse
4. recibe una educación adecuada, puede enfrentarse con los problemas actuales
5. no es independiente, no desarrolla su potencial
6. tiene que pedir todo a la familia o al marido, no se siente importante
7. se ha liberado, puede tomar decisiones propias

Y tú, ¿qué dices? *¿Estás de acuerdo con las ideas expresadas aquí? Defiende tus opiniones y agrega más descripciones de la mujer o de la sociedad (la vida, etc.) con respecto a la mujer.*

C **Unos chismes y ciertas convicciones.** *Unos hablan del movimiento feminista sin saber de qué se trata. Completa el ejercicio con una preposición + que. Escoge entre estas sugerencias: a que, en que, de que, hacia la que.*

1. El refrán _____ hablo viene de los tiempos medievales.
2. Durante los tiempos remotos _____ se desarrolló la sociedad, la mujer necesitaba más protección que ahora.
3. ¿Conoces los artículos _____ hablan tanto en España y Latinoamérica?
4. El artículo _____ me refiero fue publicado en Chile.
5. Afortunadamente, las ideas _____ baso mi tesis no son consideradas tan revolucionarias en este momento.
6. La dirección _____ se encauza, llevará a la mujer al logro de su independencia.
7. La sociedad _____ vivimos exige más de cada individuo para encontrar el éxito y la felicidad.
8. Al movimiento feminista _____ pertenecen mujeres de muchas naciones le falta mucho por hacer.

EL PRONOMBRE *QUIEN*

Quien y *quienes* se refieren sólo a personas y deben concordar en número con su antecedente. Se emplean como complemento indirecto o de preposiciones. Se puede distinguir entre dos antecedentes que aportan información adicional (información parentética) a la idea básica y que se puede separar con una coma.

La autora de quien habla es chilena.
No sé quién escribió el otro artículo.
No entrevistó a Cristina, quien llegó tarde.
La madre de Lauro, quien leyó el libro, llegó.

EJERCICIOS

A **Charlando amenamente.** *Expresa con una preposición + quien(es).*

1. La autora ____ ____ habló es francesa.
2. Los franceses ____ ____ salgo son de Nice.
3. El señor ____ ____ trabajo comparte las mismas ideas que su mujer.
4. Hablé con los señores ____ ____ hablaste tú, que no nos comprenden.
5. Muchas «carrozas», ____ ____ se ríen los jóvenes, critican a sus hijas en el movimiento.
6. Conocí a unas chicas, ____ ____ caminé un rato, que quieren ser independientes.
7. ¿Son aquéllas las señoras ____ ____ mandaste los libros?
8. Las mujeres ____ ____ entrevisté se sienten humilladas cuando tienen que pedir dinero a sus maridos.

¿En Qué Se Parece Cristina A La Mona Lisa?

La Mona Lisa es trigueña, Cristina es rubia.
La Mona Lisa es europea, Cristina es latina.
La Mona Lisa es antigua, Cristina es moderna.
¿En qué se parece La Mona Lisa a Cristina?
En que las dos son únicas.

Cristina: Lunes a viernes 4pm/3pm Centro.
Cristina Edición Especial: Lunes 10pm/9pm Centro.

Univisión

LOS PRONOMBRES *EL QUE, EL CUAL*

Se usan los relativos *el que, los que, la que, las que o el cual, los cuales, la cual, las cuales* con las preposiciones de dos sílabas o más: *acerca de, contra, detrás de, delante de, desde, por medio de* y con *por, para* y *sin*, no importa dónde esté el antecedente.

> **La injusticia, contra la cual protestamos, no ha desaparecido.**
> **La adolescencia, por la cual pasamos todos, es una etapa difícil.**

EJERCICIOS

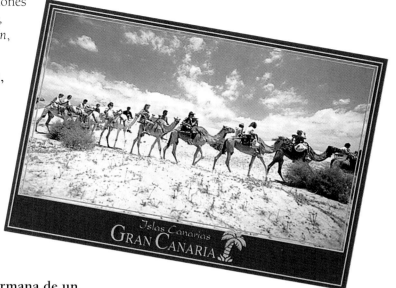

A **¿Por qué somos felices?** *El tener amigos es importante. Considera lo que pasó cuando Montserrat pasó las vacaciones navideñas con nosotros. Combina las ideas con la forma apropiada de* el que, el cual *y sus formas. Nota que hay una preposición que se debe incluir en la combinación.*

> **Siempre recibo cartas de Montserrat, hermana de un amigo nuestro. Ella vive en las Islas Canarias.**
> *Siempre recibo cartas de Montserrat, hermana de un amigo nuestro, la cual vive en las Islas Canarias.*

1. El chico, alumno de intercambio, vive con mis padres. Ellos lo quieren como a otro miembro de la familia.
2. Hace dos semanas llegó la última carta. Montse anunció por medio de ella sus planes de pasar la Navidad aquí.
3. Hay muchas habitaciones en la casa de mis padres. Cerca de la casa hay un lago.
4. Montse llegó en avión. Del avión descendió con mucho equipaje.
5. Ella caminó hacia la aduana. Detrás de la aduana se encuentra la puerta de salida.
6. Nos dio gusto verla en el aeropuerto. Dentro del aeropuerto, todos le dimos un abrazo y la tradicional bienvenida.
7. Papá fue por el coche. Detrás del coche estaba estacionado un bus.
8. Papá se metió en el coche. Alrededor del coche se veía la nieve cayendo lentamente.
9. Llegados a casa, comenzaron las canciones, la risa, los refrescos y la alegría. Sin la alegría la vida sería monótona.

A. **1.** El chico, alumno de intercambio, vive con mis padres, los cuales lo quieren como otro miembro de la familia. **2.** Hace dos semanas llegó la última carta en la que anunció por medio de ella sus planes de pasar la Navidad aquí. **3.** Hay muchas habitaciones en la casa de mis padres cerca de la cual hay un lago. **4.** Montse llegó en avión del cual descendió con mucho equipaje. **5.** Ella caminó hacia la aduana, detrás de la cual se encuentra la puerta de salida. **6.** Nos dio gusto verla en el aeropuerto detrás del cual todos le dimos un abrazo y la tradicional bienvenida. **7** Papá fue por el coche detrás del cual estaba estacionado un bus. **8.** Papá se metió en el coche alrededor del cual se veía la nieve cayendo lentamente. **9.** Llegados a casa, comenzaron las canciones, la risa, los refrescos y la alegría sin los cuales la vida sería monótona.

El pronombre *cuyo*

El pronombre *cuyo* significa «whose». Concuerda con la entidad o cosa poseída, no con el que lo posee.

La mujer, cuyo trabajo consistía en cuidar la casa, podía dedicarse al desarrollo de otros intereses.

EJERCICIOS

 A ***Las «nuevas» madres.*** *Ha habido muchos cambios en la vida de las mujeres en los últimos años. Combina las ideas, empleando* cuyo *en la forma apropiada.*

Celia Cruz

> **Matilde se siente olvidada. Su madre no está en casa.**
> *Matilde, cuya madre no está en casa, se siente olvidada.*

1. La mujer ya puede dedicarse a otros intereses. Su trabajo consistía en cuidar la casa.
2. Muchas madres aprovechan varias oportunidades para prepararse para una carrera. Sus hijos ya son mayores.
3. La sociedad estimula a la madre a agregar otra dimensión a su vida. Su concepto del valor de la mujer ha cambiado.
4. Los hombres encanecidos se sienten amenazados por la asistencia regular de la mujer en el trabajo. Su ausentismo crece a un nivel alarmante.
5. Francine se divorció a los 30 años. Su marido no ayudaba a la familia.
6. Los jóvenes aceptan que han perdido a sus esclavas. Sus madres ya no se encuentran en casa.
7. Ahora las «nuevas» madres pueden seguir siendo verdaderas madres. Su papel es diferente.

A. 1. La mujer cuyo trabajo consistía en cuidar la casa ya puede dedicarse a otros intereses. **2.** Muchas madres cuyos hijos ya son mayores aprovechan... **3.** La sociedad cuyo concepto del valor de la mujer ha cambiado estimula... **4.** Los hombres encanecidos cuyo ausentismo crece a un nivel alarmante se sienten... **5.** Francine, cuyo marido no ayudaba a la familia... **6.** Los jóvenes cuyas madres ya no se encuentran en casa aceptan que... **7.** Ahora las <<nuevas>> madres cuyo papel es diferente pueden seguir...

Los pronombres *lo que*, *lo cual*

1. *Lo que* y *lo cual* son formas neutras que no se refieren a ninguna persona u objeto, sino a una idea o concepto.

   Se dedicó a sus estudios, lo que (lo cual) nos agradó mucho.

2. Puede referirse también a una acción, actitud o situación.

   Hace días que mis alumnos no vienen a clase, lo cual me tiene muy deprimido.
   Paula no quiere hablar con nadie, lo que me parece muy mal.

EJERCICIOS

A **Lo que se observa.** *Es interesante ver cómo han cambiado las costumbres durante los años; sin embargo, no todos han hecho la transición. Combina las ideas con* lo que *o* lo cual *y la forma del verbo según el tiempo que indica la primera cláusula.*

El marido ayuda con los quehaceres domésticos. (extrañarme)
El marido ayuda con los quehaceres domésticos lo que me extraña.

1. El marido ayuda con los quehaceres domésticos. (extrañarme / ahorrar dinero / darle más tiempo a su mujer)

2. El padre leyó cuentos a los niños. (agradecerle mucho / gustarles / apreciar la madre / sorprender a los vecinos)

3. Los hijos no ayudan en casa. (hacer más duro el trabajo de la madre / enojarle a la madre / no ser justo / mostrar su falta de consideración / no deber permitírseles)

B **Y tú ¿qué dices?** *¿Qué debe hacer cada individuo para mejorar la vida en el hogar? Haz una lista de las obligaciones y contribuciones de todos en casa; en el trabajo; en una organización o club; en la sociedad en general.*

LOS ADVERBIOS

1. Se forman los adverbios agregando *-mente* a la forma femenina singular del adjetivo. Se conserva el acento original del adjetivo en la forma oral y escrita.

El avión es rápido.
Uno viaja rápidamente en avión.

2. A los adjetivos que terminan en consonante o en la vocal e se les agrega *-mente*.

Ella es alegre y trabaja alegremente.
Aprendió la rutina fácilmente.

3. En el uso de dos adverbios o más que terminan con *-mente*, se emplea esta forma únicamente con el último.

Las empleadas son alegres y orgullosas.
Trabajan alegre y orgullosamente.

4. Otra manera de formar los adverbios o frases adverbiales es *con* + sustantivo.

Habló con calma.
Luchó con valentía.

5. Algunos adverbios tienen su propia forma y, a veces, están relacionados con el adjetivo: *bueno* (adjetivo) –*bien* (adverbio); *malo* (adjetivo) –*mal* (adverbio).

A. 1. El marido ayuda con los quehaceres domésticos lo que (cual) me extraña; lo que ahorra dinero; lo que le da más tiempo a su mujer 2. El padre leyó cuentos a los niños lo que (cual) le agradeció mucho; lo que les gustó; lo que apreció la madre; lo que sorprendió a los vecinos 3. Los hijos no ayudan en casa lo que hace más duro el trabajo de la madre; lo que le enoja a la madre; lo que no es justo; lo que muestra su falta de consideración; lo que no debe permitírseles.

6. Algunas frases adverbiales se forman con preposiciones:

de una manera amable	*in a friendly way*
de modo descuidado	*carelessly*
a ciegas	*blindly*
a ciencia cierta	*certainly, for sure*
de buena gana	*willingly*
de antemano	*beforehand*
del todo	*completely*
para siempre	*forever*
por fortuna	*fortunately*
sin querer	*unintentionally*
con dulzura	*sweetly*
con certeza	*certainly, correctly*

EJERCICIOS

A ***¿Cómo lo hicieron?*** *Describe con un adverbio cómo los sujetos hicieron las acciones mencionadas. Primero usa solamente un adverbio. Después usa dos o más adverbios.*

> **¿Cómo se expresó el autor? (brillante / claro)**
> *El autor se expresó brillantemente.*
> *El autor se expresó claramente.*
> *El autor se expresó brillante y claramente.*

1. ¿Cómo se expresó el autor? (brillante / claro / inteligente / detallado)
2. ¿Cómo hizo el obrero su trabajo? (fácil / hábil / cortés / exacto / pausado)
3. ¿Cómo cantó José Carreras en su papel de Don Juan? (natural / espectacular / característico / extraordinario / magnífico)
4. ¿Y el perro? ¿Cómo defendió al dueño? (feroz / fiel / ardiente / valiente / atrevido)

A. 1. brillantemente, claramente, inteligentemente, detalladamente **2.** fácilmente, hábilmente, cortésmente, exactamente, pausadamente **3.** naturalmente, espectacularmente, característicamente, extraordinariamente, magníficamente **4.** ferozmente, fielmente, ardientemente, valientemente, atrevidamente

José Carreras, tenor español

El reparto de los premios. *Hoy los padres se reúnen para escuchar a los finalistas y ver la distribución de los premios de una competencia de declamación de poesía. Cambia el adverbio aquí expresado a la forma* con + *sustantivo.*

> **Ella habló claramente.**
> *Ella habló con claridad.*

1. Los invitados se saludaron cortésmente.
2. Los abuelos hablaron alegremente.
3. Un alumno recitó su poema rápidamente.
4. Los alumnos bien preparados actuaron seguramente.
5. Una niña miró a los declamadores curiosamente.
6. No nos gustó cuando el coro cantó tristemente.
7. Las madres sonrieron orgullosamente a los premiados.

B. 1. con cortesía 2. con alegría
3. con rapidez 4. con seguridad
5. con curiosidad 6. con tristeza
7. con orgullo

LOS NÚMEROS ORDINALES

1° primero(a) (1er primer)	6° sexto(a)
2° segundo(a)	7° séptimo (a)
3° tercero(a) (3er tercer)	8° octavo(a)
4° cuarto(a)	9° noveno(a)
5° quinto(a)	10° décimo(a)

1. Los números ordinales expresan el orden en que ocurren determinados eventos o en que se encuentran entidades. Como adjetivos concuerdan en número y género con el sustantivo y van delante de él.

> **Está en el segundo edificio en la Quinta Avenida.**
> **Éstas son las primeras muestras que nos llegan.**

2. Las formas abreviadas *primer* y *tercer* van delante del sustantivo masculino singular.

> **Tráeme el primer documento del tercer archivo.**

3. Con los títulos, los ordinales no requieren el artículo.

> **Carlos Quinto (Carlos V) era un rey muy poderoso.**

4. Las fechas se expresan con los números cardinales con la excepción de *primero*.

> **La clase comienza el primero de febrero y termina el diez de mayo.**

5. Generalmente se emplean los números ordinales hasta décimo; después se usan los números cardinales que siguen al sustantivo.

> **Estamos en el capítulo dieciséis.**
> **El Papa Juan XXIII (veintitrés) era muy popular.**

EJERCICIOS

A ***Resultados de las elecciones.*** *El Consejo Estudiantil celebró elecciones para elegir a los líderes del año presente. Todavía están contando los votos. Expresa los números indicados.*

1. Para presidente, Felipe Munguía está en 1er lugar con 1.239 votos.
2. ¡Imposible! ¡Su hermano gemelo está en 1er lugar con 1.240 votos!
3. Y los demás—Luis Mario está en el 2° lugar con 1.089, con Cristián en 3er lugar con 1.079.
4. ¿Y Matilde? A ver. Mati está en 4° lugar con 1.012.
5. José está en 5° con 986.
6. ¿Quieres saber los otros resultados?
   David está en 6° con 981.
   Olivia está en 7° con 972.
   Pascual está en 8° con 890.
   Sabrina está en 9° con 877.
   Mateo está en 10° con 851.
   Salomón está en el 11° con 702.
   ¿Hay mayoría? ¿Será necesario volver a votar? ¿Quiénes serán los candidatos?

B ***Breves notas de la historia.*** *Como buen estudiante de español te conviene saber cuando menos un poco de la historia de España, sus líderes y los momentos importantes que han dejado su influencia sobre esa gran nación que hoy cuenta con aproximadamente 50.000.000 de habitantes. Lee las siguientes notas, expresando los números en español y completando los verbos en su propia forma conjugada.*

1. Después que (morir) la reina Isabel, la 1ra mujer que (gobernar) con disciplina, su hija Juana (llegar) a ser reina.
2. Juana (casarse) con Felipe I de Austria, heredero al trono del Sacro Imperio Romano Germánico.

A. 1. primer lugar, mil doscientos treinta y nueve **2.** primer lugar, mil doscientos cuarenta **3.** segundo lugar, mil ochenta y nueve; tercer lugar con mil setenta y nueve **4.** cuarto, mil doce **5.** quinto, novecientos ochenta y seis **6.** David, sexto, novecientos ochenta y uno; Olivia, séptimo, novecientos setenta y dos; Pascual, octavo, ochocientos noventa; Sabrina, noveno, ochocientos setenta y siete; Mateo, décimo, ochocientos cincuenta y uno; Salomón, décimo primero (Cardinal numbers are preferred.), setecientos dos.

B. 1. murió, (1) primera, gobernó, llegó **2.** Se casó, (1) primero

La Reina Isabel la Católica

El Rey Carlos I de España de Tiziano

3. La reina Juana (sufrir) intrigas en la corte que no (poder) combatir
   efectivamente, especialmente cuando (fallecer) su marido, lo que
   (turbar) su razón.
4. Ella (enfermarse) y (ser) necesario internarla en el castillo de la
   Mota en Castilla donde (pasar) el resto de su vida.
5. Su hijo Carlos V, después de muchas protestas sobre la sucesión,
   (subir) al trono en 1516 y (continuar) la política de sus abuelos,
   agregando a España la mayor extensión territorial del mundo.
6. En realidad, él (ser) Carlos I de España, pero (llevar) el título de
   Carlos V, debido a la herencia austríaca. En 1556, después de haber
   luchado contra los enemigos de España, de Austria y de la iglesia
   católica, este gran rey (abdicar), lo cual (permitir) que su hijo
   Felipe II (ascender) al trono.

El rey Felipe II de Tiziano

7. abdicó, permitió, ascendiera
8. logró, era 9. dejó 10. inició,
contribuyeron 11. se apresuró
12. retrocedió, abatió
13. participó, sufrió, terminó
14. goza, experimenta, mantiene

7. A pesar de grandes esfuerzos y luchas interminables, Felipe II nunca (lograr) la paz en ninguna parte aunque (ser) un rey de buenas intenciones y singular devoción a la fe cristiana.

8. Después de 1598, año de la muerte de Felipe II, y bajo los reinados de Felipe III y Felipe IV, España (dejar) de jugar un papel de importancia en la política europea.

9. Durante el siglo XVIII Carlos III (iniciar) una serie de reformas que (contribuir) a establecer la estabilidad administrativa y económica de España.

10. Desafortunadamente, con la muerte de ese gran reformista, su hijo Carlos IV (1788—1808) (apresurarse) a deshacer las obras liberales y progresistas de su padre, dando rienda suelta a la invasión napoleónica, y forzando su abdicación a favor de su hijo Fernando VII.

11. Durante el siglo XIX España (retroceder) económica y administrativamente bajo una sucesión de líderes débiles como Isabel II, Alfonso XII y Alfonso XIII y la pérdida de las colonias en América, lo cual (abatir) la nación.

12. En el siglo XX España no (participar) ni en la 1ra ni en la 2da Guerra Mundial, aunque (sufrir) la terrible Guerra Civil (1936—1939) y la consecuente dictadura del General Francisco Franco, que (terminar) con su muerte en 1975.

13. Ahora, a fines del siglo XX, España (gozar) una relativa tranquilidad y (experimentar) el resurgimiento de la democracia bajo líderes elegidos constitucionalmente que (mantener) la monarquía que encabeza el rey don Juan Carlos de Borbón y la reina Doña Sofía de Grecia.

El Rey Juan Carlos de Bourbón
y la Reina Doña Sofía de Grecia
de Irene Iribarren

MODISMOS Y EXPRESIONES

a la larga *in the end, in the long run*

Más tarde el precio del coche subirá; a la larga será mejor comprarlo ahora.

al por mayor *wholesale*

No quiero pagar tanto. ¿No hay una tienda donde se venda al por mayor?

darle a uno ganas de *to make one feel like*

El olor que salía de la cocina me dio ganas de comer.

no obstante *nevertheless, however, in spite of*

La noticia fue mala no obstante la amabilidad del mensajero.

desempeñar un papel *to play a part*

El actor desempeñó perfectamente el papel del rey.

en tela de juicio *in doubt, under careful consideration*

Muchos ponen en tela de juicio el valor del poder nuclear.

¡OJO!

Honesto y honrado

La palabra honesto significa «decoroso, decente, modesto». Para expresar la palabra inglesa *honest*, hay que usar la palabra honrado. Similarmente, para indicar el contrario se debe decir «no ser honrado». Aunque existe la palabra deshonesto, ella significa «indecoroso, indecente, lascivo».

Ejemplos: Era un hombre honesto; siempre se portaba bien.

Un hombre honrado tiene el respeto de todos.

Una persona que dice palabras deshonestas no tiene respeto de nadie.

La Fantasía y la Imaginación

Para los gustos se han hecho los colores.

Para Preparar la Escena

El mundo de la fantasía es un jardín en donde se puede jugar con posibilidades y futuros, explorar lo irreal y gozar de una aventura inesperada. Nos da la oportunidad de explorar mundos anchos y ajenos para conocer mejor mundos más reales.

Cada fantasía nace de la imaginación y produce imágenes mentales que cumplen una necesidad psicológica... una necesidad abrazando opciones... una teoría nueva, un cambio de costumbres, amigos o amantes... o tal vez solamente una charla íntima en una taberna con un unicornio. El mundo de la fantasía es un paso más allá de la realidad. Es un mundo en el cual se hace lo imposible.

◄

La lámpara de Antonio López García

►

Alebriges, esculturas de papel (México), de Pedro Linares

EL LEVE PEDRO
ENRIQUE ANDERSON IMBERT

Note: *Cuadro 11* is an optional reading *cuadro*. It contains only stories of fantasy with no *Palabras clave* nor structures. Help students enjoy these flights of fantasy into the creative world of these Argentinian "surrealist" writers. These writers were members of a literary movement which developed in South American in the 1950's in which fantasy and the bizarre are treated as normal. Detachment and out-of-body experiences formed the basis of many productions, such as Kafka's *Metamorphosis*.

Reading strategies: Vary the presentation with the entire class or in groups, according to their preferences. Encourage the class to try creative writing in this style.

[1] **leve** *light, lightweight*
[2] **provinciana** *provincial*
[3] **peso** *weight*
[4] **caserón** *big old house*
[5] **cerdos** *pigs*
[6] **pajarera** *aviary, large bird cage*
[7] **socavando** *undermining*
[8] **ingravidez** *weightlessness*
[9] **chispa** *spark*
[10] **burbuja** *bubble*
[11] **globo** *balloon*
[12] **cerca** *fence*
[13] **trepar** *to climb*
[14] **brinco** *leap, jump*

Notes: Have students pronounce the new words that are glossed in the margins of the reading selections, review their meanings and create original sentences with them.

PARA GOZAR

PARA PRESENTAR LA LECTURA

Aunque el tema de sus cuentos sea inspirado en lo real, en las obras de Enrique Anderson Imbert predomina lo irreal.

El autor es argentino y por muchos años ha publicado sus cuentos en el diario La Nación *de Buenos Aires. La literatura fantástica le fascina a Anderson Imbert, y en «El leve Pedro» (de su colección* El mentir de las estrellas, *1940) el autor ha dejado volar la imaginación para presentarnos una ocurrencia imposible con toda seriedad.*

EL LEVE PEDRO
ENRIQUE ANDERSON IMBERT

Durante dos meses se asomó a la muerte. El médico murmuraba que la enfermedad de Pedro era nueva, que no había modo de tratarla y que él no sabía qué hacer... Por suerte el enfermo, solito, se fue curando. No había perdido su buen humor, su calma provinciana[2]. Demasiado flaco y eso era todo. Pero al levantarse después de varias semanas de convalecencia se sintió sin peso[3].

—Oye—dijo a su mujer—me siento bien pero ¡no sé!, el cuerpo me parece... ausente... Tengo el alma como desnuda.

—Debilidad—le respondió su mujer.

—Tal vez.

Siguió mejorándose. Ya paseaba por el caserón[4], atendía el hambre de las gallinas y de los cerdos[5], pintó de verde la pajarera[6] y aun se animó a hachar la leña. Pero según pasaban los días las carnes de Pedro perdían densidad. Algo muy raro le iba consumiendo, socavando[7], vaciando el cuerpo. Se sentía con una ingravidez[8] maravillosa. Era la ingravidez de la chispa[9], de la burbuja[10] y del globo[11]. Le era muy fácil saltar limpiamente la cerca[12], trepar[13] las escaleras de cinco en cinco, coger de un brinco[14] la manzana alta.

—Te has mejorado tanto—observaba su mujer—que pareces un chiquillo acróbata.

Una mañana Pedro se asustó. Hasta entonces su agilidad le había preocupado, pero todo ocurría dentro de lo normal. Era extraordinario que, sin quererlo, convirtiera la marcha de los humanos en una triunfal carrera en volandas[15] sobre la quinta[16]. Era extraordinario pero no milagroso[17]. Lo milagroso apareció esa mañana.

Muy temprano fue al potrero[18]. Caminaba con pasos reprimidos porque ya sabía que en cuanto taconeara iría dando botes[19] por el corral. Arremangó la camisa[20], acomodó un tronco, cogió el hacha y dio el primer golpe. Y entonces, rechazado por el impulso de su propio hachazo, Pedro levantó vuelo. Prendido todavía del hacha, quedó un instante en suspensión, flotando allá, a la altura de los techos; y luego bajó lentamente, bajó como un tenue vilano de cardo[21].

[15] **carrera en volandas** *flying race*
[16] **quinta** *small farm*
[17] **milagroso** *miraculous*
[18] **potrero** *pasture*
[19] **dando botes** *bouncing*
[20] **Arremangó la camisa.** *He rolled up his shirt sleeves.*
[21] **vilano de cardo** *thistledown*

22 regañó *scolded*

23 te desnucarás *you'll break your neck*

24 Me resbalé *I slipped*

25 se asió *grabbed*

26 historietas *comic strips*

27 buzo *diver*

28 suelas *weighted soles*

29 tuercas *bolt nuts*

30 caños de plomo *lead pipes*

31 hierros *pieces of iron*

32 sábanas *bed sheets*

33 barrotes *iron bars*

34 succionaba *pulled*

Acudió su mujer cuando Pedro ya había descendido y, con una palidez de muerte, temblaba agarrado a un grueso tronco.

—¡Hebe! ¡Casi me caigo al cielo!

—Tonterías. No puedes caerte al cielo. Nadie se cae al cielo. ¿Qué te ha pasado?

Pedro explicó la cosa a su mujer y ésta, sin sorprenderse, le regañó[22]:

—Te sucede por hacerte el acróbata. Ya te lo he advertido. El día menos pensado te desnucarás[23] en una de tus piruetas.

—¡No, no!—insistió Pedro. —Ahora es diferente. Me resbalé[24]. El cielo es un precipicio, Hebe.

Pedro soltó el tronco que lo anclaba pero se asió[25] fuertemente a su mujer. Así abrazados volvieron a la casa.

—¡Hombre!—le dijo Hebe, que sentía el cuerpo de su marido pegado al suyo como el de un animal extrañamente joven y salvaje con ansias de huir al galope. ¡Hombre, déjate de hacer fuerza, que me arrastras! Das unos pasos tan largos como si quisieras echarte a volar.

—¿Has visto, has visto? Algo horrible me está amenazando, Hebe. Apenas voy a moverme, y ya empieza la ascensión.

Esa tarde Pedro, que estaba sentado cómodamente en el patio leyendo las historietas[26] del periódico, se rió convulsivamente. Y con la propulsión de las carcajadas fue elevándose como un buzo[27] que se quitara las suelas[28]. La risa se transformó en terror y Hebe acudió otra vez a los gritos de su marido. Alcanzó a cogerlo de los pantalones y lo atrajo a la tierra. Ya no había duda. Hebe le llenó los bolsillos con grandes tuercas[29], caños de plomo[30] y piedras; y estos pesos por el momento le dieron a su cuerpo la solidez necesaria para caminar por la galería y subir por la escalera de su cuarto. Lo difícil fue desvestirlo. Cuando Hebe le quitó los hierros[31] y el plomo, Pedro, flotando sobre las sábanas[32], se entrelazó a los barrotes[33] de la cama y le advirtió:

—¡Cuidado, Hebe! Vamos a hacerlo despacio porque no quiero dormir en el techo.

—Mañana mismo llamaremos al médico.

—Si consigo estarme quieto no me ocurrirá nada. Solamente cuando me agito me hago aeronauta.

Con mil precauciones pudo acostarse y se sintió seguro.

—¿Tienes ganas de subir?

—No. Estoy bien.

Se dieron las buenas noches y Hebe apagó la luz.

Al otro día cuando Hebe abrió los ojos vio a Pedro durmiendo como un bendito, con la cara pegada al techo. Parecía un globo escapado de las manos de un niño.

—¡Pedro, Pedro!—gritó aterrorizada.

Al fin Pedro despertó, dolorido por la presión de varias horas contra el techo. ¡Qué espanto! Trató de saltar al revés, de caer para arriba, de subir para abajo. Pero el techo lo succionaba como succionaba[34] el suelo a Hebe.

—Tendrás que atarme de una pierna y amarrarme al ropero[35] hasta que llames al doctor y vea qué es lo que pasa.

Hebe buscó una cuerda y una escalera, ató un pie a su marido y se puso a tirar con todo el ánimo. El cuerpo pegado al techo se removió como un lento dirigible. Aterrizaba.

En ese momento entró por la puerta un correntón[36] de aire que ladeó[37] el cuerpo leve de Pedro y, como a una pluma, lo sopló por la ventana abierta. Ocurrió en un segundo. Hebe lanzó un grito y la cuerda se le escapó de las manos. Cuando corrió a la ventana ya su marido, desvanecido[38], subía por el aire inocente de la mañana, subía como un globo de color fugitivo en un día de fiesta, perdido para siempre, en viaje al infinito. Se hizo un punto y luego nada.

35 **ropero** *wardrobe*
36 **correntón** *gust*
37 **ladeó** *tilted*
38 **desvanecido** *fading away, vanishing*

ACTIVIDADES

A *Contesta las siguientes preguntas.*

1. ¿Por qué no sabía qué hacer el médico para curar a Pedro?
2. ¿Qué síntomas tenía Pedro?
3. Al mejorarse, ¿qué trabajos domésticos hizo Pedro?
4. ¿Cómo se sentía al levantarse?
5. Según Hebe, ¿qué parecía Pedro debido a la ingravidez?
6. ¿Qué hacía Pedro cuando levantó vuelo?
7. ¿Qué hizo la mujer de Pedro para evitar que ascendiera?
8. ¿Qué usó para bajarlo del techo?
9. Por fin, ¿adónde lo llevó un correntón de aire?

A. 1. Era una enfermedad nueva. 2. muy flaco y sin peso 3. dio de comer a los animales, pintó la pajarera, hachó leña 4. sin gravidez 5. un chiquillo acróbata 6. voló sobre la quinta 7. lo agarró a un tronco 8. una cuerda y una escalera 9. al infinito

B *¿Cómo reaccionaste al cuento? Evalúalo usando palabras de la siguiente lista.*

1. interesante
2. divertido
3. encantador
4. ridículo
5. imaginativo
6. fantástico
7. realista
8. absurdo
9. cómico
10. serio
11. gracioso
12. original
13. burlón
14. satírico
15. irónico
16. necio

B. Note: You may wish to do this activity in groups or with the entire class for discussion and enjoyment.

C *Consideremos el cuento «El leve Pedro». El desenlace del autor nos revela que el cuerpo de Pedro salió por la ventana abierta y desapareció en el infinito. ¿Puedes terminar el cuento de otra manera? ¿Cuántos desenlaces puedes imaginar para terminar el cuento? Indica algunos.*

C. Note: Involve all students in the *"suelto imaginativo"*. Write creative ideas on board for consideration and / or further development.

UN FANTASMA PERSISTENTE
ANÓNIMO

Pre-reading questions: This is another optional selection for reading enjoyment. Introduce this as a selection of mystery, suspense, and perhaps implausability. Ask students: What attracts us to this type of story? Do we allow our imagination to develop outrageous accounts, or do we remain staid and dull while following the regimen of "normalcy"? Are there dangers in being too set in our ways or too extreme in losing touch with reality?

PARA PRESENTAR LA LECTURA

Lo misterioso, lo inexplicable, lo que no se puede comprobar siempre nos fascina, pero la gente seria no quiere admitir la existencia de visiones ni ruidos, que consideran falsedades o engaños. Sin embargo, si una historia sigue siendo repetida durante muchos años, incluyendo éste, debe tener un grano de verdad, ¿no te parece? La selección «Un fantasma persistente» nos atrae con la visión triste y borrosa de una niña desaparecida que continúa buscando ayuda.

UN FANTASMA PERSISTENTE
ANÓNIMO

¹ **tapizados** cubiertos de (*upholstered*)
² **grifería** instrumentos para abrir los grifos (*waterfaucets*)
³ **bisagras** *hinges*
⁴ **latón** *brass*
⁵ **bóvedas** *vaulted ceilings*
⁶ **arañas** lámparas de cristal
⁷ **estanquera (estanco)** *shopkeeper, small store*

Note: Have students read the selection with a partner; then check for comprehension. Discuss the custom of parents (especially the father) trying to exert control over a child's choices. Does this custom still prevail? Where?

En España, en el corazón de su capital, Madrid, lindante con la plaza de la Cibeles, se levanta un precioso palacio: el Palacio de Linares, conocido desde 1992 como Casa de América. En su puerta ondean, orgullosas, junto a la española, banderas de todos los países del continente americano. En él se celebran reuniones entre países americanos por lo cual resulta ser un puente tendido entre América y Europa.

Acerca de este bellísimo Palacio, que fue construido por el Marqués de Linares, se cuenta una historia que parece ser mezcla de la verdad y leyenda y que termina en ser un relato trágico y misterioso. El Marqués de Linares, que había amasado una gran fortuna en América era amante de lo bello. Mandó a construir en la Plaza de Cibeles y mirando hacia la diosa, un palacio bellamente decorado con mármoles de Carrara, muebles y paredes tapizados¹ de sedas de León, Francia, grifería² y bisagras³ de oro y latón⁴, bellos frescos pintados en las bóvedas⁵ y paredes de cuyos techos se suspenden hermosas arañas⁶ de cristal de Segovia.

El marqués tenía un solo hijo al que amaba tiernamente. Siempre le había dicho: —Hijo mío, quiero que te cases por amor. La mujer que se convierta en tu esposa no necesitará fortuna, ni título, sólo que te ame y sea amada por ti.

El muchacho creció confiado de que podría elegir a su esposa. Ocurrió que se enamoró de la bella hija de una estanquera⁷ que vivía muy cerca del Palacio, en la Puerta del Sol. Cuando el hijo le comunicó al padre que ya tenía la elegida de su corazón, éste le reiteró su promesa. Sin embargo, cuando el hijo le reveló su nombre y origen, el padre se negó al matrimonio enfáticamente y tomó la decisión de enviar al hijo lejos de España para poder olvidarse de esa chica.

Lleno de melancolía y sin haberse enterado de las razones del padre, el hijo obediente partió hacia Inglaterra con el corazón hecho pedazos. Al poco tiempo de llegar a tierras inglesas recibió un triste mensaje: Su padre había muerto y debía regresar.

Después de un corto período de luto, el nuevo marqués se casó con su amada. En poco tiempo les llegó una hija preciosa que gozaba de jugar en la casa de muñecas, construida a un lado del jardín por los abuelos ansiosos de nietos. Casarse, instalarse en el palacio y responsabilizarse de los asuntos de su padre le costó al nuevo marqués bastante tiempo pero poco a poco se encargó de examinar unos papeles encontrados en una gaveta secreta del despacho de su padre. Un día al revisarlos descubrió con horror la razón por la que se había negado a aquel matrimonio. ¡Su esposa era también su hermana, hija de su padre que había tenido amores con una estanquera!

Aterrado ante aquella revelación se lo comunicó a su esposa y ambos decidieron ponerse en manos de la Iglesia de Roma, buscando el apoyo Papal. La decisión de Roma fue tremendamente dolorosa para ellos. Podrían seguir viviendo en la misma residencia, pero no como marido y mujer sino como hermanos. Su hija debería mantenerse discretamente dentro de las paredes del Palacio.

No bien recuperados de ese golpe desconsolador[8], se agregó otra desgracia inesperada. La pequeña, jugando un día sola en su casa de muñecas, se asfixió al no conseguir abrir un baúl[9] cuya tapa había caído estando ella adentro. Se cuenta que por el Palacio se oye aún la voz de la pequeña gritando: —¡Mamá, mamá, socorro, mamá! Los marqueses pasaron los años venideros[10] siempre juntos pero sin poder amarse como esposos. La pérdida de su única hija los dejó tristes y abatidos. No hubo más alegría en el Palacio, ni bailes, ni música, ni risas.

Hay quienes dicen que esta historia es falsa, pero otros aseveran[11] que todavía de noche por los vastos corredores del Palacio se oye una vocecita gimiendo lamentosamente —¡Mamá, mamá!

¿Misterio con sonidos incrédulos de un espectro errando en busca de socorro? No puedo ofrecerle constancias. Se la cuento como la escuché una noche en Madrid.

—¡Mamá, mamá...!

[8] **desconsolador** sin consuelo, triste
[9] **baúl (cofre)** *trunk*
[10] **venideros** siguientes
[11] **aseveran (aseverar)** declaran

Note: Name some possible problems arising from incestuous offspring. Cite some probable causes of the nocturnal noises.

Interior del Palacio de Linares, Madrid

Palacio de Linares, Madrid

Plaza de Cibeles, Madrid

ACTIVIDADES

A *Contesta las siguientes preguntas.*

1. ¿En qué se ha transformado el antiguo palacio de Linares?
2. ¿Quién mandó construir ese edificio? ¿Para qué? En pocas palabras, describe ese sitio y sus atractivos.
3. ¿Cómo eran las relaciones entre padre e hijo? Explica.
4. ¿Optó voluntariamente el hijo separarse de España?
5. ¿Cuál fue la primera de muchas desgracias que ocurrieron? ¿La resolución?
6. Describe la llegada de la felicidad al hijo. ¿Fue de larga duración?
7. ¿Cómo se resolvió el conflicto familiar?
8. ¿Cómo ocurrió la última y peor tragedia a la pareja?
9. A lo mejor, ¿qué causa los gemidos oídos de noche en el palacio?

BORGES Y YO
JORGE LUIS BORGES

Pre-reading activities: Discuss the high esteem in which the world holds Borges and his literary talents. Is it modesty or integrity that kept Borges from seeing himself as others do?

Note: Read and discuss this short biography of Borges. If you wish, you may give students more information about his life and his literary works.

PARA PRESENTAR LA LECTURA

En junio de 1986 murió Jorge Luis Borges, el escritor argentino que era candidato perpetuo para el Premio Nobel de Literatura. Su producción literaria se destaca en los tres géneros, pero como escritor de ficciones y cuentos fantásticos es maestro. Formó parte del grupo literario que observa el mundo desde lejos, separado y sin ser parte de él. Algunos lo llaman literatura fantástica; otros dicen «surrealista» porque tiene otra dimensión fuera de lo normal.

Borges (así prefería ser llamado), se quedó ciego por completo en 1956 y en una autobiografía habló de la ironía de Dios que a la vez le había concedido ochocientos mil libros y la obscuridad.

Entre los temas que le interesan a Borges están la magia y el fin del hombre. En esta selección Borges, un hombre ordinario, en un momento introspectivo se observa y se compara con el Borges de fama mundial.

Jorge Luis Borges

BORGES Y YO
JORGE LUIS BORGES

Al otro, a Borges, es a quien le ocurren las cosas. Yo camino por Buenos Aires y me demoro[1], acaso ya mecánicamente, para mirar el arco de un zaguán y la puerta cancel[2]; de Borges tengo noticias por el correo y veo su nombre en una terna[3] de profesores o en un diccionario biográfico. Me gustan los relojes de arena, los mapas, la tipografía del siglo XVIII, las etimologías, el sabor del café y la prosa de Stevenson; el otro comparte esas preferencias, pero de un modo vanidoso que las convierte en atributos de un actor. Sería exagerado afirmar que nuestra relación es hostil; yo vivo, yo me dejo vivir, para que Borges pueda tramar[4] su literatura y esa literatura me justifica. Nada me cuesta confesar que ha logrado ciertas páginas válidas, pero esas páginas no me pueden salvar, quizá porque lo bueno ya no es de nadie, ni siquiera del otro, sino del lenguaje o la tradición. Por lo demás, yo estoy destinado a

[1] **demoro (demorar)** *delay*
[2] **cancel** folding door
[3] **terna** combinación de tres elementos iguales (aquí: profesores)
[4] **tramar** to plot (*here: create, devise*)

perderme, definitivamente, y sólo algún instante de mí podrá sobrevivir en el otro. Poco a poco voy cediéndole todo, aunque me consta su perversa costumbre de falsear y magnificar. Spinoza entendió que todas las cosas quieren perseverar en su ser; la piedra eternamente quiere ser piedra y el tigre un tigre. Yo he de quedar en Borges, no en mí (si es que alguien soy), pero me reconozco menos en sus libros que en muchos otros o que en el laborioso rasgueo⁵ de una guitarra. Hace años yo traté de librarme de él y pasé de las mitologías del arrabal a los juegos con el tiempo y con lo infinito, pero esos juegos son de Borges ahora y tendré que idear otras cosas. Así mi vida es una fuga y todo lo pierdo y todo es del olvido, o del otro.

No sé cuál de los dos escribe esta página.

ACTIVIDADES

A *Contesta las siguientes preguntas.*

1. ¿Cómo se ve a sí mismo?
2. ¿En qué forma menciona su ceguera (blindness)?
3. ¿Tiene gustos de un hombre cualquiera?
4. ¿Cómo es el otro Borges?
5. ¿Qué anhela hacer, pero no puede?
6. ¿Qué ha cedido al otro?
7. ¿Es optimista con esa revelación?
8. ¿En qué estado se encuentra? Explica.
9. ¿Cuál de los dos escribió esto?

B *La fantasía es el experimentar con futuros imaginables y alternos para reclamar un sentido de control sobre el destino. Comenta.*

A. 1. como persona normal
2. Se demora mecánicamente para "mirar" sitios especiales de la ciudad. 3. No, es más selecto, sofisticado 4. vanidoso, como un autor; la relación no es hóstil ni estrecha 5. separarse del otro
6. Todo, aunque falsea y magnífica (exagera) 7. No, se da cuenta de que no puede separarse del ser natural 8. en fuga, «atrapado»
9. No está seguro.

CONTINUIDAD DE LOS PARQUES

JULIO CORTÁZAR

Pre-reading activities: This short story also deals with an out-of-body experience. Have students note the suspense the author develops for us as we read. Have them answer these questions: Who is the protagonist? Who is the real antagonist? Is the action taking place in the novel that the protagonist is reading or is he going to be the victim? Where are the limits between reality and fiction in this story?

Reading strategies: Tell students to avoid rushing through this reading and to take time to envision the well-defined setting. Ask them: When do they realize the outcome of the story?

PARA PRESENTAR LA LECTURA

Algunos críticos consideran que Julio Cortázar (1914-1984) es hijo espiritual de Borges, porque como a Borges le encanta inventar y manipular situaciones y actores en un mundo de su creatividad. Se nota pronto que el mundo de Cortázar es más humano, pero pronto juega con el tiempo, el espacio y situaciones que llevan al lector a situaciones de terror sin salida.

CONTINUIDAD DE LOS PARQUES

JULIO CORTÁZAR

Había empezado a leer la novela unos días antes. La abandonó por negocios urgentes, volvió a abrirla cuando regresaba en tren a la finca; se dejaba interesar lentamente por la trama, por el dibujo de los personajes. Esa tarde, después de escribir una carta a su apoderado[1] y discutir con el mayordomo[2] una cuestión de aparcerías[3], volvió al libro en la tranquilidad del estudio que miraba hacia el parque de los robles. Arrellanado[4] en su sillón favorito, de espaldas a la puerta que lo hubiera molestado como una irritante posibilidad de intrusiones, dejó que su mano izquierda acariciara una y otra vez el terciopelo[5] verde y se puso a leer los últimos capítulos. Su memoria retenía sin esfuerzo los nombres y las imágenes de los protagonistas; la ilusión novelesca lo ganó casi en seguida. Gozaba del placer casi perverso de irse desgajando[6] línea a línea de lo que lo rodeaba, y sentir a la vez que su cabeza descansaba cómodamente en el terciopelo del alto respaldo, que los cigarrillos seguían al alcance de la mano, que más allá de los ventanales danzaba el aire del atardecer bajo los robles[7]. Palabra a palabra, absorbido por la sórdida disyuntiva[8] de los héroes, dejándose ir hacia las imágenes que se concertaban y adquirían color y movimiento, fue testigo del último encuentro en la cabaña del monte. Primero entraba la mujer, recelosa; ahora llegaba el amante, lastimada la cara por el chicotazo[9] de una rama. Admirablemente restañaba[10] ella la sangre con sus besos, pero él rechazaba las caricias, no había venido para repetir las ceremonias de una pasión secreta, protegida por un mundo de hojas secas y senderos

[1] **apoderado** *attorney*
[2] **mayordomo** *butler*
[3] **aparcerías** *partnerships*
[4] **arrellanado** acurrucado
[5] **terciopelo** *velvet*
[6] **desgajando** separando
[7] **robles** *oak trees*
[8] **disyuntiva** dilema
[9] **chicotazo** azote, latigazo
[10] **restañaba** *staunched*

11 agazapada escondido
12 coatardas excusas (*alibis*)
13 azares *misfortune, fate*
14 parapetándose escondiéndose, *hiding*
15 bruma malva *purplish haze*

furtivos. El puñal se entibiaba contra su pecho, y debajo latía la libertad agazapada[11]. Un diálogo anhelante corría por las páginas como un arroyo de serpientes, y se sentía que todo estaba decidido desde siempre. Hasta esas caricias que enredaban el cuerpo del amante como queriendo retenerlo y disuadirlo, dibujaban abominablemente la figura de otro cuerpo que era necesario destruir. Nada había sido olvidado: coartadas[12], azares[13], posibles errores. A partir de esa hora cada instante tenía su empleo minuciosamente atribuido. El doble repaso despiadado se interrumpía apenas para que una mano acariciara una mejilla. Empezaba a anochecer.

Sin mirarse ya, atados rígidamente a la tarea que los esperaba, se separaron en la puerta de la cabaña. Ella debía seguir por la senda que iba al norte. Desde la senda opuesta él se volvió un instante para verla correr con el pelo suelto. Corrió a su vez, parapetándose[14] en los árboles y los setos, hasta distinguir en la bruma malva[15] del crepúsculo la alameda que llevaba a la casa. Los perros no debían ladrar, y no ladraron. El mayordomo no estaría a esa hora, y no estaba. Subió los tres peldaños del porche y entró. Desde la sangre galopando en sus oídos le llegaban las palabras de la mujer: primero una sala azul, después una galería, una escalera alfombrada. En lo alto, dos puertas. Nadie en la primera habitación, nadie en la segunda. La puerta del salón, y entonces el puñal en la mano, la luz de los ventanales, el alto respaldo de un sillón de terciopelo verde, la cabeza del hombre en el sillón leyendo una novela.

ACTIVIDADES

A **Contesta las siguientes preguntas.**

A. **1.** Está calmado; miraba hacia el parque de robles **2.** Muy interesante; lo va leyendo despacio. **3.** No quiere interrupciones; despidió al mayordomo y tiene los perros encerrados **4.** el apuro escandaloso **5.** la cabaña del monte; para ensayar los planes **6.** revisa el puñal; tiene visión de alguien que tiene que destruir; ensayaron excusas; se acordaron de posibles errores **7.** Ella va por una ruta; él por otra **8.** matar al marido de ella; ése ignora su intento **9.** Sí. **10.** el marido de ella **11.** que el amante lo va a matar

1. Describe el ambiente al comenzar la selección y la escena que el lector observa delante de él.
2. ¿Cómo encuentra el lector la selección que lee?
3. ¿Qué no quería esa noche? ¿Qué precauciones ha tomado para prevenirlas?
4. ¿Qué significa «la sórdida disyuntiva» de los héroes?
5. Describe el local del relato ficticio y el motivo de esa reunión.
6. Haz una lista de las acciones de los personajes.
7. ¿Cómo se separaron?
8. ¿Qué intenta hacer el hombre?
9. ¿Progresó todo según los planes?
10. Identifica al lector.
11. ¿Qué información tienes tú de que carece el lector?

B **Expresa tus opiniones de este tipo de literatura, a veces llamada «literatura fantástica» o surrealista. ¿Tiene méritos, o está limitado sólo a ciertos lectores? ¿Debe ser limitado a lectores sin problemas de depresión, a los que no sufran de inestabilidad mental o emocional, u otros conflictos de personalidad?**

C **Compara esta forma literaria con obras de pintores surrealistas, como Picasso. ¿Qué libertad(es) tienen estos autores?**

LA SEÑORITA JULIA
ANA CORTESI-JARVIS

Pre-reading activity: Encourage students to fantasize and not allow logic to interfere with the enjoyment of this story.

Note: Minimum new vocabulary. During the reading note the contrasts: old-new, young-old, love-hate, success-defeat. Any others?

PARA PRESENTAR LA LECTURA

Un encanto del cuento de misterio es la sorpresa revelada en el desenlace. En la fantasía el desenlace puede llegar a ser un desconcierto inesperado—algo totalmente irreal como en esta fantasía de la autora paraguaya Ana Cortesi-Jarvis (1937-). Ahora reside y enseña en los Estados Unidos.

LA SEÑORITA JULIA
ANA CORTESI-JARVIS

Alberto Aguirre necesita ganar algún dinero para poder asistir a la universidad. Solicita y obtiene un trabajo en casa de la señorita Julia Ocampos, anciana de ochenta años, que tiene muchísimo dinero y vive sola, con una criada.

El trabajo de Alberto consiste en hacer un inventario completo de todas las posesiones de la señorita Julia.

Un día, Alberto sube a un cuarto pequeño, con cortinas de encaje blanco y olor a jazmines. Es entonces que nota el cuadro enorme colgado en la pared. Es el retrato de una muchacha de belleza espléndida, sentada bajo un árbol grande, con margaritas en el regazo.

Alberto pasa horas en el cuarto, contemplando el cuadro. Allí trabaja, come, sueña, vive...

Un día oye los pasos de la señorita Julia, que viene hacia el cuarto.

—Soy yo... —responde la señorita Julia—, yo a los dieciocho años.

Alberto mira el cuadro y mira a la señorita Julia, alternativamente. En su corazón nace un profundo odio por la señorita Julia, que es vieja y arrugada y tiene el pelo blanco.

Cada día que pasa, Alberto está más pálido y nervioso. Casi no trabaja. Cada día está más enamorado de la muchacha del cuadro, y cada día odia más a la señorita Julia.

Una noche, cuando está listo para regresar a su casa, oye pasos que vienen hacia el cuarto. Es la señorita Julia.

—Su trabajo está terminado —dice—; no necesita regresar mañana...

Alberto mata a la señorita Julia y pone el cadáver de la anciana a los pies de la muchacha.

¹**frunciendo (fruncir)**
(wrinkling)

Pasan dos días. La criada llama a la policía cuando descubre el cuerpo de la señorita Julia en el cuarto de arriba.

—Estoy segura de que fue un ladrón —solloza la criada.

—Falta algo de valor? —pregunta uno de los policías mirando a su alrededor.

La criada tiene una idea. Va a buscar el inventario detallado, escrito por Alberto con su letra pequeña y apretada. Los dos policías leen el inventario y van por toda la casa y ven que no falta nada.

Regresan al cuarto.

Parados al lado de la ventana con cortinas de encaje blanco y olor a jazmines, leen la descripción del cuadro que tienen frente a ellos: retrato de una muchacha de belleza espléndida, sentada bajo un árbol grande, con margaritas en el regazo.»

—¡Qué raro! —exclama uno de los policías, frunciendo¹ el ceño. —Según este inventario, es el retrato de una muchacha, no de una pareja...

PREGUNTAS

1. estudiante que necesita dinero; obtiene un trabajo en casa de la señorita Julia 2. hacer inventario de lo que hay en la casa 3. Un cuarto de decoraciones femeninas y con un cuadro enorme 4. Se enamora de la figura. 5. Odia a la vieja y ama a la joven. 6. La mató. 7. No faltaba nada del inventario. 8. Un hombre está en el cuadro.

1. Describe el problema del joven y la manera en que lo resuelve.
2. ¿En qué consiste su responsabilidad?
3. ¿Qué descubre Alberto un día? Describa el sitio.
4. ¿Qué efecto produce el cuadro sobre el joven?
5. Cuando supo quién era la figura del cuadro, ¿qué choque de emociones sufrió?
6. Al ser despedido de su trabajo, ¿qué hizo Alberto?
7. ¿Cómo se aseguran los policías que no hubo un robo en la casa?
8. ¿Cómo determinaron el autor posible del crimen?

El reloj de Antonio López García

estar por *to be in favor of*

Prefiero mirar la televisión pero mis hermanos están por ir al cine.

estar para *to be about (ready) to*

Estábamos para salir cuando sonó el teléfono.

tener que ver con *to have to do with*

Mi hermana no tiene nada que ver con mis amigos.

dar por *to consider as*

Damos por hecha la tarea asignada por la maestra.

dejar de + infinitivo *to stop; to leave off*

Deja de escribir las respuestas y vamos a decirlas en voz alta.

vaya + sustantivo *What a... !*

¡Vaya una chica bonita!

La Inspiración y la Esperanza

El sol sale para todos.

Note: Discuss this proverb ("The sun rises for everyone") and related ideas that are reinforced in the poems. Stress the fact that while everyone has options and opportunities that are similar, it is an individual's hopes, determination, inspiration, and the roads of life he travels that influence success and fullness of life.

Para Preparar la Escena

Es característico en los hispanos acabar con un asunto citando un refrán. Los refranes son dichos que pueden tener un carácter educativo, moral o filosófico. Los españoles suelen usarlos con frecuencia porque en pocas palabras se dice mucho.

Entre los innumerables refranes españoles hay muchos que promueven la idea que uno debe tener confianza. Se debe creer que lo que uno desea es posible; es necesario mirar hacia el futuro con determinación y esperanza. Por ejemplo:

El que no se arriesga, no pasa la mar.

Donde una puerta se cierra, otra se abre.

Gocen de los siguientes poemas que también tienen una perspectiva positiva y un valor inspirativo. Y recuerden: «El sol sale para todos».

◄

Flores y mariposa de Joan Miró

▶

El árbol de la vida, de Herón Martínez, Puebla, México

PARA GOZAR

PARA PRESENTAR LA LECTURA

Además de ser un cuentista notable (el autor de «La yaqui hermosa»), Amado Nervo (1870-1919) se distingue como poeta. Influido, sin duda, por su carrera eclesiástica en un seminario, gran parte de su obra contiene poemas religiosos y filosóficos que bordean en lo místico. Un hombre apasionado y de profundo sentir, Nervo también expresa en sus obras el tema amoroso.

Nervo se preocupa por el destino del hombre. En «Hoy he nacido» el poeta sugiere cómo debemos ver cada día de la vida. La nota de esperanza se tiempla un poco con la tristeza del recuerdo.

El título «Llénalo de amor», una composición en prosa corta, lo dice todo. Nervo nos inspira con el consejo que «siempre que haya un hueco en la vida, llénalo de amor».

Ella pintaba paisajes (1989), de Lydia Rubio

HOY HE NACIDO
AMADO NERVO

Cada día que pase, has de decirte:
«¡Hoy he nacido!
El mundo es nuevo para mí; la luz
esta que miro,
hiere sin duda por la vez primera
mis ojos límpidos;
la lluvia que hoy desfleca[1] sus cristales
es mi bautismo.»

«Vamos, pues, a vivir un vivir puro,
un vivir nítido[2].
Ayer, ya se perdió: ¿fui malo? ¿bueno?
...Venga el olvido,
y quede sólo de ese ayer, la esencia,
el oro íntimo
de lo que amé y sufrí mientras marchaba
por el camino.»

«Hoy, cada instante, al bien y a la alegría
será propicio,
y la esencial razón de mi existencia,
mi decidido
afán[3], volcar la dicha sobre el mundo,
verter el vino
de la bondad sobre las bocas ávidas
en redor mío.»

«Será mi sola paz la de los otros;
su regocijo
mi regocijo, su soñar mi ensueño;
mi cristalino
llanto, el que tiemble en los ajenos párpados;
y mis latidos
los latidos de cuantos corazones
palpiten en los orbes infinitos.»
Cada día que pase, has de decirte:
«¡Hoy he nacido!»

[1] **desfleca** unfolds
[2] **nítido** claro, con resplandor
[3] **afán** eagerness

Additional activities: **1.** Encourage creative endeavors. Focus on inspiration as reflected in poem titles. If students attempt poetry, help them with style, word choices and rhyme, and encourage the simplest efforts. **2.** Review all *refranes* discussed during previous *cuadros*. Have students make personal booklets of *refranes* for themselves and / or classroom posters for permanent display and use. **3.** Have students write short stories or fables where the "message" or "moral" is expressed with a *refrán*. A good teacher reference for a compendium of Spanish proverbs is: *Refranes españoles* by Antonio Carbajo, Language Research Press, P. O. Box 546, Miami Springs, Florida, 33166 **4.** Have students memorize all or parts of poems that have a hopeful or inspirational message. Organize a poetry declamation contest for class or club. Give awards. Record student recitations.

LLÉNALO DE AMOR
AMADO NERVO

[1] **hueco** espacio vacante
[2] **baldío** libre
[3] **diáfanamente** abiertamente
[4] **regocijadamente** alegremente
[5] **índole** tipo
[6] **plenitud** abundancia

Siempre que haya un hueco[1] en tu vida, llénalo de amor. Adolescente, joven, viejo: siempre que haya un hueco en tu vida, llénalo de amor.

En cuanto sepas que tienes delante de ti un tiempo baldío[2], ve a buscar el amor.

No pienses: «Sufriré».

No pienses: «Me engañarán».

No pienses: «Dudaré».

Ve, simplemente, diáfanamente[3], regocijadamente[4], en busca del amor.

¿Qué índole[5] de amor? No importa; todo amor está lleno de excelencia y de nobleza.

Ama como puedas, ama a quien puedas, ama todo lo que puedas..., pero ama siempre.

No te preocupes de la finalidad de tu amor.

Él lleva en sí mismo su finalidad.

No te juzgues incompleto porque no responden a tus ternuras; el amor lleva en sí su propia plenitud[6].

Siempre que haya un hueco en tu vida, llénalo de amor.

EL OBRERO

ALFONSINA STORNI

Mujer al fin y de mi pobre siglo,
bien arropada bajo pieles caras
iba por la ciudad, cuando un obrero
me arrojó, como piedras, sus palabras.

Me volví a él; sobre su hombro puse
la mano mía: dulce la mirada,
y la voz dulce, dije lentamente:
—¿Por qué esa frase a mí? Yo soy tu hermana.

Era fuerte el obrero, y por su boca
que se hubo puesto sin quererlo, blanda,
como una flor que vence las espinas
asomó, dulce y tímida, su alma.

La gente que pasaba por las calles
nos vio a los dos las manos enlazadas
en un solo perdón, en una sola
como infinita comprensión humana.

Pre-reading suggestion: Recall the previous poem of Storni (p. 366). Briefly introduce this solitary poet from Argentina and her struggles to find economic success and equality with men.

Note: Write the word *piropo* on the board. Ask its meaning. Are all *piropos* complimentary? In the Spanish speaking world, women ignore most *piropos*. Why is this case different?

Note: Read the poem or have a student read it aloud with feeling. Would a lady ordinarily answer such an insult? How did Storni turn the incident into a positive one?

Note: Storni was well-known and easily recognized. Discuss how pedestrians must have regarded the incident.

PREGUNTAS

1. ¿Qué quiere decir «de mi pobre siglo»?
2. Expresa lo que sucedió en la primera estrofa.
3. ¿Qué es un piropo? ¿Son todos de buen gusto?
4. Cuando ella oyó los insultos, ¿se enojó? ¿Qué hizo?
5. ¿Cómo reaccionó el obrero?
6. ¿Cómo resolvieron la dificultad?
7. ¿Qué observaron los que andaban por las calles?

ACTIVIDADES

1. Expresa en tus propias palabras lo que dice la poetisa. ¿Estás de acuerdo? Da tu opinión de contribuir al bienestar entre los de distintas costumbres y experiencias. ¿Se debe «juzgar un libro por la portada»?
2. En pequeños grupos consideren estas ideas y la responsabilidad que todos tenemos en mantener buenas relaciones. ¿Es fácil juzgar mal de alguien por la ropa u otro aspecto de la apariencia?

Note: Answers will vary. Encourage courteous exchanges of ideas with partners; full class.

PARA PRESENTAR LA LECTURA

Todos los enamorados españoles suelen citar los versos de Gustavo Adolfo Bécquer (1836-1870). Es el poeta romántico por excelencia con sus versos finos y delicados de vocabulario sencillo y natural.

Su obra principal es una colección de rimas cortas que tratan de un solo tema: el amor en su aspecto romántico y melancólico. La poesía de Bécquer refleja los dolores personales y desilusiones románticas que sufrió este poeta en su corta vida. Murió a los treinta y cuatro años, pobre, sin conocer el impacto de sus Rimas, *publicadas después de su muerte.*

RIMAS

GUSTAVO ADOLFO BÉCQUER

VII

Del salón en el ángulo obscuro,
De su dueño tal vez olvidada,
Silenciosa y cubierta de polvo
Veíase el arpa[1].

¡Cuánta nota dormía en sus cuerdas[2],
Como el pájaro duerme en las ramas,
Esperando la mano de nieve
Que sabe arrancarlas[3]!

¡Ay! pensé; ¡cuántas veces el genio
Así duerme en el fondo del alma,
Y una voz, como Lázaro[4], espera
Que le diga: «Levántate y anda»!

[1] **arpa** instrumento musical
   (harp)
[2] **cuerdas** harp strings
[3] **arrancarlas** extraer las notas
   dormidas en las cuerdas
   del arpa
[4] **Lázaro** Lazarus: a biblical
   character

A causa de debilidades físicas, el poeta guatemalteco Rafael Arévalo Martínez (1884-1975) no podía gozar de una vida normal, lo cual le permitía reflexionar profundamente sobre el hombre y sus relaciones con Dios y los demás. Desarrolló un entendimiento y una filosofía que acertaban que cada uno tiene que fortalecerse y prepararse para el destino que le espera. Suplica que todos compartan la felicidad con los demás.

Pre-reading activity: Discuss how students developed personal values. What the contributing factors are. Does the process stop? Is the point of feeling confident ever reached?

Note: Few new lexical items. Have students pronounce, practice and use them in sentences.

ENTRÉGATE POR ENTERO
RAFAEL ARÉVALO MARTÍNEZ

Vuela papalotes[1] con tus niños,
cultiva tus filosofías;
da a las mujeres tus cariños
y a los hombres tus energías.

Y en cada momento, valiente, sincero,
en cada momento de todos tus días,
¡entrégate por entero!

Di: —"siempre laboro
con igual esmero[2]
mi barro[3] o mi oro."
Y al medio del día, cuando el sol más arde,
como buen obrero; ¡como buen obrero!
Y al caer la tarde
juega con tus hijos, siéntete ligero[4]:
Y al llegar la noche
¡duerme por entero!

Entrégate por entero
hasta que caigas inerte
en el momento postrero,
y cuando venga la muerte
¡entrégate por entero!

[1] **papalotes** *kites*
[2] **esmero** *effort, zeal*
[3] **barro** *clay (here: represents humility)*
[4] **siéntete ligero** *relax (slang: lighten up)*

PREGUNTAS:
1. Según el poeta en la primera estrofa, ¿cómo se puede encontrar la felicidad?
2. ¿Qué actitud recomienda tener siempre?
3. ¿Qué actitud debe tener uno en el trabajo?
4. ¿Cómo sugiere pasar el tiempo después del trabajo?
5. ¿Qué quiere decir al final de los días, "entrégate por entero"?

1. en compañía agradable de otros
2. valiente, sincero, relajado
3. honesto, dedicado 4. jugando con los hijos, descansando bien 5. Be prepared for your destiny.

Alberto Cortez, poeta, cantante y cuentista argentino, es uno de los artistas más conocidos de su país en la actualidad. Es el autor de «Rosa Leyes, el indio» y «Cuando un amigo se va». En los siguientes versos, el poeta evoca a su padre en una remembranza de los consejos que éste le dio antes de dejar el hogar.

CAMINA SIEMPRE ADELANTE

ALBERTO CORTEZ

¹ **la molienda** *the grinding (product)*
² **topar** encontrar
³ **no te derrumbes** no te caigas

Cuando le dije a mi padre
que me iba a echar a volar,
que ya tenía mis alas
y abandonaba el hogar

se puso serio y me dijo:
«A mí me ha pasado igual,
también me fui de la casa
cuando tenía tu edad».

«En cuanto llama la vida
los hijos siempre se van;
te está esperando el camino
y no le gusta esperar.»

«Camina siempre adelante
tirando bien de la rienda,
mas nunca ofendas a nadie
para que nadie te ofenda.»

«Camina siempre adelante
y ve marcando tu senda
cuando mejor trigo siembres
mejor será la molienda¹.»

«No has de confiar en la piedra
con la que puedas topar²,
apártala del camino
por los que vienen detrás.»

«Cuando te falte un amigo
o un perro con quien hablar,
mira hacia adentro y contigo
has de poder conversar.»

«Camina siempre adelante
pensando que hay un mañana,
no te permitas perderlo
porque está buena la cama.»

«Camina siempre adelante
no te derrumbes³ por nada
y extiende abierta tu mano
para quien quiera estrecharla...»

Cuando le dije a mi padre
que me iba a echar a volar,
se me nublaron los ojos
y me marché del hogar.

Nacido en Sevilla (1875-1939), Antonio Machado cultivó la poesía posromántica, que es algo similar a la poesía de Bécquer pero posterior a la de éste. La poesía de Antonio Machado es distinta a la de su hermano Manuel (Cuadro 1), quien siguió el estilo modernista. En la obra de Antonio Machado predomina la emoción y un gran dominio del castellano.

ANOCHE CUANDO DORMÍA
ANTONIO MACHADO

Anoche cuando dormía
soñé, ¡bendita ilusión!,
que una fontana fluía
dentro de mi corazón.
Di: ¿por qué acequia escondida,
agua, vienes hasta mí,
manantial de nueva vida
en donde nunca bebí?

Anoche cuando dormía
soñé, ¡bendita ilusión!,
que una colmena tenía
dentro de mi corazón;
y las doradas abejas
iban fabricando en él,
con las amarguras viejas,
blanca cera y dulce miel.

Anoche cuando dormía
soñé, ¡bendita ilusión!
que un sol ardiente lucía
dentro de mi corazón.

Era ardiente porque daba
calores de rojo hogar,
y era sol porque alumbraba
y porque hacía llorar.

Anoche cuando dormía
soñé, ¡bendita ilusión!,
que era Dios lo que tenía
dentro de mi corazón.

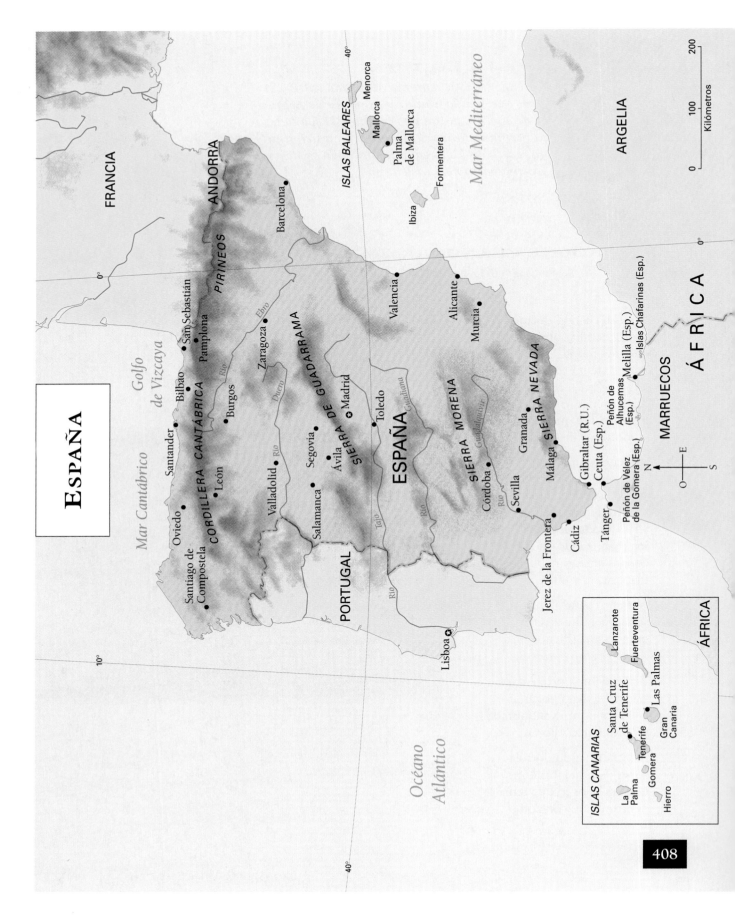

ESPAÑA

FRANCIA

ANDORRA

PIRINEOS

Golfo
de Vizcaya

Mar Cantábrico

Océano
Atlántico

Santiago de
Compostela

Oviedo

Santander

Bilbao

San Sebastián

Pamplona

CORDILLERA CANTÁBRICA

León

Burgos

Río Ebro

Zaragoza

Río Duero

Valladolid

Segovia

SIERRA DE GUADARRAMA

Salamanca

Ávila

SIERRA

Madrid

Toledo

Río Guadiana

Río Tajo

PORTUGAL

Lisboa

ESPAÑA

SIERRA MORENA

Río Guadiana

Córdoba

Río Guadalquivir

Sevilla

Jerez de la Frontera

Cádiz

Tánger

Granada

Málaga

SIERRA NEVADA

Gibraltar (R.U.)

Ceuta (Esp.)

Peñón de Vélez
de la Gomera (Esp.)

Peñón de
Alhucemas
(Esp.)

Melilla (Esp.)

Islas Chafarinas (Esp.)

MARRUECOS

ÁFRICA

ARGELIA

Valencia

Alicante

Murcia

ISLAS BALEARES

Menorca

Mallorca

Palma
de Mallorca

Formentera

Ibiza

Mar Mediterráneo

N
O   E
S

0   100   200
Kilómetros

ISLAS CANARIAS

La
Palma

Gomera

Hierro

Santa Cruz
de Tenerife

Tenerife

Lanzarote

Fuerteventura

Las Palmas

Gran
Canaria

ÁFRICA

408

LA AMÉRICA DEL SUR

20°
90°
80°
20°
30°

Mar Caribe

10°
Maracaibo   Caracas
VENEZUELA   GUYANA
Medellín   Georgetown   SURINAM
Bogotá   Paramaribo   Cayena
COLOMBIA   GUAYANA
FRANCESA

*Océano
Atlántico*

Islas
Galápagos
(Ecuador)
0°
Quito
ECUADOR
Guayaquil   Iquitos
Río Amazonas

CORDILLERA DE LOS ANDES

10°
PERÚ
Lima   Cuzco
BRASIL
Brasilia

La Paz   BOLIVIA
Sucre

20°
PARAGUAY   São Paulo
Asunción   Río de Janeiro

*Océano
Pacífico*

CORDILLERA DE LOS ANDES

Valparaíso   Córdoba
Santiago   Rosario   URUGUAY
Buenos Aires   Montevideo

30°
ARGENTINA
Mar del Plata
CHILE

Puerto Montt   Bariloche

Islas
Malvinas
(R.U.)

0   500   1000
Kilómetros

N
O   E
S

40°
Punta Arenas

409

110°
100°
90°
80°
70°
60°
50°
40°
30°
20°
10°

MÉXICO, LA AMÉRICA CENTRAL, Y EL CARIBE

Océano Atlántico

ESTADOS UNIDOS

Los Angeles
San Diego
Tijuana
Mexicali
Nogales
Tucson
Phoenix
Santa Fe
Albuquerque
El Paso
Ciudad Juárez
Chihuahua
Río Bravo
Río
Grande
Nuevo Laredo
San Antonio
Dallas
Nueva Orleáns
Misisipi

La Paz
Golfo de California
Golfo de México
MÉXICO
San Luis Potosí
Guadalajara
México
Acapulco
Veracruz
Golfo de Campeche
Mérida

Océano Pacífico

ISLAS BAHAMAS

Tampa
Miami

La Habana
Matanzas
Cienfuegos
Isla de la Juventud
CUBA
Camagüey
Santiago de Cuba
Guantánamo

JAMAICA
Kingston

HAITÍ
Puerto Príncipe
REPÚBLICA DOMINICANA
Santo Domingo
PUERTO RICO
San Juan
Ponce

ANTILLAS MENORES

Mar Caribe

BELIZE
Belmopan
GUATEMALA
Guatemala
Antigua
San Salvador
EL SALVADOR
HONDURAS
Tegucigalpa
NICARAGUA
Managua
COSTA RICA
Puntarenas
San José
Puerto Limón
PANAMÁ
Colón
Panamá

Barranquilla
Cartagena
VENEZUELA
Caracas
Río Orinoco
COLOMBIA
Medellín

N
E
S
O

0   100   200
Kilómetros

410

VERBOS

REGULAR VERBS

Infinitive	**hablar**	**comer**	**vivir**
	to speak	*to eat*	*to live*
Present Participle	hablando	comiendo	viviendo
Past Participle	hablado	comido	vivido

SIMPLE TENSES

Indicative

Present	hablo	como	vivo
	hablas	comes	vives
	habla	come	vive
	hablamos	comemos	vivimos
	habláis	coméis	vivís
	hablan	comen	viven
Imperfect	hablaba	comía	vivía
	hablabas	comías	vivías
	hablaba	comía	vivía
	hablábamos	comíamos	vivíamos
	hablabais	comíais	vivíais
	hablaban	comían	vivían
Preterite	hablé	comí	viví
	hablaste	comiste	viviste
	habló	comió	vivió
	hablamos	comimos	vivimos
	hablasteis	comisteis	vivisteis
	hablaron	comieron	vivieron
Future	hablaré	comeré	viviré
	hablarás	comerás	vivirás
	hablará	comerá	vivirá
	hablaremos	comeremos	viviremos
	hablaréis	comeréis	viviréis
	hablarán	comerán	vivirán
Conditional	hablaría	comería	viviría
	hablarías	comerías	vivirías
	hablaría	comería	viviría
	hablaríamos	comeríamos	viviríamos
	hablaríais	comeríais	viviríais
	hablarían	comerían	vivirían

	Subjunctive		
Present	hable	coma	viva
	hables	comas	vivas
	hable	coma	viva
	hablemos	comamos	vivamos
	habléis	comáis	viváis
	hablen	coman	vivan

Imperfect	hablara	comiera	viviera
	hablaras	comieras	vivieras
	hablara	comiera	viviera
	habláramos	comiéramos	viviéramos
	hablarais	comierais	vivierais
	hablaran	comieran	vivieran

COMPOUND TENSES

	Indicative			
Present Perfect	he			
	has			
	ha	hablado	comido	vivido
	hemos			
	habéis			
	han			

Pluperfect	había			
	habías			
	había	hablado	comido	vivido
	habíamos			
	habíais			
	habían			

Future Perfect	habré			
	habrás			
	habrá	hablado	comido	vivido
	habremos			
	habréis			
	habrán			

Conditional Perfect	habría			
	habrías			
	habría	hablado	comido	vivido
	habríamos			
	habríais			
	habrían			

	Subjunctive			
Present Perfect	haya			
	hayas			
	haya	hablado	comido	vivido
	hayamos			
	hayáis			
	hayan			

Pluperfect	hubiera			
	hubieras			
	hubiera	hablado	comido	vivido
	hubiéramos			
	hubierais			
	hubieran			

DIRECT COMMANDS

Informal
(*tú* and *vosotros* forms)

| Affirmative | habla (tú) | come (tú) | vive (tú) |
| | hablad | comed | vivid |

| Negative | no hables | no comas | no vivas |
| | no habléis | no comáis | no viváis |

Formal
| | hable Ud. | coma Ud. | viva Ud. |
| | hablen Uds. | coman Uds. | vivan Uds. |

STEM-CHANGING VERBS

FIRST CLASS

	-ar verbs		-er verbs	
	e → ie	o → ue	e → ie	o → ue
Infinitive	**sentar**[1]	**contar**[2]	**perder**[3]	**soler**[4]
	to seat	*to tell*	*to lose*	*to be accustomed*
Present Participle	sentando	contando	perdiendo	soliendo
Past Participle	sentado	contado	perdido	solido

Indicative

Present	siento	cuento	pierdo	suelo
	sientas	cuentas	pierdes	sueles
	sienta	cuenta	pierde	suele
	sentamos	contamos	perdemos	solemos
	sentáis	contáis	perdéis	soléis
	sientan	cuentan	pierden	suelen

Subjunctive

Present	siente	cuente	pierda	suela
	sientes	cuentes	pierdas	suelas
	siente	cuente	pierda	suela
	sentemos	contemos	perdamos	solamos
	sentéis	contéis	perdáis	soláis
	sienten	cuenten	pierdan	suelan

[1] *Cerrar, comenzar, despertar, empezar,* and *pensar* are similar.
[2] *Acordar, asustar, almorzar, apostar, colgar, costar, encontrar, jugar, mostrar, probar, recordar, rogar,* and *volar* are similar.
[3] *Defender* and *entender* are similar.
[4] *Disolver, doler, envolver, llover,* and *volver* are similar.

413

Second and Third Classes

		second class		third class
		e → ie, i	o → ue, u	e → i, i
	Infinitive	**sentir**[5]	**dormir**[6]	**pedir**[7]
		to regret	*to sleep*	*to ask for, to request*
	Present Participle	sintiendo	durmiendo	pidiendo
	Past Participle	sentido	dormido	pedido

[5] *Mentir, preferir,* and *sugerir* are similar.

[6] *Morir* is similar; however, the past participle is irregular—*muerto.*

[7] *Conseguir, despedir, elegir, medir, perseguir, reír, repetir, seguir,* and *servir* are similar.

Indicative

Present			
Present	siento	duermo	pido
	sientes	duermes	pides
	siente	duerme	pide
	sentimos	dormimos	pedimos
	sentís	dormís	pedís
	sienten	duermen	piden
Preterite	sentí	dormí	pedí
	sentiste	dormiste	pediste
	sintió	durmió	pidió
	sentimos	dormimos	pedimos
	sentisteis	dormisteis	pedisteis
	sintieron	durmieron	pidieron

Subjunctive

Present	sienta	duerma	pida
	sientas	duermas	pidas
	sienta	duerma	pida
	sintamos	durmamos	pidamos
	sintáis	durmáis	pidáis
	sientan	duerman	pidan
Imperfect	sintiera	durmiera	pidiera
	sintieras	durmieras	pidieras
	sintiera	durmiera	pidiera
	sintiéramos	durmiéramos	pidiéramos
	sintierais	durmierais	pidierais
	sintieran	durmieran	pidieran

IRREGULAR VERBS

andar *to walk, to go*

Preterite	anduve, anduviste, anduvo, anduvimos, anduvisteis, anduvieron

caber *to fit*

Present Indicative	quepo, cabes, cabe, cabemos, cabéis, caben
Preterite	cupe, cupiste, cupo, cupimos, cupisteis, cupieron
Future	cabré, cabrás, cabrá, cabremos, cabréis, cabrán
Conditional	cabría, cabrías, cabría, cabríamos, cabríais, cabrían

caer[8] *to fall*

Present Indicative	caigo, caes, cae, caemos, caéis, caen

conocer *to know, to be acquainted with*

Present Indicative	conozco, conoces, conoce, conocemos, conocéis, conocen

dar *to give*

Present Indicative	doy, das, da damos, dais, dan
Present Subjunctive	dé, des, dé, demos, deis, den
Preterite	di, diste, dio, dimos, disteis, dieron

decir *to say, to tell*

Present Participle	diciendo
Past Participle	dicho
Present Indicative	digo, dices, dice, decimos, decís, dicen
Preterite	dije, dijiste, dijo, dijimos, dijisteis, dijeron
Future	diré, dirás, dirá, diremos, diréis, dirán
Conditional	diría, dirías, diría, diríamos, diríais, dirían
Direct Command	di (tú)

estar *to be*

Present Indicative	estoy, estás, está, estamos, estáis, están
Present Subjunctive	esté, estés, esté, estemos, estéis, estén
Preterite	estuve, estuviste, estuvo, estuvimos, estuvisteis, estuvieron

haber *to have*

Present Indicative	he, has, ha, hemos, habéis, han
Present Subjunctive	haya, hayas, haya, hayamos, hayáis, hayan
Preterite	hube, hubiste, hubo, hubimos, hubisteis, hubieron
Future	habré, habrás, habrá, habremos, habréis, habrán
Conditional	habría, habrías, habría, habríamos, habríais, habrían

hacer *to do, to make*

Past Participle	hecho
Present Indicative	hago, haces, hace, hacemos, hacéis, hacen
Preterite	hice, hiciste, hizo, hicimos, hicisteis, hicieron
Future	haré, harás, hará, haremos, haréis, harán
Conditional	haría, harías, haría, haríamos, haríais, harían
Direct Command	haz (tú)

incluir[9] *to include*

Present Indicative	incluyo, incluyes, incluye, incluimos, incluís, incluyen

[8] Spelling changes are found in the present participle *cayendo;* past participle *caído;* and preterite *caíste, cayó, caímos, caísteis, cayeron.*

[9] Spelling changes are found in the present participle *incluyendo;* and preterite *incluyó, incluyeron.* Similar verbs are *atribuir, constituir, contribuir, distribuir, fluir, huir, influir,* and *sustituir.*

10 A spelling change is found in the
  present participle —*yendo*.
11 Spelling changes are found in the
  present participle —*oyendo*; past
  participle —*oído*; and preterite
  —*oíste, oyó, oímos, oísteis, oyeron.*

ir[10] *to go*

Present Indicative	voy, vas, va, vamos, vais, van
Present Subjunctive	vaya, vayas, vaya, vayamos, vayáis, vayan
Imperfect Indicative	iba, ibas, iba, íbamos, ibais, iban
Preterite	fui, fuiste, fue, fuimos, fuisteis, fueron
Direct Command	vé (tú)

oír[11] *to hear*

Present Indicative	oigo, oyes, oye, oímos, oís, oyen

poder *to be able*

Present Participle	pudiendo
Preterite	pude, pudiste, pudo, pudimos, pudisteis, pudieron
Future	podré, podrás, podrá, podremos podréis, podrán
Conditional	podría, podrías, podría, podríamos, podríais, podrían

poner *to put, to place*

Past Participle	puesto
Present Indicative	pongo, pones, pone, ponemos, ponéis, ponen
Preterite	puse, pusiste, puso, pusimos, pusisteis, pusieron
Future	pondré, pondrás, pondrá, pondremos, pondréis, pondrán
Conditional	pondría, pondrías, pondría, pondríamos, pondríais, pondrían
Direct Command	pon (tú)

producir *to produce*

Present Indicative	produzco, produces, produce, producimos, producís, producen
Preterite	produje, produjiste, produjo, produjimos, produjisteis, produjeron

querer *to wish, to want*

Preterite	quise, quisiste, quiso, quisimos, quisisteis, quisieron
Future	querré, querrás, querrá, querremos, querréis, querrán
Conditional	querría, querrías, querría, querríamos, querríais, querrían

saber *to know*

Present Indicative	sé, sabes, sabe, sabemos, sabéis, saben
Present Subjunctive	sepa, sepas, sepa, sepamos, sepáis, sepan
Preterite	supe, supiste, supo, supimos, supisteis, supieron
Future	sabré, sabrás, sabrá, sabremos, sabréis, sabrán
Conditional	sabría, sabrías, sabría, sabríamos, sabríais, sabrían

salir *to leave, to.go out*

Present Indicative	salgo, sales, sale, salimos, salís, salen
Future	saldré, saldrás, saldrá, saldremos, saldréis, saldrán
Conditional	saldría, saldrías, saldría, saldríamos, saldríais, saldrían
Direct Command	sal (tú)

ser *to be*

Present Indicative	soy, eres, es, somos, sois, son
Present Subjunctive	sea, seas, sea, seamos, seáis, sean
Imperfect Indicative	era, eras, era, éramos, erais, eran
Preterite	fui, fuiste, fue, fuimos, fuisteis, fueron
Direct Command	sé (tú)

	tener *to have*
Present Indicative	tengo, tienes, tiene, tenemos, tenéis, tienen
Preterite	tuve, tuviste, tuvo, tuvimos, tuvisteis, tuvieron
Future	tendré, tendrás, tendrá, tendremos, tendréis, tendrán
Conditional	tendría, tendrías, tendría, tendríamos, tendríais, tendrían
Direct Command	ten (tú)

	traer[12] *to bring*
Present Indicative	traigo, traes, trae, traemos, traéis, traen
Preterite	traje, trajiste, trajo, trajimos, trajisteis, trajeron

[12] Spelling changes are found in the present participle —*trayendo;* and past participle —*traído.*

	valer *to be worth*
Present Indicative	valgo, vales, vale, valemos, valéis, valen
Future	valdré, valdrás, valdrá, valdremos, valdréis, valdrán
Conditional	valdría, valdrías, valdría, valdríamos, valdríais, valdrían

	venir *to come*
Present Participle	viniendo
Present Indicative	vengo, vienes, viene, venimos, venís, vienen
Preterite	vine, viniste, vino, vinimos, vinisteis, vinieron
Future	vendré, vendrás, vendrá, vendremos, vendréis, vendrán
Conditional	vendría, vendrías, vendría, vendríamos, vendríais, vendrían
Direct Command	ven (tú)

	ver *to see*
Past Participle	visto
Present Indicative	veo, ves, ve, vemos, veis, ven
Imperfect Indicative	veía, veías, veía, veíamos, veíais, veían

Avenida de José Antonio, Madrid

VOCABULARIO

A

a to, at, by
abajo under, below
abanico *m* fan
abarcar to encompass, to include all in one look; to clasp
abeja *f* bee
abertura *f* opening
abogacía *f* law, legal profession
abogado(a) *m* or *f* lawyer
abordar to approach
aborrecer to hate
abrasar to burn; to be burning up
abrazar to embrace, to hug
abrigar to shelter, to protect
abrigo *m* overcoat
abrochar to clasp, to buckle, to fasten
abrojo *m* prickly thorn
abrumador(a) overwhelming, wearisome
abrumar to annoy, to oppress; to overwhelm
aburrir to bore
　—**se** to get bored
acabar to finish, to end, to complete
　— **con** to exterminate, to destroy
　— **de** to have just
　—**se** to be finished, to end; to be or run out of
acalorar(se) to heat; to incite, to encourage; to become heated
acampar to encamp
acariciar to caress
acaso perhaps
　por si — just in case
acechar to watch, to spy on
aceite *m* oil
aceituna *f* olive
acelerar to hurry, to accelerate
acequia *f* ditch, canal
acera *f* sidewalk
acercar(se) a to approach, to draw near
acero *m* steel
acobardarse to be frightened
acogedor(a) welcome; inviting
acoger to receive; to welcome
acomodar to accommodate, to arrange; to seat
aconsejar to advise, to counsel
acontecer to happen, to occur
acontecimiento *m* happening, event
acosar to harass; to pester
acostar(se) (ue) to go to bed; to lie down
acreedor(a) *m* or *f* creditor
acrílico *m* acrylic
actual present, at the present time
acuarela *f* watercolor
acuclillar(se) to squat, to crouch
acudir to come to the aid of; to be present frequently, to hang around
acuerdo *m* agreement; resolution
　de — in agreement
acusar to accuse; to acknowledge
adelantar to go forward, to advance, to get ahead of
adelante ahead, farther on

en — in the future
adelgazar to thin down, to lose weight
ademán *m* gesture
además besides, furthermore, in addition to
adentro inside
adivinar to guess
admonición *f* warning; advice
adolecer to fall sick
　— **de** to suffer from
adorno *m* decoration, ornament
adquirir (ie) to acquire
aduana *f* customhouse
advenedizo(a) strange, foreign
　m or *f* stranger; foreigner; outsider
advertir (ie, i) to notice; to notify, to warn
aéreo(a) aerial
afán *m* eagerness, zeal; hard work
afanarse to busy oneself; to strive
afeitar to shave
aferrar (ie) to seize, to catch; to cling
afiliarse (a) to join, to affiliate oneself with
afligido(a) worried; grieved, sorrowed
afortunado(a) fortunate, happy
afrentar to affront, to face; to insult
afrontar to confront, to face
afuera outside
agacharse to squat, to stoop
agarrar to seize, to grab
aglomerarse to gather in a mass
agotamiento *m* draining, exhaustion
agotar to exhaust; to use up
　—**se** to become exhausted
agradable pleasant, agreeable
agregar to add, to attach
aguacero *m* heavy rain
aguafuerte *f* etching, etched plate
aguantar to bear, to endure
aguardar to wait, to wait for
agudo(a) sharp, pointed
agüero *m* omen, forecast
aguja *f* needle; steeple
agujero *m* hole
aguzar to whet; to sharpen
　— **la vista** to sharpen the sight
ahogar(se) to drown; to suffocate
ahorcar to hang, to kill by hanging
ahorrar to save
ahumado(a) smoky, smoked
ahuyentar to put to flight; to scare away
aislar to isolate; to separate
　—**se** to live in seclusion
ajeno(a) another's; foreign
　— **a** free from
ajustar to adjust
ajusticiar to execute, to put to death
alabanza *f* praise
alabar to praise
alado(a) winged
alarido *m* howl, outcry
alba *f* dawn, daybreak
albañil *m* mason
alborotar to arouse, to disturb
alboroto *m* disturbance, hubbub

alcalde *m* mayor
alcaldesa *f* mayoress; wife of an **alcalde**
alcanzar to reach, to attain
alcázar *m* fortress; royal palace
alcoba *f* bedroom
aldea *f* village, hamlet
alegre happy
alegría *f* joy, happiness
alejarse to go away; to separate; to move to a distance
aleta *f* small wing; fin of a fish
alfarero *m* potter
alfiler *m* pin
alfombra *f* carpet, rug
algodón *m* cotton
alguacil *m* bailiff, constable
aliento *m* breath
alimento *m* food, nourishment; *pl* foodstuffs
alistarse to enlist
alma *f* soul
alojar to lodge
alpargatas *f* rope-soled shoes or sandals
alquilar to rent
alrededor around
　— **de** around, about, approximately
　—**es** *m* environs, outskirts
altea *f* marshmallow
alteza *f* elevation, sublimity, highness
altibajos *m pl* ups and downs
alumbrar to light, to illuminate
allá there, over there
　el más — the "beyond"
allende beyond
　— **de** besides; in addition to
ama *f* housekeeper
　— **de casa** homemaker
amanecer *m* dawn
　al — at sunrise
amante *m* or *f* lover
amargo(a) bitter
amarrar to tie up; to moor
amasar to mix; to knead
ambiente *m* atmosphere, ambiance
ambos(as) both
amenaza *f* threat
amenazar to threaten
ametralladora *f* machine gun
amistad *f* friendship
amistosamente in a friendly way
amolar to grind
amor *m* love
ampliar to enlarge; to widen
ampolleta *f* small vial; cruet
anciano(a) old
andén *m* railway platform
angosto(a) narrow
angustia *f* anguish, distress, grief
ángulo *m* corner
angustiado(a) distressed, grieved
anhelar to crave, to want badly
anhelo *m* desire, craving, yearning
anheloso(a) anxious, eager, desirous
anochecer to grow dark; *m* nightfall, dusk

ansiar to long for; to yearn for
ansioso(a) anxious, uneasy
antaño of yore, long ago
antepasados *m* ancestors
anteponer to place in front of; to prefer
antes before, formerly
  cuanto — as soon as possible
anticuado(a) old-fashioned; obsolete
antigüedad *f* antique
antiguo(a) old, ancient
antojo *m* whim, caprice, fancy
antojarse to get a whim
antorcha *f* marshmallow
anudar to tie, to fasten, to knot
anverso *m* obverse, reverse
añadir to add
apaciguar to appease, to pacify, to calm
apagar to extinguish, to put out; to turn off
aparador *m* showcase
aparecer to appear
aparentar to feign, to pretend
apartado *m* post office box
apartar to set apart
apenas hardly, barely, scarcely
apestillado(a) tightly closed
apiadarse to pity, to take pity on
aplacar to appease, to pacify
aplomo *m* poise
apoderado *m* attorney
apoderar to authorize
  —se de to seize, to take possession of
apodo *m* nickname
apostar (ue) to bet
  (se) to post (in position); to get set
apoyar to lean; to defend; to aid
apoyo *m* help, aid support
aprendiz *m* apprentice
aprestarse to prepare; to make ready
apresurarse to rush, to hurry
apretar (ie) to tighten; to squeeze
apretón *m* pressure; squeeze
  — de manos handshake
aprisionar to imprison; to shackle
aprovechar to take advantage of; to make good use of
apuesto(a) neat, elegant, refined
apuntar to aid; to point; to point at; to note
apurarse to hurry
apuro *m* tight spot; urgency; worry
ara *f* altar
  en —s de for the sake of
arado *m* plow
araña *f* spider
  araña de cristal crystal lamp
arar to plow
arras *f* wedding coins
arco *m* bow, arc
  — iris rainbow
arder to burn, to blaze
argolla *f* ring, hoop; staple
arista *f* edge
armar to arm
  — caballero to knight
armario *m* closet, wardrobe
armazón *f* framework
arpa *f* harp (musical instrument)
arquear to arch (one's back)
arrabal *m* suburb, district; slum
arraigar to establish; to take root

arrancar to pull out, to start, to extract
arrastrapies *m* foot dragging
arrebatar to carry away, to move, to stir
arreglar to arrange, to fix, to adjust
arrellanarse to be satisfied with one's situation
arremangar to roll up the sleeves
arrepentir (ie, i) to repent, to be repentant
  —se de to repent
arriero *m* mule driver
arriesgar to risk, to hazard
arrimarse to group together
arrodillarse to kneel
arrojar to throw
arrojo *m* boldness, fearlessness
arrollar to roll up; to curl up
arropado(a) covered, wrapped
arruga *f* wrinkle
arrugar to wrinkle, to crease
artesanías *f* native handcrafts
arzobispado *m* archbishopric, office of the archbishop
asar to roast
ascenso *m* promotion
asear to clean up, to tidy up
asediar to besiege; to harass
asedio *m* siege
asegurar to assure, to fasten, to make secure
  —se to be sure, to assure oneself
aseo *m* cleanliness, neatness, tidiness
aseverar to affirm, assert
así thus, so
asiento *m* seat
asimismo also, likewise
asir to grasp, to seize, to hold
  —se to avail oneself, to take hold of
asistir a to attend, to be present at
asombrar to astonish
asombro *m* fright, astonishment
asombroso(a) wonderful, astonishing
aspereza *f* roughness
áspero(a) rough, harsh
aspiradora *f* vacuum cleaner
astro *m* star
asunto *m* subject, matter; affair
asustar to frighten
  —se to be frightened
atadito *m* small bundle
atadura *f* fastening, knot, tourniquet
atañer (third person only) to belong, appertain, concern
atar to tie, to fasten
atardecer *m* late afternoon
atascar to obstruct, to stop (a leak)
atenazado(a) tortured
atender (ie) to wait on; to care for
atinar to hit the mark; to guess; to find out
atracar to moor, to dock
atrasado(a) behind the times; short of funds; late, tardy
atravesar (ie) to cross, to pass through
atreverse to dare, to be bold
atrevido(a) bold, daring
atroz atrocious, horrible
aturdir to bewilder, to stun
audacia *f* daring, boldness
audaz audacious
auditorio *m* listener, audience; auditorium
aula(el) *f* classroom, lecture room
aullar to howl

aullido *m* howl, howling
aumentar to increase, to enlarge
aún still, yet
aunque although, even though
auricular *m* telephone receiver
aurora *f* dawn
austríaco(a) Austrian
auto-expatración *f* self-imposed exile
auxilio *m* aid, help, assistance
avanzada *f* advance guard
  de — far away, distant
avergonzar to shame, to embarrass
  —se to be ashamed
averiguar to find out
avinagrar to sour
aviso *m* warning, notice
avivar to revive, to enliven
ayuda *f* help
ayuno *m* fast, period of not eating
azahar *m* orange blossom
azar *m* accident, unforseen disaster
azotar to whip, to lash
azote *m* lash with a whip; beating
azotea *f* flat roof

B

babero *m* bib, chin cloth
bailador(a) *m* or *f* dancer
bajar to lower; to go downstairs; to get off
bala *f* bullet
balazo *m* shot; bullet wound
balbucir to stammer; to stutter
baldío(a) untilled, uncultivated; idle, unused; empty
baloncesto *m* basketball
banca *f* banking (business)
bandeja *f* tray
baraja *f* cards, deck of cards
baratijas *f* trifles, trinkets, notions
barba *f* beard; chin
barbaridad *f* barbarism; outrage; piece of folly
  ¡qué —! What nonsense!
barbudo(a) having a long beard
barranco *m* gorge, ravine
barrer to sweep
barrio *m* neighborhood, section
barro *m* mud
barrote *m* iron bar
bastardilla *f* italics
bastón *m* cane
basura *f* trash, garbage
bata *f* bathrobe
batir to beat, to pound, to strike; to stir
baúl *m* trunk, chest
beca *f* scholarship, pension
bedel *m* university aide; semi-official
belicoso(a) warlike
belleza *f* beauty
bello(a) beautiful
bermejo(a) bright reddish
besar to kiss
beso *m* kiss
bestia *f* beast
bestialidad *f* brutality
biblioteca *f* library
bibliotecario(a) *m* or *f* librarian
bienes *m* wealth, riches, possessions
bienestar *m* well-being, welfare

bienvenida *f* welcome
bisagra *f* hinge
blanduzco(a) soft
boceto *m* sketch
boda *f* wedding
boina *f* beret
bolígrafo *m* ball-point pen
bolillos *m* the "whites"; rolls
bolsa *f* purse; bag, sack
bolsillo *m* pocket
bolso *m* purse, money bag
bombachas *f pl* loose-fitting trousers
   (Arg.)
bombero fire fighter
borbollón *m* bubbling
bordar to embroider
borde *m* border, edge; rim
borracho(a) drunk
borrascoso(a) stormy
borrón *m* blot, stain
borroso(a) blurred, smudgy
bosque *m* forest
bota *f* small leather wine bag, boot
botar to bounce; to throw out; to fire
botica *f* drugstore
botín *m* booty, spoils of warfare; leggings,
   half-boot; stocking
bóveda *f* arch, vault, vaulted ceiling
bramar to bellow
bravío(a) ferocious; wild
bravo(a) wild, savage, fierce
brecha *f* opening, break
brinco *m* leap, jump
brindar to offer; to toast
brío *m* spirit
brisa *f* breeze
broma *f* joke, jest
brotar to bring forth, to produce, to bud
brujo(a) *m or f* sorcerer, conjurer, wizard (witch)
brújula *f* magnetic needle; compass
bucear to dive; to delve
buey *m* ox
bufanda *f* scarf, muffler
bufete *m* desk; sideboard; lawyer's office
bujía *f* spark plug
bulto *m* bulk, volume; package
bullicio *m* uprising, riot
buque *m* boat
burla *f* hoax, trick; joke; ridicule
burlar to make fun of; to deceive
buró *m* bureau; central office
buscar to look for, to search
buzo *m* diver
buzón *m* mailbox

C

caballeresco (a) chivalrous
caballero *m* gentleman
caballete *m* bridge (of the nose)
cabaña *f* cabin
cabo *m* corporal
  al — de finally, at the end of
  llevar a — to carry out (an order)
cabrito *m* kid (goat)
cacahuete *m* peanut
cacareo *m* cackling
cacería *f* hunt, hunting
cacique *m* boss; political leader; Indian chief

cacharro *m* earthen pot, or a piece of it; jalopy
cachivache *m* pot; trash, broken crockery;
  trinket
cada each, every
cadalso *m* platform; scaffold for capital
  punishment
cadena *f* chain
cadera *f* hip
caer to fall
  — en gracia to like
  dejar — to drop
cafetera *f* coffee pot
cahita *m* language of the Yaqui Indians
caída *f* fall
caja *f* box
  — de caudales strong box; safe
cajón *m* large box; drawer
calabaza *f* pumpkin, squash, gourd
calabozo *m* dungeon; cell; calaboose, jail
calar to fix bayonets
calefacción *f* heating, heat
calentar(ie) to heat, to warm up
calentura *f* fever
cálido(a) warm
calumniar to slander
calzada *f* highway; broad avenue
calzoncillo *m* underpants
callado(a) silent
callar to silence, to calm
  —se to keep silent
calleja *f* alley
callejero(a) pertaining to the street; loitering
callejón *m* alley; narrow street
callejuela *f* side street; alley
cambiar to change, to exchange
cambio *m* change
  en — de on the other hand
camilla *f* stretcher, litter, cot, little bed
camino *m* road
camioneta *f* truck, bus, van
camiseta *f* undershirt
campana *f* bell
campaña *f* campaign
campesino(a) *m or f* farmer
campestre rural, rustic, of the country
campo *m* country; field
canas *f* gray hair
canasta *f* basket; basketball hoop
canasto *m* large basket
cancha *f* court; game grounds
candado *m* padlock
candil *m* oil lamp
candilejo *m* small oil lamp
cansancio *m* fatigue, weariness
cansar to tire
  —se to become tired
cantante *m or f* singer
cántaro *m* pitcher, large and narrow mouthed
cantina *f* bar
caña *f* cane; rum; reed
  — de azúcar sugar cane
cañaveral *m* sugar cane plantation
caño *m* channel, canal; pipe
capa *f* cape
capacitado(a) qualified, prepared
capataz supervisor, boss, foreman
capaz capable, able
capelo *m* cardinal's hat or office
capilla *f* chapel

capitular to surrender, to give in
caprichoso(a) whimsical, fickle, fanciful
captar to captivate, to attract, to win
capullo *m* flower bud
¡caramba! confound it! darn it!
carcajada *f* outburst of laughter
cárcel *f* jail
carcomer to gnaw
cardo *m* thistle
  vilano de — burr or down of the thistle
carecer to lack
carencia *f* lack, scarcity, deficiency
cargador *m* porter
cargar to load, to thread
cariño *m* love, affection
carnet *m* little book, memorandum book; permit
  — de conducir driver's license
carrera *f* profession; race; career
carretón *m* cart
carroza *f* coach, carriage; old-fashioned person
cartera *f* wallet, billfold
cartero(a) *m or f* mail carrier
cartucho *m* cartridge
casamiento *m* marriage
casar to marry
  —se con to get married to
casero(a) pertaining to the home; domestic
caserón *m* big house
casino *m* social club
caso *m* case, occurrence, event
  hacer — de to take notice of; to pay
  attention to
casta *f* caste, kind; breed, race
castigar to punish
castigo *m* punishment
castizo(a) pure, correct; pure-blooded
casualidad *f* accident, chance; event
  por — by chance
casucha *f* hut; shack
cautivar to attract; to win over; to take possession
caza *f* hunt; game (hunting term)
  ir de — to go hunting
cazador(a) *m or f* hunter
cazar to hunt
ceja *f* eyebrow
célebre celebrated; famous
celo *m* zeal; devotion
  tener —s to be jealous
celosía *f* jealousy
ceniza *f* ash
ceño *m* frown
centellear to flash; to twinkle
centenar *m* hundreds
  a —es by the hundreds
cepillo *m* brush
  — de dientes toothbrush
cerca *f* fence
cerco *m* fence
cerdo *m* hog
  chuleta de — pork chop
cerebro *m* brain; mind
cerezo *m* cherry tree
cerilla *f* match
cerrar (ie) to close, to shut
cerro *m* hill
cerrojo *m* lock
certeza *f* certainly
certidumbre *f* certainty, conviction
cervecita *f* small beer

cesar   to stop, to cease
cesta   *f*   basket
chacha   *f*   maid (Spain)
champurrado   *f*   mixture of liquors; chocolate made with *atole*
chamuscar   to singe
chapa   *f*   license plate
chapado(a)   having red cheeks
   — a la antigua   old-fashioned
chapurrear   to jabber; to speak indistinctly
charco   *m*   puddle, pool
charla   *f*   talk, informal lecture; conversation
chico(a)   small
chillido   *m*   screech, scream
chiquitín (ina)   *m* or *f*   small child
chisme   *m*   gossip
chispa   *f*   spark
chisporrotear   to spark, to sputter
chisporroteo   *m*   sparking, sputtering sparks
chiste   *m*   joke, funny story
chistoso(a)   funny, humorous
chofer (chófer)   driver
choque   *m*   accident, collision; hit, blow
choquezuela   *f*   kneecap
choza   *f*   hut
chuchería   piece of junk; knickknack
chuparse   to suck
churro   *m*   a sort of fritter; cruller; a "flop" (movie or show)
cicatriz   *f*   scar
ciego(a)   blind
   a ciegas   blindly
ciencia   *f*   science
   a — cierta   for sure, with certainty
cierto(a)   certain
cifra   *f*   figure; cipher, number, numerical character; code
cinta   *f*   tape, ribbon
cinturón   *m*   belt
cirio   *m*   wax candle
cita   *f*   appointment, engagement; date
ciudadanía   *f*   citizenship
ciudadano(a)   *m* or *f*   citizen
clarear   to brighten; to light up
clavar   to nail, to fasten
clavero(a)   *m* or *f*   keeper of the keys
clavo   *m*   nail
coartada   *f*   alibi
cobrar   to recover; to collect; to cash
coco   *m*   boogyman; spook
cochero   *m*   driver
codicia   *f*   covetousness, greediness
codo   *m*   elbow
   — a —   side by side
cofradía   *f*   confraternity, brotherhood, sisterhood
cofre   *m*   box, chest, trunk for clothes
coger   to seize, catch; to take hold of
cohete   *m*   sky rocket, rocket
cola   *f*   tail
colar (ue)   to drip (coffee)
colcha   *f*   coverlet, bedspread
colchoneta   *f*   mattress, pad
colegio   *m*   school, academy
colgar (ue)   to hang
colmado   *m*   grocery store
colmena   *f*   beehive
colmillo   *m*   eyetooth, canine tooth; fang
colmo   *m*   heap; overflow; crowning; acme

eso es el   —   that's the limit, that's the last straw
colocación   *f*   place, situation; position, employment, job
colocar   to place, to put
colono   *m*   colonist, settler
collar   *m*   necklace
comarca   *f*   district, region
comerciante   *m* or *f*   business person; merchant
comestibles   *m*   food, groceries
comodidad   *f*   comfort, convenience
compadecer   to pity, to feel sorry for
compadre   *m*   friend, buddy
compenetración   *f*   blending; as one
complot   *m*   plot, conspiracy
comprar   to buy, to purchase
comprobar (ue)   to prove, to check
comprometer   to endanger, to compromise
   —se   to promise; to become engaged
concurso   *m*   contest
condecoración   *f*   decoration
conducir   to conduct, to lead; to drive
conejo   *m*   rabbit
confianza   *f*   confidence, trust, assurance, reliance
confiar   to confide
conforme   alike, corresponding, suitable
   — a   consistent with, agreeable to
congelarse   to congeal, to freeze
congregar   to bring together, to gather
   —se   to come together, to congregate
conjunto   *m*   ensemble; unit, group
conmovedor(a)   touching, moving
conocer   to know, to experience, to be acquainted with
   — al dedillo   to know perfectly
conocimiento   *m*   knowledge; sense, awareness, consciousness; understanding
consagrarse   to devote, to dedicate oneself, to give oneself
conseguir (i, i)   to get, to obtain
consejo   *m*   advice
consentido(a)   spoiled, pampered
conserje   *m*   janitor; keeper of a public building
consigo   with him, with her, with them
consiguiente   consequential
   por —   consequently, therefore
consuelo   *m*   consolation
consulta   *f*   consultation; office hours (of a doctor); conference
consultorio   *m*   consulting institution; clinic
contabilidad   *f*   bookkeeping, accounting
contar (ue)   to count; to tell, to relate
contener   to contain
contenido   *m*   content, contents
contiguo(a)   contiguous, close, adjacent
contingente   contingent, depending on; *m*   contingent, share
continuar   to continue, to keep on
contraer   to contract; to condense
contrahecho(a)   deformed
contrariar   to contradict, to oppose, to upset
contratiempo   *m*   misfortune, disappointment
convenir   to agree, to come to an agreement
convocar   to call together
conyugal   conjugal, marital
copa   *f*   cup, goblet; treetop
copar   to cut off and capture
coquetear   to flirt

coraje   *m*   spirit, courage, valor; anger
cordero   *m*   lamb
cordoncillo   *m*   small cord
corear   to join in singing or in agreement
corona   *f*   floral wreath; crown
coronado(a)   crowned
corredor   *m*   broker
   — de propiedades;   *m*   real estate broker
corregidor   *m*   corrector; Spanish magistrate
correntón   *m*   gust
correo   *m*   mail; post office
correría   *f*   raid; foray, hostile incursion
corrido   *m*   a tale, running account, ballad that glorifies a famous deed
cortar   to cut
   — por lo sano   to end a process to avoid complications
corte   *m*   cut; cutting;   *f*   court
cortejo   *m*   cortege
cortés   courteous, polite
cosecha   *f*   crop, harvest
coser   to sew
costal   *m*   bag, sack
costar (ue)   to cost
   —le un ojo de la cara   to cost one a great deal
costumbre   *f*   custom, habit
   de —   usually
   tener por —   to be in the habit of
costura   *f*   sewing, dressmaking
   alta —   high fashion
cotidiano(a)   daily, everyday
cotizar   to quote (prices on the market); to value
crecer   to grow; to raise
creencia   *f*   belief
creer   to believe
   ¡ya lo creo!   Of course! I should say so!
crepuscular   twilight
crepúsculo   *m*   twilight
crianza   *f*   breeding, upbringing
criar   to raise, to bring up; to create
criollo(a)   *m* or *f*   creole, native born in America of European parents
cruce   *m*   cross
crujir   to creak; to rustle; to crunch
cuadrado(a)   square
cuadro   *m*   picture; square
cuajado(a)   thickened, coagulated
cualquier(a)   any
cuaresma   *f*   Lent
cuartel   *m*   barracks
cubierto(a)   covered
cubrir   to cover
cuchara   *f*   spoon; ladle
cuchichear   to whisper
cuchicheo   *m*   whisper, whispering
cuchillada   *f*   slash (with a knife)
cuello   *m*   neck
cuenta   *f*   bill, check
   —s   *f*   beads
cuentista   talebearer, story writer
cuento   *m*   story
cuerda   *f*   string
cueriar   to skin (an animal)
cuerno   *m*   horn
cuervo   *m*   crow
cuesta arriba   uphill
cuidado   *m*   care, concern, worry
   tener —   to be aware; to be careful
culminante   highest, zenith, peak

punto — climax

culpa *f* blame
culpable guilty; *m* or *f* guilty person
cumplidor(a) *m* or *f* reliable; true to one's word
cumplimiento *m* completion; fulfillment
cumplir to fulfill; to execute, to obey; to keep (a promise)
cuna *f* cradle
cura *m* priest
curandero(a) *m* or *f* healer
currado worked
cursar to take a course, to study
cuyo(a) whose, of which, of whom

D

dado *m* die; *pl* dice
damajuana *f* jug
damnificado(a) damaged; injured
dañar to hurt, to damage, to injure, to spoil
daño *m* damage, hurt
   hacer — to cause harm, damage, or injury
dar to give
   — a to face on, to overlook
   — en to find, to run into
   —le a uno más palique to continue the conversation
   —se con to meet, to bump into
   —se cuenta de to realize
   —se el gusto de to take pleasure in, to have the pleasure of
   lo mismo da it's all the same; it makes no difference
   ¿qué más da? do you mind it?
deber to owe; must, have to; *m* duty, obligation
debido(a) proper
   — a due to
debilidad *f* weakness
decanazgo *m* deanship, deaconship; office of the dean
decapitar to behead
dechado *m* model, sample, pattern, standard
decir to say, to tell
dedal *m* thimble
degollar (üe) to behead
deidad *f* deity
dejar to leave, to let, to allow
delantal *m* apron
delante before, ahead, in front
   — de in front of
delatar to inform against; to accuse; to denounce
deleite *m* joy, delight
delgado(a) thin, slender
delicia *f* delight
demás other
   lo — the rest
   los — others, the others
demorar to delay, to tarry
denodadamente boldly, daringly
dentro inside, within
denuedo *m* daring, bravery, intrepidity
deposición *f* affirmation; testimony
deprimente depressing
deprimir to depress
derecho *m* right, privilege; law, practice of the law
deriva *f* drift
   a la — adrift
derramar to pour out, to spill, to shed

derredor *m* circumference
   en — de around
derretir(i) to liquify, to melt; to fuse
derribar to tear down
derrotar to rout, to put to flight, to defeat
derrumbar to throw down headlong
   —se to tumble down, to collapse
desabotonar to unbutton, to unfasten
desafiante challenging, defying, daring
desafiar to challenge, to defy, to compete with
desagradable unpleasant, disagreeable
desahuciar to deprive of hope
   —se to lose all hope
desairar to snub, to disregard
desaire *m* slight, rebuff, disdain, disrespect
desalentar (ie) to discourage
desangrar to bleed to excess, to lose a great deal of blood
desarrollar to develop: unfold
desarrollo *m* development
desatar to untie, to unfasten
desatino *m* blunder, foolish act
desbordar to overflow
descarga *f* discharge (of a gun); unloading
descargar to unload; to free; to discharge, to clear
descender (ie) to descend; to get down, to get off
descepar to pull up by the roots; to eradicate
desconcertante disturbing
desconcertar (ie) to disturb, to upset; to disconcert; to bewilder
desconfianza *f* lack of confidence
desconocido(a) unknown, strange
desconsolador(a) discouraging, lamentable
descubierto(a) open, uncovered; bareheaded
descuido *m* carelessness, negligence
desde from, since
   — luego of course
desdecirse to retract; to recant
desdeñoso(a) scornful, disdainful
desdicha *f* misery, unhappiness
desdoblar to unfold
desear to desire
desecador(a) drying
desempeñar to carry out; to fulfill; to perform a duty
   — un papel to play a part or role
desengañar to disillusion; to disappoint
desenlace *m* conclusion, end; solution
desenredarse to extricate oneself from difficulties; to get untangled
desenvolvimiento *m* development, unfolding
desfallecimiento *m* pining, falling away, swoon, fainting fit
desfilar to parade, to file by
desfile *m* filing by; parade
   — de modas fashion show
desflecar to splatter, to beat against
desgajar to break or tear off, to separate
desgracia *f* misfortune, mishap, unpleasantness
desgraciadamente unfortunately
desgraciado(a) unfortunate
deshacer(se) to burst; to come undone
desigual unequal
desigualdad *f* inequality
desilusión *f* disappointment
desilusionar to disappoint

deslizar to slide
   —se to slide, to slip; to sneak away
desnucarse to break one's neck
desnudar to undress
desnudo(a) naked
despacho *m* office
despectivo(a) depreciatory, contemptuous
despedida *f* leave-taking; farewell; complimentary close (of a letter)
   fiesta de ___ *f* farewell party, bridal shower;
despedirse (i, i) to take one's leave, to say goodbye
despeinado(a) unkept, uncombed
desplegar (ie) to unfold, to spread
desposado(a) *m* or *f* newly married
despreciable contemptible
despreciar to despise, to scorn, to look down on
desprecio *m* scorn, contempt
destacar(se) to stand out; to emphasize; to be different
destello *m* sparkle, beam, flash
desterrar (ie) to exile, to banish
destinatario(a) *m* or *f* addressee; consignee
destreza *f* skill
destrozar to destroy; to shatter; to break or cut to pieces
destruir (y) to destroy
desván *m* garret, loft, attic
desvanecer(se) to vanish, to disappear, to fade away
desvelar to keep awake; to go without sleep
detener to stop, to hold
   —se to stop
determinadamente decidedly
detrás de behind
deuda *f* debt
deudo(a) *m* or *f* relative
devolver (ue) to return, to give back
día *m* day
   hoy (en) — nowaday
   al otro — on the following day
   todos los —s every day, daily
diablo *m* devil
diabluras *f* mischief
diáfanamente openly, clearly, transparently
diariamente daily
diario(a) daily
dibujar to draw, to sketch
dibujo *m* sketch, drawing
dicha *f* joy, happiness, good fortune
dicho(a) aforementioned, stated
diente *m* tooth
   —s postizos false teeth
diestra *f* right hand
diezmado(a) decimated, devastated
difunto(a) deceased, dead; *m* or *f* deceased person
digno(a) worthy
disculpar to excuse, to pardon
diseminar to spread
disfraz *m* disguise, mask
disfrutar to enjoy; to use
disgustar to displease
disgusto *m* annoyance, quarrel
disimular to feign, to pretend; to hide the truth
disminuir to make smaller; to diminish
disparador *m* trigger
disparar to shoot

dispara *m* shoot
disparo *m* shot
disponer to dispose, resolve
dispuesto(a) ready, prepared
disquette ordenador floppy disc (soft magnetic disc used for computer)
distar to be distant; to be far from
distinto(a) different
distraer to distract; to amuse, to entertain
  —se to be absent minded
divertir (ie, i) to divert, to amuse
  —se to amuse oneself, to have a good time
doblar to fold, to turn
docente educational; training
doler (ue) to hurt, to ache
  —se to feel sorry
dolor *m* pain, sorrow, woe
domesticar to tame
don *m* title for a man, Don, Mr.; ability, talent, gift
donaire *m* charm, cleverness
donar to give, to bestow; to contribute
dondequiera wherever
dorado(a) golden, gilded
dormir (ue, u) to sleep
  —se to fall asleep
dorso *m* back
dos two
  en un — por tres in a jiffy
dosis *f* dose
dotar to give a dowry, to endow
dote *m* dowry
ducha *f* shower
duchar to shower
  —se to take a shower
duda *f* doubt
  no cabe — there is no doubt
  sin — without a doubt
dudosamente doubtfully
duelo *m* sorrow, grief, mourning; duel
duende *m* elf, goblin, spirit
dueño(a) *m or f* owner
dulce sweet; *m* candy
dulcísimo(a) very sweet
dulzura *f* sweetness
  con — sweetly
durmiente sleeping
duro(a) hard, difficult

E

echar to throw, to dismiss, to expel, to drive away
  — de menos to miss, to notice the absence or loss of
  — flores to flatter
  —se to lie down
  —se a to begin
edad *f* age
efectivamente really, as a matter of fact
efecto *m* effect, consequence
  en — indeed, really
eficazmente effectively
egoísmo *m* selfishness
egoísta selfish, self-centered
ejercer to practice, to exert
ejército *m* army
elegir (i, i) to elect; to select
elevar to raise

elogiar to praise
ello it
embarazada pregnant
embarcar to embark, to board a ship
embargo *m* embargo
  sin — however, nevertheless
emborracharse to get drunk
emboscada *f* ambush
embriagado(a) intoxicated, drunk
embuste *m* lie, falsehood
emocionante emotional, stirring
empañar to dim, to blur, to tarnish, to soil (the reputation)
empapar to soak, to drench
emparentar to relate by marriage
empellón *m* push, shove
  a —es pushing, shoving rudely
emplazar to place, to locate
empleo *m* job, employment
  agencia de — employment agency
emprender to try, to undertake
empresa *f* enterprise, undertaking
empresario *m* manager; industrialist
  — medio average businessman
empujar to push
empuje *m* push
empuñar to seize, to grasp
enamorar to inspire love
  —se de to fall in love with
enano(a) *m or f* dwarf
encabezamiento *m* headline, heading (of a letter); title
encajar to fit in, to fit
encaje *m* lace
encajonar to box, to crate, to squeeze in
encaminar to direct, to show the way
encanecido(a) gray-haired
encantar to delight, to enchant
encanto *m* charm
encapricharse to indulge in whims
encarcelación *f* imprisonment
encarcelar to imprison
encargar to entrust
  —se de to take charge of
encasillar to assign; to classify
encauzar to guide, to lead; to direct, to channel
encender (ie) to light, to turn on
encerrar (ie) to enclose; to lock up
enchufar to connect, plug-in
encima de above, on top of
enclavar to nail
encoger to shrink, to shrivel; to shrug
encomendar (ie) to entrust
encontrar (ue) to find, to meet
encuesta *f* survey, opinion poll
enderezar to straighten
  —se to straighten up
endulzar to sweeten; to make pleasant
enfadar to anger
  —se to get mad
enfado *m* anger, ire
enfebrecido(a) feverish
enfermarse to become ill, to get sick
enfermedad *f* sickness, illness
enfocar to focus
engañabobos *m* booby trap
engañar to cheat; to deceive, to trick
engaño *m* trick, deceit
engrosarse to swell

enhorabuena well and good; all rights; *f* congratulation, felicitation
enigmático(a) puzzling, not easily understood
enjabonar to soap, soap up
enjaular to cage, to imprison, to confine
enjugar to dry, to wipe off
  —se to dry up
enlace *m* marriage, wedding ceremony
enlazar to lace, bind, join, connect
enojar to anger
  —se to get mad
enojo *m* anger
enjuiciar to judge
enredar to entangle, snarl
enrollar to roll up
ensangrentado(a) bloody, covered with blood
ensayar to practice, to rehearse, to try
ensayo *m* rehearsal
enseñanza *f* teaching, education
ensillado(a) saddled
entablar to begin, start
entendimiento *m* understanding
  malos —s misunderstandings
enterar to inform, to acquaint
  —se de to find out about
enternecer to move to pity
enterrar (ie) to bury, to inter
entierro *m* funeral, burial
entintado(a) inked, printed
entonces then
entorno *m* surrounding, environment
entregar to hand over, to hand in; to give
entrelazado(a) joined
entrelazar to interlace, to interweave
entremezclado(a) intermingled
entrenador(a) *m or f* coach, trainer
entretanto meanwhile
  en el — in the meantime
entretenerse to amuse oneself
entrevistar to interview
  ser entrevistado(a) to be interviewed
entristecido(a) saddened
envanecerse to become vain
envejecer to make old, to make look old
envenenar to poison
envergadura *f* span, spread
enviar to send
envolver (ue) to wrap
envuelto(a) wrapped
epitafio *m* epitaph, inscription on a tombstone
equilibrio *m* balance
equipaje *m* baggage, equipment
equipo *m* team, equipment
equitativamente equitably
equivocado(a) mistaken
erguir (i, i) to raise
  —se to swell with pride; to straighten up; to sit erect
errar to wander, to err
esbelto(a) slender
escalar to scale, to climb
escalofrío *m* chill
escalón *m* stair; step of stairway
escarmiento *m* lesson, warning
escaso(a) small, limited, scarce
escenario *m* stage (theatrical), the "boards"
esclarecer to lighten up, to brighten
escoba *f* broom

escoger to select, to choose
escombro *m* rubble, ruin
esconder to hide
escopeta *f* shotgun
escopetazo *m* gunshot; gunshot wound
Escorial *m* a famous monastery in Spain
escritor(a) *m or f* author, writer
escudero *m* squire, page, shield bearer
escultórico(a) sculptural
escurrir to drain
   —se to drip, to ooze, to leak, to trickle
esfuerzo *m* effort, endeavor
esmerar to do one's best
esmero *m* careful attention, painstaking
eso that (that thing, fact, etc.)
   a — de toward, about
   por — for that reason, on that account,
   that's why
espada *f* sword
espalda *f* back, shoulder
espantar to scare, to frighten
espanto *m* fright, terror
espantoso(a) frightful, terrifying
esparcir to scatter, to spread
esparto *m* hemp
espejo *m* mirror
espeluznante setting the hair on end, dreadful,
   horrifying
esperanza *f* hope
esperar to hope; to wait for; to expect
espeso(a) dense
espia *m or f* spy
espina *f* thorn; fishbone
espíritu *m* spirit
espolear to spur, to spur on
espuma *f* foam
esqueleto *m* skeleton
esquina *f* corner, angle (outside)
estallar to explode; to break out
estallido *m* explosion, outbreak
estampilla *f* stamp
estanque *m* pond, pool, reservoir
estanquero(a) *m or f* storekeeper
estar to be
   estar para to be about to
   estar por to be in favor of
estatus *m* status
estimable esteemed, respected
estimación *f* esteem, estimation
estorbar to disturb; to hinder, to obstruct
estrato *m* layer, stratum
estrecho(a) narrow
estrella *f* star
estremecer(se) to tremble, to shake
estrenar to use, to do or to wear for the first
   time; to open (a play)
estreno *m* commencement, debut, first
   performance
estrépito *m* crash, din, deafening noise
estrepitoso(a) noisy, boisterous
estropearse to be out of order, to be damaged
estudio *m* study
   — cinematográfico movie studio
estufa *f* stove
estupefacto(a) dumbfounded
etapa *f* stage
evitar to avoid
exigente demanding
exigir to demand

existencia *f* existence
éxito *m* success
   tener — to be successful
exitosamente successfully
expediente *m* file of papers
   — académico *m* academic record;
   transcript
expiar to atone for; to make amends for;
   to purify
explotar to operate; to exploit; to explode
exponer to expose, to explain
   —se to run a risk
exposición exposition, exhibition
exprimir to squeeze
expulsar to expel
extinguirse to put out, to put an end to
extrañeza *f* wonder, strangeness
extraño(a) foreign, strange
extraviarse to go astray, to get lost

F

fabricación *f* manufacture
facultad *f* knowledge; skill; power
fachada *f* facade, front
faena *f* work, task, job
falta *f* lack; offense
faltar to be lacking; to falter
fallar to fail, to miss; to misfire
fallecer to die, to expire
fallecido(a) *m or f* deceased person
fallecimiento *m* decease, death, demise
fango *m* mud
fangoso(a) muddy
fantasma *m* ghost, phantom, apparition
fascinar to fascinate, to bewitch
faz *f* face
fe *f* faith
felicidad *f* happiness
felicitar to congratulate
feriado(a) holiday
ferrocarril *m* railway
fervor *m* earnestness, zeal; devotion
festejado(a) honored, entertained
fiado(a) guaranteed
   al — on credit
fiel loyal, faithful, trustworthy
fiera *f* wild animal; savage
fiereza *f* ferocity, fierceness
figurilla *f* figurine
fijar to fix, to fasten
   —se to take notice
fijo(a) fixed, firm, solid, secure
filo *m* blade, edge; ridge
fin *m* end
   a — de que so that
   en — finally
finca *f* farm, ranch
fingir to feign, to pretend
firma *f* signature
firmar to sign
flaco(a) skinny, thin
flecha *f* arrow
flojamente lazily
flojo(a) lazy
flor *f* flower
   — y nata the choice part
florido(a) flowery
fluir to flow

foco *m* focus; light bulb
fogata *f* bonfire, blaze
folletín *m* small bulletin
follón lazy, indolent, cowardly
   ¡qué —! What a drag! How complicated!
fondo *m* bottom; depth; basis; *pl* funds
fontana *f* fountain
forastero(a) *m or f* foreigner
forcejeo *m* struggling, striving
fortaleza *f* fortress, fort
fortificar to fortify, to make strong
forzar (ue) to force; to compel; to break in
fosa *f* grave
foso *m* ditch
fraile *m* friar
francotirador(a) *m or f* sniper
frenar to restrain; to limit; to brake
freno *m* brake (for a wheel)
frente in front of; *f* forehead; *m* front
fresco(a) fresh
frialdad *f* coldness, coolness
frigo *m* refrigerator
frijol *m* bean, bean plant
friolento(a) chilly, susceptible to cold
frondoso(a) leafy
fruncir to gather, to pucker
frutal *m* fruit
fruto *m* produce
fuego *m* fire
fuerza *f* force, strength, power; main body of
   an army
fuga *f* flight
fugaz fleeing, passing
fulgurante shining, flashing
fumar to smoke
fumador(a) *m or f* smoker
funcionario *m* public official, civil servant
fundar to found, to establish, to base
fundir to smelt; to fuse
furor *m* fury, furor
furtivamente furtively; in a deceptive manner
fusil *m* gun, rifle
fusilar to shoot

G

gabinete *m* cabinet (ministers of state);
   dentist's office
gafas *f pl* spectacles, eyeglasses
gajo *m* branch (of a tree)
galopar to gallop
galope *m* gallop
   a — at a gallop; in great haste
gallardo(a) graceful; self-assured
gallina *f* hen
gallinero(a) *m or f* poultry dealer;
   m henhouse, coop, henroost
gana *f* appetite, desire
   darle a uno —s de to make one feel like
   tener —s de to wish to, to be anxious to
ganado *m* cattle, livestock
   — vacuno beef cattle
ganador(a) *m or f* winner, earner
ganga *f* bargain
garboso(a) graceful, sprightly
garganta *f* throat
garra *f* claw of a wild beast
gastar to spend; to waste
gasto *m* expenditure, expense; waste

gatear to crawl (like a cat)
gatillo *m* trigger
gaucho(a) *m* or *f* person of the Argentine pampas; Argentine cowboy (girl)
gemelo(a) *m* or *f* twin
gemido *m* moan
gemir (i, i) to moan, to groan
género *m* genre; gender; kind
genio *m* temperament, disposition; genius, spirit
gente *f* people
gerente *m* or *f* manager
gesto *m* gesture
gimotear to whine
girar to turn, to rotate, to spin
globo *m* balloon
golpe *m* blow, hit, strike
golpear to hit
golpecito *m* tap, light blow
gordo(a) fat, stout, fleshy; great, large, big
  el premio — *m* the big (top) prize
gorra *f* cap, hat
gota *f* drop
gozar to enjoy
grabar to record; to carve
gracia *f* witty remark; grace; pardon
  caer en — to like
  hacer — to strike someone as funny
grandeza *f* grandeur, greatness
granizar to hail
granizo *m* hail
granja *f* farm; grange
grano *m* grain, each single seed
  ir al — to come to the point
grasa *f* grease; fat; suet
gratis free, for nothing
grato(a) pleasing
graznar to caw, to cackle
graznido *m* caw, croak, cackle
grifería *f* water faucets
grifo *m* faucet
gritar to shout; to cry
grito *m* cry, shout
grosería *f* rudeness, ill-breeding; discourtesy; coarseness
grueso(a) thick; large, fat
gruta *f* cave
guagua *f* bus (Caribbean); *m* or *f* baby (Chile)
guante *m* glove
guapetón *m* bully
guapo(a) good-looking, attractive
guardar to guard; to keep
guarecer to take in, to give shelter
  —se to take refuge or shelter
güero(a) blond (Mexico)
guerrero *m* warrior, soldier
guía *m* or *f* guide
guiño *m* wink; signal
guisa *f* manner, way
  a — de in the manner of
guisar to cook; to stew
guiso *m* dish; a cooked dish or stew
gusto *m* pleasure; taste
  darse el — to please oneself

H

haber to have (auxiliary verb)
  — que + infinitive to have to, must

habichuela *f* bean
habitación *f* room
habitar to inhabit
hacer to make, to do
  — calceta to knit
  — caso to obey, to pay attention
  — daño to hurt, to harm
  — falta to need, to be necessary
  — gracia to amuse
hace + expression of time + que have been doing something for the length of time expressed
hacerse cargo de to take charge of, be responsible for
hacienda *f* estate, ranch, farm
hada *f* fairy
halagar to flatter
hallar to find, to discover
hambre *f* hunger
  pasar — to be hungry
  tener — to be hungry
hambriento(a) hungry
harapiento(a) ragged
harapo *m* tatter, rag
harina *f* flour
harto(a) full; fed up; very much
  — de sick of
hasta even; until; to; as far as; as much as
  — ahora until now
  — más no poder to the utmost
hastío *m* loathing, disgust
haz *m* bundle
hazaña *f* feat, exploit, deed
hecho *m* deed, act; fact; event
  a lo —, pecho one must make the best of what's been done; no use crying over spilled milk
  de — at the same time; in fact; as a matter of fact
helado(a) frozen, cold; *m* ice cream
helar (ie) to freeze
hembra *f* female
heredero(a) *m* or *f* heir
herencia *f* wound
herir (ie, i) to wound, to injure
hermoso(a) beautiful
hervir (ie, i) to boil
hidropesía *f* dropsy
hielo *m* ice
hierro *m* iron
higuera *f* fig tree
hilo *m* thread
  al — parallel; the length of
hinchar(se) to swell
hinchazón *f* swelling, inflamation
hogar *m* home, hearth
hogareño(a) of the home; domestic
hoguera *f* fire, bonfire
hoja *f* leaf; sheet of paper
hojear to leaf through
hombría *f* manliness
hombro *m* shoulder
hondo(a) deep
honrado(a) honorable
honrar to honor
horario *m* timetable; schedule; hour hand of a clock
horca *f* gallows
hornear to bake
horno *m* oven, kiln, furnace

horripilar to inspire horror
hospedaje *m* lodging
hospedar to lodge
hospedería *f* hospice; hostel; inn; lodging
hospicio *m* poorhouse; orphan asylum
hospitalización *f* hospitalization
hostelería *f* hotel business
hoy today
  de — en ocho a week from today
  — día today, nowadays
  — en día nowadays
hoya *f* hole, pit
hueco(a) hollow, empty; *m* hollow; hole, gap, void
huelga *f* strike
huérfano(a) *m* or *f* orphan
huerta *f* orchard
hueso *m* bone
huída *f* flight, escape
huir to flee
hule *m* rubber
humeante smoking
humedecer to moisten, to dampen
húmedo(a) moist, damp
humildemente humbly, meekly
humo *m* smoke
humorista *m* or *f* humorist
hundir to sink

I

ida *f* departure
ileso(a) unhurt, unscathed, not injured
imán *m* magnet
impacientarse to get impatient
imponer to impose; to dominate
importar to matter, to be important; to import
impreciso(a) imprecise
impulsar to impel, to drive
incaico(a) pertaining to the Incas of South America
incendio *m* fire
incertidumbre *f* uncertainty
incluso(a) enclosed, included
incómodo(a) uncomfortable
inconográfico *m* symbolical
incontenible irrepressible
incontrastable invincible, unconvincible; unanswerable
incorporarse to join, to become a part of
incrementar to increase
indefinible undefinable
indígena native
indigno(a) unworthy
índole *f* disposition, nature; kind, class
inducir to induce; to persuade; to influence
indudable unquestionable
inesperado(a) unexpected
infelicidad *f* unhappiness
infierno *m* hell
informe *m* report, information
infundir to infuse, to instill
ingenio *m* ingenuity, cleverness, talent, faculty
  — de azúcar sugar refinery
ingravidez *f* weightlessness
ingresar to enter, to join (a party, etc.); to enter a university
ininteligible unintelligible

innegable undeniable
inodoro *m* toilet; that lacks smell
inolvidable unforgettable
inquietar to stir up, to excite
  —se to worry
inquieto(a) restless
inquietud *f* restlessness, unrest
inquisidor(a) *m or f* inquirer, examiner,
  inquisitor (eccl.)
insalubre unhealthy
insipidez *f* insipidness, tastelessness
insólito(a) unusual
insondable inscrutable; fathomless
inspirativo(a) inspiring, inspirational
insurgente insurgent, rebel
íntegro(a) integral, whole; honest
intemperie *f* bad weather
  a la — unsheltered, in the open
intenso(a) intense
intentar to try; to intend
intercambio *m* exchange
  alumno(a) de — exchange student
interés *m* interest
intereses *m pl* property
interesado(a) *m or f* interested party, prospect
interesar to interest
  —se to be interested in
interno *m* intern, boarding student
interponer to appoint as mediator
  —se to intervene
interrogar to question, to ask questions
intraducible untranslatable
intrépido(a) brave, courageous
intruso(a) *m or f* intruder; intrusive
inundación *f* flood
inundar to inundate, to flood
inútil useless
invernadero *m* hothouse, greenhouse,
  conservatory
invitado(a) *m or f* guest
ira *f* ire, anger
iracundo(a) angry, enraged, wrathful
izar to hoist, to raise, to haul up
izquierdo(a) left

J

jabón *m* soap
jacalón *m* shack
jadeante panting
jarguís *m* popular dance (Mexico)
jarro *m* pitcher, jug, pot
jefe(a) *m or f* chief, head, leader, boss
jinete *m* horseman, rider, cowboy
jornalero *m* day laborer
jornales *m pl* daily wages
jorobado *m* hunchback
jorobar to bother, to annoy
jubilación *f* retirement
jubilado(a) retired
júbilo *m* joy, jubilation
jugar to play
juguete *m* toy, plaything
juicio *m* judgment; trial, lawsuit
juicioso(a) wise
jurado(a) sworn under oath; *m* jury; juror;
  juryman
juramento *m* oath; curse
jurar to swear, to take an oath

jurídico(a) legal
justiciero(a) strictly fair, just

L

labio *m* lip
laboral relative to work
labores *f pl* work; housework
labrador(a) *m or f* farmer, peasant; worker
labrar to work; to plow
lacra *f* mark or trace left by illness; defect
ladear to tilt; to tip; to incline to one side
lado *m* side
ladrillo *m* brick
ladrón (ona) *m or f* thief, robber
lágrima *f* tear
lamentación *f* sorrow, lament
lámpara *f* lamp
lana *f* wool
lance *m* event, occurrence, episode; throw, cast
langosta *f* locust; lobster
lanzabombas *m* bomb thrower, bomber (airplane)
lanzar to throw, to fling; to cast out; to utter
  sharply
  —se to throw oneself
largo(a) long
  a la larga in the end; in the long run
  a lo — (de) along; lengthwise
lástima *f* pity, shame, sorrow
lastimar to hurt, to injure
lastimero(a) pitiful, sad
lastimoso(a) pitiful
látigo *m* whip
latita *f* small can
latón *m* brass
lavadero *m* washroom
lavandería *f* laundry
lavar to wash
leal loyal
lección *f* lesson
lector(a) *m or f* reader
lecho *m* bed, litter, bed of a river
lechuza *f* barn owl
leer to read
lejanía *f* distance, remoteness
lejano(a) distant, remote
lejos far
  a lo — in the distance
  — de far from
lema *m* motto, slogan, theme
lentamente slowly
lente *m* lens
  —s eyeglasses
lento(a) slow
leña *f* log, firewood
lesionar to injure, to damage, to impair
letra *f* letter
levantar to raise, to lift; to pick up
  —se to get up
leve light, trivial, of little weight
ley *f* law
librería *f* bookstore
licenciado(a) *m or f* lawyer, professional
líder *m* leader
lidia *f* battle, fight, contest
liebre *f* hare
lienzo *m* canvas
ligadura *f* binding, tourniquet
ligar to tie, to bind

limeño(a) from Lima, Peru
limosna *f* alms, charity
limpiar to clean
linaje *m* lineage
lindante bordering, contiguous
lindar to border, to be contiguous
línea *f* line
liso(a) even, smooth; straight (hair)
listo(a) ready; smart, intelligent
litigio *m* litigation, lawsuit; dispute
liviandad *f* lightness, levity, frivolity, fickleness
liviano(a) fickle, inconsistent
llama *f* flame, blaze
llamada *f* call
llanta *f* tire (auto)
llanto *m* weeping
llavero *m* key ring
llegada *f* arrival
llenar to fill
lleno(a) full; plenty
llevar to take, to carry; to wear
  —se a cabo to carry through; to accomplish
llorar to cry
llorona *f* weeping person; crybaby
llover (ue) to rain
lluvia *f* rain
lo him, it; the
  — que that which
  — que sea whatever it may be
loable laudable
lóbrego(a) dark, gloomy
locuaz loquacious, talkative
locura *f* madness, insanity
lograr to achieve
logro *m* attainment, success, profit
loma *f* low hill
lomo *m* hill; back (of an animal)
lona *f* canvas
luciérnaga *f* firefly
lucir to shine; to look
  —se to dress up; to show off
lucha *f* fight, struggle
luchar to struggle, to fight
lucrativo(a) lucrative, profitable
luego then
  desde — of course
lugar *m* place
  tener — to take place
lúgubremente dismally, gloomily
lujo *m* luxury
lujoso(a) luxurious
lumbre *f* fire
luna *f* moon
  — de miel honeymoon
luto *m* mourning
luz *f* light

M

machetazo *m* blow with a machete
machete *m* long-bladed knife
machismo *m* the quality of being a male;
  male chauvinism
macho male, strong
madera *f* wood
madrugada *f* dawn
madrugar to get up early
maestro(a) *m or f* teacher
magia *f* magic

majo(a) showy, handsome, pretty; nice; *m* or *f* beau, belle
malambo *m* folk dance
maldad *f* wickedness
maldecir to curse
maldición *f* curse
maldito(a) cursed, damned
maleta *f* valise, suitcase
maletín *m* small valise, overnight bag
maleza *f* thicket, underbrush
malhumorado(a) ill-humored
malicia *f* malice, evil
malignidad *f* evilness, wickedness
malo(a) bad, evil, mischievous
malograr to waste, to lose, to miss (time or opportunity), to fail
malsano(a) unhealthy, sickly
maltratar to mistreat, to abuse
manantial *m* spring (water source)
mancebo *m* young man
mancha *f* spot, stain
manchar to spot, to stain
mandadero(a) *m* or *f* porter; messenger
mandamiento *m* order, command; commandment
mandar to command, to order, to send
   — hacer to have made
mandato *m* order, command
mandíbula *f* jaw, jawbone
mando *m* command
manejar to drive; to manage
manera *f* way, manner
manga *f* sleeve
manifestar (ie) to demonstrate, to exhibit
maniobra *f* procedure; trick; maneuver
manteca *f* lard; fat; butter
mantener to support, to maintain
manto *m* cloak
manzano *m* apple tree
mañana *f* tomorrow; morning
   de la — in the morning
   por la — in the morning
máquina *f* machine
   — de coser sewing machine
mar *m* (*rarely, feminine*) sea
maratón *m* marathon race
maravilla *f* wonder, marvel
maravillarse to wonder, to marvel
marco *m* frame
marchar to march
   —se to leave, to go away
marea *f* tide
marido *m* husband
marinero *m* mariner, seaman, sailor
marginado(a) obsolete; on the margin, separated, isolated
mármol *m* marble (stone)
martillo *m* hammer
mas but
más more
masa *f* mass; dough; *pl* masses of people
mascota *f* mascot
matador(a) *m* or *f* killer, assassin
matar to kill
matarife *m* slaughterman
mate dull, flat, lusterless; *m* kind of tea (in parts of South America)
matrimonio *m* marriage; married couple
maullar to meow

maya relative to the Mayans of Mexico and Central America
mayor older, greater, larger
   al por — wholesale
mayordomo steward, butler
mecanógrafo(a) *m* or *f* typist
mediados half full, half filled
   a — de about the middle of
medio middle, half
   en — de in the middle of
   por — de by means of
mediodía *m* noon
medios *m* ways, means
medir (i, i) to measure
meditar to meditate, to think
medroso(a) fainthearted; fearful, frightened
mejilla *f* cheek
mejor better, best
   a lo — perhaps, maybe, when least expected
mejorar to improve
melón *m* cantaloupe
mellado(a) jagged
membrudo(a) muscular, strong
mendigo(a) *m* or *f* beggar
menina *f* lady in waiting; young lady in attendance to the queen or the princesses
menor smaller, younger, youngest; slight; least; *m* or *f* minor
menos less, least
   al — at least
   cuando — at least
   por lo — at least
menospreciar to underrate, to undervalue; to despise, to slight
mensaje *m* message
mensajero(a) *m* or *f* messenger
mensual monthly
mente *f* mind
mentir (ie, i) to lie
mentira *f* lie
mentiroso(a) *m* or *f* liar
mentón *m* chin
menudo(a) small
   a — often
merced *f* favor, grace; mercy
merecer to merit; to deserve
mero(a) mere, simple
mesar to tear; to pull out
mesero *m* waiter
meta *f* goal; objective
meter to put in, to insert
metralla *f* shrapnel; grapeshot
mezcla *f* mixture; mortar
mezclar to mix
michito *m* kitten, kitty
miedo *m* fear
miel *f* honey
mientras while
   — tanto meanwhile
miga *f* crumb, soft part of bread; small fragment, bit
mil thousand
militar *m* soldier, person in military service
mimado(a) spoiled, overindulged
mimar to spoil, to pet; to indulge
mimbre *m* wicker
minuciosamente meticulously, with great care or detail
mirada *f* look, glance

misa *f* mass
   — de gallo midnight mass on Christmas Eve
misal *m* prayer book
miseria *f* poverty; misery
misericordia *f* compassion, pity
místico(a) mystical, spiritual; *m* or *f* mystic
mitad *f* half; middle
mito *m* myth
mocetón (ona) *m* or *f* strapping youth; lad (lass)
moda *f* fashion, style, manner, way
modo *m* way
mofarse *m* to mock, to jeer, to scoff, to sneer, to make fun of
moflete *m* fat cheek, jowl
mojar to wet, to dampen
   —se to get wet
moler (ue) to gind, to mill
molestar to disturb, to bother
molienda *f* milling, grinding
molinero *m* miller
molino *m* mill
momento *m* moment
   al — right away
monacal monastic, monkish
moneda *f* coin, money
monja *f* nun
monje *m* monk
mono(a) cute; *m* monkey
montado(a) mounted on horseback
montar to mount, to ride; to cock a gun
montón *m* heap, pile, stack
moño *m* chignon, bun (of hair)
moraleja *f* moral, lesson
morboso(a) morbid; diseased
mordedura *f* bite
morder (ue) to bite
moreno(a) brown, dark, brunette
moribundo(a) dying; *m* or *f* dying person
morisco(a) Moorish
morlaco *m* silver coin
moroso(a) gloomy, sad, morose
mortificar to worry, to mortify
   —se to be embarrassed
morral *m* knapsack, bag
mostrar (ue) to show
motivo *m* motive, reason
moto short for **motocicleta**
mover (ue) to move
mozo(a) *m* or *f* youth; waiter
muchedumbre *f* crowd, mob
mudanza *f* change; move (to another house)
mudar to move; to change residence
mudo(a) mute; silent
mueble *m* piece of furniture; *pl* furniture
muela *f* tooth; molar
   — cordal wisdom tooth
   — del juicio wisdom tooth
muelle *m* dock
muestra *f* sample
mujer *f* woman, wife
muleta *f* crutch; prop, support; red flag used by bullfighters
mundanal worldly
mundano(a) worldly; common; ordinary
mundial worldwide
mundo *m* world
   todo el — everybody
muñeca *f* doll; wrist

muralla *f* wall, fence
murmullo *m* murmur, whisper
murmurar to murmur; to whisper; to gossip
muro *m* wall
musa *f* muse
muslo *m* thigh
mustante *m* change, something that changes; mutation
mutuo(a) mutual

N

nacer to be born; to start
nacimiento *m* birth; Nativity scene
nadie no one
nahual personal spirit guide
nahuas race of Mexican natives to which Aztecs, Toltecs, etc. belong
náhuatl *m* language of the Nahua Indians
naranjo *m* orange tree
narración *f* story
nata *f* cream
natal native; pertaining to place of birth
natural *m* native; natural
náufrago(a) *m or f* shipwrecked person
navaja *f* razor; penknife
nave *f* ship, vessel
Navidad *f* Christmas
navideño(a) pertaining to Christmas
necedad *f* foolishness
necesitar to need
necio(a) foolish; *m or f* fool
negar (ie) to deny; to decline
    —se a to refuse to
negocio *m* business; transaction
neófito(a) neophyte, beginner
nevado(a) snowcapped
ni neither, nor
    — siquiera not even
nieta *f* granddaughter
nieto *m* grandson *pl* grandchildren
ningún apocopated form of **ninguno** used only before masculine singular nouns
ninguno(a) none, not any; not one
niña *m* child, girl
niñez *f* childhood
niño *m* child, boy
nítido(a) neat, bright, clear
nivel *m* level
nivelarse to level off
nombre *m* name
noreste *m* northeast
nostalgia *f* homesickness, nostalgia
nota *f* grade; note
notar to note, to observe, to notice
noticia *f* news, news item
noticiero *m* news bulletin; late news
noveno(a) ninth
novia *f* fiancée, bride, girlfriend
noviazgo *m* courtship; engagement
novio *m* fiancé, groom, boyfriend
nube *f* cloud
nublarse to become cloudy
nudo *m* knot

O

obedecer to obey
obispo *m* bishop

obra *f* work
    — maestra masterpiece
obrero(a) *m or f* worker, laborer
obsequiar to present, to give
obstante standing in the way
    no — nevertheless
obtención *f* attainment
ocultar to hide
oculto(a) hidden, concealed
ocupar to occupy
    —se to busy oneself, to pay attention, to take care of
odiar to hate
odio *m* hatred
oficio *m* occupation, craft, trade
ofrenda *f* offering
oído *m* ear
oír to hear
ojalá would that, hopefully, God grant; I wish
ojeada *f* glance, glimpse
ojo *m* eye
    ¡ojo! watch out!
oleada *f* large wave, surge
óleo *m* oil
    al — in oil colors
oler (hue) to smell; to smell fragrant
olfatear to sniff, to smell
olor *m* smell; odor
olvidar to forget
    —se de to forget
olvido *m* forgetfulness, oblivion
olla *f* pot, kettle; stew
ondear to wave, to ripple
ondulante waving, undulating
opinar to think; to have an opinion
opuesto(a) opposite
oración *f* sentence; prayer
    — revuelta scrambled sentence
orar to pray
orden *m* order (of things); *f* order (command)
ordenador(a) *m or f* ordainer; orderer; auditor; computer
ordenar to order, to command
oreja *f* ear
orgullo *m* pride
    tener — to be proud
orgulloso(a) proud
orilla *f* edge, shore, bank
oscurecer to grow dark
oscuridad *f* darkness
oscuro(a) dark
ostentar to show; to make a show of, to exhibit
oveja *f* sheep

P

pactar to agree upon
padecer to suffer
padecimiento *m* suffering
padre *m* father *pl* parents
paella *f* rice dish with chicken, meat, seafood; national dish of Spain
pagar to pay
    ¡Dios se lo pague! May God reward you!
pago *m* pay, payment
paisaje *m* landscape
paisano(a) *m or f* compatriot, civilian
paja *f* straw
pajarera *f* aviary; large bird cage

pala *f* shovel; stick; blade of an oar
palabra *f* word
palabrota *f* naughty word, coarse expression
paladear to taste, to relish
palenque *m* stockade
pálido(a) pale
palillo *m* toothpick; small stick
palmada *f* clap
palmo *m* span, palm
paloma *f* dove
palomita *f* little dove; popcorn
palpar to touch, to feel
pámpano *m* leaf; branch of grapevine
panadero(a) *m or f* baker
pandilla *f* gang; foul play
pantalla *f* screen; lampshade
pantanoso(a) marshy, swampy
panza *f* paunch, belly
panzudo(a) paunchy
pañal *m* baby's diaper; *pl* swaddling clothes
paño *m* cloth
pañuelo *m* handkerchief
Papa *m* Pope
papado *m* papacy, office of the Pope
papalote *m* kite
papandujo(a) too soft, overripe (fruit)
par equal, on a par; *m* pair, couple
    a — del alma profoundly
parada *f* stop (as of a train or bus); parade
paraguas *m* umbrella
paraje *m* place, spot
paralelo(a) parallel
parapetarse to hide (as behind a parapet)
parar to stop
parco(a) frugal, scanty, moderate
pardear to become dusky
parecer to seem, to look like
    al — apparently
    —se to resemble
parecido(a) resembling
    bien — good-looking
pared *f* wall
paredón *m* huge wall, thick wall
pareja *f* pair, couple
pariente *m* relative
párpado *m* eyelid
parquear to park
parrandista *m or f* one who "paints the town red"
parrillada *f* cookout
parroquia *f* parish church
partidario(a) *m or f* partisan, follower
partido *m* match, game (sports); political party; group
partir to leave, to depart; to split; to divide
    a — de beginning with, starting from
pasaje *m* passage, fare, journey; passengers
pasar to pass; to put through; to hand; to happen; to spend time
    — lista to call roll
Pascua *f* Passover; Easter
pasillo *m* corridor, hall
pasmado(a) dumbfounded, astounded
pasmo *m* astonishment
paso *m* step, footstep
    de — in passing; at the same time
pasta *f* paste; batter, dough; noodles
    — de dientes toothpaste
pastilla *f* tablet, lozenge, drop, pill

patada *f* kick
patín *m* skate
  —es de ruedas roller skates
patinar to skate
patinete *m* skateboard
patón (ona) large-footed, clumsy-footed
patria *f* country, native land
patrimonio *m* inheritance
patrón (ona) *m* or *f* boss
patrullar to patrol
pausadamente slowly
pava *f* turkey hen
  pelar de — to court; to carry on a flirtation
pavimentar to pave
pavo *m* turkey
  — real peacock
pavonearse to strut, swagger
payaso *m* clown
paz *f* peace
peatón *m* pedestrian
pecar to sin, to yield to temptation
pecho *m* chest, breast
pedazo *m* piece
pedir cuentas to call to account
pegajoso(a) sticky
pegar to hit; to stick
peine *m* comb
peineta *f* ornamental shell comb for the hair
peldaño *m* step (of a staircase)
pelea *f* fight, struggle
pelear to fight, to struggle
peligro *m* danger
peligroso(a) dangerous
pelo *m* hair
  tomarle el — a uno to "pull one's leg"
pelotón *m* platoon, squad; firing squad
pena *f* pain; grief, woe, sorrow
pendenciero(a) quarrelsome
pender to hang, to dangle; to be pending
pendiente *m* earring; slope; pending
penosamente arduously; with difficulty
penoso(a) painful; laborious
pensamiento *m* thought; mind
penúltimo(a) penultimate; next to last
penumbra *f* half-light
pequeño(a) little, small
pera *f* pear
peral *m* pear tree
perchero *m* clothes rack
pérdida *f* loss
perecer to perish
peregrinaje *m* pilgrimage
peregrino(a) *m* or *f* pilgrim
perezoso(a) lazy
periodismo *m* journalism
periodista *m* or *f* journalist
perjudicar to damage, to hurt, to injure, to impair
perjurase to perjure oneself
permanecer to remain
perpetuar to perpetuate
perplejo(a) perplexed
perseguir (i, i) to pursue; to persecute
persiana *f* window blind
personaje *m* character (in a play); important person
pertenecer to belong
pertenencia *f* ownership, holding; property; possession

pertrechos *m* supplies, stores, provisions
pesadamente awkwardly; heavily
pesadilla *f* nightmare
pésame *m* condolence
pesar to weigh
  m sorrow, grief, regret, repentance
  a — de in spite of
pescador(a) *m* or *f* person who fishes
pescar to fish; to catch
peseta *f* Spanish unit of money
peso *m* weight; unit of money in some Latin American countries
pesquero(a) fishing; *f* fishery
pesquiza *f* investigation
pez *m* fish
picada *f* trail; animal bite
pico *m* peak
pícaro(a) *m* mischievous; rogue, scoundrel
piedad *f* pity, mercy
piel *f* skin, hide
pieza *f* piece; room; play (theatrical)
pila *f* pile, heap; stone trough or basin; holy water font
pincel *m* artist's brush
pintura *f* painting, paint
piñata *f* decorated pot; game of breaking clay jug filled with candy
piropo *m* flatter, compliment
pisada *f* footstep, footprint; hoofbeat
pisar to step on
piscina *f* swimming pool
piso *m* floor; apartment or story
pista *f* track, trail; paved road
pizarra *f* blackboard
placer *m* pleasure
planchado *m* ironing
planear to plan
plano(a) level, smooth, flat
plantar to plant
plasmar to mold, to shape
plata *f* silver, money
plática *f* talk; conversation
plaza *f* space; office employment; city square; market place
plazuela *f* small square
pleito *m* dispute, fight; lawsuit
plenitud *f* plenitude, fullness, abundance
pliegue *m* fold, wrinkle
plomo *m* lead (metal)
poblador(a) *m* or *f* founder, inhabitant, settler
poder (ue) to be able to
  a más no — to the utmost
  no — menos que to not be able to keep from
  m power
poderoso(a) powerful
polemístico(a) controversial
polvo *m* dirt, dust; powder
polvorearse to cover oneself with dust or powder
ponche *m* punch (liquor)
poner to put, to place
  al —se el sol at sunset
  — la mesa to set the table
  —se to put on; to become
  —se a to begin to
  —se al tanto to catch up
  —se de acuerdo to come to an agreement
por by, through, by means of, over, during, in, per, along

  — completo completely
  — lo tanto for that reason
  — lo visto apparently
  ¿— qué? why?
  — su cuenta on his (her) own
pordiosero(a) *m* or *f* beggar
pormenor *m* detail
portada *f* book cover; gate
portar to carry
  —se to behave oneself
portátil portable
portezuela *f* little door
porvenir *m* future
posada *f* lodging, inn; Christmas procession
poseer to possess; to own
postal postal
  f post card
poste *m* post
postergar to postpone
potrero *m* farm for raising horses; pasture ground
pradera *f* prairie, meadow
prado *m* lawn, field, pasture
  Museo del Prado famous art museum in Madrid
preámbulo *m* preamble, preface
precavido(a) cautious, guarded
precioso(a) precious, dear; beautiful
precipitar to rush
  —se to throw oneself headlong
preciso(a) necessary, precise, exact
precursor *m* forerunner
predicador(a) *m* or *f* preacher; spokesperson
predicar to preach; to foretell
premiar to reward
premio *m* prize, reward
premura *f* urgency, haste
prenda *f* article of clothing
prender to seize, to grasp; to pin; to imprison; to turn on (a light)
preocupar to worry
  —se to become worried, to be worried; to concern oneself with
preparatorio *m* preparatory school; preparatory
presagio *m* omen
prescindir to leave aside; to do without; to let pass
presenciar to witness
preso(a) *m* or *f* prisoner
prestar to lend, to loan
  — atención to pay attention
  —se to offer one's self
pretender to pretend; to aspire to; to try
pretexto *m* excuse
prevenir to prevent; to avoid
prieto(a) dark, dark-complexioned
primor *m* skill; elegance; beauty
principiar to begin
principio *m* principle; start
  al — in the beginning; at first
prisa *f* haste, rush
  darse — to rush, to hurry
privar to deprive
  —se to deprive oneself
probar (ue) to test, to prove; to try
  —se to try on
procesión *f* entrance march, processional
proceso *m* process
  — legal trial
procurar to try

prodigar to lavish; to squander
prodigio *m* prodigy; marvel, miracle
profundo(a) profound, deep
progenitor forefather
prohibir to forbid, to prohibit
promesa *f* promise
prometer to promise
promover (ue) to promote; to further, to advance
pronóstico *m* forecast, prediction; omen
pronto fast, quick
  de — suddenly
propietario(a) *m or f* proprietor, owner
propina *f* tip
propio(a) own, one's own; proper, correct, suitable
proponer to propose, to intend
proporcionar to furnish, to provide
prorrumpir to break forth, to burst out
proseguir (i, i) to continue, to carry on something previously started or interrupted
proteger to protect
proveedor(a) *m or f* provider
proveniente de arising, coming, resulting (from)
provenir to come from
próximo(a) next
prueba *f* test
psíquico(a) psychic
puerco *m* pig, hog
puerto *m* port
puertorriqueño(a) Puerto Rican
puesto que since, in as much as
pulmón *m* lung
  con toda la fuerza de los —es at the top of one's lungs
punta *f* tip, point
puntiagudo(a) sharp, pointed
puntuar to punctuate
punzada *f* sharp pain
puñado *m* handful, bunch
puñal *m* dagger
puñetazo *m* punch, blow with the fist
puño *m* fist

Q

quebrada *f* narrow opening between two mountains, gorge, ravine
quebrar (ie) to break
quedada *f* spinster (familiar)
quedamente softly, quietly
quedar to remain, to stay
  — de pie to remain standing
  — en to agree on
  —se to stay, to be left
quehacer *m* occupation, business, work
  —es de la casa household chores
queja *f* complaint
quemar to burn
  —se to be burned, to be consumed by fire
querer (ie) to want, to wish; to love
  — decir to mean
querido(a) dear, beloved; *m or f* loved one
querubín *m* cherub
queso *m* cheese
quieto(a) quiet, calm
  ¡quieto! Be still!
química *f* chemistry
quinta *f* villa, small farm
quitar to take away, to remove

—se to take off
quizá (quizás) perhaps, maybe

R

rabiar to rage, to be furious
rabillo del ojo *m* corner of the eye
rabino *m* rabbi
rabo *m* tail
ráfaga *f* gust of wind; machine gun burst
raíz *f* root
rajar to split, to rend, to tear; to slice (food)
rama *f* branch, bough
ramo *m* branch (of business, trade, science, art, etc.)
rana *f* frog
rapaz rapacious, predatory
rápidamente quickly
rascar to scratch
rasgo *m* trait, characteristic
  a grandes ___ with few details
rasgueo *m* forming fine strokes, strumming
rastro *m* track, trail
rato *m* short time
  a cada — frequently
  a —s from time to time
  un buen — a long time
ratón *m* mouse
rayar to scratch
rayo *m* ray, bolt of lightning
raza *f* race
razón *f* reason, reasonableness; conjecture
  tener — to be right
real royal; real, true
realista realistic; *m* royalist
realizar to fulfill, to carry out, to achieve
reanudar to renew; to resume
rebanada *f* slice
rebato *m* alarm, alarm bell
rebozo *m* muffler, woman's shawl
recado *m* message
recaer to fall again; to fall back
recalcar to cram; to pack, to push, to squeeze in; to emphasize
recámara *f* bedroom
recatarse to be cautious; to refuse to take a stand
receloso(a) distrustful, suspicious
receta *f* recipe; prescription
recetar to prescribe
rechoncho(a) chubby
recibidor(a) *m or f* receiving clerk
recién recent
recio(a) strong, robust; loud; vigorous
reclamar to claim; to demand
recoger to gather, to collect; to harvest; to pick up
recogida *f* withdrawal; collection; harvesting
recompensa *f* recompense; pay, payment
reconstruir to rebuild, to restore
recordar (ue) to remember
recorrer to go over
recostar (ue) to lean
  —se to lean back
recto(a) straight
recuerdo *m* memory; souvenir
recuperación *f* recovery
recurrente recurring
recurrir to resort; to have recourse; to revert

recurso *m* recourse, appeal; resource
rechazar to reject; to refuse; to repel
red *f* net
redacción *f* editing; wording; editorial rooms
redactor(a) *m or f* editor
rededor *m* surroundings
  al— around
redondilla *f* short poem
redondo(a) round
reemplazar to replace
reencarnar to be reincarnated
referir (ie, i) to refer; to tell
reflejar to reflect
  —se to be reflected
refrán *m* refrain, saying, proverb
refrenar to curb, to check; to restrain
regalar to give a gift
regañar to scold; to growl, to grumble; to mutter
regar (ie) to water, to sprinkle; to irrigate
  — la noticia to spread the news around; to gossip
regatear to bargain
regazo *m* lap
regir (i, i) to rule, to govern; to control
regla *f* rule
regocijadamente joyfully, happily
regocijo *m* joy, gladness
regresar to return, to go back
regreso *m* return
rehusar to refuse, to turn down
reinar to reign; to prevail
reino *m* kingdom; reign
reja *f* grate, grating, railing; iron bar
rejuvenecer to rejuvenate
relámpago *m* lightning
relampagueo *m* flashing light
relatar to relate, to tell
reluciente shining, brilliant
rellenar to refill; to replenish; to stuff
remar to row
remesa *f* remittance
remitente *m or f* remitter, sender
remo *m* oar
remolino *m* whirlpool, eddy; disturbance
remontar to raise, to rise; to soar
remozar to rejuvenate
renacuajo *m* tadpole, polliwog
rencor *m* rancor, resentment, ill will, malice
rendija *f* crevice, crack, cleft
rendir (i, i) to conquer, to subdue
  —se to surrender, to give in
renta *f* income, profit; rent
reparar to repair; to notice
  —se to stop; to refrain
repartir to distribute
reparto *m* cast of characters (theatrical); distribution
repasar to review
repente *m* start, sudden movement
  de — suddenly
repentino(a) sudden, unexpected
repetir (i, i) to repeat
replegarse (ie) to fall back; to retreat
replicar to reply
reponer to replace; to restore
reposar to rest
reprimir to repress
res *f* head of cattle

resbaladizo(a) slippery
resbalar(se) to slip, to slide
rescatar to rescue
rescate *m* ransom; redemption, exchange
resecar to dry thoroughly
reseco(a) dried, dried out
resentir(se) (ie, i) to resent, to be offended or hurt
resfriado *m* cold (illness)
respaldar to endorse, to back
resplandor *m* brilliance, radiance
responder to reply, to answer, to respond
respuesta *f* answer, reply
restar to subtract
restaurar to restore
resto *m* rest, remainder; balance
retirar to retire; to withdraw; to retreat
retorcer (ue) to twist; to wring (hands)
　—se to twist; to writhe
retrasado(a) set back; retarded; late, behind time
retratar to portray; to draw a protrait of, to paint, to depict; to photograph
retrato *m* portrait; picture
retroceder to retreat
reunir to gather, to collect, to assemble, to get together
revancha *f* revenge
reventar (ie) to burst, to explode
revés *m* reverse
　al — in the opposite direction; on the other side
revivir to revive
revolver (ue) to stir; to scramble; to turn around; to toss and turn
reyezuelo *m* petty king
rezagado(a) *m or f* straggler, laggard; tramp
rezar to pray
rezo *m* prayer, devotions
ribera *f* bank, shore
riego *m* irrigation, watering
riel *m* rail
rienda *f* bridle rein
　dar — suelta to allow another to have his (her) own way; to give rein to
riesgo *m* risk
rincón *m* corner (inside)
riña *f* quarrel
riqueza *f* wealth, riches; excellence
risa *f* laugh, laughter
risueño(a) smiling, pleasant
ritmo *m* rhythm
rito *m* rite, ceremony
rivalidad *f* rivalry
rizado(a) curly
rizar to curl
roble *m* oak tree
rocío *m* dew, drizzle
rodear to surround
rogar (ue) to request; to beg; to pray
rollo *m* roll; anything rolled up
　¡qué —! how boring! what a drag!
romper to break; to tear
ron *m* rum
roncar to snore
ronco(a) hoarse
rondar to patrol, go the rounds
ronronear to purr
ropa *f* clothes
ropero *m* closet; wardrobe

rosca *f* cake served on the Day of the Kings, January 6
rostro *m* face
roto(a) broken, torn
rótula *f* kneecap
rozar to rub; to touch lightly
rudo(a) coarse, rough; crude; severe
rueda *f* wheel
rugir to roar; *m* roaring, bellowing
ruido *m* noise
ruidosamente loudly, noisily
rumbo *m* course, route, direction

S

sábana *f* bed sheet
sabiduría *f* learning, knowledge, wisdom
sabio(a) wise; learned; *m or f* wise person
sacar to take out; to remove
sacerdote *m* priest
Sacro Imperio Romano Germánico Holy Roman Empire
sacudir to shake, to shake off; to dust
salarial relative to salary
salida *f* exit; departure
salir to leave, to go out
　—se con la suya to have one's way; to accomplish one's end
salón *m* large parlor; living room
saltar to jump, to leap
salud *f* health
saludar to greet
saludo *m* greeting; salute
salvador(a) *m or f* savior; rescuer
salvaje *m or f* savage
salvajismo *m* savagery
salvar to save
salvo excepting
sangrante bleeding; bloody
sangre *f* blood
sangriento(a) bloody
sano(a) healthy; of sound mind
santiguar to make the sign of the cross; to bless
santo(a) *m or f* saint
　día del — saint's day
sarmiento *m* branch (runner) of a grapevine
sastre *m* tailor
sazón *f* season
　a la — then, at that time
secar to dry
seco(a) dry
　en — suddenly
sector *m* sector
seda *f* silk
sedante soothing, sedative; *m* sedative
sediento(a) thirsty
seguida *f* continuation
　en — immediately; at once
seguir (i, i) to follow; to continue; to keep on
según according to
selva *f* jungle
sellar to seal
sello *m* stamp; seal
semáforo *m* traffic light
semanal weekly
　—mente weekly
sembrar(ie) to plant, to sow, to seed
semejante similar; such
semiabierto(a) half-opened

semidesnudo(a) half-dressed
semilla *f* seed
seminario *m* seminary (for religious students); seed plot, source
sencillamente simply, plainly, candidly
sencillez *f* simplicity, plainness; candor
sencillo(a) simple, plain
senda *f* path, trial
senectud *f* old age
seno *m* breast, bosom
sensual sensuous
sentar (ie) to seat
　—se to be seated; to sit down
sentenciar to sentence; to pronounce judgment
sentir (i, i) to be sorry, to regret
　—se to feel
señal *f* sign, marker
señalar to indicate, to point
sepa (subjunctive form of **saber**) know
　que (yo) sepa (yo) to my knowledge, as far as I know
sepulturero *m* gravedigger
sequedad *f* dryness, drought
sequía *f* drought
ser *m* human being, being
seriedad *f* seriousness
sermonear to sermonize; to lecture; to reprimand
serranía *f* mountain range; mountainous country
servicios de limpieza *m* cleaning services
servilleta *f* table napkin
seto *m* fence, enclosure
sexo *m* sex
sibila *f* sibyl
sí, cómo no Indeed! I should say so!
sido been
siembra *f* seeding; sown field
sien *f* temple (*anat.*)
sierra *f* mountain range
siglo *m* century
significado *m* meaning
siguiente following, next
silbar to whistle
sillón *m* armchair
simpatizar to be congenial; to get on well together
sin without
　— embargo nevertheless
sinnúmero *m* no end; great number
　un — de countless, a great many
sino but
sinvergüenza *m or f* scoundrel, rascal; shameless person
siquiera even, at least; although, even though
　ni — not even
sirvienta *f* servant, maid
sitio *m* site, place
soberbia *f* excessive pride, arrogance, haughtiness
soberbio(a) proud, haughty; superb
sobornar to bribe
soborno *m* bribe
sobre over; on; above; *m* envelope
sobrellevar to ease another's burden; to bear with resolution
sobresaliente outstanding; more important
sobresaltar to startle; to frighten
sobrevivir to survive
socavar to undermine

sociedad *f* society
  — **anónima** stock company, corporation
socio(a) *m or f* member; partner
socorro *m* aid, help
sofocar to suffocate; to smother; to put out
soga *f* rope
soler (ue) to be accustomed to
solicitud *f* request
solo(a) alone
  a solas in private; alone
sólo only
soltero(a) single, unmarried; bachelor (spinster)
solterona *f* old maid
sollozar to sob
sombra *f* shade; shadow
sombrío(a) shady; somber; gloomy
someter to submit
  —se to yield; to surrender
somnámbulo(a) *m or f* sleepwalker
sonar (ue) to sound; to ring
  —se to blow one's nose
sonido *m* sound
sonreír (i, i) to smile
sonrisa *f* smile
soñar (ue) to dream
  — **con** to dream of
soporte *m* support
sorber to sip
sordidez *f* sordidness; filth
sordomudo(a) deaf and mute; *m or f* deaf-mute
sorpresa *f* surprise
sorteo *m* drawing; raffle
sosegado(a) calm, quiet, peaceful
sospechar to suspect
sospechoso(a) suspicious
sostener to hold; to hold up
suave soft
suavidad *f* softness
subalterno(a) subordinate; of lesser rank
subasta *f* auction sale
súbito(a) sudden, unexpected; impetuous
sublevar to incite to rebellion
  —se to rise up
subvencionar(se) to subsidize
succionar to pull, to suction
suceder to happen, to occur
suceso *m* event, happening
sudar to sweat; to perspire
suegra *f* mother-in-law
suegro *m* father-in-law
suela *f* sole of shoe
sueldo *m* salary
suelo *m* floor
suelto(a) loose
sueño *m* dream
  tener — to be sleepy
suerte *f* luck; fate
sujetar to subject, to subdue; to hold
sumar to add; to sum up
  —se to be added or summed up
sumergir to submerge
  —se to submerge; to dive
sumido(a) sunk
superficie *f* surface; area
superviviente *m* survivor
suplente *m or f* substitute, replacer
suplicar to beg, to implore
suponer to suppose
supuestamente supposedly

surgir to appear; to arise; to come forth
surtir to supply, to furnish, to provide
suscitar to stir up; to raise; to start, to originate
suspender to suspend
suspirar to sigh
susto *m* fright, scare
susurrar to whisper
sutil subtle, fine
suyo(a, os as) of his, of hers; of yours; of theirs
  salirse con la suya to have one's own way

T

tacaño(a) stingy
taciturno(a) melancholy, silent, reserved, moody; talks little
tachar to cut out; to cross out; to cancel
tal such, so, as
talla *f* to carve; to engrave
tamaño *m* size
tambaleante staggering
tanto so much, as many, so many
  por lo — for that reason
tapar to cover; to hide
tapia *f* wall
tapiz *m* tapestry
taquilla *f* box office; ticket window
tarasá nonsense word suggesting magic or wizardry
tardar to delay; to be late
tarea *f* task; homework
tarjeta *f* card
  — **postal** post card
tartamudear to stutter, to stammer
tarta *f* tart
taza *f* cup; cupful; bowl
tecla *f* key (of a piano)
techo *m* roof
teja *f* roof tile
tejado *m* tile roof
tejido *m* weaving; textile; cloth
tela *f* cloth, fabric
  en — **de juicio** in doubt; under careful consideration
teleférico *m* cable car
tema *m* theme, subject
temblar (ie) to tremble, to shake, to shiver
tembloroso(a) trembling, shaking
temer to fear
temor *m* fear, dread
tempestad *f* storm
templarse to be moderate
temporada *f* season, period
temprano early
tenacidad *f* persistence
tender (ie) to stretch, to stretch out; to tend, to have a tendency
tener to have
  — _____ **años** to be_____ years old
  — **calor** to be hot
  — **frío** to be cold
  — **ganas de** to feel like
  — **la culpa** to be guilty
  — **miedo** to be scared
  — **razón** to be right
  — **sed** to be thirsty
teniente *m* lieutenant
tentador(a) *m or f* tempter (tempting)
tentar (ie) to touch, to feel

tenue soft, subdued
teñir (i) to tinge, to dye; to stain
tercio *m* third, third part of an entity
terciopelo *m* velvet
terco(a) stubborn
terminar to finish, to end
ternura *f* tenderness, love
terrateniente *m* landholder
terremoto *m* earthquake
terruño *m* piece of ground; native soil
tertulia *f* social gathering; club
tesoro *m* treasure
testa *f* head
testamento *m* last will, testament
testarudo(a) stubborn, hard-headed
testigo *m* witness
tibio(a) tepid, lukewarm
tiempo *m* time, weather
tienda *f* store, shop; tent
tierno(a) tender
tijera *f* (usually in *pl*) scissors, shears
timidez *f* timidity
  con — timidly
tinta *f* ink
tintinear to jingle; to clink
tirar to throw, to shoot
tiritar to shiver
tiro *m* shot
  prácticas de — target practice
tiroteo *m* shooting at random
titubear to totter, to stagger, to stutter
tizón *m* brand, firebrand
toalla *f* towel
tobillo *m* ankle
tocar to touch; to play an instrument
  —le a uno to be one's turn
todavía still; yet
tontería *f* foolishness
tonto(a) foolish; *m of f* fool
topar to collide with, to run into or against; to meet by chance
toque *m* ring, ringing of a bell
torcer (ue) to twist
torcido(a) twisted, tortuous, crooked, bent
tordillo(a) grayish
torero(a) *m or f* bullfighter
tormenta *f* storm
tornar to return
torneo *m* tournament, contest
torpe slow, clumsy; dull
torpemente clumsily, slowly
torpeza *f* clumsiness, awkwardness, slowness
torre *f* tower
tosco(a) coarse, rough, unpolished, uncouth
tostar (ue) to toast, to tan, to burn
totonaco(a) pertaining to natives of Mexico (reportedly builders of the pyramids of Teotihuacán)
tragar to swallow, to gulp down
trajecillo little suit
trajinar to carry; to bustle about
trama *m* plot, scheme
tranquilo(a) calm
transcurrir to pass, elapse
transcurso *m* course of time
transeúnte *m* passerby
tránsito *m* traffic
trapiche *m* sugar press
tras after, behind

trasgo *m* goblin, hobgoblin
trasladar to transfer; to move
trasquilado(a) clipped; cropped; curtailed; cut down
trastorno *m* upset; disturbance
tratar to treat; to try
través *m* inclination
  a — de through, across
travesura *f* prank; mischief
trazar to trace; to outline
trementina *f* turpentine
trepar to climb
trepidar to vibrate, to shake; to hesitate
tribu *f* tribe
tribunal *m* court of justice
tricotar to knit
trimestre *m* quarter; quarterly payment
trinchante *m* fork for holding food for carving; carving implement
tripa *f* gut, intestine
triste sad
tristeza *f* sadness, sorrow, grief, woe
triunfal triumphant
trofeo *m* trophy
tronco *m* trunk (of a tree or an elephant)
tropa *f* troop
tropezar (ie) to stumble, to slip
  — con to run into; to trip over
trotar to trot
trozo *m* piece
tubería *f* tubing; pipeline
tuerca *f* bolt nut, lock nut; female screw
tumba *f* tomb
tumbar to knock down
tuna *f* prickly pear; Indian fig
  La Tuna *f* group of university singers that perform like strolling minstrels
turbación *f* confusion, disorder
turbar(se) to disturb, to trouble; to be confused
tutear to address familiarly; to speak using *tú*, *ti* and *te*

U

ubicarse to be situated, to be located
ultimátum ultimatum, definite decision
último(a) last
umbral *m* threshold
uncir to yoke, to hitch
único(a) only, unique
  lo — the only thing
uña *f* fingernail or toenail
urna *f* urn, jug
usado(a) used, accustomed; worn out
usar to use, to wear
útil useful
utilizar to use, to utilize
uva *f* grape

V

vaciar to empty, to drain
vacilar to hesitate, to waver
vacío(a) empty, unloaded
vacuna *f* vaccine, vaccination
vago(a) roving, wandering, vague; *m* vagabond, loafer; unimproved plot of ground
vale O.K., all right; that's it; enough; understood (popular slang)

más vale que + subjunctive it is better to
valentía *f* valor, courage
valentón (ona) *m or f* braggart, boaster
valer to be worth
  —la pena to be worth the trouble
valeroso(a) brave
valía *f* value, worth
valiente brave, valiant
valioso(a) valuable
valor *m* value, worth
valorar to value, to appraise
vals *m* waltz
valla *f* fence, stockade
valle *m* valley
vano(a) vain, conceited
vaquero(a) *m or f* cowboy, cowgirl
variado(a) varying, diverse
varón *m* young man
vasallo *m* vassal, subject
vasto(a) vast, huge, extensive
vecindad *f* neighborhood, vicinity
vecindario *m* neighborhood; population of a district
vecino(a) *m or f* neighbor
vedado(a) forbidden; closed
vejete *m* old codger; ridiculous old man
vejez *f* old age
vela *f* candle
velada *f* watch, watching, virgil; wake
velar to watch over; to guard
velocidad *f* speed
veloz swift, speedy
venado *m* deer
vencer to vanquish, to conquer; to overcome
vencido(a) vanquished, beaten; out of date, expired
venda *f* bandage; blindfold
vendar to bandage; to blindfold
vendedor(a) *m or f* seller, salesperson
veneno *m* poison; venom
vengarse to get revenge
venidero(a) future, coming
venir to come
venta *f* sale
ventaja *f* advantage
ventana *f* window
ventanal *m* large window
ventanilla *f* small window
ventanuco *m* small window
ventilador *m* electric fan, circulating fan
vera *f* edge
  de —s in truth, really
verano *m* summer
verdadero(a) true, real
verdoso(a) greenish; stagnant
verdugo *m* executioner
vereda *f* path, narrow trail
vergüenza *f* shame, embarrassment
  sin — *m* rascal, scoundrel
  tener — to be ashamed
verificar to take place; to check, to confirm
vermú *m* vermouth
verso *m* line of poetry
vestido *m* dress
vestir (i, i) to dress
  —se to get dressed
vez *f* time, occasion
  a la — at the same time
  a veces sometimes

de — en cuando from time to time
  tal — perhaps
vía *f* road, route
víbora *f* poisonous snake
vicio *m* vice
vidrio *m* glass; any article made of glass
vientre *m* belly, abdomen
vigilia *f* vigil, watch
vil vile, base, mean
vilmente contemptibly; abjectly
villancico *m* Christmas carol
vindicar to avenge
virrey *m* viceroy
virtud *f* virtue
viruela *f* pock, smallpox
viruelas *f* measles
vista *f* visit; visitor
vislumbrar to glimpse; to see imperfectly at a distance
visón *m* mink
víspera *f* eve, night before
vista *f* view
vistazo *m* look, glance
viuda *f* widow
viudo *m* widower
vivaz vivacious, lively
víveres *m* food, provisions
vivienda *f* house, dwelling
vivo(a) alive, living; bright
vocal *f* vowel
volar (ue) to fly
voltear to upset, to turn over
voluntad *f* will, determination; good will
volver (ue) to return, to come back, to go back
  — en sí to come to, to recover consciousness
votación *f* voting, vote, balloting
voto *m* vote; ballot; vow
voz *f* voice
vuelo *m* flight
vuelta *f* turn, change
  dar la — to turn around

Y

ya already; now
yacer to lie
yararacusú *m* poisonous snake
yegua *f* mare
yema *f* bud; yolk of an egg; fleshy part of fingertip
yerba (hierba) *f* grass
yerno *m* son-in-law
yerto(a) stiff, rigid
yugo *m* yoke

Z

zaguán *m* entrance hall, vestibule
zanja *f* ditch, irrigation canal
zapatilla *f* slipper
zapato *m* shoe
zumbido *m* humming; buzzing

433

ÍNDICE GRAMATICAL

CREDITS

ILLUSTRATION

REALIA